贵州师范大学
数学科学学院
指导

贵州省民族地区
基础教育质量提升项目

美育观下的『润雅』课堂教与学体验

赵兴萍
杨孝斌
令狐昌桂

主编

华东师范大学出版社
·上海·

图书在版编目（CIP）数据

大美育观下的"润雅"课堂教与学体验 / 赵兴萍，
杨孝斌，令狐昌桂主编. -- 上海：华东师范大学出版社，
2024. -- ISBN 978-7-5760-5355-5

Ⅰ. G40-014

中国国家版本馆 CIP 数据核字第 2024VA5818 号

大美育观下的"润雅"课堂教与学体验

主　　编　赵兴萍　杨孝斌　令狐昌桂
副 主 编　陈　冲　黄贵英　杨　博　杨先瑞　吕传汉
策划编辑　刘祖希
特约审读　王莲华
责任校对　陈梦雅　时东明
装帧设计　卢晓红

出版发行　华东师范大学出版社
社　　址　上海市中山北路 3663 号　邮编 200062
网　　址　www.ecnupress.com.cn
电　　话　021－60821666　行政传真 021－62572105
客服电话　021－62865537　门市（邮购）电话 021－62869887
地　　址　上海市中山北路 3663 号华东师范大学校内先锋路口
网　　店　http://hdsdcbs.tmall.com

印 刷 者　上海商务联西印刷有限公司
开　　本　787 毫米×1092 毫米　1/16
印　　张　20.75
字　　数　472 千字
版　　次　2024 年 11 月第 1 版
印　　次　2024 年 11 月第 1 次
书　　号　ISBN 978－7－5760－5355－5
定　　价　98.00 元

出 版 人　王　焰

（如发现本版图书有印订质量问题，请寄回本社客服中心调换或电话 021－62865537 联系）

序

前一段时间,我的老朋友、贵州师范大学吕传汉教授告诉我,贵州省从2021年起,启动实施贵州省民族地区基础教育质量提升行动计划(2021～2025年)项目,两年内项目已覆盖贵州省的46个民族自治县。他说这个项目设计得很好,是贵州省少有的质量建设项目,经费投入、专业投入都很大。这件事应该做、要做好,对贵州人民下一代的健康成长很有意义。作为项目建设成果,一些项目学校、项目民族自治县等将积极出版一些教师的教育教学案例、教研论文和学生的学习体验等。他希望我写上几句话,给予鼓励。虽然我年事已高,但我觉得这件事很重要,乐意说上几句,和大家一起交流。

我们国家是一个多民族国家。几千年来,各民族相互依赖、相互交融、相互学习,逐步形成了共同的文化价值观。中华人民共和国成立以来,中国共产党带领中国人民不懈奋斗,战胜各种困难和挑战,在各个领域都创造了惊天动地的发展奇迹,各民族都取得了巨大的进步,全面建成小康社会取得了决定性成就,实现了第一个百年奋斗目标。这些都为全国各族人民进一步铸牢中华民族共同体意识,为更加坚定中华民族伟大复兴的信念,为开启全面建设社会主义现代化国家新征程奠定了坚实的基础。

在中国共产党的领导下,我们国家的教育也取得了举世瞩目的成就,但由于历史、自然、环境和基础等多方面的原因,我们国家教育发展中的问题特别是教育质量发展不平衡、不充分的问题还比较突出。

在我们国家西部地区,在不少农村地区,义务教育的优质均衡发展,普通高中的优质特色发展,下一代的全面充分而富有个性特长发展,面临的问题和困难还比较多,民族地区基础教育质量的短板、弱项还很明显,如乡村学校治理能力比较薄弱,一些基础学科学业质量不高,学生早期阅读严重缺乏,进一步学习发展的基础不太好。这些都会影响我们国家民族地区下一代的就业、创业,都会制约我们国家下一代对未来信息化、智能化、全球化社会的适应能力。

民族团结进步是一件大事。没有团结奋斗,就很难实现共同进步;而没有共同进步,团结的基础也不牢固。中国共产党第十九届中央委员会第五次全体会议对教育作出的"建成文化强国、教育强国、人才强国、体育强国、健康中国","建设高质量教育体系","深化教育改革,促进教育公平","加大人力资本投入","提高民族地区教育质量和水平"等决策部署是非常英明的。可以说,全面提高民族地区基础教育质量和水平,是巩固脱贫攻坚成果,深化"扶志扶智",推进社会公平,加快构建高质量教育体系的必然选择;也是增强民族地区人力资本积累,推进民族地区现代化进程,促进民族团结进步事业的一项十分重要的基础性工作。

我比较赞成贵州省民族地区基础教育质量提升行动计划(2021～2025年)项目确定要做"团结奋斗的践行者,教育改革的奋进者,特色发展的示范者,提质增效的引领者"的价值定位,要发挥好项目的先行先试功能。这个定位是符合民族地区、脱贫地区实际的。这个项目围绕一个中心——以立德树人、提升育人质量为中心;突出两个重点——丰富学习内容方式,强化质量管理服务;实施三个专项——(1)乡村振兴优质特色学校建设支持专项行动,(2)民族地区中小学高质量发展支持专项行动,(3)民族地区基础学科(领域)质量提升专项课题。

贵州省提出的民族地区基础教育质量提升行动计划总体思路,我觉得很好,很有针对性。我希望,这个项目的管理人员、项目学校和项目学校的师生,要按照习近平总书记提出的六个方面"下功夫"的要求——"要在坚定理想信念上下功夫","要在厚植爱国主义情怀上下功夫","要在加强品德修养上下功夫","要在增长知识见识上下功夫","要在培养奋斗精神上下功夫","要在增强综合素质上下功夫",努力工作,勤奋学习,积极培育和践行社会主义核心价值观,做共同团结奋斗、共同繁荣发展的实践者,做民族团结进步、中华民族共同体意识的维护者。

我期望,项目学校的老师们既为经师更为人师,秉持"整个心灵献给孩子"的信念,做好"意愿、锤炼、学习、创新、收获"这五项修炼,切实抓好民族地区基础教育质量的提升,促进民族团结进步事业持续健康发展。

我相信,通过这个项目,贵州省民族地区基础教育质量和项目学校办学水平一定会得到显著提高,老师们的教育教学成果、学生们的学业发展成果也一定会越来越丰富多彩。

草草数言,是为序。

2022 年 8 月 21 日

目录

第三篇　学习体验篇

前言：以美润雅

——大美育观下的小学课堂教学研究

杨孝斌　　令狐昌桂　　赵兴萍

党的十八大以来，党和国家高度重视学校美育工作。2018 年，习近平总书记在全国教育大会上强调"坚持以美育人、以文化人，提高学生审美和人文素养"。2020 年，中共中央办公厅、国务院办公厅印发《关于全面加强和改进新时代学校美育工作的意见》（以下简称《意见》），提出"以美育人、以美化人、以美培元"。《意见》指出：美育是审美教育、情操教育、心灵教育，也是丰富想象力和培养创新意识的教育，能提升审美素养、陶冶情操、温润心灵、激发创新创造活力。

2023 年 12 月，教育部下发了《关于全面实施学校美育浸润行动的通知》（教体艺〔2023〕5号），通知指出：（1）全面实施学校美育浸润行动是以习近平新时代中国特色社会主义思想为指导，以浸润作为美育工作的目标和路径，将美育融入教育教学活动各环节；（2）主要任务和目标是以美育浸润学生，全面提升学生文化理解、审美感知、艺术表现、创意实践等核心素养。

近年来，贵州省以贵阳市观山湖区华润小学、黔南州贵定二小等为主要实践基地，在各个学科同时开展"以美润雅"的课堂教学实践。经过六年多的努力，在实践中取得了较好的教学效果，在一定程度上提高了学生的审美意识和审美能力。

一、核心概念界定

（一）美、雅、润、以美润雅

美，有很多含义，这里选其中的"美好的事物""令人满意的"等意思；雅，也有很多含义，这里选其中的"合乎标准、规范的""高尚的、不俗的"等意思；润，其含义中有"使有光泽"之意，这里的润是"浸润"，是渐变的意思，相关的词语有"雨润万物""温润而泽""润物无声"等。

以美润雅，是指用美好的事物（令人满意的东西），使学生变得规范（合乎标准），变得高尚（不俗），变得优雅（高雅）。以美润雅的教育，要求各学科、各环节（课内课外、社团活动）、各方面（校园环境等）共同发力，将教育各学科、各环节、各方面美好的事物（令人满意的东西）凸显出来，以达到逐渐使学生变得高尚、变得优雅之目的。很明显，以美润雅的教育，符合大美育的基本理念。

（二）大美育

随着时代的变化，美育的内涵也在变化。美育，从狭义的美术教育、艺术教育拓展到"大美育"。所谓"大美育"，意指面向全人培养的普泛意义上的美育，它包括审美教育、情操教育和心灵教育[1]，即通过自然美、社会美、艺术美、人格美等多样化对象开展的美育。[2]

"大美育"的概念由教育家滕纯提出，他认为所有的课程中，在一切的教育教学生活中，都有美育的因素，美育无时不在、无处不在。作为一种有着无穷价值的资源，"美"是人类数千年文明以来的永恒追求,关于"美"的教育,则是人类文明传承的重要方式。

随着时代的发展,"大美育"的内容有所创新。就审美对象而言,除了艺术美,自然美、社会美、科学美均是重要的审美对象,均为美育的素材。其中,中华优秀传统文化和社会主义核心价值观也是重要的审美内涵。新时代的美育,要以社会主义核心价值观为指导,强调学校美育和社会美育并行,艺术教育和学科美育融合,文化自信和国际视野、传统美学精神和时代审美精神创新结合,构建多层次美育体系。切实践行"以美育人、以美化人、以美培元",赋能新时代国家高质量创新发展。

综上所述,大美育观下的小学课堂教学,是在各学科课堂教学中共同实施"美的教育",用美的东西浸润学生的心灵,培养学生发现美、欣赏美、创造美、表达美、应用美的能力,培养品德高尚、言行优雅的学生,以实现"以美润雅"之目的。

二、大美育观下的学校美育课程体系建构

承上所述,所谓大美育观,是相对于狭义的"美育"(艺术教育)而言,是指学校教育的各环节、各学科共同实施"美的教育"的一种教育观念。大美育观下的课堂教学,是各个学科共同实施美的教育,以达到培养学生发现美、欣赏美、创造美、表达美、应用美的意识和能力。

大美育观下的学校美育课程体系,应包括艺术美育课程、学科美育课程、综合美育课程、潜在美育课程等几个有机组成部分。

(1)艺术美育课程:主要是指音乐、体育、美术等艺术教育课程。在大美育观下,艺术教育课程仍然是也必须是最重要的美育课程。

(2)学科美育课程:主要是指教师在教学设计中挖掘各学科的美育元素,发挥自身的美育潜能,在各学科教学中实施美的教育。

(3)综合美育课程:主要是指关联多个学科的学生课外活动、社团活动,也包括各学科教学中的跨学科活动,如数学故事会、文学角色扮演、英语剧场等,这些活动可以帮助学生更真实地欣赏美、创造美、表达美。

(4)潜在美育课程:主要是指学生所处的自然环境、人居环境、学习环境等,这些环境中隐藏着许多美的元素,潜在美育课程也是大美育观下学校美育的重要组成部分。

三、大美育观下的小学"以美润雅"课堂教学研究实施路径

大美育观下的"以美润雅"课堂教学研究,大致可以从开发学科美育课程资源、开展学科美育教学设计、指导学生撰写学科美育学习体验、进行学科美育教学回顾反思、撰写学科美育教学课例等几个方面进行。

(一)开发学科美育课程资源

教师开展大美育观下"以美润雅"课堂教学研究,第一步要做的就是开发相关的课程资源。也就是说,教师需要基于"大美育"的教育理念,充分挖掘各学科知识点中的美育元素,为实施学科美育教学搜集、整理素材。

比如,在小学低年级语文识字教学中,教师可以充分挖掘象形字中的美的元素,引导学生展开丰富的想象,理解汉字的形义之美;在古诗词的教学中,教师可以充分利用古诗词文字的对称、蕴含的景色、背后的故事、诗词的意境等,引导学生领略文字对仗之美、自然景色之美、作者心境之美、诗词意境之美等。

(二) 开展学科美育教学设计

教师开展大美育观下"以美润雅"课堂教学研究的第二步,是利用挖掘出的美育课程资源,结合具体的知识点开展教学设计。在教学设计过程中,教师可以充分利用社会生活、地方文化、民风民俗中的美的元素,结合相关的知识点,开展"以美润雅"的课堂教学设计。

需要指出的是,在教学设计过程中,要尽可能地利用好相关的美育课程资源,落实好大美育观下的"以美润雅"教学理念。同时,教学过程仍然要以体现学科知识为核心,以发展学生的学科核心素养为重点,不能为了美育而忽视了学科的本质。

下面以小学数学"圆的认识"为例,通过勾勒这一节课的教学路线图,展示如何在教学设计中落实"美的教育"。

情境引入,激发兴趣——引导学生了解生活中、文化里(如天坛祈年殿圆顶、FAST射电天文望远镜等)、历史上(西安半坡遗址中的圆、古代陶罐等)的圆——认识数学文化之美

↓

动手画圆,初步认识(引导学生用各种可能的方法画圆,并讨论不同画法的优缺点)——感受数学活动之美

↓

认识圆规,传承文化——引导学生认识圆规、给学生讲述中国古代关于"规"和"矩"的使用,传承中国优秀传统文化;用"不忘初心、依规前行"总结圆规的使用方法,落实课程思政理念——领悟数学思想之美

↓

引导观察,启发思考——出示秦皇陵出土的铜车马,引导提问:车轮为什么要做成圆形的呢?车轮为什么不做成椭圆形或多边形?车轮有什么特点?从车轮的特点出发,你发现了圆的什么特征?从各种不同大小的圆中,你发现了什么?——发现数学本质之美

↓

介绍名称,符号表达——师生一起学习教材中的有关内容,引导学生认识圆心、半径、直径及表示它们的常用符号——理解数学符号之美

↓

动手操作,发现结论——引导学生猜一猜半径与直径有什么关系?再请学生用圆规画几个大小不同的圆,剪下来,沿着直径折一折,画一画,量一量,说说有什么发现(发现直径和半径的关系、发现圆有无数条直径和半径等)——感悟数学活动之美

↓

课堂小结,拓展延伸——总结小结本节课的知识点、思想方法;布置作业——书面作业与图案设计,要求学生用圆或圆弧进行图案设计,作出各种美丽图案——欣赏数学图形之美、体会数学学习之趣

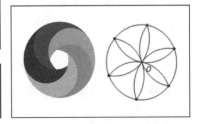

(三) 指导学生撰写学科美育学习体验

大美育观下的"以美润雅"课堂教学,其中很重要的一个教学目标,是在开展学科教学的同时,培养学生发现美、欣赏美、创造美、表达美、应用美的意识和能力。实践表明,在实施大美育观下的"以美润雅"课堂教学过程中,通过指导学生撰写学科美育学习体验,让学生书写对学习过程中"美的元素"的认识、感悟,可以很好地达到上述目标。

比如,在学习了《白鹭》(小学语文统编版五年级上册)一课之后,贵州省贵定县第二小学五年级9班一位同学写到:"郭沫若笔下的白鹭平凡而美好,朴素而高洁,朴素的语言在郭沫若笔下开出了一朵绚丽的花,让我深刻地感受到平常事物中蕴含的美……白鹭很美,不是一般的美,而是一种说不出来的美。白鹭是一首精巧的诗,因为它色素的配合、身段的大小,一切都很适宜。白鹭,雪白的羽毛、流线型结构、铁色的长喙、青色的脚都非常精巧完美。"(详见本书第255页)这段学习体验充分表明,学生在《白鹭》一课的学习中,感受到了语言文字之美、动物(白鹭)形态之美、生态和谐之美等。

(四) 进行学科美育教学回顾反思

教学反思是教师成长的阶梯,教而不思则浅,思而不教则空。教师在开展大美育观下的"以美润雅"课堂教学研究中,应对每一节课进行深入的反思。主要包括:(1)反思开发的美育课程资源是否丰富、是否恰当;(2)反思教学设计过程中美育元素的融入是否合理、是否充分;(3)反思教学过程中的美育过程是否落实,是否做到用美的东西浸润学生的心灵,是否体现"大美育观"和"以美润雅"的教育理念;(4)反思留给学生探索、体验、活动的时间是否充分,是否有效培养学生发现美、欣赏美、创造美、表达美、应用美的意识和能力。

(五) 撰写学科美育教学课例

教学课例是对一堂课进行实录和阐述,重在对课本身的改进、优化和提高,它主要记录教学过程、方法措施及反思,形成课堂教学的纪实性文章。教师在开展大美育观下的"以美润雅"课堂教学研究中,可以通过撰写学科美育教学课例,逐步提高自身的教学反思能力、学科美育设计能力、论文写作能力等。

在大美育观下的"以美润雅"课堂教学研究过程中,我们通过近两年的努力,组织一批教师撰写了各学科的学科美育教学课例,结合相关的理论研究成果、学生的学习体验案例等,结集成了本书《大美育观下的"润雅"课堂教与学体验》。

"以美润雅"的课堂教学,落实了"大美育"的教育理念,符合有关文件精神。这样的课堂教学,要求教师充分挖掘各学科的美育元素,结合具体知识点开展学科美育的教学设计,在开展学科教学的同时,培养学生发现美、欣赏美、创造美、表达美、应用美的意识和能力。我们有理由相信,通过长时间的理论研究与实践探索,通过在各学科教育中融入美的元素、渗透美育理念、落实美的教育,必将使我们的师生、我们的校园、我们的教育越来越美、渐行渐雅。

十分感谢著名教育家、北京师范大学资深教授、中国教育学会原会长顾明远先生对民族地区基础教育的关爱,并为本书拨冗作序! 感谢华东师范大学出版社对本书出版的大力支持! 感谢"贵州省民族地区基础教育质量提升行动计划(2021~2025 年)"对本项目的支持和资助! 感谢贵定县教育局对本项目的支持和帮助! 感谢贵州师范大学数学科学学院对本项目的支持和指导!

参考文献

［1］田慧生.新时代创新人才培养模式应高度关注的几个问题[J].中国教育学刊,2019(1)：43-45.

［2］王敏,曾繁仁.高校大美育体系的现代化建构[J].中国高等教育,2017(7)：7-10.

第一篇

理论研究篇

和雅二小，以美润泽生命
——贵定县第二小学美育实践

赵兴萍　贵定县第二小学

"蓝天爽而高坡碧，新荷鲜而麦溪清。金南秀地春风荡漾，麦溪河畔桃李芬芳……"，一曲旋律优美、曲调欢快的"追逐梦想"在金南上空回荡着，这是贵定县第二小学（简称贵定二小）的校歌。坐落于钟灵毓秀麦溪之滨、重峦叠嶂高坡之侧、传承八十年雅韵的贵定县第二小学，在新时代焕发出新的生机与活力。

漫步二小，拾级而上，无不为布局合理、景观宜人、绿草如茵的美丽校园所陶醉，无不为书香浓郁、书声琅琅的美好氛围所感染。贵定县第二小学至今已有近八十年的办学历史，于2016年从县城老城区整体搬迁到现在的金南新区。学校始终坚守立德树人根本任务，秉承"举和善，践雅行"的校训，将"和雅"浸润在一切教育教学活动中，坚持五育互融共美、五育各美其美。经过长期实践，贵定县第二小学已经成为有个性、有温度、有美感、有故事的"四有"新样态学校。

厚植"美的教育"，办人民满意的学校。关于美育，国家和教育部出台了一系列推动学校美育发展的重要文件，2020年10月中共中央办公厅、国务院办公厅印发《关于全面加强和改进新时代学校美育工作的意见》，要求学校加强和改进美育工作，培养时代新人；2023年12月教育部印发《关于全面实施学校美育浸润行动的通知》，这是全面推进学校美育改革发展的一个纲领性文件和行动指南。贵定县第二小学贯彻落实国家和教育部门的政策性文件，高度重视学校美育工作，健全美育工作机制。"和雅"是贵定二小的价值标准和行为准则，将"和雅"理念融入文化建设、课程建构、教学实践、人际交往中，突出了以和润德、以雅美行、以文化人的大美育观，以美赋能学习、以美链接生活、以美点亮心灯、以美润泽生命成长。

一、以环境之美化人

美是纯洁道德、丰富精神的重要源泉，美无处不在，美无时不在，美育时刻都在发生。美育的重要任务就是促使人们不带任何功利目的地去认识美、感受美、欣赏美、践行美，从而提升审美素养、陶冶情操、温润心灵、激发创新创造活力。贵定二小景观文化在顶层设计上突出"以美化人"理念，遵循合理、适宜、灵动、和谐原则，营造了美的环境和美的氛围，校园的一砖一石、一草一木、一亭一园都能让人感受到美的实际存在和美的无声浸润。

比如，学校建设了具有厚重历史感的三雅广场，凸显五育共美五育各美的文化墙，彰显师生魅力的聚雅厅，尽展学子风采的竞雅园，涵盖革命小英雄、时代小楷模、身边小榜样的"三小"榜样宣传阁,充满探究气息的科普园,倡廉、述廉、绘廉的清廉宣传长廊等文化景观,以及倡导雅之行、雅之言、雅之思、雅之典的楼道文化和班级文化。校园整体呈现出大气、和谐、优雅氛围,让师生心旷神怡,致育人润物无声。这些全景式、开放式景观都是美育的有效载体,学生时时、处处美在其间、润在其中,既唤醒了学生对环境的审美感知,又很好地解决了环境教育意义的开发与学校育人目标有机整合等关键问题,完成了校园环境以文化人、以美化人的系列设计。

二、以课程之美育人

课程是学校教育的核心载体,是五育落脚的主渠道。学校将明德课程、慧智课程、健体课程、润美课程、悦劳课程有机融入基础类课程、拓展类课程和个性化课程中,不断深化"三维五育"和雅课程体系建构。其中,润美课程突出以美育人、重视艺术体验、强调课程综合,学校构建了支撑美育发展和学生成长的润美课程体系,明晰了"美育课程"和"课程美育"的育人主张。

表1 贯定县第二小学润美课程体系

课程目标	培养审美感知、艺术表现、创意实践、文化理解能力;具有健康向上的审美价值取向,能理解和尊重文化艺术的多样性;具有艺术知识、技能与方法的积累;形成1—2项艺术特长和爱好;培育表达美和创造美的兴趣和意识。	
课程内容	一至二年级 音乐 美术	音乐:趣味唱游、聆听音乐、情境表演、发现身边的音乐。 美术:欣赏身边的美、表达自己的感受、改进生活用品、体验传统工艺。
	三至六年级 音乐 美术 书法	音乐:听赏与评析、独唱与合唱、独奏与合奏、编创与展示、小型歌舞剧表演、探索生活中的音乐。 美术:感受中外美术的魅力、表达自己的想法、装点我们的生活、学做传统工艺品、融入跨学科学习、传递我们的创意。 书法:培养书写能力,培育书法修养。
课程模块	基础课程	基本知识技能、审美体验、艺术特长。
	表现课程	各类艺术社团、1—2项艺术技能。
	展演课程	举办艺术节、艺术展示(六一、管乐、迎新)、各类赛事。
	融合课程	学科渗透与融合课程、节日课程、人文景观课程。
课程保障	课程评价	国家与义务教育质量监测、各类比赛与展演。
	师资保障	教师能力专业提升、师资人员配齐配足。
	办学条件	器材保障、艺术场馆。
	社会资源	美术馆、音乐厅、民俗馆。

以艺术课程之美育人。学校注重开齐开足、用好用实国家规定的艺术课程,即音乐、美术、书法三门课程,这是各领域所蕴含的美的有机交融点,是落实美育最基本的载体,是向学

生传授"识美""会美""能美"基本技能和为学生提供观察大千世界、感悟社会人生的审美通道,以此为基点看出去、延伸出去,学生就能看到比这个点广阔得多的美的世界。

以融通课程之美育人。以"美"为视点,充分挖掘各学科蕴含的丰富美育资源,大力推进以美育为主题的跨学科整合教学,通过营造开放的学习情境、采取浸润式的教学、开设走出学校亲近自然的课堂,在灵动课堂中、在真实情境中、在欣赏感悟中、在创编表现中,使学生获得必要的审美教育、情操教育和心灵教育。学校注重搭建展示美、创造美的实践平台,开设了10多个艺术社团,仅美术领域就细分为版画、农民画和儿童画三个社团。版画集绘画、手工制作为一体,灵活构图、画风淳朴,孩子用手中的刻刀,带着对美好未来的憧憬,勾勒快乐童年,描绘成长的幸福;农民画艺术形式活泼生动,表现技法大胆、鲜明、质朴无华,造型幽默、夸张,色彩鲜艳、喜庆、热烈,在创作中把劳动人民的情感体现得淋漓尽致;而儿童画色彩缤纷、生动有趣,是孩子们用形象符号、色彩意蕴和画面表现思想、意识、情感的作品,喜欢画画的低年级孩子相聚在儿童画社团,拿着小小的画笔遨游在美的世界中,用童心感受斑斓色彩,借彩笔描绘身边的生活故事。同样,学校的合唱社团也是孩子们乐意参加的一项活动,老师们设计了有趣的识谱练唱、多声部练习,让孩子们练声、练耳、练气息、练节奏、练习声部……一首首动听的儿歌,如《有只小花猫》《侗家儿童多快乐》《丢手绢》《萤火虫》《苗碑莫情》走出校园,走上舞台,走进北京、湖南少儿电视台!

三、以课堂之美润心

好的教育是美的教育,好的课堂是美的课堂。一堂课中的情境、语言、结构、生成、合作、情绪等等,都可以体现课堂之美。贵定二小每一课堂、每门学科、每位教师都在努力地发现美、感受美、理解美、践行美,如在语文和英语课堂上致力于"言美"、在数学和科学课堂上致力于"思美"、在信息技术和综合实践课堂上致力于"创美"、在音乐、美术、书法课堂上致力于"悦美"、在道德与法治及班队主题活动上致力于"德美"、在体育课堂上致力于"健美"。所有课堂全发力,所有教师齐参与,用"美"铺设启智、润心、习得"跑道",促进学生德智体美劳全面发展。

(一) 课堂共情之美

与文本对话、与同伴合作、探究质疑等学习活动都离不开共情力与同理心。如我校徐老师在教学《父爱之舟》这篇课文时,通过以下三个环节的设计引导学生掌握父亲形象的特点,感受父爱的伟大和真挚。

第一个环节:让学生默读、朗读,反复品味课文,在读的过程中注重感受其中的语言美和情感美。

第二个环节:小组讨论,分享自己的感受和理解,特别是对细节描写的揣摩。

第三个环节:角色体验,以"假如我是文中的'我'"或"假如文中的'父亲'是我的父亲"、现实生活中"我的父亲"为话题,交流自己的感受。这个教学环节升华了对文本的处理,不仅提高了学生的阅读理解能力,更引导学生关注生活中的情感细节,培养了学生的共情能力和情感表达能力,使学生懂得感恩、尊重和关爱。

(二) 课堂启思之美

教学中教师要善于创设情境、善于启思诱导,放手让学生思考、探究问题、寻求解决问题策略。如我校罗老师在进行"小数除法"大单元教学时,先让学生浏览教材文本、回顾本单元10个例题所涵盖的知识点,然后引导学生用自己喜欢的方法如画图、列表的方式对知识点进行自主归纳与整理,再进一步启发思考:这些知识点有什么内在联系?通过思维导图对知识点进行梳理,把看似众多的知识点分为三大块内容:小数除法的计算方法、取商的近似值、探索循环小数规律。将各知识点有机统整在一起,让学生直观感知它们之间的关联性、递进性、内在逻辑性,既教给了学生整理复习的方法,又培养了学生高阶思维能力。

(三) 课堂生趣之美

没有兴趣就没有学习,有趣的课堂能最大限度让学生集中注意力。教师的问题创设、语言表达、启发诱导、信息技术的运用都可以让枯燥的课堂鲜美起来、有趣起来、灵动起来。比如在教学"能被 2、3、5 整除的数的特征"时,教师先让学生任意写几个数(最好是三、四位数),然后分别除以 2、3、5,计算完后,由学生报数,教师立即作出能否整除的判断,学生感到十分惊奇,不禁疑惑"为什么老师这么快就能作出判断呢?"此刻,教师因势利导,抓住学习时机,恰到好处地引导学生观察这些数的特征,从而发现规律。教师的设疑一定要避免随意性和简单化,提出的问题要有启发性,要适时,要能触及学生的情绪领域,唤起学生的心灵共鸣,这样才能把学生的思维调动起来。

四、以师资之美育美

"美的力量,根植于内在的光华",站在讲台上的那个人,决定着那间教室的温度,也决定那批孩子生命成长的高度。优秀教师才能培养出优秀学生,美的教师才能复刻出美的孩子。外人道,贵定二小的教师身上总有着一种淡淡的、独特的气质,那就是步履匆匆但坚定,神态自若不张扬,我们认为这就是教师的"美"。教师的美包含精神层面的、包含教学技艺层面的,犹如一种强大的"文化影响力"感染着学生。在贵定二小,我们明确提出"三个十"评价标准,即以"十好"培育文雅学生、以"十有"打造高雅教师、以"十要"创建优雅环境。其中的教师"十有"即有修养、有爱心、有学识、有创新、有合作、有追求、有阅读、有活力、有健康,这就是贵定二小教师的师者形象。

一直以来,贵定二小都是一个和谐正向、勤奋上进、自觉自律的大家庭,"老教师做给年轻老师看、学校领导带着老师干",这样的优良传统一代代传承下来。我们从涵养师德、提升师能双线并行,努力打造一支政治素质强、业务能力精、育人水平高的专业化教师队伍。比如"531"团队研修、"雅之星"青年教师成长营、班主任研修团、"以学习者为中心"课堂改进等项目,促进老师们业务能力、专业水平不断提升。同时,强化师德师风教育,要求课内课外一体、网上网下一致,自觉弘扬主旋律,积极传递正能量,努力做到授业、传道、解惑并重,实现"经师"与"人师"的统一与升华。近两年来,学校涌现出"汗滴何吝滋桃李,燃尽银烛志不移"的黔南州师德"先进个人"方瑛老师、"点滴之间藏爱心、方寸讲台塑灵魂"的贵定县"榜样人物"李琼老师、"三尺讲台描日月,一支粉笔绘春秋"的贵定县师德"先进个人"雷丽老师……他们微光成炬,向光而行,既是"有光"的教育人,也成了广大师生所追逐的那束光!

五、以实践之美固元

以美育人,既在校内,也在校外;既在课堂上,也在实践中;既是学校的事,也是社会、家庭的事,这就需要秉持大美育观、构建大美育共同体。学校不断拓宽美育时空和载体、不断挖掘整合校内外资源开展美育实践活动,培养学生文化理解、审美感知、艺术表现、创意实践等核心素养,让学生身心更加愉悦,活力更加彰显,人格更加健全。

(一) 品行规范之美

品行规范之美,表现在言谈举止、生活习惯和文明礼仪等多个方面。学校将之细化为"十好"行为课程,即说好话、唱好歌、行好礼、排好队、做好操、扫好地、乘好车、走好路、写好字、读好书,以此规范学生品行,锻造良好学风、班风、校风。学校根据各阶段学生的年龄特点,提出具体要求并体现进阶性。比如"排好队",一、二年级排队要求保持安静、不打闹、不拥挤;三、四年级排队在快、静、齐上提高要求;五、六年级则强化规则意识和秩序意识,将"排好队"延伸到生活中,如超市购物、公交车站、景区等地。通过开展"向陋习宣战"专项行动,构建师生立体监督以及每周量化打分机制,促进学生向美向善向上因子的养成,以美的本真让生命灵动起来。

(二) 争章达标之美

根据共青团中央、教育部、全国少工委联合下发《关于构建阶梯式成长激励体系,增强少先队员光荣感的指导意见》《红领巾奖章实施办法》文件,学校制定了人人可行、天天可为、进阶成长的"红领巾争章"评价激励机制,将励志向、修品行、练本领融入基础章、特色章、星级章争章活动中。学校还特别将一年级的队前教育、二至六年级每名学生的争章过程在"竞雅园"凸显出来,立体化、可视化、动态化地展示,切实增强了队员们的光荣感、责任感和争先意识,也使得"竞雅园"成了学生学习先进、驻足打卡的优美场所。

(三) 实践体验之美

让学生收获真实的生命感悟,在真情感中发生真德行、体验真美好,最基本的载体就是活动。学校通过丰富多彩的班队主题活动、内涵丰富的节假日活动、多姿多彩的少先队活动、五彩缤纷的社团活动,从校内延伸到校外、从学校小课堂延伸到社会大课堂,组织学生充分参与、充分融入、浸润其中，形成"渗透—践行—内化"美育闭环，不知不觉间，学生在活动中体验感悟、内化升华文明行为、规则意识、品格意志、责任自律等品质。特别是我们的"假期重构"活动，体现了实践性、趣味性、创新性和时代性，如未来职业体验、巧匠制造、寻访心中的"英雄"、隔代互学、图说数(shù)说家乡变化、好书共读分享、实验探究活动、勤劳家风我传承等实践活动，这种"无边界"大课堂让学生的综合能力得以锻炼，增强学习的愉悦感，提升发现美、感悟美的能力。

美的浸润是无声的，美对生命成长的润泽则是可感的，贵定二小将继续在美育、育美之路上探索着、坚守着，努力以"大美育观"育人体系为学生创设宽阔的生命发展空间，让他们在其间获得心灵的舒展，涵养美好的情操。

大美育观下小学各学科"润雅"课堂实施的困境与解决策略

陈冲　观山湖区华润小学

2019 年，中共中央、国务院印发了《中国教育现代化 2035》《加快推进教育现代化实施方案(2018—2022 年)》等文件。文件中明确指出将"全面加强和改进美育"作为"全面落实立德树人"和"增强综合素质"的重要途径和主要内容。美育不仅能培育小学生的审美素养和人文素养，同时还能够达到以美促德、以美促智、以美促情的效果，故美育是小学生全面发展中不可或缺的一环。[1]"雅"作为高级美的一种形式，是举止美、素养美、心灵美、智慧美在人外表和精神上的集中体现，小学各学科在课堂教学中以潜移默化的方式逐步渗透智慧美和科学美，通过有计划、有目的、有组织的以美促智和以美促情，能够让小学生在素养上达到精神雅的初步境界。

一、大美育观下小学"润雅"课堂的基本内涵

(一) 学校美育

美育最早由德国美育学家席勒在《美育书简》中提出，他认为美育是"人本性解放的自由性与发展的主体性，人类唯有借助美方可感受自由"。国内正式使用"美育"这一概念是 20 世纪初，由蔡元培、王国维等人将国外美学思想引至国内。他们所提倡的美育大致可以分为五类：一是把美育视为情感教育，二是把美育视为艺术教育，三是把美育视为美学教育，四是把美育视为培育审美能力发展的教育，五是将美育视为全人教育。

囿于当时国内社会环境的动荡和教育家的眼界，早期国内对美育的概述较为宽泛，但也仍能看出美育的核心思想和育人的整体目标。首先，美存在于艺术之中，艺术教育是美育实践较为直接的表达形式，也是实施美育的有效途径；其次，美育需要借助美学理论的指导，美学理论的指导性和系统性能促进美育形成的速度；最后，美育对全人的渗透过程，既是培育全人的审美能力发展的过程，也是发展全人的情感教育的过程。

如今我们对美育的内涵有了更多的分析与看法。艺术教育虽仍是培养学生"美育战场"的主阵地，但若将美育等同为艺术教育来概括其丰富意蕴是远远不够的。美育虽要有美学理论的指导，但若将美育看成是逻辑性、系统性、知识性的美学理论体系的话，则具有一定的狭隘性，它还应与其他学科诸如教育学、心理学密切结合，并最终归于实践。情感的陶冶只是美育的一个价值体现，是美育最终要达成的目标之一，美育是过程，情感是结果，二者不能混为一谈。

因此,美育的包含性广泛,内涵性丰富,其载体会随着不同时期的国家政治需求,国家经济变化和社会文化潮流的变化而改变。

学校美育作为美育的主阵地,其美育资源十分丰富,这种丰富不仅是环境、设备等客观因素的丰富,更多的是美育培养的组织性、计划性、目的性和执行性等主观因素上的丰富。它能集中一切资源对受教育者施教,既可以保障国家层面的美育方针,又能实现学校层面上的美育目标。它能依据国家历史时期的教育方针与审美标准的调整而调整,借助不同时代的美育媒介,有目的、有计划、有组织地向受教育者施加审美影响,提高受教育者的审美素养。

(二)"润雅"课堂的基本内涵

本课题将美学上的"雅"概括为三个方面。一是由于"雅"起源于《诗经》,在周朝时期又是乐器的一种,故"雅"自诞生之时起便伴随部分文学和艺术气息,用来形容文人与艺人也就合乎情理了;二是受限于当时的社会形态,只有统治阶级才能进行艺术观赏和享受艺术教育,故本身作为乐器的"雅"常出现在统治阶级的享乐生活中,便超脱了其本身字义,并派生出代表统治阶级部分特权表现的外延,如统治阶级的端正、不被世俗侵染、举止得体、合乎礼制等特质,雅即为正,文人雅士,行为举止儒雅、优雅、典雅等词均在外延之列;三是广义上的"雅"象征着精英阶层的高贵,统治阶级在社会层面上属于精英阶层,一方面其颁布的政治和教化有引领全国文化和风尚之用,另一方面全国范围内的政治和教化的传播又需要统治阶级自身作为表率去示范,故统治阶级的精英阶层文化自然而然会引起非统治阶级的平民阶层竞相模仿,受此两方面影响,雅也代表着社会正统文化和国家承认的、允许传播的文化。

"润"则是方法。习近平总书记指出"要运用各种各样的文化形式,在润物细无声中让人们明晰真善美、假丑恶"。在此基础上理解"润"就是"以富有表现力和感染力的手段、方法、形式来教育人、启迪人、感化人、塑造人,从而让学生在理解、接受、内化的过程中不断提高自身素养"。具体来看,"润"是一种柔性的、以柔克刚的方式,它通过教师的默默耕耘、潜移默化、循序渐进的长期过程来实现"凝聚人心"这一根本目标。

结合雅与润的含义,我们认为"润雅"课堂即为在学校教育中,学校结合国家教育方针和学校物质资源和教师资源,挖掘一切美的元素,有目的、有计划、有组织地以富有表现力和感染力的方法培育学生审美意识,使学生在理解、接受、内化的过程中不断提高自身素养,能够明晰真善美、假丑恶,从而塑造符合中国优秀文化的品德高尚、秀外慧中、举止得体、雅俗共赏的学生。

二、小学各学科"润雅"课堂实施的困境

在小学各学科教学中,"润雅"课堂的构建要通过教师挖掘学科中的美育元素,从而激发学生的学习兴趣,最后才能对其审美意识施以影响。但在当下美育与小学各学科教学的融合中,构建"润雅"课堂存在以下几点困境。

（一）教师对美育问题重视程度不够

当前小学审美教育存在"喊口号，难作为"的问题。各学校展示的办学目标及理念上都会涉及美育，但在实际学校教育中，美育却在五育中较难落地，这与教师对美育的重视程度不高息息相关。教师未意识到学科渗透美育对学生全面发展的重要性，且长期以来，美术课和音乐课等艺术课是实施审美教育的主要阵地，非艺术学科教师对于非艺术学科中美育元素的认同感并不强。他们一方面认为美育教学应当在艺术学科的课堂上出现，应当由艺术学科教师挑起培养的大头，它不是非艺术学科教师的责任和义务；另一方面则认为由于非艺术学科本身所独有的学科特性，难以将其与美育联系在一起，故通常将教学重点放在学科知识的传授上，存在"教学内容至上"的理念和教学惯习，"润雅"课堂的教学理念与知识至上的课堂背道而驰，其在课堂上的具体实施也就无从谈起了。

（二）非艺术教师在美育知识方面有所欠缺

非艺术学科中的美更多的是高级形式的美，不同于能直接感受到的美，它是含蓄的、抽象的、内隐的。在非艺术学科教师队伍中，在学科基本知识、学科思想方法知识方面，他们掌握扎实并能将其合理运用于课堂教学，但在学科课程与专业审美力、美育基础知识等方面又有所欠缺。而后者直接决定非艺术学科教师审美鉴赏力的高低，无形中导致非艺术学科教师眼中仅有丰富的学科知识，而对其中的美熟视无睹。在教学中，教师囿于自身审美鉴赏力和审美专业知识的不足，不能挖掘出学科中蕴含的美并渗透到课堂中去。"润雅"课堂是培育学生审美意识的课堂，教师扎实的学科功底促进学生学科知识的自然生成，但其美育专业知识的匮乏却压抑着学生润雅意识的生长，因此学生只能从中获得智育上的满足，得不到审美情感教育上的满足。

（三）教师忽视对生活经验中美育元素的挖掘

在教学中，大多教师仅关注教材内容，忽略学生在生活中已有的经验和体会，新教师更甚。将生活中的美和各学科内容的美有机结合是摆在大多教师面前的一个难题。割裂教材和生活的教学方式不仅让我们的日常教学逐渐脱离生活化，还分离了教材和美的距离。实际上，现实生活中蕴含着许多与教材关联的美育元素，而且这些美育元素能轻易地引起学生的注意力从而被学生感知，要想将"润雅"课堂顺利实施，教师在备课时就需将生活中的美育元素融入到本节课的目标层面中，这既能激发学生的学习兴趣，还能让他们领略到知识美和学科美的关联。

（四）评价体系忽略对美育的考量

当前，我国义务教育的学校评价"以规范和约束学校办学行为为主要目的，以鉴定和验证学校是否达到既定标准作为评价的主要功能，以自上而下的督导评价为主要手段"[2]。在学校层面，"既定标准"重点考查学生成绩，往往忽略对"美育"的考量指标，学生卷面上的对错成为学校评价学生的主要标准。在教师层面，教师的绩效、职称评定等关乎教师切身利益的指标主要考核因素是学生的成绩,学生成绩一旦与教师的切身利益挂钩,势必导致教师把培养学生的重心体现在纸面成绩上,将学生除成绩外的其他方面发展纳为第二梯队,而美育的培养又在第二梯队中处于边缘地位,目前尚且缺乏相应的美育评价机制更是令这一情形雪上加霜。"润雅"课堂要建立在美育下,它是美育中高级美的实践,当理论无法给出既定标准与评价时,实践的对错自然无从谈起。

三、小学美育渗透的路径与策略

(一) 转变教师教学观念,让润雅课堂真正落地

教师的教学观首先应充分响应国家对学校教育从根本上提出的"以生为本",把学生的全面发展放在第一位,在淡化以成绩为本的知识传授型课堂教学模式的前提下,不断提升对美育元素的认同感,以此构建新的以发展为本的美育引领下的综合性课堂教学模式。美育元素得以深刻在教师的认知里,一方面学校首先应对美育引领下的综合性课堂教学模式进行宣传以吸引教师的注意,引发教师的学习兴趣,其次需积极提供让美育引领下的综合性课堂教学模式落地的理论层面指导培训和教学实践探索,以理论和实践相结合的形式全方位地帮助教师真正理解其本真含义;另一方面教师自身要树立终身学习理念,在自我内驱力的驱使下主动革新教学理论,深度理解将美育融入各学科教学的育人价值,在学校的帮助和自身的转变下不断探索和实践,"润雅"课堂才能真正出现在各学科的课堂教学中。

(二) 丰富教师知识素养,提升教师洞察力

小学学科内容在编排上充分考虑小学生的认知水平,采用了较多的插图,美是明显的且客观存在的,因此各学科内容并不缺少美,缺少的是发现美的洞察力,因此丰富教师知识素养以提升教师捕捉美的敏锐力是十分必要的。而教师作为审美主体,其应当具备一定的学科素养、艺术素养,学科素养决定课堂中的学科知识,艺术素养放大学科中雅的元素,二者缺一不可并需充分融合才能让"润雅"课堂得以真正落地。[3]教师知识、艺术素养的提升既可通过阅读有关学科思想方法、美学理论、教育哲学等书籍,也可充分发挥各学科教研组的力量,集合学科教师群体的智慧开展"润雅"课堂的集体备课活动,尽可能地提取蕴含在小学各学科教材中的雅元素。

(三) 联系学生实际生活,积极培养学生的审美能力

通过联系学生的实际生活以培养学生的审美能力,是教师的责任与义务。学科内容源于生活,又高于生活,而教师在学生生活中既扮演着引导学生学科生活化的角色,又是学生实际生活素材的来源者,教师将教材中有关学科雅的素材和学生生活中有关学科雅的元素有机结合,让学生在理解学科知识的同时还能发现学科与生活的有机交融,进而感悟书本知识与真实生活的和谐美、成就美和创造美。

（四）优化教学评价体系，重视润雅课堂精神获得

改革教学评价体系是帮助学生全面发展的重要环节。目前我们所实施的教学评价体系以卷面成绩为主，评价形式单一；在评价内容上忽视学生精神获得，评价内容不完善；评价以分数量化为主，评价方法局限。学校应建立学科雅和学科知识的融合评价体系，为"润雅"课堂的实施提供保障。

第一，根据"润雅"课堂的育人目标，建立动态和开放的评价体系；第二，根据学生全方位发展的评价标准，破除以卷面分数或者纸质作业为依据的单一性评价体系。例如，教师可以通过一句动情的评价，给学生营造一个充分展现学科人文雅的氛围；以绘画的形式勾绘出今日"润雅"课堂所得；寻找一幅图片来发现学科知识和大自然的有机交融，感悟知识与自然的和谐美。

参考文献

［1］王殿双.对小学数学教育中美育问题的思考[J].中国校外教育，2015(11)：84.

［2］卢立涛.改革开放 30 年我国中小学学校评价的回顾与反思[J].教育科学研究，2009(10)：28-32.

［3］赵伶俐.让教师学会发现美、感知美、体验美、表达和创造美[J].人民教育，2017(Z3)：29-32.

大美育观下小学数学"润雅"课堂的内涵与体现

朱林　观山湖区华润小学

　　研究大美育观下小学数学"润雅"课堂的内涵与体现,首先需要讨论学校美育的基本问题,并在此基础上结合数学学科谈一谈在小学数学"润雅"课堂中如何实现美育。

一、大美育观下小学数学"润雅"课堂的基本内涵探讨

(一) 美与审美的内在联系

　　《现代汉语词典》认为美是"美好的事物",美有其自身的独特性,如形象性、感染性和社会性。美的形象性是指美不能直接被人感知到,它需要与外在形式相结合才能被呈现出来,形象是美的外显;感染性是指美诉诸人的情感,它能通过人与人之间的情感传播,使之达到精神共鸣,在美的感染性中,人的本质力量和主观因素得到凸显;社会性是指美受到人们的社会实践所制约,它需要符合一定的社会规范。我国著名美学家朱光潜先生从主客观统一的角度出发,认为美存在于"物"但感发于"心",即美是由事物自身属性所决定的,但感知美则受到客体主观因素的影响,因此,美实际上是主客观之间的交互。

　　《教育大辞典》将"审美"界定为一种活动,即"通过美的活动来把握形象,包括欣赏美的事物和创造美的作品等活动"。"审美"可作为"审"与"美"之分,从逻辑关系上来说,先要有审这一过程的介入,才会有美的感受发生。

　　"美"是客观的、具体的、形象的。美源于社会实践,是个体与客体交互作用的产物。因此,本课题认为,"美"以符合社会需要且直观的形式反映出人的精神需求,它能通过人与人之间的交流被感染和传播。"审美"则是人的一种主观心理活动,即人对美的对象的感知和理解,而后能改造与创造美的过程。

　　故由于美的感染性的特征,审美能通过人与人之间的沟通和交流得以较完整地实现,这也是学校教育培养学生美育的必要前提。

(二) 小学数学中的美育

　　小学数学中含有丰富的美育资源,这些资源既显性存在又隐形散发。小学数学中许多精美的图形通过图形的运动可以轻松得到,同时图形本身也具有艺术上的美,如毕达哥拉斯曾说:"所有的平面图形中,圆是最美的";小学数学的学科属性也能让数学散发出思想美和科学美,如数形结合思想和逻辑严密的推理。因此,小学数学本身就具备许多可供教师挖掘再传达给学生的美育素材。小学数学教师应当遵循每个时期的教育方针与审美标准,借助小学

数学中的美育资源,充分挖掘数学中一切美的元素,在课堂教学中有目的、有计划、有组织地向小学生渗透审美意识,从而实现小学数学以美益智、以美怡情、以美促德、以美育美的美育功能。

(三) 小学数学"润雅"课堂的基本内涵

在文学艺术中,大体来说,"雅"包含如下三层意义。一是《诗经》六义之一。孔颖达在《毛诗正义》中把"雅"解释为诗的种类,说:"风、雅、颂者,诗篇之异体;赋、比、兴者,诗文之异辞耳。"二是指一种乐器,徐正英、常佩雨注引郑司农云:"雅,状如漆笛而拿口,大十二围,长五尺六寸,以羊韦鞔之,有两组,疏画。"可见"雅"就是撞击产生节奏的乐器。三则是典雅、纯正之意,在《论语·阳货》中有记述:"子曰:恶紫之夺朱也,恶郑声之乱雅乐也,恶利口之覆邦家者。"这里所说的"雅乐"即为典雅、纯正的音乐。

作为美学范畴的"雅",自魏晋南北朝开始就占据了文学批评的一席之地,曹顺庆、李天道在书中将古代文艺美学从广义与狭义、褒义与贬义四个方面进行赏析。广义上看,"雅"与"俗"之间象征着社会等级的划分,"雅"属于统治者、士大夫精英文化阶层,是正统的、雅正的;"俗"则属于被统治者、平民百姓大众文化层面,是世俗、浅俗、粗朴的。狭义上看,"雅"与"俗'意指审美意趣与审美境界上的高雅别致、典雅庄重、超凡脱俗与通俗浅显、质朴粗犷、自然本色等。

小学数学"润雅"课堂在育人目标上继承了"润雅"课堂的育人目标,但同时在育人方式上也有着符合其学科自身属性的特色。不同于传统美育特征突出的音乐和美术学科,小学数学课堂的"润雅"元素较为隐蔽,虽也有明显的美,如数学图形美,既可以通过图形的运动领略,也可以以图形的拼接直观感受,但数学更多的美是思想美和精神美等隐性的美,其凸显既需要教师结合教材,也需要教师联系实际,甚至还需要教师从数学文化和数学史中挖掘出美的元素。因此小学数学"润雅"课堂的育人方式不仅只是简单地让学生欣赏数学的直观美,更应以精心琢磨的教学内容、富有逻辑的实际课堂、缜密的教学推理和严谨的数学语言,着重向学生渗透数学的思想美和科学美,从而让学生在学习数学的过程中明晰真善美和假丑恶,将其塑造为秀外慧中、雅俗共赏的雅致形象。

二、大美育观下小学数学"润雅"课堂的具体体现

(一) 数学的外在形式美

数学的外在形式美,是一种直观表层的、学生能直接利用感官感受到的数学之美。这些显性的数学美让学生在感受与欣赏数学的美的同时,还能透彻地理解数学知识,既能提升学生学习数学的兴趣,还能培养学生的美育素养。

1. 简洁美

数学的简洁美,狭义上是指数学内容的简洁和简单,数学呈现方式的干净与清爽,广义上是指数学表达形式的高度抽象性与概括性。简单的符号、公式、定理等不仅能概括大量复杂

的事实，还能将事实定性，赋予其数学意义，给人以简单、清晰、准确的美感。[2]

阿拉伯数字"1"，是数学产生的原始，在符号中具有高度的抽象性和外延性。它所含的意义包罗万象。从数域来看数字"1"，可以是最小的正整数，从构成物质的基本单位来看，它可以是一个原子或分子；从描述客观事物看，它可以指一颗石头，可以是一颗星球，甚至是一个宇宙，简单的数字"1"包含了生活中所有的客观事物的意义，这体现出它的高度概括性与抽象性。数字"1"的意义又不仅局限于单独个体，由它又能衍生出其他数学意义，如通过算式"1+1=2""1+1+1=3"……衍生出了其他数字，在学习分数时出现的单位"1"则又可以指由多个物体所组成的一个整体，和其他数字组合而成的多位数又产生了数位的概念，数字"1"的数学思想与道家的"道生一，一生二，二生三，三生万物"的道学思想不谋而合，由此数字"1"又具备高度的外延性。

数学的表达形式上也具备简洁美，这样的简洁美背后也蕴含着数学高度的抽象性与概括性。如乘法是表示相同加数的和，乘法的产生使得繁琐的加法算式用寥寥几个数学符号便能简明呈现其意义，如 $7c=c+c+c+c+c+c+c$。含有字母的式子表示数学意义既是从具体数到抽象数的跨越，是形象思维向抽象思维的转变，也是让学生感受数学简洁美的另一途径。

2. 对称美

对称广泛存在于现实生活中和数学中，如对称动物和对称建筑，对称图形和对称数字，数学的对称美既来源于对客观事物的观察，也源自于数学研究对象自身。

几何图形的对称性往往体现在点的对称与线的对称上，如正三角形、正方形、矩形、菱形等平面图形；圆柱、长方体、正方体等立体图形。在诸多对称图形中，圆集所有对称图形的美于一体，它可以沿着圆心任意折叠后两边重合，也有着不同于任何由线段围成的平面图形的曲线美。

回文数的对称性也颇有美感。回文数指的是无论正读还是倒读都是一样的数。在整数乘法中，可以发现有趣的回文数：

$$11^2=121,$$
$$111^2=12321,$$
$$1111^2=1234321,$$
$$11111^2=123454321。$$

回文数在结构上对称、在视觉上美观，学生能体会数学美，还会诧异于数学的奇妙之处，从而产生一种初见时"荒诞"，深入后"明理"的感悟，这正是数学对称美给予人的美好体验。

3. 统一美

毕达哥拉斯认为宇宙统一于数，数学的统一美体现出均衡、和谐的美感，数学的统一既能对同类量统一，又能对同类量的互相转换统一。如毫米、厘米、分米、米，它们是表示长度类的量，且相邻两个单位之间的进率均为10，既可以用进率使大单位转小单位，也可以小单位转大单位，从而实现同类量的互化。数学的这种统一让学生在根据实际选择合适的量中感受到数学的科学美。

此外,许多数学公式也体现了数学的统一美。如立体几何的体积公式 V＝sh 统一了直棱柱的体积公式,借此还衍生出和圆柱等底等高的圆锥体的体积公式:V＝1/3sh。数学模型以及生活中的圆柱体和圆锥体不胜枚举,但仅用两个体积公式就能解决一切圆柱体和圆锥体体积计算,数学的统一在解决了"乱花渐欲迷人眼"的基础上还映射出大道至简、返璞归真的思想美。

(二) 数学的内在理性美

美是数学的极佳境界。数学的外显美是能通过感官感受到的美,是能用语言表述的美,内在美是一种高尚的理性美。相比于外显美,数学更多的是逻辑严密美、思想深邃美、思想奇异美,这种内在美是隐蔽的、深邃的,甚至令人惊叹的,往往需要通过主体自身的思考和逐级领略才能把握美的体验。

1. 逻辑严密美

逻辑严密美以逻辑为底蕴,以严密为赏析,受数学学科自身学科属性决定,数学与逻辑密不可分,因此数学的理性美丰富且深刻。数学讲究严谨,数学公式和定理的推导离不开层层递进的逻辑推导论证,这种推导必须严密且又符合推理的逻辑,它一定是根据客观事实大胆假设、小心求证命题的陈述与论证是否准确,并精炼的过程。因此数学的严密逻辑具备客观性和绝对性,这也是数学逻辑严密美的魅力所在。

以小学数学"圆的面积"为例。圆的面积的推导需要用到的已有知识有:面积的含义,长方形面积公式,圆的含义,圆的周长公式;数学方法有:变曲为直;数学思想有:转化思想,极限思想。推导思路按照:第一,复习旧知识回忆起平行四边形,三角形等面积的推导过程,唤醒已有知识经验;第二,分一分,将圆形平均分成偶数份,领悟变曲为直、化曲为方的数学方法;第三,大胆想象,分割成无限份,最后的圆形会变成长方形,领悟极限思想和转化思想;第四,仔细观察,转化后长方形的长对应圆周长的一半,转化后长方形的宽对应圆的半径,成功推导出圆的面积公式。圆的面积公式推导过程环环相扣、层层剖析、结构严谨,学生通过观察、实验、对比,以个人数学经验和数学直观直接进行推测而得到了圆的面积公式,这是合情推理的过程,也是感悟数学逻辑严密美的过程。

感悟数学的逻辑严密美既能培养学生的逻辑思维,还能提高其科学素养,养成良好的数学思维品质,从而塑造实事求是、严谨求实的人格。

2. 思想深邃美

分类是小学生认识事物、观察事物的重要方式,分类是以事物的属性特征为依据,将这些事物对象按照某一标准分为若干类别,分类思想常用于小学数学中。如教学"数一数"时,若要将所数对象不重复、不遗漏地数出来,那么首先要对所数对象按照某一标准进行分类,将同类事物归为一类后再数数;在认识图形中,学习了长方体、正方体、圆柱体等立体图形的特征后,需将打乱的立体图形按照形状将其重新归类。分类思想既能应用到学生的实际生活中,帮助其规整物体,也能让学生领悟在分析条件繁多的问题时,可以借助分类思想将其化整为零,逐个分析,以便降低问题的难度。

转化思想的核心是将复杂转化为简单,将新知转化为旧知。知识的学习是长期的过程,是螺旋式曲折上升的过程,转化思想既可以有效解决学习知识过程中的遗忘问题,也能不断巩固旧知识,还能深入学习新知识,小学数学中考虑到小学生的思维发展特点,大量地运用了转化思想。如在分数运算中,分数除法的计算方法是将其转化为分数乘法。再如,在平面图形的面积公式推导中,平行四边形、三角形、梯形、圆的面积公式均是由长方形的面积公式转化而来,长方形的长和宽均能在上述平面图形中找到对应,由此将新知识转化为旧知识,将复杂的问题变得简单。转化思想合理有效地运用既能降低新知难度,又能使学生领悟深邃的数学转化思想美、统一思想美。

3. 思想奇异美

奇异指事物的发展或结论出乎人的预料,有时奇异也能带给人一定的美感。数学的奇异美,能诱发出人们的想象,产生心灵愉悦的惊奇[3],数学的奇异美,又是惊奇,是新奇,是创造,它有时候会以超脱客观事实的结论引发人们的赞叹,使人感到意料之外又在情理之中。正是数学的这种奇异,诱发了人们对数学的浓厚兴趣和关注。教师在教学中应当让学生体会到数学的奇异之美,利用数学的奇异之美,打破学生的墨守成规,培养学生求异的意识和想象力。

让学生感受到奇异的途径之一是数学方法的巧妙运用,它可以将复杂的算法变得简单并且易于理解,常会让学生发出恍然大悟的惊叹,如下面的连加算式:

$$1+2+3+\cdots\cdots+98+99+100$$
$$=(1+100)+(2+99)+(3+98)\cdots\cdots+(50+51)$$
$$=101\times50$$
$$=5050。$$

相比常规的连续加法运算,该算法的核心要义是利用乘法的意义将连加算式变为利于计算的乘法算式,这种方法不仅体现了数学的统一与简洁,转化过程还能给人以巧妙的愉悦感和惊叹感,无形中向学生传达了数学的奇异之美。

数学的奇异美还体现在数学的结果上,这种结果有时会以超脱客观事实的存在让人惊叹。如折纸问题,一张小小的 A4 张经过多次反复对折后,厚度会超过珠穆朗玛峰的高度,因为它对折后的厚度总是前一次对折厚度的 2 倍,不考虑纸张的对折极限,这样对折下去纸张的厚度会一直以 2 的倍数扩大下去。虽然这并不符合客观事实,忽略了物理学,但这些生活中差距巨大的两种物体经过数学推理后竟能产生如此奇异的联系,其中的思考闪烁出数学的奇异光辉,散发出数学的奇异美。

参考文献

［1］王殿双.对小学数学教育中美育问题的思考[J].中国校外教育,2015(11):84.

［2］俞定海.浅谈数学美育及其对学生心理的影响[J].课程·教材·教法,1995(10):32-34.

［3］徐利治,徐本顺.数学美与数学教学中的审美[J].山东教育,1997(11):30-35.

小学语文课程活动中的美育渗透

金俊　贵定县第二小学

小学教育是人生之旅的奠基工程,在语文课程活动中,培养小学生审美的情趣与审美的能力是一项"必修项目",同时也是一个长期积累与潜移默化地不断"渗透"的过程。

一、善于从语文课程活动中发现美

审美渗透是一个认知、体悟、吸纳、内化的渐进过程,这一切都是语文课程活动中以朗读活动为基础的。在"书读百遍"下,既然有"其义自见"之说,那么"其情自见"同样也就是顺理成章之事了。比如张志和的《渔歌子》:"西塞山前白鹭飞,桃花流水鳜鱼肥。青箬笠,绿蓑衣,斜风细雨不须归。"通过初读、精读、对读、反复朗读等形式,学生不仅从"白、红(桃花)、青、绿"等字眼中读出了颜色艳丽,而且从"白鹭飞""鳜鱼肥""青箬笠""绿蓑衣"中读出了物象美,更是从"斜风细雨不须归"中读出了主人公的喜爱"鱼色"和淡定从容的内在情感之美。从总体上来说,整个语句和画面为人传递了一种"景美、物美、情美、人美"的美不胜收之感。再如《詹天佑》,教师引导学生朗读课文语段,从外国报纸的"轻蔑"之言中感知主人公不计名利的爱国精神之美,从对工作人员的"勉励"之言中感知主人公的精益求精之美,从居庸关的"从两端同时向中间凿进法"、八达岭的"竖井凿进法"以及青龙桥附近的"人"字形线路设计中,切实感受到主人公的超人智慧之美。

部编版三年级语文上册第五单元主题为"留心观察"。学生学习留心观察,目的是积累生活素材,有内容可写,不断提高写作能力。教材力图引导学生做生活的有心人,留心观察周围的人事景物,感受课文中作者的细致观察,体会细致观察的好处,逐步养成留心观察的习惯。"生活中不缺少美,只是缺少发现美的眼睛"。本单元的篇章也引用了法国艺术家罗丹的名言,旨在说明引导学生留心观察发现美的重要性。

2023 年 10 月 3 日,杭州亚运会女子 50 公斤级决赛,中国女拳手吴愉(贵州贵定籍)对战泰国拳手楚他玛·拉沙。吴愉最终以 5:0 的比分击败对手,夺得本届亚运会拳击项目的首金,并获得巴黎奥运会门票。消息报道后,吴愉的喜讯一下子"霸屏"朋友圈,全县人民都为此欢呼,为其骄傲。

且问,吴愉在本届亚运会拳击女子 50 公斤级决赛中获首金与语文课程活动有什么关系?

正值当时,我们学习习作"写一个你熟悉的人"。新课伊始,我用"猜猜他/她是谁"作为此节课的导入环节,出示课件:"根据内容猜猜他是谁? 是从哪方面描写了人物的什么特征？"学生猜出后，我出示相应的图片对正。吴愉是导入环节的压轴戏。内容一出来，"杭州第19届亚运会拳击女子50公斤级决赛……"内容没有读完，全班同学就齐声道："吴愉！"当课件出示吴愉双手举托着鲜艳的五星红旗的特写镜头时，教室里一下子沸腾起来。

生："哇！"

生："我们贵定的人，是我们贵定的骄傲！"

"……"

师："同学们，提到吴愉，为什么你们如此的激动、兴奋呢？她给你留下了怎样的印象？"

生："她获得拳击冠军，为国争光！"

生："比赛很辛苦，但是她坚持到最后，我很敬佩她！"

师："相信大家身边一定有自己最熟悉的人，他/她给你留下怎样印象？一般写人通常从哪几个方面来写？"

"从人物的外貌、性格、爱好、品质等来写。"

……

列出简单的思维导图如下所示。

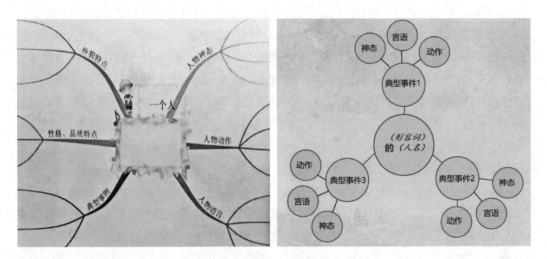

在习作小练笔时，"吴愉是吴铭睿的姑姑，好厉害啊！"教室的一个角落清脆的声音高喊着，正是吴铭睿的同桌禹彤。全班同学向吴铭睿投去羡慕的目光。

吴愉的侄子刚好在我这个班上，基于此，我走近吴铭睿，俯下身子，轻声问道："姑姑给你留下怎样印象呢？""我觉得她是最美的！"稚嫩的声音，骄傲中带有几分羞涩！我接着问："你为什么觉得她美？你能写一写她在你心中的美吗？"他自信地笑着点了点头。

作文互改环节，小吴的同桌把一篇《美丽的姑姑》习作递给我，是这样写的：

美丽的姑姑

我的姑姑虽然没有明星般迷人的外表，她的身材也不高大，但她在我的心里是最美的。

她的皮肤有点黑，但并不暗淡，还显得光彩照人。一双丹凤眼炯炯有神，眼珠像一颗被精心打磨的黑宝石，美丽而耀眼。

我的姑姑在亚运会上获得一块金牌，但她一点也不骄傲，一点也不摆架子，她回家来还和邻居们一起吃饭，一起聊天。给老人们带礼物，还给小朋友们买学习用品，所以我觉得我的姑姑是最美丽的。

我的姑姑能在关键时刻取得冠军，为祖国争得荣誉，与她平时刻苦训练，拼搏进取是分不开的，我感受到了她刻苦训练的精神，这种精神一直激励着我。姑姑，你真棒，你真是我学习的好榜样！

姑姑虽然一直穿一身休闲运动服，但是显得特别精神，在我的心里、眼里，我觉得我的姑姑是最美丽的。

（师点评：吴铭睿同学抓住人物的品质，留心观察，写出姑姑的心灵美、内在美。小吴同学不仅仅获得的是知识，相信他一定会受到姑姑给他的影响，姑姑刻苦训练、拼搏进取的精神对小吴同学的意志品质一定会起作用的。）

生："老师，我写我的妈妈，但是妈妈没有上班，她天天在家里带我弟弟，怎么写妈妈的心灵美、内在美？"

在作文讲评中，我点拨学生："在选择事例时，不要认为能表现人物思想品质的事例一定都是惊天动地的大事，也可以选择具有代表性的日常生活中的平凡小事，以小事来表现主题、体现中心。这样的小事多吗？"

生："每天早起的清洁工人，他们虽然外表脏，但心灵美！起早贪黑地打扫卫生，把我们的城市变得更加美丽，他们就是城市的美容师。"

生："哦，我知道了，妈妈帮助隔壁刘奶奶买菜，我觉得妈妈也是最美的。"

所谓的美育，就要切实做到以美育人，在语文课程活动中不仅仅局限于学生认识到美的元素，还要让学生在认识美中发展品德和情操，把美延伸到自然和社会中去。

二、善于从语文课程活动中欣赏美

大自然是一本读不完的书，正如苏霍姆林斯基所说的"大自然是对儿童进行审美教育的绿色课堂"。比如，在春光明媚的崭新气象中，既有"不知细叶谁裁出，二月春风似剪刀"的生机勃勃，又有"儿童散学归来早，忙趁东风放纸鸢"的娱情快意；在万物竞生、生机勃勃的夏季，组织并引领小学生到小池边切实感悟"小荷才露尖尖角，早有蜻蜓立上头"的诗情画意，认真欣赏"黑云翻墨未遮山，白雨跳珠乱入船"的大自然气象；在金风送爽、层林尽染的秋季，引导小学生切实感受"停车坐爱枫林晚，霜叶红于二月花"的绚丽景色，还有那"落霞与孤鹜齐飞，秋水共长天一色"的秋景秋思；在白雪纷飞、万物凋敝的冬季，引领小学生去感悟梅花"凌寒独自开"的高洁与孤傲，去品味"风雪夜归人"的独特温馨……此外，在课外拓展延伸中，在丰富多彩的校园活动中，在类型多样的社会实践中，组织并引导小学生通过"学与用""咏与叹"、实践与创新等活动，切实体验并感悟丰富多元的"美"元素，这真是融合自然、无限活力的美育渗透啊！

在新课程背景下，教师的基本功显得尤为重要。其中，写好粉笔字就是一项不可或缺的技能。粉笔字在语文课程教学中的地位举足轻重，因为它的质量直接影响到学生的审美观和书写能力。在语文课程活动中，教师应注重每一次的板书。

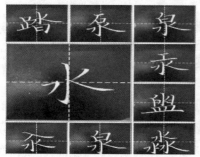

一笔一划，展现教师的风采；一横一竖，见证教师的专业。粉笔字技能比赛为教师提供了一个独特的舞台，不仅锻炼了大家的书法技巧，更激发了教师对书法的热爱。这一举措为学校的文化建设注入了新的活力，使其更加丰富多彩。教师应深知育人先律己的道理，以严谨的笔法承载师德，用每一个字传递知识，真正做到了学识渊博、品行端正。教师不仅是知识的传播者，更是学生成长道路上的引路人。

三、善于从语文课程活动中渗透美

在小学语文教学过程中，教师应善于通过各类途径和方式，充分挖掘基础教材与课堂教学中的美育因素，引导小学生逐步感知其中所蕴含的各类情感活动、审美趣味和审美理想，不断提升他们的欣赏意识和能力。此外，还要通过"内外互动""学用结合"等，引导小学生从社会生活中不断地认识美、发现美、创造美。正所谓"随风潜入夜，润物细无声"。只有这样，才能在潜移默化中积极有效地攫取美育元素，并且不断放大美育活动的良好效应。例如，《一块奶酪》中的蚂蚁队长"以身作则、爱护幼小"元素；《在牛肚子里旅行》中的青头"机智勇敢、求助同伴"的元素；《一个粗瓷大碗》中的赵一曼"关心战士、同甘共苦"的元素；《灰雀》中的列宁"充满爱护、尊重他人"的元素，还有蕴藏于学习生活中的"赠人玫瑰、手留余香"元素等。教师应善于利用这些美育元素,并在语文课程活动中持续不断地进行美育渗透,利于促进小学生的个性化发展。

四、善于从语文课程活动中创造美

由于心智发育的规律性特征,小学生群体具有"求新、求异、求趣、求动"的活泼天性。正因为如此,在小学语文教学过程中,积极开展丰富多元的手口脑互动活动,不仅有利于贴合小学生的学习心态,有效激发他们的学习兴趣,而且有利于小学生在体验实践中促进理解、深化体悟,为加强美育渗透提供无可替代的良好平台。不仅如此,"儿童的智慧多出在他们的手指尖上",这与"纸上得来终觉浅,绝知此事要躬行"有着本质上的异曲同工之妙。以单元复习识记作者教学为例,这是阶段检测中丢分率最高的一道选择题,这一题主要考查学生对课文与作者的认识,很多学生容易混淆。在课堂教学中,我引导学生以单元为主,通过"作品串联法"的形式,快速而牢记文学常识。我以第一单元为例,对部编版语文三年级上册第一单元的作品与作者的串联:"吴然在《大青树下的小学》上学,印度的泰戈尔写了一本《新月集》,《花的学校》就选自其中;我不懂印度文,郑振铎帮我翻译了,这一切被清代诗人袁枚《所见》。"学生觉得很有趣,一下子记住了。鉴于学生兴趣浓厚,以单元为主,学生进行分组合作、探讨交流,针对其他几个单元将课本与作者进行串联。在小组汇报中,一串串优美的语段沁人心脾:

"唐代杜牧去《山行》时,看见宋代诗人写了一句诗《赠刘景文》,宋代的叶绍翁也写了一首《夜书所见》。张秋生在《铺满金色巴掌的水泥道》上玩耍,陶金红淋着《秋天的雨》,和毕国瑛一起《听听,秋的声音》。"

"丹麦的安徒生在街上遇到了一个《卖火柴的小女孩》,叶君健帮我翻译了。流火说《那一定会很好》。张之路看见红头《在牛肚子里旅行》,又给辛勤《一块奶酪》。"

"在慈琪那《总也倒不了的老屋》旁，王一梅看见了《胡萝卜先生的长胡子》，意大利的罗大里写下《小狗学叫》，沈萼梅、刘锡荣翻译给我听了。"

在慈琪那《总也倒不了的老屋》旁，王一梅看见了《胡萝卜先生的长胡子》。意大利的罗大里写下《小狗学叫》，沈萼梅、刘锡荣翻译给我听了。

"郭风去外婆家认识了《搭船的鸟》，我也认识了苏联的普里什文，他写下《金色的草地》，茹香雪也帮我翻译了。"

郭风去外婆家认识了《搭船的鸟》，我也认识了苏联的普里什文，他写下《金色的草地》，茹香雪也帮我翻译了。

"唐代李白《望天门山》，宋代诗人苏轼看《饮湖上初晴后雨》，唐代刘禹锡在《望洞庭》，林遐的家乡在美丽的《海滨小城》，唐代李白《早发白帝城》。"

唐代李白《望天门山》，宋代诗人苏轼看《饮湖上初晴后雨》，唐代刘禹锡在《望洞庭》，林遐的家乡在美丽的《海滨小城》，唐代李白《早发白帝城》。

"叶圣陶去看《瀑布》，发现朱维之有一本《读不完的大书》，牛汉喜欢《父亲、树林和鸟》，一边听着唐代诗人王昌龄的《采莲曲》，一边欣赏美景。"

叶圣陶去看《瀑布》，发现朱维之有一本《读不完的大书》。牛汉喜欢《父亲、树林和鸟》，一边听着唐代诗人王昌龄的《采莲曲》，一边欣赏美景。

"我认识了《宋史·司马光传》中的司马光,还认识了苏联的阿克耶夫,他写的《灰雀》,李生权帮我翻译了。周而复说白求恩讲《手术台就是阵地》。"

学生的创作读起来朗朗上口,激起了他们在学习语文过程中创造乐趣的热情。经过上述系列化实践,学生们从中切实体悟到了学习语文过程中的创造美,由此播下了"美与育"的种子。

综上所述,"美与美育"既是学生学习过程中的必需品,又是他们健康成长中的营养品。教师需充分利用并善于通过语文课程活动,源源不断地为学生注入美育元素,逐步铸就他们的健全品格。

参考文献

[1] 叶水涛.语文教学中的审美接受[J].语文世界(教师之窗),2023(2):1.

[2] 李传贵,李卉.小学语文古诗鉴赏的实践路径[J].课程教材教学研究(小教研究),2022(Z6):22-24.

[3] 陈丹.新课标背景下提升小学生语文核心素养的教学改革研究[J].教育界,2022(32):14-16.

大美育观下小学数学"润雅"课堂的探索与实践

周敏　观山湖区华润小学

课堂是润泽学生"心灵"的主要阵地,也是渗透数学美育的主要渠道。美育作为学校教育的重要组成部分,是新时代落实立德树人的重要着力点。2018 年,习近平总书记在全国教育大会上强调"坚持以美育人、以文化人,提高学生审美和人文素养"。因此,我校在大美育观下开展了小学数学"润雅"课堂的探索与实践。

一、"润雅"课堂之数学美

(一)"润雅"课堂的含义

"润"即润泽、浸润。《说文》中指出"润,水曰润下",意为滋润;《礼记·聘义》中说到:"温润而泽",即润泽;《春夜喜雨》中又说到:"随风潜入夜,润物细无声",表明"润"是一种隐形的浸润。"雅"是现代汉语次常用字,最早见于金文。《说文》中本义是乌鸦,后假借指正确的、规范的,引申为高雅、文雅等义。"雅"也是《诗经》的体裁之一,意为高尚的、不俗的;《荀子·荣辱》中更是指出:"君子安雅",即"正而有美德者谓之雅"。基于此,研究将"润雅"课堂界定为:通过有组织、有计划的课堂教学润泽学生的心灵,进而培育学生合乎标准的、规范的雅致行为。

(二)数学美的内涵

数学是一门研究数量、结构、变化、空间以及信息等概念的学科,"美"即美丽、美好的事物。数学美则是存在数量、结构、空间及信息中的美的元素,许多学者也对此作出了许多研究。徐利治教授在《数学与思维》一书中指出,"数学美可以说是带一定主观感情色彩的精致的直觉……"[1]。徐本顺教授在《数学中的美学方法》一书中说:"数学美是一种人的本质力量通过宜人的数学思维结构的呈现。"[2]德国数学家库默尔(E. E. Kummer)说:"一种特别的美统治着数学王国,这种美与艺术美的相似性不如与自然美的相似性那么大,它反映了具有抽象能力的思想,它也会得到人们的欣赏,这一点很像自然中的美。"

数学美是一种既有共性的美,又具有个性的美,其内涵分层多样。宏观层面来说:数学美是一种科学的美;中观层面来说:数学美是具有学科特性的简洁美、结构美、思维美;微观层面来说:数学美是基于教材内容来展现的数字美、图形美、统计美及规律美。

(三)"润雅"课堂中的数学美

挖掘现代数学中美的元素,从美学的角度重新认识数学内容,构建以"数学美"为核心的课堂,润泽学生的心灵。"润雅课堂"中的数学美主要包括:数字之美、图形之美、统计之美及规律之美。数字之美是指教学中数字符号的认识、十进制的认识、小数的认识等,如自然数的认识,两匹马、两粒米→□□→2,自然数的发展历程由数量到图形,再到数字,自然数在形式上是去掉数量的名词,用符号表示数;在实质上舍去事物的背景,使得数具有了一般性,让学生感悟到数是一种符号表达,感受数字之美。图形之美是指教材中平面图形、立体图形、轴对称图形展现的具象美、对称美、结构美以及图形背后的故事美。统计之美则包括条形统计图、折线统计图、扇形统计图等奇异美,以及中华民族统计萌芽"结绳记事"的传统文化之美。规律之美即数学教材中规律的探索,包括加法交换律、乘法交换律等。

二、"润雅"课堂之愿景

(一) 数学文化的"润雅"课堂

英国人类学家泰勒(E. B. Tylor)在《原始文化》(Privimite Culture)一书中指出:"文化,乃是包括知识、信仰、艺术、道德、习俗和人所获得的能力和习惯在内的复杂整体。"[3]数学既是一门学科,也是一门艺术,数学文化在哲学、建筑、美学等领域都体现了数学之美和数学精神。其中《九章算术》中就归纳了数学对法律、中医、哲学、艺术、文化革命、音乐、文化符号创建等发挥的作用。数学文化的"润雅"课堂则是以数学家、数学史、数学美为着力点,以课堂为载体,构建不同类别的数学文化课堂,以数学的人文底蕴与数学思想浸润学生的心灵,提升学生对数学的积极情感体验,进而认识到数学的应用性、人文性、多面性与趣味性。

(二) 数学情境的"润雅"课堂

小学数学情境化教学是一种通过创设真实生活或实际场景来引发学生学习兴趣和主动参与的教学方式。与传统的抽象概念教学相比,情境化教学更注重学生的亲身体验,促进小学生更好地应用数学知识解决实际问题。在小学数学情境化教学中,教师通过构建具体的情境和场景,将抽象的数学概念转化为学生可以直接感知和理解的形式。数学情境的"润雅"课堂则是通过真实生活情境中美的元素来吸引学生的注意力,构建一个充满美感、充满活力的学习环境,使学生在愉悦的氛围中学习数学,在亲身体验的基础上感受数学之美,进而学会约束、规范自己的行为。为实现这一愿景,教师需要转变教学观念,提升自身的美育素养,创设美的教学情境,引导学生体验数学美。

(三) 数学思维的"润雅"课堂

数学学科思维是指学生在面对具体数学事实或抽象数学概念时的思维路径和思维方式,是在系统的数学知识学习中经历认识及内化等过程逐步形成的发现和提出问题、分析和解决问题的意识和能力。[4]数学思维的"润雅"课堂以抽象思维、逻辑推理、分析与归纳、创新思维等为依托,搭建"思维美"为核心的"润雅"课堂,提升学生对数学整体性、一致性、统一性的理解与表达,进而规范学生的数学语言美。

三、"润雅"课堂之实践

(一) 研读教材,挖掘美的元素

研读教材是挖掘美的元素的基本措施。《义务教育数学课程标准(2022 年版)》指出,数学教材为学生的数学学习活动提供了学习主题、基本线索和知识结构,是实现数学课程目标和实施数学教学的重要资源[5]。教师要通过研读教材,挖掘教材中美的元素,设计以数学美为抓手的教学设计,进而为"润雅"课堂的实施奠定基础。例如:苏教版五年级下册"圆的认识"这节课,圆具有图形之美,同时在古代对圆的探究也颇多,因此本节课可构建为数学文化的"润雅"课堂。

(二) 联系古今,深化美的价值

中华优秀传统文化是中华民族的根与魂,是我们在世界文化激荡中站稳脚跟的基石。《义务教育数学课程标准(2022 年版)》在课程理念中指出,要关注数学学科发展前沿与数学文化,继承和弘扬中华优秀传统文化。研读教材,确立课题之后,便可以寻找我国古代的重要数学思想与成就或是数学家的故事来契合课题,挖掘传统文化之美,深化美的价值,以此浸润学生的数学思想。例如圆的认识,古希腊的毕达哥拉斯在研究完大量平面图形后认为:"一切平面图形中,最美的是圆形。"数学中的简洁美、对称美、和谐美和奇异美在圆上体现得淋漓尽致。中华民族自古也有以"圆"为美的心理习惯,认为圆形有圆满、周全的含义,有完美、和谐的意象。圆是一种图形,是一种思想,也是一种文化,在教学中以古人怎样画圆为切入点引发学生思考,通过观察,动手操作,对比分析,初步感知,体会到圆的基本属性。具体的操作更加具有直观性,让学生不仅更加印象深刻,而且油然而生出对古人智慧深深的敬佩之情,对于学生创新能力的发展具有一定的铺垫作用。

(三) 以美润雅,构建美的课堂

美育的历史源远流长。早在两千多年前,孔子就提出"兴于诗,立于礼,成于乐",强调了审美教育的价值。中国近代教育家蔡元培提出以"超脱、普遍、有则、必然"为特点的美感教育,主张"以美育代宗教",促使美育成为学生发展的刚需。因此,数学课堂不再是单纯以传授知识为主的课堂教学,而是在保持学科本质之下构建美的数学课堂,利用数学教材中的数字之美、图形之美、统计之美及规律之美,以"润物细无声"的隐形方式浸润学生的心灵。法国著名文学家居斯塔夫·福楼拜说道:"越往前走,艺术将更为科学,科学将更为艺术,两者在山麓分手,却又在山顶会合。"数学蕴含在各种学科和生活里,各种学科和生活又丰富了数学美,使数学美更有魅力。

大美育观下的小学数学"润雅"课堂的探索与实践是一个探索知识的形成和发展过程,一个感悟先人发现真理的过程,一个审美体验的过程。利用数学之美构建数学课堂,使学生拥有利用数学美解决问题的能力,同时拓展到学生的生活实际中,以此不断培养学生发现、感悟数学美的能力,以"美"浸润学生的数学思维并润泽学生的心灵。

参考文献

[1] 朱慧.把握追问落点　培养数学思维——"学为中心"背景下的课堂追问策略[J].小学教学参考,2021(20):83-84.

[2] 王永忠.在知识的运用中培养数学思维[J].江西教育,2021(18):61.

[3] 范耀匀.基于支架式教学模式的数学文化课例研究[D].汉中:陕西理工大学,2023.

[4] 蒋敏杰.核心素养视角下数学学科思维品质的培育[J].小学数学教育,2023(22):9-11.

[5] 中华人民共和国教育部.义务教育数学课程标准(2022年版)[S].北京:北京师范大学出版社,2022.

美育视域下的小学英语板书设计策略

陈萌　观山湖区华润小学

2015 年 9 月 15 日，国务院办公厅印发《关于全面加强和改进学校美育工作的意见》（以下简称《意见》），明确了当前和今后一个时期加强和改进学校美育工作的指导思想、基本原则、总体目标和政策措施。《意见》明确美育是审美教育，也是情操教育和心灵教育，不仅能提升人的审美素养，还能潜移默化地影响人的情感、趣味、气质、胸襟，激励人的精神，温润人的心灵。美育与德育、智育、体育相辅相成、相互促进。

在英语教学的过程中，板书是非常重要的一个元素，是教学设计中的重要一环，是一堂课教学内容的外在体现，是教师思维的结构性表现，是教师个人风格的外显，更是教学设计的艺术表现，所以板书设计能够作为学科渗透美育的重要载体。本文探讨的是如何在美育视域下，以板书设计为载体，结合英语学科语言教学特点，进行能够承载美育功能且行之有效的板书设计策略。

一、美育在英语教学中的渗透

《意见》提出：加强美育的渗透与融合，将美育贯穿在学校教育的全过程各方面，渗透在各个学科之中。加强美育与德育、智育、体育相融合，与各学科教学和社会实践活动相结合。挖掘不同学科所蕴涵的丰富美育资源，充分发挥语文、历史等人文学科的美育功能，深入挖掘数学、物理等自然学科中的美育价值。大力开展以美育为主题的跨学科教育教学和课外校外实践活动，将相关学科的美育内容有机整合，发挥各个学科教师的优势，围绕美育目标，形成课堂教学、课外活动、校园文化的育人合力。

根据上述文件要求，应该将美育与英语学科的特点相结合，挖掘英语学科中渗透美育的着眼点和切入点，挖掘英语教材中蕴含的美，结合学生的审美素养培养目标和身心发展特点，从美术、音乐、色彩等多方面，创设英语情境、设计教学活动渗透美育，将美育贯穿到教师的教学活动和学生的英语学习活动中，培养学生积极健康的审美素养，发展学生感知美、欣赏美、理解和创造美的能力，提高学生的审美品位，达到"以美润德""以美润雅""以美育人"的目的。

英语的课堂教学离不开板书，板书是课堂教学的重要组成部分，它体现了教学内容、教学设计、教师风格及教师思维，板书设计本身具有直观性和外显性的特点，板书不仅可以体现英语的外显之美，更是可以承载英语学科美育的渗透。

二、小学英语板书设计之美

(一) 小学英语板书设计——规范美

教师板书中美观、标准、规范的英文,能够为学生树立榜样,润物无声地培养学生的审美情趣以及认真端正的学习态度,提高学生的英语书写技能。因此,教师的板书设计首先应该严谨、规范、具有示范性,尤其在小学低段,英文的书写应该以标准的四线三格进行呈现,特别在字母书写学习阶段,通过板书设计让学生体验规范美。

(二) 小学英语板书设计——色彩美

色彩存在于我们生活和世界的每一个角落,它们影响着我们的情感、心情和感知。对于孩子们来说,通过美育来感受色彩的世界是一种宝贵的体验,可以培养他们的创造力、想象力和审美情趣。在板书设计中,为更好地渗透美育,教师可将不同色彩进行搭配。在保证书写美观的同时,运用不同色彩与语言教学进行有机融合。色彩斑斓的板书设计不仅能激发学生的学习兴趣、吸引学生的注意力、直观地呈现英语课堂的美,还能发挥色彩的功能性,对重、难点语言知识进行强调或归纳总结。

例如:外研社新标准(一年级起点)四年级上册 Module 1 Unit 2——I've got a new friend。本课教材语篇情境是 Amy 对 Lucy 的回信,回信中 Amy 先对 Lucy 的来信表示感谢,为 Lucy 的生日补上祝福并介绍自己年龄和北京的气候,接着对她的新朋友 Mengmeng 的外貌特征和特点进行描述且附上一张她和 Mengmeng 曾一起去长城游玩的合照。该语篇旨在复现书信格式,让学生学习标准的英文书信格式,并通过 Amy 对自己新朋友的介绍,引导学生运用所学核心词句描述自己的新朋友,学会与同伴友好相处,乐于分享生活;且对应上一语篇中对 Buckingham Palace 的话题,通过 the Great Wall 的照片分享,增强学生的文化自信,培养学生的民族自豪感和家国情怀。该语篇为书信体裁,由一般将来时、一般过去时和一般现在时三种时态的句型组成,将学生已经学习过多种时态和语言知识,模拟真实的语言运用体验,遵循真实情境中语言语法呈现的规律进行整合。

本课其中一个重要教学目标是让学生通过阅读了解英文书信的格式和书写框架。教师在对教材语篇的文本进行解构时,可以有意识地将书信内容分解为 greeting、age、weather、information of the new friend (name、like、hair、where)。由于书信篇幅较长,为了帮助学生理解并掌握书信的内容,为第三课时的仿写进行结构的铺垫,可以在教学活动中用不同颜色对该篇书信的不同板块内容进行板书的同步生成,在引导学生进行总结时,不同色彩可以提示学生进行分段、归纳和总结,提炼出结构,搭建结构的关键词再与板书书写的颜色进行呼应和统一,比如问候语句子用橙色书写,归纳时生成的 Greeting 一词也设计为橙色,不仅能够帮助学生更深入地掌握文章结构,也直观地在黑板上呈现出一篇图文并茂、五彩斑斓的书信文。

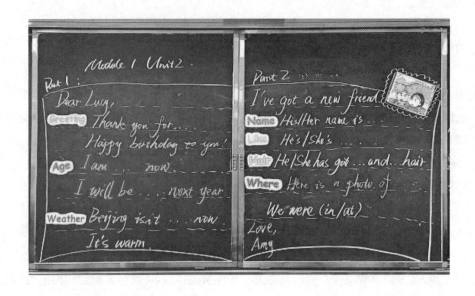

（三）小学英语板书设计——情境美

情境创设是英语教学中的常用教学手段，是指在英语教学活动和过程中，通过创设和模拟各种情境和场景，让学生体验语言和运用语言，提高学生的学习兴趣和课堂参与度。情境创设不仅能够使学生更好地理解英语语言知识，还能培养他们在真实情境中的语言运用能力。

通过板书设计，用黑板、教具、板书模拟真实的情境和场景，不仅可以将所学语言知识与学生的生活经验和生活实际进行有效链接，提高学生的语言体验度和用英语解决问题的能力，并且与美育的渗透进行有机结合，通过创设结合学生生活经验的美的情境，引导学生发现生活中的美、热爱生活、提高审美素养。

例如：外研社新标准（一年级起点）三年级下册 Module 4　Unit 1——We will pick fruit。课文情景是 Ms Smart 告诉 Amy 和 Sam 周末要去果园采摘水果，两人都很兴奋，与 Ms Smart 一起讨论将要采摘的水果种类。但随后 Amy 和 Sam 就为采摘的数量争执起来，因为两人都想采摘更多的水果。周六很快到来，他们一起去果园采摘。围绕 pick fruit 这个话题开展教

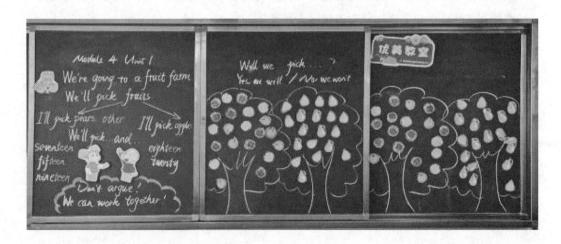

学活动。通过 Will we pick …，I'll pick …两个句型继续学习一般将来时，说明将来的活动并能够谈论物品的数量。要求学生掌握的新词有：pick，fourteen，sixteen，eighteen 等；能运用 afraid，feel。

在本课中，为了让学生在情境中运用语言、理解语言、体验语言，教师可以利用黑板和教具，通过板书设计给学生在教室中创设一个美丽的果园的情境，学生不仅可以在黑板上模拟摘水果的过程、表演课本剧，更能够身临其境地体验劳动的美。

(四) 小学英语板书设计——逻辑美

《义务教育英语课程标准(2022 年版)》指出英语课程要培养的学生核心素养，包括：语言能力、文化意识、思维品质和学习能力四个维度。核心素养的四个方面相互渗透，融合互动，协同发展。

其中，通过英语学科发展学生的思维品质尤为重要。思维品质指人的思维个性特征，反映学生理解、分析、比较、推断、批判、评价、创造等方面的层次和水平。思维品质的提升有助于学生学会发现问题、分析问题和解决问题，对事物作出正确的价值判断。因此板书设计还可以运用图表、思维导图等方式进行呈现，培养学生的逻辑思维等高阶思维，让学生通过板书设计感知逻辑美和思维美。

例如：外研社新标准(一年级起点)三年级下册 Module 2 这一模块中，学生学习关于伦敦的不同景点，掌握运用形容词对伦敦的标志性建筑进行描述。

第一单元课文情境是 Amy 和 Lingling 一起翻阅一本介绍伦敦的书。在翻看过程中，Amy 向 Lingling 介绍了又宽又长的泰晤士河、历史悠久的大本钟以及高大的伦敦眼。Amy 和 Lingling 一起开玩笑说，伦敦眼真的很像一只圆圆的大眼睛。

语篇旨在通过对话让学生了解伦敦、泰晤士河和伦敦眼的文化背景知识，了解伦敦地标性建筑的名称，运用形容词描述城市和景物。语篇引出了本模块的主题情境，呈现了描述形容地点和景物的句型和形容词，让学生在语境中初步复习本模块的语言知识重点。

第二单元课文情境是 Lingling 读过介绍伦敦的书后，想去伦敦旅游。Amy 继续向 Lingling 介绍伦敦的塔桥，Lingling 还想乘坐伦敦眼。Amy 对 Lingling 说，她会喜欢上伦敦的。

本单元语篇进一步介绍伦敦的另一个地标性建筑——伦敦眼，并且通过 Amy 的介绍，呈现了 will 引导的陈述句型，为下一模块的重点知识进行了铺垫。语篇类型仍然是对话语篇，以 Amy 的口吻，介绍了伦敦大桥的特点，但是在语篇中没有体现太多的形容词用法，难度仍在于对事物的特征进行判断，并且运用形容词描述地点和景物。

在对整个模块进行复习和知识梳理时，教师可以将板书设计为思维导图，将课文中关于伦敦的相关信息进行整合，运用 Where is London? What famous places are there in London? What do you think of this city? 三个设问划分为 Where/Places/City 三个二级支线，并根据学生的语言输出生成，重点将标志性景点的课内知识和课外拓展知识进行三级支线的梳理，并引导学生运用思维导图的板书设计进行知识点的归纳、整理和总结，让学生通过板书设计感受思维美、逻辑美。

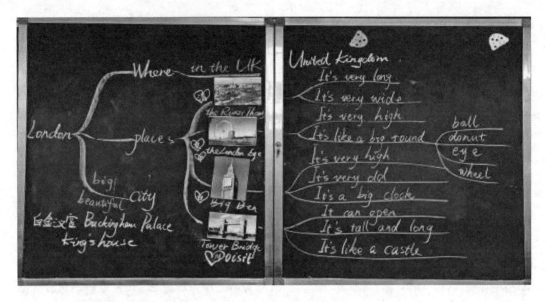

总之,英语学科作为学科渗透美育的重要一环,在学科渗透美育的路径探索中,板书设计又由于它的直观性、外显性,承担了重要的角色,发挥着重要的作用。我们应当结合英语学科的特点,融合不同的英语课型、教材内容、教学目标,进行有效的、美育视域下的小学英语板书设计,让学生能够通过板书设计模仿规范标准的书写、提高英语学习的兴趣、体验英文学习的乐趣、发展学生思维品质,从而感知美、鉴赏美、体验美、创造美。

当然,板书作为教学的辅助手段,也不能过于喧宾夺主,问题在于把握好板书设计在教学设计中的作用和位置,正确有效地运用板书设计,达到渗透美育的目标,促进学生的全面发展。

参考文献

[1] 薛新艳.随风潜入夜,润物细无声——让英语课堂成为美育阵地[J].科学大众:科学教育,2016(3):78.

[2] 康万栋.中小学美育在全面育人中的作用[J].天津师范大学学报(基础教育版),2000(2):14-17.

[3] 苏颖.尺幅容万言　精彩尽其中——浅谈小学英语教学板书设计[J].江苏教育,2011(10):44-45.

[4] 周玲.美学教育在英语教学中的渗透[J].课程教材教学研究(教育研究版),2009(2):4-5.

[5] 吴丁敏.美无处不在——论在英语教学中渗透美学教育[J].科教文汇(中旬刊),2008(23):132-133.

基于大美育观的小学音乐"润雅"课程研究

焦杨阳　观山湖区华润小学

随着社会的进步和人们审美需求的提高,音乐教育在小学阶段的重要性日益凸显。传统的音乐教育往往注重技能的培养,而缺乏对美的感知和理解的培养,无法满足学生全面发展的需求。因此,基于大美育观的小学音乐"润雅"课程的研究显得尤为重要。大美育观强调培养学生的审美情趣和艺术修养,使其具备欣赏和创造美的能力。音乐作为一种艺术形式,具有独特的表现力和情感传递能力。通过音乐教育,学生可以感受到音乐的美,培养对美的感知和理解能力,提高他们的艺术素养和创造力。而"润雅"课程的实施,小学生可以全面发展,培养自身的审美情趣和艺术修养,提高他们的艺术素养和创造力,为他们的未来发展打下坚实的基础。这不仅有助于学生个人的成长,也对社会的文化建设和艺术传承起到积极的推动作用。因此,基于大美育观的小学音乐"润雅"课程的研究具有重要的理论和实践意义。

一、研究背景

在中共中央、国务院印发的《关于全面加强和改进新时代学校美育工作的意见》文件中,明确指出了要将学校美育作为立德树人的重要载体。美育作为学生全面发展的重要一环,有着不可或缺的地位。随着社会的发展和教育理念的转变,越来越多的人开始关注美育的重要性。大美育观作为一种全面发展人的美育理念,强调培养学生的审美情趣、艺术修养和创造力,已经成为现代教育的重要组成部分。

在小学阶段,音乐教育作为一门重要的艺术学科,对于培养学生的审美能力和音乐素养具有重要意义。然而,当前小学音乐教育普遍存在着一些问题。一方面,传统的音乐教育模式注重技能训练,忽视了学生的情感体验和创造力的培养;另一方面,由于教育资源的不均衡分配,一些学校的音乐教育条件有限,导致学生接触的音乐种类和形式较为单一。这些问题使得小学音乐教育难以真正发挥其应有的作用,不能满足学生全面发展的需求。因此,有必要探索一种基于大美育观的小学音乐课程,以满足学生的审美需求和艺术修养的培养。

二、研究意义

本研究基于大美育观的小学音乐"润雅"课程设计和实施,旨在探索一种新的音乐教育模式,以满足学生全面发展的需求。传统的音乐教育模式注重技能训练,忽视了学生的情感体验和创造力的培养。而基于大美育观的音乐教育模式,将注重培养学生的审美情趣、音乐欣赏能力、创造力和表现力,使学生能够通过音乐表达自己的情感和思想。这种新的音乐教育模式有助于激发学生的学习兴趣和创造力,提高他们的艺术修养和综合素质。本研究的意义还在于促进小学音乐教育的改革和创新。目前,小学音乐教育普遍存在着一些问题,如教学内容单一、教学方法传统等。通过设计和实施基于大美育观的小学音乐课程,可以探索一种新的教学模式和方法,丰富教学内容,提高教学效果。通过对课程的研究和分析,可以为小学音乐教育的改革和创新提供理论和实践参考,推动小学音乐教育的发展。

此外,本研究还有助于推动大美育观在小学音乐教育中的应用和推广。大美育观作为一种全面发展人的美育理念,强调培养学生的审美情趣、艺术修养和创造力。通过将大美育观引入小学音乐教育中,可以培养学生感受美、表现美、发现美、创造美的能力,这对于促进学生的全面发展和艺术修养提高具有重要意义。

三、润雅定义

我校结合国家"五育并举"的教育方针和学校物质资源及教师资源,提出"德、智、体、勤、雅"的"五润"教学理念,其中"润雅"是指通过挖掘一切美的元素,有目的、有计划、有组织地以富有表现力、感染力的方法对学生施加审美影响,旨在培养学生的审美情趣和提高个人整体素质。"润"作为动词,意味着通过教育手段和方法来滋润学生的心灵,让他们在美的熏陶下逐渐成长。学校通过丰富的艺术教育内容和活动,引导学生接触各种艺术形式,如音乐、舞蹈、绘画等,让学生感受到艺术的美妙与魅力。同时,学校还通过组织参观、展览、演出等活动,让学生亲身体验艺术作品的魅力,激发他们对美的追求和表达欲望。"雅"作为目标,意味着学校教育的最终目的是培养学生的综合素质,使他们具备高尚的品德、良好的修养和优雅的举止。学校通过审美教育,帮助学生理解、接受和内化真善美的价值观,辨别假丑恶的事物,从而塑造学生的品德高尚、思维敏捷、举止得体的形象。学校注重培养学生的审美能力和创造力,使他们能够欣赏和创造出符合中国优秀文化的艺术作品,同时也能够与社会大众分享和交流,实现雅俗共赏。

四、润雅与美育的内在联系

润雅与美育有着密切的内在联系。润雅课程是美育的一种具体实践,是通过有目的、有计划、有组织的方法对学生进行审美教育,培养他们的艺术修养和审美情趣。美育则是一种全面培养人的美的理念和实践,旨在通过艺术教育和美的熏陶,提高个人的审美能力、创造力和综合素质。

润雅与美育的内在联系在于共同的培养目标。润雅课程旨在培养学生感受美、表现美、发现美、创造美的能力。而美育的目标也是培养学生的审美情趣、艺术修养和创造力,使他们具备欣赏和创造美的能力。润雅课程和美育都以培养学生的综合素质为目标,通过艺术教育和美的熏陶,使学生在审美领域得到全面发展。

润雅与美育的内在联系在于共同的教育方法。润雅课程强调有目的、有计划、有组织地对学生进行审美教育,通过丰富的艺术教育内容和活动,引导学生接触各种艺术形式,培养他们的审美能力和创造力。美育也是通过艺术教育和美的熏陶来培养学生的审美能力和创造力。润雅课程和美育都注重培养学生的审美情趣和艺术修养,通过教育手段和方法来滋润学生的心灵,让他们在美的熏陶下逐渐成长。

润雅课程与美育的内在联系还在于共同的教育理念。润雅课程强调通过审美教育来塑造学生的高尚品德、良好修养和秀外慧中的形象,使他们能够明晰真善美、假丑恶。美育也强调通过艺术教育和美的熏陶来培养学生的品格和修养,使他们具备高尚的情感和艺术追求。润雅课程和美育都注重培养学生的审美情趣和艺术修养,通过培养学生对美的感知和理解能力,提高他们的艺术审美和综合素质。

五、润雅在音乐学科中的体现

(一) 音乐欣赏与审美培养

音乐欣赏是润雅课程中重要的一环,通过引导学生聆听不同类型的音乐作品,旨在培养学生的审美情趣和音乐欣赏能力。音乐作为一种艺术形式,具有丰富的情感表达和美学特点,通过欣赏音乐,学生可以感受到音乐的美妙之处,培养对音乐的情感共鸣和审美体验。音乐欣赏的教学内容包括了不同音乐类型的介绍和解析,如古典音乐、民族音乐、流行音乐等,学生可以通过学习了解不同音乐风格的特点和背景,进一步拓宽自己的音乐视野。同时,学生还会学习如何用专业的术语和表达方式来描述和分析音乐作品,培养自己的音乐鉴赏能力。通过音乐欣赏的学习和实践,学生不仅可以培养自己的审美情趣,还可以提高对音乐的理解和欣赏能力,从而更好地欣赏和享受音乐的美妙之处。

(二) 音乐表演与艺术修养

音乐表演的教学内容包括了基本的音乐技能训练,如声乐训练、乐器演奏技巧等。学生通过学习和练习,不断提高自己的音乐技能水平,为音乐表演打下坚实的基础。音乐表演包括了合唱团、乐团等集体表演的训练和演出,学生可以通过与他人的合作和协调,共同完成一场精彩的音乐表演。在合唱团或乐团中,学生需要学会与他人合作、倾听他人的声音,培养良好的团队合作精神和音乐表演的协调能力。音乐表演还包括了个人独奏或独唱的训练和演出,学生可以通过个人表演展示自己的音乐才华和个性魅力。个人表演不仅要求学生具备良好的音乐技巧,还需要学生具备自信和表达能力,通过音乐表演来展示自己的艺术修养和个人魅力。

(三) 音乐创作与创造力培养

音乐创作是润雅课程中的重要内容之一,教师引导学生进行音乐创作活动,鼓励他们发挥想象力和创造力,创作出符合自己审美情趣和表达意愿的音乐作品。音乐创作的教学内容包括了音乐创作的基本知识和技巧,如曲式结构、和声技巧等。学生通过学习和实践,了解音乐创作的基本原理和方法,为自己的创作打下坚实的基础。学生在参与创作活动过程中,与他人分享和交流自己的创作成果,获得反馈和启发,提升自己的创作能力、反思能力,并在表达自己的创作意图和创作情感时,培养自己的口头表达能力。

(四) 音乐文化与道德修养

音乐文化是润雅课程中的重要内容之一,通过学习音乐的历史、文化背景和艺术家的人生故事,学生能够理解音乐与人文精神的关联,培养自己的道德情操和人文素养。音乐文化的教学内容包括了音乐的历史发展、不同音乐文化的特点和影响等。学生通过学习了解不同音乐文化的背景和特点,了解音乐与社会、历史的关系,从而深入理解音乐的意义和价值。音乐文化还包括了音乐家的人生故事和艺术成就的介绍,学生可以通过学习了解音乐家的艺术追求和人生态度,从中汲取艺术的启示和道德的力量。寻觅音乐家的人生足迹,学生可以体会到音乐与人文精神的关联,培养自己的道德情操和人文素养。通过音乐文化的学习和实践,学生不仅可以了解音乐的历史和文化背景,还可以培养自己的道德情操和人文素养,从而更好地理解和欣赏音乐的意义和价值。

(五) 音乐教育与社会责任

音乐教育是润雅课程中的重要环节,通过组织音乐义演、参与社区文化活动等,学生能够将自己的音乐才华与社会服务相结合,为社会作出贡献,承担自己的社会责任。通过音乐教育的学习和实践,学生可以提高自己的音乐技能和艺术修养,同时通过音乐的力量为社会做出贡献,体现自己的社会责任和担当。

六、"润雅"课程的实施策略

(一) 注重培养学生的音乐欣赏能力

通过引导学生聆听不同类型的音乐作品,让他们感受到音乐的美妙之处,培养对音乐的情感共鸣和审美体验。教师可以选择具有代表性的音乐作品进行解析和分析,教会学生用专业的术语和表达方式来描述和分析音乐作品,提高自己的音乐鉴赏能力,引导学生发现音乐中的情感表达和美学特点。

(二) 注重培养学生的音乐表演能力

通过参与合唱、乐器演奏等表演活动,学生可以亲身体验音乐的表达和创造过程,提高自己的艺术修养和综合素质。教师可以组织合唱团、乐团等集体表演,让学生学会与他人合作、倾听他人的声音,培养良好的团队合作精神和音乐表演的协调能力。

(三) 注重培养学生的音乐创作能力

通过引导学生进行音乐创作活动,鼓励他们发挥想象力和创造力,创作出符合自己审美情趣和表达意愿的音乐作品。教师可以教授音乐创作的基本知识和技巧,组织创作活动,让学生与他人分享和交流自己的创作成果,获得反馈和启发。

(四) 注重培养学生的音乐文化和道德修养

通过学习音乐的历史、文化背景和艺术家的人生故事,学生能够理解音乐与人文精神的关联,培养自己的道德情操和人文素养。教师可以讲解音乐的历史发展和不同音乐文化的特点,让学生了解音乐与社会、历史的关系,从而深入理解音乐的意义和价值。

七、结论

基于大美育观的小学音乐"润雅"课程研究,旨在通过"润雅"课程培养出具有高尚品德和秀外慧中的学生。"润雅"课程不仅关注学生的艺术成绩,更注重培养学生的艺术修养和综合素质。学校通过创造良好的教育环境和氛围,激发学生对美的热爱和追求,引导他们发展自己的艺术特长和创造力,培养他们感受美、表现美、发现美、创造美的能力。这样的课程研究将为小学音乐教育提供一个全面而有深度的教学模式,为学生的成长和发展提供了更多的机会和平台。

总之,"润雅"课程在学校教育中具有重要意义。它通过有目的、有计划、有组织的审美教育,培养学生的审美情趣和提高个人整体素质,使他们具备高尚的品德、良好的修养和优雅的举止。这种教育方法不仅有助于学生的艺术修养和综合素质的提高,也有助于推动整个社会的美育进程,培养出更多具有中国优秀文化特质的学生。因此,学校应该重视"润雅"课程的应用和推广,为学生的全面发展和社会的进步作出贡献。

参考文献

[1] 孟醒,时代.核心素养下音乐教学中情感元素的渗透[J].中国教育学刊,2023(S1): 121 - 123.

[2] 周荣春.民间音乐在小学音乐教育中的价值[J].人民教育,2023(2):79.

[3] 张燕丽,丁芸淼.新课标视域下小学音乐教学的思考[J].教育理论与实践,2022,42 (35):54 - 56.

[4] 刘质文.以美育人的学科实践——小学音乐"四觉融合式"体验教学探索[J].人民教育,2022(22):64 - 65.

[5] 王宁.乡村振兴背景下农村小学音乐教学中融入美育的策略研究[J].中国果树, 2021(10):121.

以美润雅，大美育观下的小学语文教学策略

罗明媛　观山湖区华润小学

在经济飞速发展的时代，人类逐渐缺失了人文精神。人文精神缺失，人类就容易出现信仰缺失、人生迷茫的状态。而社会的建设与发展，依靠的不仅仅是科学技术，人文精神也同等重要。如何构建人类的人文精神呢？我想这离不开一个永恒的主题——美。而作为一名教育工作者，联想到的是美育，美育所特有的教育价值在一定程度上可以弥补当代人文精神的缺失。随着社会的不断发展，党和国家领导人高度重视美育，出台了一系列强化美育工作的政策文件，美育在教育工作中的地位得到更进一步的凸显，这促进了全面培养人的教育体系的形成与发展。本文将从"什么是美育""美育教学现状""教学建议"三个方面展开论述。语文教学作为提高学生语言能力和文化素养的重要途径，除了基础的听、说、读、写能力培养外，还应包含美育。美育是培养学生审美情趣、审美鉴赏力和审美创造力的教育。在语文教学中，美育涵盖了多个方面，如语言美、文学美、文化美、思想美、情感美、艺术美、形象美、意境美、自然美和科学美等。这些方面相互交织，共同构建了语文教学的美育体系。

一、美育

"美育"这个词语首次被清晰地定义是在 1954 年出版的一本书籍——德国家庭教育专家弗里茨·舒马赫所著的《美育书籍》中（又名：《审美教育的本质和目的》），书中提到了"美育"，并解释了它作为一种对人的天性的释放及发展的重要性；他指出只有通过艺术才能感受到真正的自由感。在中国历史上，"美育"一词的使用可以追溯到公元前几千年的古代时期，但是直到 20 世纪初期才开始广泛应用于中文环境当中，这主要归功于蔡元培等一些学者从西方引进了一些新的理念并将它们融入中国的文化体系之中。他们所提倡的美育大致可以分为五类：一是将美育视为情感教育，二是将美育视为艺术教育，三是将美育视为美学教育，四是将美育等同于审美能力发展的教育，五是将美育视为全人教育。

首先，对于美育而言，情感的陶冶只是美育的一部分，是美育的一种方式。其次，美存在于艺术之中，艺术是美育实践较为直接的表达形式，艺术教育是实施美育的有效途径，但若将美育视为艺术教育，以艺术教育来概括其丰富内涵是远远不够的。再者，艺术教育的确需要依赖于审美观念的引导，如果把艺术教育视为一种纯粹的美学语言系统，那么它的视野就显得有些局限了。因为美学的理论知识传播主要是在理智的教育领域中完成的，而艺术教育不仅仅是对美学理论知识的吸收和学习，还涉及许多其他的学科，例如教育学和心理学等，并且也包含着实际操作的部分。最后，倘若以"以生为本"的角度去理解美育，则是从全面发展的

角度解读,是以上观点的统一。

综合所述,美育的包含性广泛,内涵丰富,随着不同时期社会文化的变化而变化。

学校美育在教育领域中由三要素构成,一是教师即美育的施教者;二是美育的受教育者为学生;三是美育媒介即"美"的载体。所以,本研究对"美育"的定义是这样的:根据特定历史阶段的教育政策和审美的准则,通过使用美育工具,旨在提升受教育者的审美素质,并按照预设的目标、规划和安排实施审美影响于他们身上,以此推动他们的整体发展。

自2013年的中共十八届三中全会关于全面深化改革若干重大问题的决定以来,中国的教育系统开始重视并推进美的培养及人文素质提升。此后不久(2015年)发布的教育部关于印发《中小学德育工作指南》的通知,是第一个由中国政府颁布的美学教育的总方针政策;该通知明确解释何为艺术修养及其必要性和实施方法等问题,并对学校的道德文化建设提出了具体的要求,如价值观引导等方面进行了深入分析。而到了2018年底时,习近平总书记曾回复过一封来自中央美术学院的一群资深教师的来信——他鼓励他们继续努力于推动中国的艺教事业发展。同时也在当年度举行的中国首届全国教育教学会议上强调指出应通过推广音乐舞蹈等方式让孩子们接受到更广泛的人类文明成果,从而达到陶冶情操的目的。习总书记的指导为学校美育工作的加强与改进指出了具体方向。随着"十四五规划纲要草案"中提出实施中华优秀传统文化传承发展工程、推动文化产业高质量发展等一系列措施,教育部发布了新版普通高中课程方案及语文等多科教材修订情况的通知,并明确指出,"从小学到中学再到大学都应重视学生审美和人文素养培养";同时对艺术学科提出了新的教学目标——即通过学习美术鉴赏来提高学生的创造力与人际交往能力,等等。这些举措都是为了落实中共中央办公厅和国务院办公厅印发的相关指导思想而采取的具体行动。

以上一系列政策文件反映出美育在新时代的重要地位,与此同时,也为如何更好地开展美育工作指明了前进的方向。以美育人是时代所需,加强美育是时代发展的现实呼吁。

二、美育教学现状

美育在小学生全面发展中扮演着至关重要的角色,通过培养学生的审美观念和艺术鉴赏能力,促进其创新思维和情感发展,同时也有助于提升学生的整体素质。然而,当前我国小学美育存在一些问题,亟待改进。

在中国的教育体系中,语文学科一直被视为核心学科之一,具有强烈的文化传承和人文素养培养的作用。近年来,随着新课程改革的推进,美育在语文学科中的地位逐渐凸显。然而,当前小学语文学科美育的现状如何?存在哪些问题?

当前学校的美育状况显示美育方式存在一定的不足之处,而这种缺陷主要是通过对音乐与绘画课程的学习来弥补的,其他科目的授课则很少包含这方面的内容。然而语文是一切知识领域的基本工具,其中隐藏了大量的美的因素需要被发掘并提取出来以促进它的发展,提升学生的审美素养。所以教师应该深入研究并且利用其中的美育成分使之融入到日常教学之中,从而激发学生的兴趣,让他们能够理解文字之美感并在他们阅读的过程中提升自己的鉴赏能力及品味水平。

当前,小学语文学科美育教学存在以下问题。

(1) 重视程度不够:部分教师对美育的重要性认识不足,缺乏对美育元素的挖掘和利用。

(2) 方法不当:部分教师在实施美育时方法不当,缺乏对学生的引导和启发,导致学生无法真正感受和理解美。

(3) 缺乏实践机会:部分学生缺乏实践机会,无法将所学知识应用到实际生活中,导致审美能力提高有限。

(4) 地区差异明显:不同地区、不同学校的美育水平存在明显差异,有些地区的学校甚至没有开设相关的课程。

(5) 课程设置:当前,一些小学对美育的重视程度不够,课程设置较为单一,缺乏系统性和连贯性。同时,由于课程时间安排不合理,学生难以充分体验和领悟美育的内涵。

(6) 师资力量:美育对教师的专业素养和技能要求较高,而目前部分小学的美育教师队伍整体素质参差不齐,缺乏专业背景和教学经验。

(7) 硬件设施:部分学校美育的硬件设施不足,如缺乏艺术教室、教学器材等,导致教学质量受到影响。

三、改进措施

语文教学中的美育是一个多维度、全方位的过程。通过引导学生欣赏不同类型的美,如语言美、文学美、文化美、思想美、情感美、艺术美、形象美、意境美、自然美和科学美等,可以培养学生的审美情趣、审美鉴赏力和审美创造力。这种审美教育不仅有助于提高学生的文化素养和语言能力,还能促进他们的全面发展,为他们的未来生活和职业发展奠定良好的基础。

"以美润雅"这一理念在小学语文教学中具有丰富的内涵和重要的意义。它强调通过审美教育,以美育人,以文化人,帮助学生形成健康、积极、向上的审美趣味和良好的审美观念,提高他们的审美素养,从而促进学生的全面发展。

(一) 以美润雅理念在小学语文教学中的体现

(1) 美育因素在教材中的体现:小学语文课本中包含了大量的美育元素,如优雅的言辞、鲜活的图像、真诚的情感等。这些元素通过课文、诗歌、寓言等形式,传递给学生积极向上的价值观和人生观。

(2) 审美能力的培养:通过阅读、写作、口语表达等教学活动,培养学生的审美感知能力、审美想象力和审美理解力,让学生能够在阅读中体验到文字的美妙、在写作中表达出自己的审美感受、在口语表达中展现出自己的审美观念。

(3) 文化传承与创新:小学语文教学还承担着传承中华优秀传统文化的重要使命。通过经典诵读、诗词鉴赏、文化讲座等形式,让学生了解和传承中华文化的精髓,同时鼓励学生在传承的基础上进行创新,以适应时代发展的需要。

（4）个性化教学：每个学生都有自己独特的审美趣味和需求。在语文教学中，应根据学生的个体差异和兴趣爱好，开展个性化的教学，帮助学生找到适合自己的学习方法和审美方向。

（二）大美育观下的小学语文教学策略

（1）创设审美情境：通过多媒体技术、实物展示、情境模拟等手段，创设生动形象的审美情境，让学生身临其境地感受作品中的美好情感和意境。

（2）开展主题式探究：针对教材中的某一主题或某一篇课文，开展深入的探究活动。例如，可以围绕"春天的美好"这一主题，选取不同角度的课文进行深入解读，让学生全面了解春天的美好之处。

（3）多元化教学方法：采用多元化的教学方法，如小组合作、角色扮演、游戏互动等，以激发学生的学习兴趣和积极性，提高教学效果。

（4）拓展课外阅读：通过推荐优秀儿童文学作品、举办读书分享会等形式，鼓励学生拓展课外阅读，提高他们的阅读能力和审美素养。

（5）家校合作共育：加强与家长的沟通与合作，引导家长关注孩子的审美教育，共同促进学生的全面发展。

（6）调整课程设置：学校应增加美育课程的课时，并确保课程设置的系统性和连贯性。同时，应合理安排课程时间，以便学生更好地体验和领悟美育的内涵。

（7）加强师资培训：学校应加强对美育教师的专业培训，提高教师的专业素养和教学能力。同时，应积极引进具有艺术专业背景的教师，提升教师队伍的整体素质。

（8）加大投入：政府和学校应加大对美育的投入力度，改善硬件设施，提供良好的教学环境。同时，应增加对美育的资金支持，确保教学工作的正常开展。

（9）挖掘教材中的美育元素：小学语文教材中蕴含着丰富的美育元素，包括自然美、社会美、艺术美等。教师在教学过程中应该充分挖掘这些元素，引导学生感受、欣赏、表达美。

（10）培养学生的审美意识：通过课堂教学和课外实践，培养学生的审美意识，让他们能够主动发现、感受、欣赏美。

（11）提高学生的审美能力：通过阅读、写作、绘画等手段，提高学生的审美能力，让他们能够更好地表达、创造美。

（12）增强学生的文化自信：通过了解和传承中华优秀传统文化，增强学生的文化自信，让他们能够更好地认识和欣赏中华文化的独特魅力。

综上所述，小学语文教学中的美育渗透可以从教材、教师、教学环境等多个方面入手。通过课堂教学和课外活动的有机结合，可以有效地培养学生的审美情趣、文化素养和道德观念等综合素质。

语文学科的重要性不言而喻，在美育中也起着至关重要的作用，教育部门重视语文美育，其地位逐渐提高。但是也存在教学一线重视程度不够、教师不知如何开展美育、学生对美育提不起兴趣、教学条件无法满足美育等问题。对于上述问题，可以通过增强设备和营造优秀的教学环境来解决；加大对教师美育技能的培训力度，为他们指明前进方向；从低学段起就让学生理解美育的重要性，注重提升学生的审美感知力和提高审美创造力。"以美润雅"的美育还有很长的路要走，教育工作者们需更加努力钻研，争取为美育开创美好的明天。

参考文献

［1］中国社会科学院语言研究所词典编辑室.现代汉语词典(第5版)[M].北京：商务印书馆,2005：929.

［2］朱光潜.文艺心理学[M].上海：开明书店,1936：154－155.

大美育观下小学"润雅"心理课堂教学的实践探索

罗长群　观山湖区华润小学

一、研究背景

中小学生心理健康问题的日益凸显,已成为教育界和社会关注的焦点。小学生正处于身心发展的关键时期,因此,开展有效的小学心理健康教育显得尤为重要。研究表明,对美的疏离是导致心理危机产生的重要根源之一。美育不仅只是教授琴棋书画,它对人们的生活甚至社会的每个角落都有着很大的影响,在很多方面都体现着它的价值,尤其是心理学价值。通过美育可以建构、维护和修护人们的心灵,既能促进心理健康,激发普通人的生命潜力,同时也展现出对心理疾病的特殊疗愈功效[1]。大美育观强调人的全面发展,注重培养人的审美素养、人文素养和心理素质。因此,开展大美育观下小学"润雅"心理课堂教学,通过审美教育促进小学生心理健康发展,提高其心理素质和人文素养具有重要意义。

二、美育与润雅的关系

(一) 美育

美育一词最早由德国美学家、教育学家席勒提出,他认为人类除了感觉、悟性和意志三种官能之外还有一种美感官能,针对这种官能的教育称为美学教育[2]。美育是指美的教育,即通过培养人们审美的能力,从而达到健全人格、陶冶情感的目的。美育的定义有狭义和广义之分,狭义的美育通常指"艺术教育",其中也包括"美感教育""审美教育""审美观和美学素养教育"等。广义的美育则被定义为将美学原则渗透于各科教学后形成的教育。[3]

(二) 润雅

"润"指的是润物细无声的德育途径,它的立意源于中国传统道德教育所包含的"不愤不启,不悱不发,循循善诱"的教育方法,同时也来自中国传统美学中以"润"达到"中和"之美,实现"致中和,天地位焉,万物育焉"的理念。"雅"则关注于核心德育目标,也是中国千年历史积淀的独特美学体系。孔子说:"雅者,正也。""雅"不仅承载着"乐而不淫,哀而不伤"的适度原则,同时也蕴含着"克己复礼"的人生追求。因此,我们应该注重传承和发扬中华传统文化,让更多的人了解和学习中华传统文化的精髓,让它在现代社会中发挥出更大的作用。同时,我们也应该注重将中华传统文化与现代社会相结合,让传统文化在现代社会中焕发出新的生命力。[4]

"润雅"这个词语结合了"润"和"雅"的含义，可以理解为在学校教育中，学校结合国家教育方针和学校物质资源与教师资源，挖掘一切美的元素，以富有表现力、感染力的方法对学生施加审美影响，使学生在理解、接受、内化的过程中不断提高个人整体素质，能够明晰真善美、假丑恶，从而塑造符合中国优秀文化的品德高尚、秀外慧中、举止得体、雅俗共赏、人格健全的学生。

(三) 美育与润雅的关系

　　美育是一种通过艺术和审美活动来培养学生审美观和艺术素养的教育，而润雅则是一种文明得体、有修养的状态。首先，润雅是美育培养的目标之一。美育通过引导学生欣赏和理解艺术作品、参与艺术创作活动、了解艺术和心理健康方面的知识等方式，培养学生的审美能力和创造力，帮助他们建立积极的生活态度和价值观。而这些都与润雅的概念密切相关。其次，润雅也是美育实施的方法之一。在美育中，教师会通过设置具体的心理情境、举办讲座和研讨会、引入优秀的艺术作品等方式，引导学生分析和解决实际问题，培养他们的情绪调节和应对压力的能力。这些方法不仅有利于学生的身心健康，也有助于培养他们的文明素养和润雅风度。最后，润雅还是美育评价的重要标准之一。在评价学生的审美素养和艺术创作时，教师会考虑学生的言行举止是否文明得体、是否有良好的修养和风度，这些都是润雅的体现。因此，润雅和美育之间存在着密切的关系，两者相互促进、相辅相成。通过将美育应用于教育实践中，可以帮助学生培养文明素养和审美观，提高他们的综合素质和身心健康水平。

三、美育与心理健康的关系

　　美育是全面发展教育的重要组成部分，它不仅可以满足人的审美需求，还可以借助美好的事物愉悦人的心理、陶冶人的情操、净化人的心灵，具有"入心、化人、怡情"的教育功能[5]。马斯洛曾指出，审美属于人的高层次心理需求，它可以带给人们美好的高峰体验。这种高峰体验是心理健康的一种展现形式。因此，美育在满足学生的审美需求、净化他们的内心世界、维护他们的心理平衡以及提升他们的审美意识、审美能力和艺术创造力方面具有重大的教育价值。美育的教育目的在于引起学生心理上的积极变化，帮助他们达到心理系统的自然和谐，而这种自然和谐本身就是一种美。可见，充分发挥美育的积极作用，通过美育"润物细无声"的暗示、感染等教育功能，可以帮助学生塑造完美的人格，培养健康的审美观念和审美能力，提升学生的情感、道德和人格素养，促进学生的全面发展[6]。

四、美育在小学心理课堂教学中的体现

(一) 生命之美——感知生命，塑造健康的生命态度

1. 自我认知

　　在心理教学中，教师帮助学生了解自己的思想、情感和行为，从而使学生更好地认识自己，发现自己的优点和不足，并逐渐形成自我认知的能力。通过自我认知，学生可以更好地理

解自己的生命意义和价值,从而更加珍惜和尊重自己的生命。

2. 挫折教育

挫折教育是小学心理健康教学的重要内容之一。在教学过程中,教师可以引导学生了解挫折的不可避免性,并教授学生如何面对挫折和失败。例如,教师可以通过讲解名人挫折经历、组织挫折体验活动等方式,让学生更加深刻地理解挫折的意义和价值。同时,教师还可以通过鼓励、支持和引导等方式,帮助学生建立自信心和勇气面对挫折和失败。通过积极心态的培养,学生可以更好地理解生命的韧性和可塑性,从而更加勇敢地面对生活中的各种挑战。

3. 人际交往

社交技能是生命之美的重要体现之一。教师可以帮助学生通过观察他人、交流沟通、合作分享等方式,了解社交技能的重要性,培养他们的社交能力。同时,社交技能也可以帮助学生学会关注他人的需求和感受,提高他们的人际交往能力和社会适应能力。在社交过程中,学生可以感受到生命的力量和美好。

(二) 情绪之美——调适情绪,保持健康的心理审美状态

研究发现:良好的情绪、心理情感的美化对完整而健康的心理建构有着非同寻常的作用[2]。积极心理学强调个体内在的积极力量和美德,这与情绪之美的理念相契合。在小学心理健康教育中,教师可以通过积极心理学的方法和理念,帮助学生发现并培养自身的积极品质。例如,教师可以引导学生用感恩的心态去回忆和分享生活中的美好时刻,从而增强学生的幸福感和满足感。同时,通过组织团队活动和社区服务等形式,培养学生的合作精神和责任感,进一步激发其内在的积极力量。

五、小学心理健康教育教学中美育渗透的困境

(一) 认知困境

在许多人看来,小学心理健康教育可能更多地关注学生的心理状况和问题解决能力,而与美育没有直接关联。实际上,心理健康教育与美育是紧密相连的。美育通过培养学生欣赏美、理解美和创造美的能力,能够对学生的心理健康产生积极影响。然而,由于教育观念的固化,许多学校和家长并未充分认识到美育在心理健康教育中的重要性。

(二) 教材困境

目前,小学心理健康教育教材大多偏重于心理知识的传授,而关于美育的内容相对较少。尽管教材中偶尔会涉及到美的欣赏和创造,但并未形成完整的体系,也缺乏深度和广度,这导致教师在实际教学中难以找到合适的切入点进行美育渗透。

(三) 教学方法困境

许多教师在进行心理健康教育时,往往采用传统的讲授法,忽视了学生的主体性和参与

度。而在美育中,体验和实践是非常重要的。如果教师不能很好地运用互动式、体验式的教学方法,学生就难以真正感受到美的魅力,也难以在实践中提升自己的审美素养。

(四) 评价体系困境

目前,小学心理健康教育教学的评价体系仍以传统的知识考核为主,而关于美育的评价则缺乏有效的手段和标准。这容易导致教师和学生在教学过程中忽视美育的重要性,也难以对其效果进行科学评估。

(五) 教师素质困境

在小学心理健康教育中渗透美育,对教师的素质提出了更高的要求。教师不仅需要具备心理健康教育的专业知识,还需要有一定的美学素养和审美能力。然而,目前许多小学心理健康教育的教师并未接受过系统的美学培训,因此在教学中难以有效地进行美育渗透。

六、小学心理教学中美育渗透的教学策略

(一) 发掘教材中的美育元素

小学心理健康教育的教材蕴含着许多美育元素。教师在教学过程中,应当有意识地挖掘这些元素,并将它们与心理健康教育的内容相结合。例如,教材中可能涉及欣赏自然景观、品味传统文化、体验艺术作品等环节,教师可以通过引导学生感受这些环节中的美好来达到心理健康教育的目的。

(二) 培养学生的审美感知能力

审美感知能力是学生欣赏美、理解美的基础。教师在教学过程中,应当注重培养学生的审美感知能力。例如,教师可以引导学生观察生活中的美好事物,如美丽的花朵、漂亮的风景等,并鼓励他们用语言或绘画等方式表达自己的感受。通过这种方式,学生可以逐渐提高自己的审美感知能力,并对生活中的美好产生更加深刻的体会。

(三) 营造良好的美育环境

良好的美育环境可以有效地促进学生的心理健康发展。教师可以在教室中布置一些美丽的装饰,如艺术品、绿植等;同时,教师还可以通过多媒体技术等手段,为学生呈现一些美好的音乐、图片等。这些环境因素可以让学生感受到美的存在和力量,从而激发他们的积极情感和良好的心理状态。

(四) 开展多样化的美育活动

多样化的美育活动可以让学生更加深入地体验美的魅力。教师可以组织学生参加一些美育活动,如绘画比赛、音乐欣赏、戏剧表演等。这些活动可以让学生在实际操作中感受美的

创造过程,并培养他们的表现力和创造力。同时,这些活动还可以增强学生之间的交流和合作,有助于促进他们提高社交能力、增强集体意识。

(五) 帮助学生树立正确的审美观念

正确的审美观念可以帮助学生正确地认识和理解美的本质和价值。教师在教学过程中,应当注重帮助学生树立正确的审美观念。例如,教师可以引导学生认识到美的多样性和包容性,让他们了解到不同的文化、不同的时代都有自己独特的审美标准和审美方式;同时,教师还应当引导学生认识到美的创造性和创新性,鼓励他们用自己的方式去创造和表达美。通过这种方式,学生可以逐渐形成自己独特的审美观念和价值取向。

(六) 提升学生的审美创造力

审美创造力是学生创造美的关键能力。教师在教学过程中,应当注重提升学生的审美创造力。例如,教师可以引导学生进行一些创意性活动,如创意绘画、创意手工等;同时,教师还可以通过组织一些创意比赛等活动,来激发学生的创造力和想象力,以此提高学生的审美创造力和表现力。

七、小结与展望

(一) 小结

大美育观下小学"润雅"心理课堂教学是一种以美育为主要手段,融合了心理健康教育、艺术教育等多种教育元素的综合性教育模式。在这种模式下,教师通过创设和谐、愉快、美好的教育环境,引导学生在欣赏美、表现美、创造美的过程中,培养积极心态、塑造健康人格、提升综合素质,实现全面发展。通过实践探索,我们获得了一些成效。第一,通过展示优美的画面、动听的音乐、精彩的表演等艺术作品,能够让学生感受到美的魅力,激发他们的学习兴趣和求知欲。第二,通过引导学生参与课堂活动,让他们在亲身体验中感受情感的变化和心灵的触动,能够培养他们的情感表达能力和审美鉴赏能力。第三,针对不同学生的性格特点、兴趣爱好和认知水平,设计不同的教学内容和教学方法,让每个学生都能在课堂中找到自己的位置和发展空间。

(二) 展望

尽管我们在教学实践探索中取得了一些进展,但是仍然有许多需要进一步探索和实践的地方。第一,目前,"润雅"心理课堂教学还没有形成完整的课程体系,需要进一步开发和完善相关教材和教学资源,建立科学评价体系,确保教学质量。第二,教师是实施"润雅"心理课堂教学的关键因素。因此,需要提高教师的专业素养和综合能力,培养一批具备美学、心理学、艺术教育等多方面知识储备的高素质教师队伍具有重要意义。第三,在实施"润雅"心理课堂教学的过程中,可以结合地方文化和学校特色,将传统文化、地域文化等元素融入教学中,丰富课堂内容,推进多元化发展。第四,家长是孩子的第一任老师,也是实施"润雅"心理课堂教学的重要合作伙伴。因此,需要加强与家长的沟通与合作,共同关注学生的成长和发展,形成教育合力。

总之,大美育观下小学"润雅"心理课堂教学是一种富有创新性和实践性的综合性教育模式。实践表明,在大美育观指导下开展"润雅"心理课堂教学是可行的,并能够有效提高学生的心理健康水平和审美素养。未来,我们将继续深入研究和完善"润雅"心理课堂教学模式和方法,为青少年心理健康教育和美育提供更多有益的参考和借鉴。

参考文献

[1] 刘学兰.论美育的心理学价值[J].华南师范大学学报(社会科学版),1998(2):70-74.

[2] 刘向莉.美学教育的积极心理学医用价值探析[J].医学与哲学,2012(8):3.

[3] 黄小娇.美育涵养大学生中国精神的心理机制研究[D].长沙:长沙理工大学,2024.

[4] 马骏,张旺,董阳,等.校本德育课程有效开发的路径与实践——以西南大学附属小学"润雅"德育课程为例[J].新课程导学,2020(22):17-20.

[5] 何齐宗,霍巧莲.黄济先生美育思想探要[J].教育研究,2021(7):71-80.

[6] 俞国良,靳娟娟.心理健康教育与"五育"关系探析[J].教育研究,2022(1):136-145.

以美润雅：大教育观下的小学语文诗歌情境美研究

唐迪　观山湖区华润小学

一、美育的本质与内涵

　　美育作为一种教育理念和教育活动，旨在培养人们对美的感知、欣赏和创造能力，使个体具备审美情趣和审美能力，丰富人们的内在美和外在美的追求。小学部编版语文教材中逐渐加大诗歌占比，选取不同年代、不同生活场景、不同景物等涉及方方面面的诗歌来引导学生了解、体会中国诗歌之美、中国文学之美。

表1　部编版小学语文教材古诗文体现的传统文化元素分类

维　度	类　别	次　数	百分比
传统生活方式(14%)	战争生活	4	3%
	农民生活	7	4%
	渔民生活	2	1%
	儿童生活	9	6%
传统习俗(5%)	传统节日	5	3%
	风俗习惯	3	2%
传统思想观念(81%)	自然风光	59	38%
	思乡怀人	14	9%
	朋友之情	9	6%
	母子之情	1	1%
	爱国之情	12	8%
	志向情操	10	6%
	社会及人生哲理	16	10%
	教育思想	5	3%

　　在小学语文诗歌情境美教学中融入美育，可以通过激发学生的审美兴趣、加深学生的审美感知、感受诗歌的含蓄之美、培养学生的审美情趣以及鼓励学生进行审美创造等有效策略

来实现。

首先,美育的本质内涵是以美润雅,是大教育观下小学语文诗歌情境美研究的核心。美育使个体通过对美的感知和欣赏,从而影响个体的审美情趣和审美能力的培养。在小学语文诗歌情境美教学中,融入美育的本质是通过研究诗歌作为一种艺术形式所具有的美学特点,引导学生从诗歌中感受美,在欣赏诗歌的过程中不断提升自己的审美水平。

其次,美育在诗歌教学中融入具有多样的有效策略。韵律之美是诗歌独特的美学特点之一。通过形式多样的导入,教师可以启发学生对韵律美的感知和理解,如让学生欣赏韵律优美的诗歌音乐,感受韵律给人们带来的美妙感觉。意境之美也是诗歌所独有的美学特点之一。在诵读吟咏过程中,学生可以通过理解诗歌的意境来感受诗歌给人们带来的思想和情感上的享受。情感之美更是诗歌的核心所在,通过联想想象可以更深入地理解诗歌的情感表达,感受其中所蕴含的情感之美。

在小学语文诗歌教学中融入美育还可以通过品词析句和以读促写等策略来实现。品词析句是对诗歌进行深入解读的过程,学生可以通过解析诗中的具体词语和句子结构,更好地理解诗歌的意义和美感。以读促写则是通过学生创作诗歌的过程来培养他们的审美创造能力和审美情趣。

总之,小学语文诗歌情境美教学中融入美育的有效策略是多样而丰富的,这些策略旨在激发学生的审美兴趣、加深学生的审美感知、感受诗歌的含蓄之美、培养学生的审美情趣以及鼓励学生进行审美创造。教师通过活动形式的创设与教学方法的灵活运用,可以使学生在诗歌教学中既领略到美的魅力,也提升对美的感知和欣赏能力。

二、诗歌中所具有的美学特点

(一) 韵律之美

韵律是诗歌的重要特点之一,也是传达诗意情感的重要手段。在小学语文诗歌情境美教学中,融入韵律之美可以激发学生的审美兴趣,培养他们对诗歌的兴趣和欣赏能力。

首先,形式多样的导入是融入韵律之美的有效策略之一。在教学中,教师可以通过展示一些旋律优美的诗词或者唱段,引发学生对韵律的好奇心。比如,可以介绍一些朗诵比赛或者音乐会上的优秀表演,引导学生聆听和感受其中的韵律之美。通过这种方式,学生能够体验到韵律给人带来的美妙感受,增强他们对韵律的兴趣。

其次,诵读吟咏也是培养学生审美感知能力的有效方法。在诗歌教学中,可以组织学生进行诵读和吟咏的活动,让他们亲身体验到韵律的魅力。通过反复朗诵和吟咏,学生可以更加准确地感受和理解诗歌中蕴含的韵律之美。同时,这种活动也可以培养学生的朗诵技巧和合作意识,提高他们对诗歌的理解和表达能力。

另外,联想想象是感受诗歌韵律之美的重要方法之一。在教学中,可以通过给学生一些与诗歌内容相关的情景图,引导他们进行联想和想象。学生可以根据自己的联想和想象,创造出适合诗歌韵律的表演或者舞蹈,进一步体验和感受韵律的美感。这样的活动不仅可以丰富学生的课堂体验,还可以培养他们的想象力和创造力。

此外,品词析句也是培养学生韵律审美情趣的重要方法之一。在诗歌教学中,可以提供一些经典的诗句,引导学生仔细品味其中的字句和句子结构。学生可以对诗句进行解读,分析其中的韵律规律,从而进一步感受和理解韵律之美。通过品词析句的活动,学生可以增加对诗歌的理解和欣赏能力,培养他们对韵律的敏感度和审美情趣。

最后,以读促写是鼓励学生进行审美创造的重要方法之一。在诗歌教学中,可以引导学生根据自己对韵律的理解和感受,创作自己的诗歌作品。通过读懂诗歌中的韵律之美,学生可以更好地进行创造性的写作,进一步发展和提升他们的审美创造能力。

综上所述,韵律之美是小学语文诗歌情境美教学中不可忽视的重要内容。通过多样导入、诵读吟咏、联想想象、品词析句和以读促写等策略的运用,可以有效地激发学生的审美兴趣,加深学生的审美感知,感受诗歌的含蓄之美,培养学生的审美情趣以及鼓励学生进行审美创造。这些方法不仅能够提高学生对诗歌的理解和欣赏能力,也可以促进他们的个性发展和综合素养的提升。

(二) 意境之美

意境是诗歌的灵魂,也是诗歌美学中的重要组成部分。通过创造独特的情境和画面,读者能在感知美的过程中融入诗歌所处的意境之中,体味诗歌的韵味和美感。在小学语文诗歌情境美教学中,我们需要关注意境之美的培养和引导,以提升学生的审美能力和诗歌表达能力。

首先,意境之美在于创造生动的情境。诗歌通过生动的语言和形象描绘,能够让读者身临其境,感受到诗歌所描绘的情景。教师可以利用多媒体、图片等辅助工具,让学生更直观地感受到诗歌所描绘的情境,激发学生的联想和想象能力。例如,在教学过程中可以通过放映相关的图片或视频,让学生感受到诗歌中所描绘的山水风景或人物形象,进而更好地理解和感受诗歌的意境之美。根据对本校教师的调查了解,绝大部分的教师都倾向于使用更优美的课件来帮助学生了解诗歌意境之美。

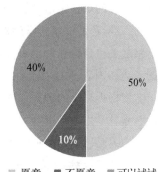

语文教师对优美而实用的课件的使用态度

40% 50% 10%

■ 愿意　■ 不愿意　■ 可以试试

其次,意境之美在于表达细腻的情感。诗歌通过独特的语言和形式创造出一种美的情感体验,让读者能够共鸣和感同身受。在教学中,教师可以通过分析诗歌中的具体词句、修辞手法等,引导学生感受诗歌所表达的情感,并自主进行情感交流和表达。例如,教师可以针对某首具有浪漫情感的诗歌,提问学生:你从诗歌中感受到了什么情感?你有没有类似的情感经历?通过这样的引导,可以帮助学生更好地理解和表达诗歌中蕴含的情感,深入感受诗歌的意境之美。

此外,意境之美还要求诗歌的语言优美、雍容华贵。诗歌是艺术的精品,其语言应该力求简练而又精练,通顺而又细腻。教师可以在教学中,重点讲解诗歌中一些特殊的用词或修辞手法,锻炼学生的语言表达能力,并引导学生运用到自己的写作中。例如,教师可以选择一首篇幅较长的诗歌,让学生分析其中的词句用法并尝试用自己的语言表达同样的意境,培养学生对诗歌语言之美的鉴赏能力。

综上所述,意境之美是小学语文诗歌情境美的重要组成部分。在教学中,教师可以通过创造生动的情境、引导学生感受细腻的情感、培养学生的语言表达能力等多种方式,帮助学生更好地理解和欣赏诗歌的意境之美。通过这样的教学措施,可以提升学生的审美能力和诗歌表达能力,促进小学语文诗歌情境美教学的有效实施。

(三) 情感之美

情感之美是诗歌重要的美学特点,它通过表达诗人的情感与思想,使读者能够感受到情感的共鸣,进而产生强烈的审美体验。

情感之美在诗歌中的表现形式丰富多样。诗歌可以通过描述自然景物、描绘人物形象、叙述生活场景等方式,表达出诗人内心深处的情感。例如,在《唐诗三百首》中,王之涣的《登鹳雀楼》通过描绘夕阳西沉、黄河奔流的壮丽景象,表达了诗人勇于攀登、积极探索的人生理想;白居易的《琵琶行》以悲怆的琵琶声揭示了诗人对社会现实的悲愤之情。这些作品通过情感的交融与抒发,使读者产生强烈的情感共鸣,进而感受到了诗歌的魅力。

情感之美在诗歌教学中的重要性不可忽视。在小学语文诗歌情境美教学中,教师应该充分利用优秀的诗歌作品,引导学生通过欣赏、吟诵、讨论等活动,感受诗歌中所蕴含的深刻情感。例如,在教学《登鹳雀楼》时,教师可以引导学生欣赏诗歌中壮丽的景色描写,与学生一起感受诗人内心的欢喜之情,激发学生的情感体验。通过这样的教学方法,不仅能够增强学生对诗歌的兴趣,还能够培养学生对美的感知能力,进而提高学生的审美情趣。

情感之美也是培养学生审美创造力的重要途径。在诗歌教学中,教师可以鼓励学生进行情感的表达和创造,让学生自由地发挥想象力和创造力。例如,在《琵琶行》的教学中,教师可以要求学生根据自己的理解和感受创作一段与诗歌相呼应的音乐或舞蹈。通过这样的活动,不仅能够激发学生的创造潜力,还能够培养学生的表达能力和创新意识。

情感之美是诗歌中的重要美学特点,它通过表达诗人内心的情感和思想,使读者能够感受到情感的共鸣,产生深刻的审美。

在小学语文诗歌情境美教学中,教师应该充分利用情感之美,通过多样导入、诵读吟咏、联想想象、品词析句和以读促写等策略,培养学生的审美情趣,激发学生的创造力,提高学生对美的感知能力。

三、在诗歌教学中融入美育的有效策略

(一) 多样导入,激发学生的审美兴趣

在小学语文诗歌情境美教学中,多样导入是一种有效的策略,可以激发学生对审美的兴

趣。多样导入的核心在于通过多种方式引入诗歌,使学生对诗歌产生浓厚的兴趣和好奇心。

教师可以通过鲜明的形象导入引起学生的注意。在诗歌导入环节,教师可以利用图片、视频、音频等多媒体手段将诗歌的情境、氛围或者重要情节展示给学生。通过视觉、听觉的刺激,可以使学生的注意力高度聚焦,并激发起他们对诗歌的好奇心。

利用问题导入,能够激发学生对诗歌的思考。教师可以提出一些问题,引导学生思考诗歌中的意象、情感或者主题等。通过问题引导,可以培养学生对诗歌的敏感性和思考力,使他们能够主动参与到诗歌的解读中。

利用小故事或者小游戏等方式导入,可以营造轻松、愉快的诗歌学习氛围。教师通过讲述一些与诗歌相关的故事,或者设计一些与诗歌有关的游戏活动,吸引学生的注意力,调动学生的积极性和参与度。

此外,还可以利用身体语言和情感交流的方式导入诗歌。教师可以通过模仿、表演等方式,将诗歌中的形象、情感或者意境展现给学生。通过肢体语言和情感交流,可以使学生更加直观地感受到诗歌的魅力和美感。

通过以上多样导入的策略,可以有效激发学生的审美兴趣。学生在诗歌教学中通过多种导入方式对诗歌进行感知、思考和体验,从而培养起对诗歌的热爱和欣赏能力。这不仅可以提高学生的语文素养,还能够丰富学生的情感世界,培养学生的审美情趣。因此,在小学语文诗歌情境美教学中,多样导入是一种重要的策略,可以帮助学生更好地理解和感受诗歌的美。

(二)诵读吟咏,加深学生的审美感知

诵读吟咏是一种融入语文诗歌情境美教学的有效策略,它可以帮助学生加深对美的感知和理解。在语文课堂中,通过诵读吟咏诗歌,学生能够亲身体验到诗歌的美感,从而引发他们对美的审美情趣的培养。

诵读吟咏可以帮助学生更好地理解诗歌中的韵律之美。韵律是诗歌的重要组成部分,它通过音韵的组合创造出一种独特的美感。通过反复朗读诵读,学生可以感受到诗歌的节奏感和韵律变化,从而更好地理解和欣赏诗歌的韵律之美。

诵读吟咏可以帮助学生深入体验诗歌的意境之美。诗歌通过独特的语言和形象描绘,营造出各种各样的情景和意境。通过诵读吟咏,学生可以投身于诗歌所描绘的情境之中,感受其中的美丽和感动,培养自己的审美情趣。

诵读吟咏还有助于学生深入体悟诗歌中的情感之美。诗歌往往能够通过文字表达出丰富的情感和情感变化,通过朗读诵读,学生可以更直观地感受到诗歌所传达的情感,进而体验到情感之美。

由于诵读吟咏在语文诗歌情境美教学中的重要作用,教师可以在课堂上安排相应的活动和任务,引导学生进行诵读吟咏。例如,教师可以选取一首具有鲜明韵律特点和意境的诗歌,让学生轮流朗读,感受其中的美感。同时,可以要求学生通过诵读吟咏,表达出诗歌所传达的情感,进一步加深对情感之美的理解和感受。

此外,教师还可以引导学生在诵读吟咏的基础上,进行更深入的思考和表达。比如,可以

让学生自由创作与所学诗歌相关的作品,如续写、改编、赋诗等,通过创作来展示对诗歌美感的理解和感悟。

总之,诵读吟咏作为一种有效的教学策略,可以帮助学生加深对语文诗歌情境美的感知和理解。通过诵读吟咏,学生能够更好地体验诗歌中的韵律之美、意境之美和情感之美,培养自己的审美情趣,为促进学生语文学习和美育提供了重要的支持和帮助。

(三) 联想想象,感受诗歌的含蓄之美

在小学语文诗歌情境美的教学中,融入联想想象的策略可以帮助学生更好地感受诗歌的含蓄之美。联想想象是指通过文字、声音和图像等刺激,引发学生的联想和想象能力,进一步丰富学生的情感体验和表达,从而提高学生对诗歌的理解和欣赏。

一方面,教师可以通过创设情境、给予符号暗示等方式,引导学生参与到诗歌创作中。例如,在学习古代诗歌时,教师可以讲述古代诗人的生活环境、思想情感,让学生对诗人的创作背景进行联想,进而激发学生的创作欲望。同时,教师还可以通过朗诵或演唱古代诗歌,帮助学生从声音中感受诗歌的韵律之美和情感之美。

另一方面,教师还可以通过视觉艺术、音乐、戏剧等多种形式的表达方式,激发学生的联想想象能力。例如,在学习一首描写春天的诗歌时,教师可以引导学生观察春天的景色、聆听春天的声音,通过绘画、手工制作等方式,让学生用自己的方式表达对春天的联想和想象。同时,教师还可以选取一些与诗歌情境相符的音乐、戏剧片段进行欣赏,让学生在音乐、戏剧的艺术形式中感受诗歌所传递的情感和意境。

通过联想想象的策略,学生可以更加深入地理解和感受诗歌的含蓄之美。联想使得诗歌不再是一种孤立的文字表达,而成为一种具有丰富情感和意义的艺术形式。学生通过联想想象,能够将自己的感受和想法融入到诗歌中,进一步加深了对诗歌的理解和记忆。

然而,在实际教学中,我们也要注意联想想象策略的使用。首先,教师需要根据学生的年龄特点和课程安排,慎重选择适合的联想想象材料和方式。其次,教师应当在引导学生联想想象的过程中,给予适当的引导和提示,避免学生离题或产生误解。最后,教师需要及时对学生的联想想象进行评价和指导,帮助学生提高联想想象的质量和深度。

总之,联想想象是小学语文诗歌情境美教学重要的策略之一。通过联想想象,学生能够更加深入地理解和感受诗歌的含蓄之美。因此,在实际教学中,教师应该灵活运用联想想象策略,激发学生的联想想象能力,引导学生深入理解诗歌的意境和情感,提高学生的审美水平和创造力。这也为小学语文情境美教学的改革提供了有益的参考。

(四) 品词析句,培养学生的审美情趣

品词析句在小学语文诗歌情境美教学中发挥关键作用,能够帮助学生深入理解诗歌中的意境,培养学生的审美情趣。在品词析句这一环节中,教师可以引导学生通过仔细品味诗歌中的词语选择、句式结构和修辞手法等,感受其中所蕴含的美感。

首先,教师可以选择一首经典的唐诗作为教学材料,例如《静夜思》,通过分析诗中的词

语,如"床前""疑是""举头"等,引导学生揣摩作者的用意,感受到这些细致入微的描写带来的美感。此外,还可以提问学生有关诗歌的修辞手法,如比喻、拟人等,通过分析这些修辞手法的运用,展现诗歌之美。

其次,教师可以组织学生对一些诗句进行分析解读。例如,选择《春夜喜雨》中的"随风潜入夜,润物细无声",引导学生对诗句进行品词析句。学生可以通过思考和讨论,分析"随风潜入夜"中的动词"潜入"表达的意境,以及形容词"细无声"所描述的特点。通过这样的分析过程,学生可以更好地理解诗歌中的美感。

此外,教师可以引导学生对一些生词进行品字识别,分析词义、音韵和字形特点。例如"洞庭湖阔,天无云霓",教师可以引导学生仔细品味"霓",感受其音韵之美,通过比较"洞庭湖阔"和"天无云霓"两组词语,体会作者以形容湖阔和天空晴朗的方式传递给读者的美感。

在品词析句的教学过程中,教师还要注意引导学生进行思维的拓展和联想,让他们能够自主分析诗歌中的意境和美感。通过提问,教师可以启发学生的思考,激发他们的想象力和创造力。例如,可以提问学生"诗中的这个词是如何形容景物的? 你能想象到这个景物吗?"或者是用"你认为作者为什么选择这个词来描绘景物"这样的问题可以引导学生从多个角度去感受诗歌中的美。

综上所述,品词析句是小学语文诗歌情境美教学的关键一环,通过对诗歌词语、修辞手法和字形的分析,可以帮助学生深入理解诗歌中的美感,并培养学生对美的欣赏能力和审美情趣。因此,在小学语文诗歌情境美教学中,品词析句应该得到充分的重视和应用,以促进学生的综合素养提升。

(五) 以读促写,鼓励学生进行审美创造

以读促写是一种以阅读为基础的教学方法,通过引导学生阅读优秀的文学作品,激发他们的创作热情和想象力,培养他们的审美意识和写作能力。在小学语文诗歌情境美教学中,以读促写是一种非常有效的策略。

以读促写可以激发学生对诗歌的兴趣和热爱。学生在阅读诗歌作品的过程中,不仅可以欣赏到诗歌的美丽,还能感受到诗歌所传达的情感和意境。这样的阅读体验会激发学生的兴趣,培养他们的审美情趣。

通过以读促写,学生能够学习到优秀的写作技巧和表达方式。在阅读优秀的诗歌作品时,学生可以借鉴作者的写作手法和语言表达,提高自己的写作水平。同时,通过写作的过程,学生还可以加深对诗歌的理解和感悟,进一步培养审美意识。

以读促写也能够培养学生的创造力和想象力。通过阅读诗歌作品,学生可以接触到各种各样的艺术形式和表现手法,从中汲取创作的灵感,培养自己的想象力和创造力。在写作过程中,学生可以尽情展示自己的创意和想法,进行审美创造。

此外,以读促写能够帮助学生更好地理解诗歌的内涵和意义。通过阅读诗歌作品,学生可以深入理解诗歌所表达的情感、思想和价值观。在写作过程中,学生需要对诗歌的主题、意境等进行揣摩和思考,从而加深对诗歌的理解和感悟。

总之,以读促写是一种非常有效的教学策略,在小学语文诗歌情境美教学中具有重要的意义。通过阅读优秀的诗歌作品,激发学生的创作热情和想象力,培养他们的写作能力和审美意识。以读促写不仅能够提高学生的写作水平,还能够培养他们的创造力和想象力,加深对诗歌的理解和感悟。因此,在小学语文诗歌情境美教学中,应该积极推广和应用以读促写的策略,鼓励学生进行审美创造。

参考文献

　　[1] 黄荣欣.核心素养视野下小学生语文审美力培养研究[J].求学,2020(44):7-8.

　　[2] 张思.美育视角下小学语文班本课程实施策略[J].教育进展,2023(2):4.

　　[3] 崔兰英.情融于境似蕴玉,思启于美宛怀珠——谈情境教育理念下的语文课堂教学[J].中华活页文选(教师版),2022(19):57-59.

关于大美育观下"润雅"课堂的思考

王净净　观山湖区华润小学

近年来,随着社会对综合素质教育的需求不断升温,大美育观应运而生,"以雅育雅,润养未来"作为大美育观的理念,为小学美育实践提供了一种引领[1-2]。习近平总书记在党的二十大报告中指出"育人的根本在于立德",要求"全面贯彻党的教育方针,落实立德树人根本任务,培养德智体美劳全面发展的社会主义建设者和接班人"[3]。在这一背景下,美育在"立德树人"中扮演重要角色。以审美为核心的"以雅育雅"理念,意味着在美育实践中注重培养学生的审美素养、品格修养和艺术创造力。而"润养未来"则承载了美育在塑造未来社会创新人才方面的责任。然而,应试教育的负面影响、功利性追求,以及美育与德育关系不明确等因素导致中小学美育过于艺术化[4],忽视了审美素养的全面发展和品格培育的深度引导。因此亟需探索培养学生审美情趣的策略,实现德智体美劳全面发展的培养目标。

一、大美育观促进学生全面发展

大美育观的理论框架凸显了审美观的独特性,中小学生审美不再被简单地定义为对美的感知,而是被视为一种引导学生建构美好人生的力量。这种审美观不仅注重个体对美的感受,更关注美在人生建构中的作用。通过审美的引导,学生能够培养对美好事物的敏感性,从而构建积极向上的人生态度。这种理论观念将美育提升到更高的层次,使其不仅仅是一门学科,更是一种关乎人生价值和意义的教育方式。此外,大美育观为学生创造了展现个性和表达情感的空间。这种创造性的教育方式有助于激发学生的创新潜力,培养他们未来社会所需的领导力和独立思考能力。

大美育观为中小学教育实践提供了丰富的内涵,强调教育应关注学生的各个方面,包括智力、情感、社交和身体发展。通过艺术和美育的综合实践,学生不仅仅在学科知识上得到了拓展,更在审美、品格、创造力、社交技能和身体素养等方面获得了全面的培养,为学生成长提供了更多元化、深刻的学习机会[5]。这种德智体美劳全面发展的理念与现代教育理念相契合,更贴近社会对于未来创新人才的要求。

二、立德树人与美育

立德树人是中国特色社会主义教育理论的精髓,是推进我国教育现代化的指导思想和行动指南。在立德树人的理论基础上,美育成为其中不可或缺的一环[6]。审美素养的培育与品格的形成在立德树人理念中有机结合,为学生提供了更为全面的成长路径。这一理论基础使得"以雅育雅,润养未来"理念更贴近教育的本质,并能更好地实现立德树人的根本目标。

在中国特色社会主义教育理论框架下,立德树人理念的实现要求教育者遵循教书育人规律[7],关注学生成长规律,以学生为主体,以教师为主导,通过创新育人模式培养和践行社会主义核心价值观,以不断提高学生的思想道德水平、培养创新创业精神与能力、强化学生实践动手能力、塑造学生强健体魄、提高学生文化修养、增强学生生态文明素养以及提高学生综合国防素质等多层次目标。

三、大美育观下"润雅"课堂对学生的影响

在大美育观的指导下,小学美育实践中"以雅育雅,润养未来"理念的贯彻对学生审美意识培养、创造力提升和品格塑造展现出显著的影响[8-9]。

其一,"润雅"课堂通过多元的美育活动深刻地塑造了学生的审美意识。绘画、音乐、舞蹈等艺术形式在课程中得以巧妙融合,呈现出富有创意的教育场景,重在唤醒学生对美的敏感性,引导他们积极感知、欣赏和表达艺术之美。例如绘画作为一种视觉艺术形式,在"润雅"课堂中为学生提供了展现想象和创造力的独特平台。通过绘画,学生培养了对形式、色彩、结构等美学元素的感知能力,加深了对艺术的理解,并促使他们主动追求更多艺术作品的欣赏机会。同时,音乐和舞蹈作为听觉和身体表现艺术,巧妙地结合在课程中,培养了学生对声音和身体表达的敏感性。这一系列在"润雅"课堂中的美育活动全面发展了学生的审美意识,激发了他们对艺术多样性的浓厚兴趣,为其全面素养的提升奠定了坚实基础。

其二,学生在"润雅"课堂中获得了对美的感知、欣赏和创造能力的全面提升。通过引导学生深入感知艺术作品,课程注重培养学生对于各种艺术形式的深刻理解和感悟。绘画、音乐、舞蹈等多元艺术形式被纳入课程设计,为学生提供了广泛的艺术体验。学生通过亲身感受艺术的独特魅力,逐渐培养了对美的敏感性,不仅加深了学生对艺术作品内涵的理解,还激发了他们对不同艺术形式的浓厚兴趣。在"润雅"课堂上,学生不再局限于被动接受,而是被鼓励表达个人的想法和情感。绘画创作、音乐演奏、舞蹈编排等成为培养学生创意思维和表达能力的平台,同时也锻炼了他们在审美实践中发挥主体作用的能力。在美育实践的过程中,学生逐渐形成了对美的独立见解,并培养了独特的审美情趣。通过多元的美育活动,学生有机会接触到不同文化、不同时期的艺术作品,拓展了他们的审美视野。这样的美育实践不仅对学生的审美素养和艺术创造力的培养具有积极意义,也有利于其未来全面发展和创造性思维培养。

其三,"润雅"课堂在培养学生道德素养方面具有显著的影响。与传统教育侧重知识传授不同,这个课堂强调道德与美的有机结合,学科知识的传递与道德素养的培养相互交织[10]。课程强调学生参与艺术实践的过程,通过多元艺术形式的实际操作,培养了学生的坚韧、耐心和团队协作等品格素养。通过道德与美的有机结合,助力学生形成积极向上的人生态度。在课程中,不仅仅是传递抽象的道德规范,更通过艺术实践的亲身经历让学生体验到美好的情

感与合作的乐趣。学生在艺术实践中克服困难,培养了坚持不懈的品格;在团队协作中,培养了相互尊重与合作的品质。这种通过美育活动促进道德素养的方式,使学生在品格培养中能够更加深刻地理解和体验道德价值,形成对美与善的积极追求。

其四,美育实践促进了学生精神境界的提升。"以雅育雅,润养未来"理念意味着在学科压力较大的背景下,学生通过参与美育实践能够得到心灵上的滋养。在压力日益增加的学习环境中,学科知识的学习往往成为学生的主要任务,而美育实践则提供了一个调节情感、释放压力的平台。通过参与多元的艺术活动,学生能够感受到艺术带来的愉悦和舒缓,从而得到情感的宣泄和调节,为学生提供了摆脱学科焦虑的契机,有助于提升学生的心理健康水平。审美情趣不仅仅是对艺术作品的欣赏,更是一种对美好事物的敏感和追求。通过引导学生感知、欣赏和创造美,美育实践能够启迪学生的思维,培养他们对美的独立见解。这种审美情趣的培养不仅使学生更有深度地理解和欣赏艺术,也影响着他们对生活、对社会的态度。亲身参与美育实践,学生在审美情趣的熏陶下,逐渐形成积极向上、富有创造力的精神境界。

四、大美育观下教师与学校面临的困境

教师在大美育观下的"润雅"课堂需要具备深厚的审美素养,能够理解并贯彻美育理念。审美素养不仅包括对艺术作品的欣赏,还涉及对美的理解、解构以及在教学中运用的能力[11]。然而,教师的审美素养不同,导致在"润雅"课堂实践中可能面临理念不明确、表达不准确的困境。美育并非独立于其他学科,而是需要与科学、人文、社会等多个领域相互融合。教师在"润雅"课堂的实践中,需要跨足不同学科领域,将审美与其他知识有机结合,创造出更丰富、多元的教学内容。然而,大多教师往往偏重于学科知识的传递,对跨学科知识的培养能力相对较弱,使得设计"润雅"课堂时可能面临方法匮乏、难以有机整合各学科内容的问题。

多元化的美育实践离不开巧妙的课程设计和多种资源支持,其中课程设计的针对性是"润雅"课堂成功实施的基石。美育并非简单的艺术活动堆砌,而是需要精心设计的课程,旨在培养学生的审美意识、创造力和综合素质。因此,学校在美育课程设计上的欠缺,可能使教学内容过于零散、缺乏系统性。这会导致"润雅"课堂在实际操作中难以形成连贯的教学路径,影响美育实践的深度和广度。美育实践还需要丰富的艺术作品、教学工具和场地设施等资源的支持。然而,由于中西部区域差异、观念差异等原因,学校对美育的重视程度各不相同,存在资源配置不均衡、投入不足的问题。这就使得"润雅"课堂难以获得足够的资源支持,从而影响到美育实践的实际效果。

五、助力"润雅"课堂的教师自我提升与学校资源整合

制定并实施教师专业发展计划是推动"润雅"课堂实践至关重要的一环。专业发展计划应注重提升教师的审美素养,包括对美的感知、欣赏和理解能力,需要通过专业培训、艺术展览参观等方式拓展教师的审美视野。通过系统的学习和实践,教师能够更好地理解"润雅"课

堂的美育目标,从而更有针对性地引导学生培养审美意识。另外,专业发展计划应致力于提升教师艺术知识和跨学科领域的素养。在"以雅育雅,润养未来"的理念下,教师不仅需要具备深厚的艺术知识,还需具备跨学科的视野,能够将艺术与其他学科有机结合。培养这方面的素养需要通过多样化的培训形式,如跨学科研讨、艺术家讲座等,使教师能够更好地运用艺术元素丰富课程,推动"润雅"课堂往深度发展。

课程创新与跨学科整合也是"润雅"课堂实施的策略之一。学校需要加强对课程的设计,确保美育实践能够有机融入各学科,并与课程内容形成紧密连接,从而推动学科之间的融合,使得"润雅"课堂不仅注重审美教育,更能够与其他学科相互渗透,实现知识的交叉传递,提升学科整体素养。在课程创新方面,学校可以引入新颖的教学方法和形式,如项目化学习、翻转课堂、合作探究、游戏化学习、多媒体以及互联网等,促使"润雅"课堂更具活力和吸引力。通过跨学科整合,可以将艺术元素巧妙地融入到各学科中,使学生在学科学习的同时培养审美素养,实现知识的全面渗透与应用。同时,学校需要提供充足的美育资源,包括丰富的艺术品展览、专业的艺术工具和适宜的场地等,从而为师生提供更广泛的美育体验。

此外,学校还可以建立专门的美育领导团队负责规划、组织和协调"润雅"课堂实践,为教师和学生提供必要的支持和指导。团队可以定期组织教师培训、专业研讨会,帮助教师更好地理解"大美育观"理念,并学习到与之相关的先进教学方法。通过领导团队的协助,教师可以不断提升自身的美育素养,更好地贯彻"以雅育雅,润养未来"的教育理念。团队可以参与课程设计和资源配置,提供专业建议,确保实践活动与大美育观的理念相契合。通过领导团队的协调,学校可以更有针对性地配置美育资源,保障"润雅"课堂的实施。

当前"以雅育雅,润养未来"理念在小学美育中已经取得显著成效,多元化美育活动提升了学生的审美素养,培养了独立见解和创造能力。大美育观下"润雅"课堂注重道德与美的结合,强调团队协作、坚韧和耐心,促进了学生的品格培育。然而,大美育观下教师与学校仍然面临着诸多困境,如教师审美素养提升、课程设计和资源限制等。笔者提出了一些教育策略,包括教师专业发展计划、课程创新与跨学科整合,以及学校美育领导团队的建设,期待"以雅育雅,润养未来"理念在小学美育中深化。未来建立完善教师提升机制,推动美育与其他学科融合,将有助于"润雅"课堂实践的可持续发展。通过不断优化策略和深挖"润雅"课堂,将为中小学生提供更丰富的美育体验,塑造更具创造力、审美素养和品格的全面高素质创新人才。

参考文献

[1] 张伟."大美育"研究综述与可能路径[J].美术教育研究,2023(9):72-74,78.

[2] 中共中央办公厅、国务院办公厅.关于全面加强和改进新时代学校美育工作的意见[EB/OL].(2020-10-15).http://www.gov.cn/zhengce/2020-10/15/content_5551609.htm.

[3] 习近平.高举中国特色社会主义伟大旗帜 为全面建设社会主义现代化国家而团结奋斗——在中国共产党第二十次全国代表大会上的报告[R/OL].(2023-08-02).https://www.gov.cn/xinwen/2022-10/25/content_5721685.htm.

［4］王澍,刘凤.学校美育如何立德树人[J].湖南师范大学教育科学学报,2024(1)：10-15.

［5］鲁妮妮.大美育观下的小学美术教学探索[J].天天爱科学(教学研究),2022,(6)：122-124.

［6］修远,徐杨.新时代学校美育工作的立德树人价值逻辑与实现路径[J].中国电化教育,2019(10)：97-101.

［7］梅赐琪.遵循三大规律的通识教育课程思政模式创新——以清华大学"写作与沟通"课为例[J].思想理论教育导刊,2021(3)：99-104.

［8］周雯雯.核心素养导向下小学语文教学美育策略研究[J].新课程教学(电子版),2023(3)：8-9.

［9］翟咏珍.小学数学教学中的美育与德育融合实践[J].吉林教育,2023(1)：39-41.

［10］刘丽丽.以美促德——让小学生美育与德育同行[J].吉林教育,2023(19)：83-85.

［11］陈丽萍.有关审美素养视野下小学语文古诗词教学的思考[J].学周刊,2022(29)：175-177.

美育视角下小学英语分级绘本与教材融合教学

朱莲莲　观山湖区华润小学

一、研究背景

　　素质教育要求学生全面发展,其中美育在小学英语中起着非常关键的作用。美育即美感教育,旨在强化学生在学习过程中认识美、体验美、感受美、欣赏美以及创造美的能力。小学英语分级绘本是教材以外的有效资源,可以与主教材相互补充。《义务教育英语课程标准》(2022 版)中教育改革理念也提出要充分利用教材资源和开发教材资源。在深入研读教材的基础上,教师不能仅仅局限于教材,而是要突破教材的制约,合理开发教材以外的素材性资源。英语学科的材料除了教材之外,可以选用正确育人导向的、真实、完整、多样的英语材料,比如与教材单元主题情境匹配的英语绘本就可以作为英语教材的有效辅助和补充。分级绘本中大量精美的插图,可以使学生在学习绘本故事的同时培养欣赏美和感受美的能力。

二、研究意义

(一) 具有美感的绘本插图可以提高学习兴趣

　　分级绘本以图文并茂的形式呈现,内容主题丰富、情境自然、语言鲜活、故事内容符合学生认知规律和心理发展特点。教师可以在教学过程中,引导学生欣赏图片的美和英语语言节奏的美。相比于英语教材,分级绘本中大量精美的图画更加吸引学生的注意力,故事情节也跌宕起伏。根据教材的主题意义和功能话题,选择匹配度高的分级绘本进行资源整合,可以丰富学生的阅读体验和提高阅读兴趣。

(二) 分级绘本教学内容丰富,引导学生体验生活美

　　笔者所执教学校采用的是外研社的英语教材,每个模块分为两个小单元。每个单元围绕模块话题展开,语篇形式多样,低段年级以对话为主,而中高段年级语篇有访谈、书信、记叙文等体裁。例如外研社出版的"丽声北极星"分级绘本就可以作为单元整体教学的补充材料。教师可以创设情境,将绘本中的人物贯穿在整个模块的教学当中,将分级绘本与教材整合,使得每个课时的主题融合在单元模块整体教学下的子话题中,让每个小单元的联系更加紧密、教学内容更丰富,不同的绘本故事主题可以引导学生体验教材内容美和生活美。

（三）英语分级绘本与教材融合激发学生创造美

分级绘本主要分为故事类和科普类，在小学教学中采用故事类较多。学生在绘本学习过程中需要不断地进行预测、推断、分析故事情节，有时候需要对故事进行续写，创造等。将分级绘本融入英语教材学习，学生可以发展心智，并在课后可以进行故事的角色扮演，从而培养和提高表达美和创造美的能力。

三、英语分级绘本与教材融合教学渗透美育实践

在英语教学中渗透美育，要根据教材的学习的主题、学生学情、教材的教学目标和教材的学习内容。外研社（三年级起点）的教材主题丰富，有家庭生活、个人喜好表达、学校课程等方面内容，在选取分级绘本时，需要根据教材的主题，选择匹配度高的分级绘本内容进行融合。美育的渗透也要紧紧围绕教材的教学目标开展。基于教材的教学目标匹配相应的分级绘本，设计教学活动来落实教学目标，实现分级绘本融合教材的育人价值。教材与分级绘本内容融合也要注重学习内容的匹配度，绘本材料中的重点单词、功能句型、育人价值等与主教材的契合程度，从而提高学生的学习兴趣和审美能力。

教师可以根据分级绘本的内容和难度选择合适的教学途径。图片环游的方式比较适合故事类的教学，教师通过创设情境，引导学生发现美。学生不断关注故事情节的发展、人物情绪变化等来感受故事美。通过图片环游，学生可以梳理出故事的流程和语言知识点，内化语言美。教师可以引导学生分组进行角色扮演，在这过程中让学生体验美和创造美。

例如外研社版（三年级起点）的教材五年级下册第一模块的话题是谈论过去和现在的变化。Module 1（模块 1）包含两个单元：Unit 1 We lived in a small house 和 Unit 2 She didn't have a television。本模块的目标语言有：We lived in a small house. There weren't many buses. We live in a big house. There are lots of buses and cars. She didn't have a television. 核心词汇有：still，programme，lady，life，different，ago，enough，television 等。根据教材中该模块的话题、学习内容、学生学情和教学目标等，可以匹配外研社"丽声北极星"分级绘本第三级中的 *The Tiny TV*。该绘本的核心词汇有：lady，ago，television，radio，programme，couldn't＝could not，still，change。核心句型结构有：We lived in a small house. We didn't have a television. We have a big house now。该分级绘本的话题、词汇、句型和语法现象都与主教材相匹配。

经过分析研读教材和绘本内容，教师可以将主教材融合绘本，以单元整体教学为基础，将整个模块的主题设计为"生活的变化"，模块的主题联结和统领三个课时的小主题。课时一是"中国的变化"，培养学生的家国情怀，增强爱国意识，课时二是"生活方式的变化"，体验生活之美，课时三整合绘本内容，设计为"家庭生活的变化"，感受亲情之美。三个课时的小主题层层递进，由谈论中国的变化到具体的个人家庭生活的变化，培养学生的家国情怀，最后在第三课时表达对家人的关心和爱，感悟亲情之美。这三个课时由三个独立且相关联的语篇构成，选用绘本作为补充可以为学生提供多样化的语篇素材，丰富学习内容和阅读体验，引导学生在轻松愉悦的学习环境中乐学善学，逐步培养学生欣赏美和感受美的能力。

四、分级绘本教学渗透美育的途径

(一) 合理使用分级绘本匹配主教材

教师要根据学生的学段、身心发展规律、学习时限和学习经历等选择绘本。比如外研社(三年级起点)教材五年级下册 Module 1 匹配的分级绘本 *The Tiny TV* 的篇幅为 230 词,内容难度也适合该年段的学生。外研社"丽声北极星"分级绘本的内容可以匹配相应的模块主题,教师可以通过对比分析进行整合运用。同时教师也要关注不同学生的差异性,做到因材施教,引导学生体验教材中的图画美、语言美、节奏美和韵律美,增强学生的阅读兴趣和阅读体验。

(二) 研读教材,发掘育人价值,培养审美观念

《义务教育英语课程标准》(2022 版)中强调要以主题为引领来组织课程内容。课程内容要遵循培根铸魂、启智增慧的原则。以不同的语篇为载体,发掘其中的育人价值和学生正确的审美观念。如 *The Tiny TV* 通过对比过去生活和现在生活的变化,让学生明白生活在不断发生变化,但是爱不会改变。从中感悟生活美和亲情美。例如外研社(三年级起点)教材五年级下册的 Module 5 主题是谈论物品的特征,主题任务是为朋友选择生日礼物。分析模块教材的内容可以结合外研社"丽声北极星"分级绘本第三级中的 *The Birthday Present* 来进行辅助教学,让学生体验友情美,同时懂得珍惜朋友情谊。

(三) 引导学生乐学善学,创造美

绘本中除了文字信息,还有很多精美的图画,绘本教学过程中教师引导学生学会读图,关注绘本中的非文本信息,比如人物的表情变化、天气的变化、肢体动作的变化等。引导学生欣赏教材中的插图美和语言结构美。教学设计以学生为主体,考虑学生的兴趣点。教师通过设置丰富的情境和一系列问题链来吸引学生的注意力,同时加上环环相扣的故事情节,引导学生关注图片中的细节,体会人物的心情变化,不断提出问题、解决问题。通过图片环游或拼图教学等方式,帮助学生感悟绘本的故事美,提升学生的阅读兴趣。教师要围绕主题意义,设计多模态的教学活动,调动学生参与教学活动的积极性。绘本阅读课还可以让学生来表演绘本剧,以此提高学生创造美的能力。

英语学科兼具音律美、内容美、节奏美、结构美等特点。教师要在情境导入中引导学生发现美,在教学实践中引导学生感受美和创造美,在教学过程中有效地利用整合资源,进行学科融合和美育渗透。英语教师需要不断提高整合教材资源的能力,不仅仅是用教材、教教材,更要以立德树人为根本,培养正确的育人价值导向和审美观念。

参考文献

[1] 侯紫轩.单元主题视角下绘本与小学英语主教材融合的实践探索与改进策略研究

［J］.英语教师,2022(10)：111-114.

　　［2］季言霞.小学英语教学中美育的运用分析[J].华夏教师,2018(24)：74.

　　［3］李作华.小学英语教学中美育的渗透[J].甘肃教育,2022(15)：20-23.

　　［4］杨蓓丽.依托英语绘本培养小学生英语语用能力的实践研究[D].上海：上海师范大学,2020.

　　［5］杨洁.英语绘本与小学英语主教材融合的策略探讨[J].基础教育研究,2021(41)：200-201.

　　［6］余愿.核心素养下小学英语绘本与主教材融合教学探讨[J].校园英语,2022(16)：57-59.

　　［7］王蔷,敖娜仁图雅,罗少茜,陈则航,马欣.小学英语分级阅读教学：意义、内涵与途径[M].北京：外语教学与研究出版社,2017.

　　［8］祝薇.新课标下小学英语教学中美育的融入措施分析[J].智力,2023(18)：13-16.

新课标下信息科技"以美润雅"课堂的构建与探究

朱义涛　观山湖区华润小学

随着教育改革的不断深入,新课程标准更加强调培养学生的综合素质,其中审美素养的提升是不可或缺的一部分。本文旨在探讨如何在小学信息科技教学中融入"以美润雅"的教育理念,构建符合新课标要求的课堂环境,并通过具体的教学策略和实践活动,在信息科技学习过程中促进学生审美能力的发展。

一、研究背景与意义

(一) 新课标对信息科技教学的要求

当前教育改革的核心在于培养学生的 21 世纪技能,其中信息科技素养占据了基础且关键的位置。新课标中对信息科技的教学提出了更高的要求,不仅强调技术技能的学习,更注重对学生创新思维和解决问题能力的培养。新课标提倡信息科技与其他学科的整合,要求信息科技的教学需要与学生的日常生活和其他学科知识紧密联系,形成一种跨学科的学习模式。

(二) "以美润雅"教育理念的提出背景

当下快速发展的社会背景对中小学生全面素质的要求不断提高,尤其是审美素养的重要性日益凸显。"以美润雅"理念强调通过美的教育来提升个体的文化素质和审美品位,这一理念的提出正是为了应对当下社会人才需求的变革。特别是在小学阶段,儿童对于新鲜事物有着天然的兴趣和极高的敏感性,通过美的教育能够有效促进其情感和创造力的发展。

(三) 研究的意义与目的

本研究意在探索新课标下如何将"以美润雅"理念整合入小学信息科技教学之中,实现学生审美能力的提升以及信息科技素养的全面发展。研究将分析现行教学实践中存在的问题,并提出切实可行的策略和活动方案,以期为教育工作者提供参考,为学生创造一个既充满知识性又富有美感的学习环境。

二、理论构想与概念界定

(一) "以美润雅"的教育哲学基础

"以美润雅"教育哲学源自美学、教育学和心理学等多学科的理论交融。它依据美学原则,强调教育应当追求美感与和谐,教学应该融入美的元素,以此来涵养学生的性情、塑造高尚的品格,并激发创造力。在这一哲学基础上,教育不仅仅是知识的传递,更是价值、情感与美学的体验与传承。

(二) 信息科技课堂的特点与要求

信息科技课堂区别于传统课堂的特点在于其技术性与时代性。它要求教师与学生具备一定的信息素养,能够使用各种信息技术工具进行教学与学习。同时,信息科技课堂要求教学内容与时俱进,紧密结合社会发展与技术进步,旨在培养学生在信息化社会中有效获取、处理和应用信息的能力。

(三) 整合美育的信息科技课堂模式构想

基于"以美润雅"的教育哲学和信息科技课堂的特点,我们构想了一种新的课堂模式。这种模式将美育理念融入课程设计,通过创造性的教学活动如数字艺术创作、多媒体制作和算法设计等,让学生在学习信息科技的同时体验美学原理和艺术创作的乐趣。教师的角色从知识的传授者转变为引导者、协助者和设计者,帮助学生在探索、实践的过程中发现美、感悟美并且创造美,进而提升他们的综合素养。

三、现状分析: 信息科技课堂的审美缺失

(一) 当前信息科技课堂存在的问题

当前多数地方还缺乏统一的信息科技教材,且多数小学信息科技课堂中过于强调技术和知识的传授,而忽视了审美教育的重要性。课程内容大多集中在软件操作、编程技能等技术层面,缺乏美术、音乐等艺术元素的融合。此外,课堂活动往往单一乏味,未能充分激发学生的兴趣和创造力。

(二) 审美教育融入信息科技教学的现状调查

通过对多所小学信息科技课堂的调查发现,仅有少数学校尝试将审美教育融入信息科技课程。这种尝试通常局限于使用一些具有艺术风格的电子海报或电脑绘画等环节,但整体上还未形成系统的教学策略和体系。

(三) 基于现状的问题分析与需求调研

针对当前信息科技教学中审美教育的缺失,我们从教师对审美教育的认识和态度、学生审美能力和对美育的需求、现有资源及审美教育缺失的原因等方面进行了调研。结果显示,多数教师认为审美教育对于新课标下的信息科技课程及学生综合素养的培养都尤为重要,但不知如何将审美教育融入现有课程,并润泽出美育课堂。同时,学生对于富有创意和美感的学习活动表现出极大的兴趣。因此,开发一套结合信息科技与审美教育的教学模式成为当下

最为迫切的需要。

四、构建"以美润雅"信息科技课堂的策略

（一）教学内容的美学设计

1. 教学资源的选择与优化

在"以美润雅"的信息科技课堂中,教学资源的选择应注重含有美学要素并具备一定拓展性。教材不仅要涵盖基础的信息技术知识,还应包括丰富的艺术作品案例、设计软件教程以及跨学科的项目实例,这样能促使学生在掌握技术技能的同时发展审美能力。例如:小学四年级"数据与编码"模块中的"数据的组织与呈现"部分,教师可以设计"数据助农——提质增销"的宣传单,展示优秀作品,让学生了解构图等美学要素,欣赏、分析优秀作品的美学特点,并指导学生实践,创作设计精美作品。

2. 教学内容的跨学科整合

将信息科技与美术、音乐等艺术学科相结合,是"以美润雅"课堂的重要策略之一。例如,当学生学习图像处理时,可引入色彩搭配原理、平面构成等美术知识;在用 Scratch 编程音乐类小游戏的教学中,学生可以讨论声音的节奏、和谐与旋律。这种跨学科的整合不仅能丰富学生的信息科技水平、学习体验,也有助于培育他们的艺术审美等综合素养。

（二）教学方法的创新

1. 情境教学法在信息科技中的应用

情境教学法通过创设贴近学生生活的教学情境,激发学生的学习兴趣和主动性。在"以美润雅"的信息科技课堂上,教师可以设计各类真实或模拟的情境,让学生在解决实际问题的过程中学习信息技术,并运用美学原则来提升解决方案的美感。例如:在学生设计"爱心助农"宣传单中,通过精美的宣传单提升爱心助农宣传的效果,以此激励学生对自己作品的精益求精。

2. 项目式学习与审美体验的结合

项目式学习(Project-Based Learning,PBL)是一种以学生为中心的教学模式,适用于"以美润雅"的信息科技教学。学生可以在小组内协作完成一个涉及设计与创作的项目,如创作艺术作品、编程设计精美图案等。这类项目不仅锻炼了学生的信息技术应用能力,而且能使他们在创作过程中获得深刻的审美体验。例如:在五年级"身边的算法"中用 Scratch 的画笔工具编程绘制图形时,以唐伯虎的《桃花庵歌》为项目主题,设计并绘制出书斋骨架、美丽花瓣的图案。

（三）教学环境的优化

1. 创建美观舒适的学习空间

信息科技的教室环境对学生的情绪和学习效果有直接影响。打造一个美观、舒适且充满

创意的教室环境,能够激励学生更好地投入到"以美润雅"的学习中。这要求教室的色彩搭配、布局设计和教具选用都要符合科技美学的原则,营造出积极向上的学习氛围。

2. 利用信息技术营造积极的学习氛围

现代信息技术提供了丰富的可能性来创造积极的学习氛围。利用智能教学平台、虚拟现实(VR)、增强现实(AR)等技术手段,可以为学生提供沉浸式的学习体验。例如,通过 VR 技术参观虚拟美术馆,让学生在体验中学习艺术史和信息技术。

(四) 实践活动的设计

1. 校本课程的开发与实施

为了更好地融合信息科技与审美教育,学校可以根据本地文化特色和学生的实际需要,开发实施校本课程。这些课程应包含丰富多样的审美元素和信息技术内容,如利用当地风景资源进行数字摄影,利用民俗艺术进行电脑绘画、电子板报的设计等。

2. 跨学科审美教育项目案例的开展

开展跨学科的审美教育项目案例是连接理论和实践的有效方式。例如,学生在科学实验的基础上制作科学纪录片,既需要掌握拍摄技巧和编辑软件的使用方法,也需要对画面的构图、色彩调配等审美元素有敏锐的把控。

(五) 教师角色与发展

1. 教师专业成长与终身学习的重要性

教师的专业发展是一个持续的过程,尤其是在不断变化的信息技术领域。教师需要保持终身学习的态度,不断更新自己的知识储备和教学方法,以适应"以美润雅"课堂的需要。

2. 教师审美素养的提升路径

教师是"以美润雅"课堂实施的关键因素,因此,提高教师的审美素养显得尤为重要。学校可以定期开展大美育观下润雅课堂的培训,组织教师参与艺术活动以及跨学科教学研讨等方式,让教师不断提升自己的美学修养和信息技术水平。

五、效果评估与反思

在实施"以美润雅"的信息科技教学理念后,对课堂效果进行评估与反思是确保教学质量和持续改进的关键步骤。

首先,从学生参与度来看,通过信息技术将艺术元素融入课堂能够显著提高学生的兴趣和参与感。学生在审美体验中学习新知,表现出更加积极的探究精神和创造性思维。同时,由于个别学生可能难以适应以审美为主导的学习方式,因此教师也需注意学生对美的感知存在差异并及时采取相应的措施,调整教学策略,保证所有学生都能够适应新的美育教学模式。

其次,在教学资源的选择与应用方面,高质量的美学素材可以有效吸引学生的视觉和情感投入,但同时需要教师具备良好的筛选和整合能力,防止过多的多媒体内容分散学生的注意力。

最后,对于教学成果的评估,除了考查学生的知识掌握情况外,更应关注学生的创造力及审美能力的提升。在反思过程中发现,教师可能需要进一步提高引导学生深层次思考和批判性分析的能力,使学生不仅学会欣赏美,还能主动创造美。"以美润雅"的课堂构建在提升学生兴趣、创造力及审美能力方面具有积极效果,但仍需针对学生个体差异和教师自身专业发展进行持续优化与调整。

六、课堂实施效果的评估方法

为了确保"以美润雅"信息科技课堂的有效实施,需要制定一套科学的评估方法。这包括学生的审美能力评价、信息技术应用水平测试以及课堂参与度的观察。可以利用问卷调查、作品评比、自我评价等多种方式来进行。

(一) 实施过程中的问题与挑战

"以美润雅"信息科技课堂在实施过程中,可能会遇到多种问题和挑战,如教学资源的匮乏、教师专业发展的不足、学生差异化教学的需求等。这些问题,需要教育管理者、教师和社会各界共同努力寻找解决方案。

(二) 教育活动的持续改进与创新

教育是一个动态发展的过程,需要不断地改进与创新。对于"以美润雅"信息科技课堂来说,这意味着要持续跟踪最新的教育理论与技术发展,不断调整和完善教学策略。同时,鼓励教师和学生进行创新实践,发挥他们的主动性和创造性,共同推动教育活动的进步。

七、结论

通过上述的分析和探讨,我们可以看到,在新课标下构建"以美润雅"信息科技课堂不仅是可能的,而且是必要的。这一过程需要教育者深化教育理念的改革,充实教学内容,创新教学方法,优化教学环境,并通过实践活动使理论与现实相结合。教师作为实施者,需要不断提升自身的专业素养和审美修养。最终,通过"以美润雅"的教学模式,我们期待可以培养出既有扎实技术技能又具备良好审美素养的学生,这样的学生将更能适应未来社会的需求,拥有更为丰富和完整的人生体验。

参考文献

［1］胡静宜.中小学信息技术学科中"数字化美育"的渗透［J］.教育实践与研究,2022(3)：33－35.

大美育观下小学数学"润雅"课堂的特征与实现策略

杨浩　观山湖区华润小学

2018 年,习近平总书记在全国教育工作会议上指出,要着力建设德智体美劳全面培养的教育制度,形成人才培养的更高层次制度体系。随着教育改革的不断深入,教育理念和教学方法也在发生着变化,教育更加注重培养学生的综合素质,特别是在大美育的观念下培养学生的审美素质。正是在这样的背景下,小学数学"润雅"课堂应运而生,数学教育不仅仅是传授数学知识,更重要的是培养学生的综合素质,如思维能力、创新能力等。大美育理念下的小学数学"润雅"课堂,强调数学知识与美学相结合,旨在通过数学教学,培养学生健康的审美观,提高学生的审美修养,从而更好地培养学生的综合素质。特别是现代社会对人才的要求越来越高,需要学生具备多方面的素质,大美育观下的小学数学"润雅"课堂,可以满足学生发展的需要,帮助他们更好地适应未来的社会。

一、大美育观的基本内涵

大美育观强调全面育人,注重学生德、智、体、美、劳全面发展;在教育过程中,既注重知识技能的传授,又注重学生的情感、态度、价值观的培养;既注重学生的能力培养,又注重学生的审美修养。大美育观提倡全面教育,强调各学科间的相互联系与融合,注重学科间的交叉与渗透,使学生在不同的领域里获得知识的积累,获得能力的全面发展。大美育观强调教育与生活的紧密联系,主张教育要回归生活,注重学生的生活经验和动手能力,注重知识与实际生活的结合,让学生在解决实际问题的过程中获得成长。大美育观关注学生个性,强调因材施教,尊重学生的兴趣、特长和潜能,注重挖掘学生的潜能,激发学生的创新精神和自主学习能力,在培养学生个性特长的同时,注重学生的个性发展。大美育观强调教育的社会功能,主张教育要服务于社会,培养学生的社会责任感和公民素质,注重引导学生关注社会现象,培养学生的社会实践能力和团队合作精神。从总体上看,大美育观以培养学生综合素质和健全人格为目的,以人为本,全面育人,以追求生活化、个性化、社会性为基本内涵的教育观。

二、大美育观下小学数学"润雅"课堂的特征

在大美育观下,小学数学"润雅"课堂旨在通过数学教学培养学生健康的审美观,提高学生的综合素质。

(一)注重数学知识与美学的结合

在教学过程中,注重展示数学知识的美学特性,使学生在学习数学知识的同时感受美的熏陶。通过数形结合的方式,让学生在学习数学知识的同时,感受几何图形的美感,在学习点、线、面、体等概念时,引导学生欣赏数学图形的对称性、比例性和和谐性,引导学生发现数字之间的关系和规律,感受数字的美感。在学习数的性质、运算律等内容时,让学生体会数字的简洁美、对称美和和谐美。在解题过程中,引导学生运用数学思想方法,如化繁为简、类比推理、抽象概括等,感受解题过程的美感和智慧,通过数学在实际生活中的应用,让学生感受到数学的实用性和美感。在学习测量、统计、概率等内容时,让学生了解数学在解决实际问题中的作用和价值。

(二)塑造学生健康向上的审美观

重点培养学生发现数学中的美,树立正确的审美观念,提高学生的审美素养,在教学中引导学生重视数学中的美,让学生认识到数学既是一门科学又是一门艺术,通过欣赏数学中的美,激发学生的学习兴趣和好奇心。在介绍数学的发展历程和著名数学家的故事的同时,学生可以了解数学的文化内涵和美学价值。教师还应积极组织数学活动,比如数学竞赛和数学夏令营等,使学生在参与中感受数学的魅力,增强学生的集体荣誉感和团队协作精神,从而在数学学习和探究中收获快乐。通过数学教育,学生在今后的生活和工作中,有能力欣赏美、创造美。

(三)培养学生的创新能力和实践能力

鼓励学生发挥创新精神,在数学解题过程中提高动手能力。以提高学生创新实践能力为前提,以培养学生掌握数学基本概念、基本原理、基本方法为重点。鼓励学生在解题过程中,运用化繁为简、类比推理、抽象概括等数学思想方法,勇于质疑、敢于创新,培养学生的创新意识和创新能力,激发学生的创新潜能。通过设计数学实验、制作数学教具、培养学生动手能力和创新能力等活动,学生可以在实践中亲身体验数学的创造过程。

(四)创设生动有趣的教育教学情境

创设贴近生活实际的教学情境,激发学生学习数学的兴趣,使他们在轻松愉快的气氛中学习数学。通过小组合作的方式共同探究数学问题,在合作学习的过程中,注重学生交流能力的培养,在数学游戏和趣味数学活动的基础上,使学生感受数学的趣味性和美感,提高学生的审美情趣和创新能力。以绘画手抄报、数学模型等多种形式,将数学知识展示出来。

三、大美育观下小学数学"润雅"课堂的内在要求

在大美育观下,小学数学"润雅"课堂的内在要求是要营造一个融洽、和谐的氛围,关注学生的个性化需求,注重数学素养的培养,强调实践与探究,实现跨学科融合,采用多元化的评

价方式,以及促进教师的专业发展。

(一) 融洽的课堂氛围

学生在愉快的环境中学习数学知识,可以激发学习兴趣和热情,因此教师需要营造一种和谐、轻松的课堂氛围。教师还需关心他们的成长,尊重他们的个性差异,对每一位学生都给予平等的关注,在班级中给予平等的引导,使他们感觉到自己是班级中的一份子。教师对待学生要诚恳热情,通过课后交流互动,教师与学生建立信任和友谊,增进师生感情,使学生在课堂上心情舒畅。同时,注重布置美化课堂环境,让学生体会数学艺术作品展示、数学名言悬挂、数学角设置等美的环境下的数学美感,营造浓厚的数学文化氛围。

(二) 以学生为中心

注重学生的个体差异和需求,尊重学生的兴趣、特长和潜能,鼓励学生主动参与课堂活动,培养学生自主学习的能力,引导学生主动思考、发现问题、提出问题,鼓励学生发表自己的看法,尊重学生的思想,培养学生的自信心和表达能力,采用启发式、探究式的教学方法进行教学。教师应多组织团体合作学习,让学生在团队合作中,学会交流,学会请教,学会互助,这样既能提高学生的学习效果,又能通过合作学习培养学生的合作精神和集体意识。

(三) 数学素养的培养

教师平时应注重对学生数学素养的培养,让他们运用数学知识解决实际问题,包括数感、符号意识、空间概念、资料分析概念等。注重与生活的联系,使学生在实际生活中感知数与量的关系,了解数学在购物、测量等活动中的意义和作用。在评价学生的数学素养时,教师不能只看成绩,更要重视学生的学习过程,要通过类比、归纳、演绎等方法,引导学生分析问题、推理证明,使其学会运用逻辑思维,在解题过程中培养思维的灵活性和严密性,在数学的诸多方面感受到美。

(四) 实践与探究过程

在平时的授课过程中,教师应以促进学生动手操作与探究活动为重点,在培养学生动手能力与创新精神的基础上,提高学生的实际运用能力。以实际背景的数学问题为对象进行设计,使学生在解决实际问题中提高实际运用能力与创新能力,同时,在实践中体会到数学的实用价值与美感。并针对学生的不同特点进行数学实践活动的组织和安排,比如数学建模与数学竞赛等等,在提高学生实际运用能力的同时,也增强学生对数学的兴趣爱好,从而让学生在学习数学的过程中、在实践运用中感受数学的应用价值与美感。

(五) 教师的认识理念

在以大美育观为基础的小学数学"润雅"课堂上,教师要树立以学生为本的教学理念,把学生的全面发展放在首位,同时对学生的情感态度价值观等方面的培养给予更多的重视,这种教学理念不仅能使教师对大美育观有更深刻的认识,而且能促进教师自身的专业成长,所以教师要不断提高自身的职业素养,重视教育教学观念的更新换代,并积极采用有效的教学方法,提高课堂教学质量。通过不断地学习和实践,学生的数学素养得到提高,从而在数学上有所建树。

四、大美育观下小学数学"润雅"课堂的实现策略

大美育观下的小学数学"润雅"课堂的实施策略要求教师改变原有的教学方法,为学生创造一个美的课堂环境,对教学内容进行精雕细琢,加强师生之间的互动交流,使学生的数学思维得到锻炼。教师要实行个性化教学,根据学生的不同情况采取不同的教学方式,使尽可能多的学生得到全方位的提高。这些策略的推行,能够较好地实现小学数学"润雅"课堂的教学目标,促进学生的全面发展。

(一)创新教学方法

在实际教学中,教师应注重把数学知识与实际生活情境结合起来,为学生创设生动有趣的数学问题情境,引导学生主动探索并解决问题,使学生在感受到数学的实用性和美感的同时,能够结合数学知识引入美学元素,如图形色彩比例等来感受美的存在,并提高自己的审美能力。教师还可以设计有挑战性的项目任务,使学生在完成任务的过程中得到锻炼和提高。同时,教师要注意把数学知识和小组合作学习结合起来,以增加课堂的互动性。这样,数学教学在培养学生解题能力的同时,还能使学生感受美的存在和提高审美能力,体会到数学的实用性,把学到的知识综合运用起来,提高动手能力、创新能力。教师还可以给学生创造自主学习的机会,学生自主学习新知识后,教师在课堂上帮助其巩固所学知识,通过讨论、解惑、总结等方式培养学生的自主学习能力,最后借助形成性测评和终结性测评相结合的方式,将测评融入教学过程,对学生的学习情况进行及时反馈,调整教学策略,提高教学效果。教师还可以利用数学游戏的趣味性和竞技性,探索采用合作学习、项目式学习、翻转课堂等新型教学方式,运用数学知识和方法,建立实际问题的数学模型,解决实际生活中的问题,激发学生的学习兴趣和热情,创新"以美润雅"的教学方式。

(二)培养数学思维

教师在教学过程中要注意对学生进行逻辑思维、抽象思维、空间思维等数学思维的培养,帮助学生形成良好的思维模式与方法。教师可以引导学生通过解决"假设—推演"问题,让学生学会运用逻辑推理解决数学问题,通过设置逻辑题、推理题等,学会分析、推理、判断,培养学生的逻辑思维能力。还可以设置一些逆向思维题,让学生从不同的角度去思考问题,培养学生的发散性和创新性思维,如让学生试着证明一个错误的结论,感受数学逻辑的严谨性,从中发现自己的思维误区,提高思维的严谨性。还可以让学生在想象和操作中通过立体图形、空间几何题等来锻炼空间思维能力,比如让学生动手制作立体图形,通过折叠、拼接等方式来

体验空间变换和立体结构，促进学生感知数学立体空间的美。

(三) 实施个性化教学

教师对每个学生的个体差异给予重视，实行个性化教学，根据学生的不同需求和特点，运用不同的授课方式和考核办法，以促进学生的全面发展。对每个学生都给予充分的尊重，促使其根据自己的兴趣和特长选择适合自己的学习方法和学习途径，并在平时的教学过程中对每个学生进行持续的关注与引导，帮助他们树立自信心，培养学生独立思考问题的能力以及运用所学知识解决实际问题的本领。大美育观的教育理念，以培养学生个性发展为重点，把因材施教原则贯穿于教育教学全过程，尊重学生的学习兴趣特长和潜能。所以教师要积极挖掘学生的潜能，培养学生的创新精神和自主学习能力，使学生在个性化学习成长的过程中，日益体会数学学习的快乐和美好，从而培养学生综合素质，为学生在学科上的发展打下坚实的基础。

(四) 重视家校合作

教师要加强与家长的沟通与联系，为创造更好的学习环境和条件，形成家校合力，共同关注学生的成长与发展。通过交流，家长可以了解学校在润雅美育方面的教育目标和要求。鼓励家长带领孩子参观美术馆、听音乐会、阅读文学作品，为孩子营造良好的审美氛围，共同配合引导学生形成健康向上的审美观。此外，家长和教师对学生的情绪变化要多加关注，鼓励他们乐于抒发心声，对待学生要态度诚恳热情，关心他们的成长，在数学课堂之外，营造一种感受生命之美的轻松愉悦的成长氛围。

(五) 加强教师专业发展

实施"润雅"课堂，要求教师在课程设计、教学组织、课堂调控等方面具有较高的教学技能。教师为适应"润雅"课堂的需要，需要不断地学习和实践，以提高自身的教学技能，从而促进业务水平的提高。在"润雅"课堂上，教师要激发学生的创新意识和动手能力，不断创新教学方法和教学手段，这就要求教师在教学过程中要有不断尝试、不断提高教学效果的较强的创新能力。同时，大美育观下的"润雅"课堂强调美的教育，教师自身需要具备一定的审美素养，能够在数学中挖掘审美元素，才能将其融入到课堂教学中。教师通过提高自身的审美素养，更好地开展"润雅"课堂，促进自身的专业发展。总之，在大美育的理念下，教师要积极投身"润雅"课堂的实践，为学生的全面发展贡献自己的教学理念、教学技能、创新能力、审美修养、反思能力，在诸多方面不断提高。

总的来说，大美育观下的小学数学"润雅"课堂，是以数学知识与美术元素融会贯通为目标，在数学课堂教学中引入美的因素，在培养学生创新意识、数学素养的同时，为学生创设一个良好的学习环境，营造和谐快乐的课堂氛围，从而使学生对数学有更深刻的认识，体会感受到数学的奥妙和魅力，在学习中兴趣盎然，真正感受到数学之美。

参考文献

［1］王钦敏.感受数学美的两个重要途径[J].数学教育学报,2014(2)：53-56.

［2］吴振奎,吴旻.数学中的美[M].上海：上海教育出版社,2001：5-6.

［3］张景中,彭翕成.数学哲学[M].北京：北京师范大学出版社,2010：1-3.

［4］颜灿琦.浅谈高中数学教学中的美育[J].广西教育,2009(29)：21-22.

［5］周亮,冯志勇,刘秀彬.浅谈高中数学教学中的美育[J].青春岁月,2011(12)：232-233.

小学语文课堂教学中的美育

令狐昌桂　北京市西城区黄城根小学贵阳分校

《义务教育课程方案(2022 年版)》指出：以习近平新时代中国特色社会主义思想为指导，全面贯彻党的教育方针，落实立德树人的根本任务，坚持德育为先，加强美育，确保"五育"并举，促进学生健康、全面发展，培养学生适应未来发展的正确价值观、必备品格和关键能力，成长为德智体美劳全面发展的社会主义建设者和接班人。可见，美育作为素质教育的重要组成部分，受到越来越多的关注。

随着义务教育全面普及，教育需求从"有学上"转向"上好学"，必须进一步明确"培养什么人、怎样培养人、为谁培养人"，优化学校育人蓝图，体现了课程独特的育人价值和共通性育人要求。语文课程丰富的人文内涵对学生精神世界的影响是广泛而又深刻的。语文课程不但要继承和发扬中华优秀传统文化和革命传统，更要弘扬以爱国主义为核心的民族精神和以改革创新为核心的时代精神。因此，我们的语文课堂教学必须渗透美育，这不但是落实《义务教育语文课程标准》(2022 版)的要求，也是培养新时代创新人才的需要。但是，在实际的教学中有部分教师忽略语文的美育价值，割裂语文学科与美育的关系，从而影响学生的全面发展。因此，小学语文教师要充分了解语文美育的价值，并将美育目标融入小学语文课堂教学，努力探索构建语文美育的方法，实现用美育浸润学生。

一、突出学生的主体地位，感悟美育内涵

课程标准指出：语文课程应激发和培育学生热爱祖国文化的思想感情，引导学生初步掌握学习语文的基本方法和养成良好的学习习惯，具有正确理解和运用祖国语言文字的能力。语文课堂强调了学生的主体地位，鼓励学生积极参与，发挥学生的主观能动性，让学生在课堂中充分体验和感受美。

小学语文课本中佳作连篇，诗言志文抒情，几乎每篇中都包含着美育内涵，如果在教学中能有意识地加以引导发挥，把美育资源充分挖掘出来，对学生进行润物无声的熏陶。日积月累，无疑会逐步形成学生的审美意识。

部编版四年级下册第一单元的《三月桃花水》是一篇优美的散文。课文从水的声音和颜色两个方面描写了春天的美丽。教学中要引导学生通过多种形式的读，培养语感，帮助学生进行语言的积累和感悟，读出语句之美，读出节奏之美，读出画面之美，读出声音之美，读出思想之美。通过创设情境，引导学生边读边想象，加强对学生情感的熏陶。注重方法指导，培养学生的自学能力。本篇文章篇幅适中，结构清晰，教师在给予学生基本的知识及学习方法的

指导之后,可以放手让学生自学,让学生在思考、交流、倾听的过程中培养自学能力,充分发挥学生的主体地位。

相对于古典诗词,现代诗强调自由开放的精神,情感表达相对明晰,易于理解。然而,很多现代诗的教学局限于诵读和对内容的理解,缺乏对现代诗的审美内涵的挖掘,这对现代诗所蕴含的文学魅力来说,显然是不够的。现代诗的教学重点不是分析诗歌内容、剖析诗歌意蕴,而是让学生通过多种形式的朗读感受现代诗歌的音韵美,激发学生对现代诗的阅读热情,掌握一些赏析现代诗的基本方法,从而提高审美素养。从语言文字入手,注重熏陶感染,潜移默化,引导学生的情感共鸣,突出学生的主体地位使学生在轻松愉快的氛围中学习,提高学习效果。

部编版四年级下册《在天晴了的时候》,这首诗描绘了一幅幅雨后放晴的乡村画卷,使读者未至其处,却身临其境,感受到雨后扑面而来的清爽无比的乡土气息。整首诗的语言清新明快,形象优美。初读课文时,教师可以让学生自己拼一拼,读一读,接着播放音频,用他人美妙的声音把学生带入到情境之中,感受整首诗的节奏。之后让学生自由地读一读,尝试把诗句读顺畅。在指导学生朗读时,教师可以出示相应的图片,如泥泞的小路、萌生的小草、初开的小白菊花……让学生体会在读这些词时应该带有何种感情色彩,思考如何生动地读出诗句,读出大自然生机勃勃、欣欣向荣的局面。在学生对整首诗有更深入的理解后,运用师生合作朗读的方式,伴着美妙的背景音乐,用声音将雨后天晴时一切都是焕然一新的美好感觉表达出来。现代诗在用词上特别考究,用法灵活。比如这首诗用"凉爽而温柔"来形容"雨后的泥路",可见作者对泥路的喜爱。用"五彩的智慧书页"形容凤蝶的彩色翅膀,显示了它的动态美。教师要引导学生反复咀嚼这些词语,品味诗中的语言美。

二、关注学生的个性化发展,增强美育底蕴

《义务教育语文课程标准》(2022版)明确指出:语文课堂要关注学生的个性化发展,尊重学生的兴趣和特长,为学生提供多样化的学习资源和发展平台,帮助学生实现自我价值。学科美育的实施,不是靠灌输,不是靠教会,而是要在真实的课堂中去浸润。小学语文课堂必须根据学生身心发展和语文学习的特点,爱护学生的好奇心、求知欲,鼓励学生自主阅读、自由表达,积极倡导自主、合作、探究的学习方式。语文学习还应注重语文与生活的联系,注重知识与能力、过程与方法和情感态度与价值观的整体发展。

部编版四年级下册第四单元的主题是"动物为友",旨在让学生通过读书,感受动物的可亲、可爱、可敬,通过相同主题的阅读,学生体会到同样是写动物,观察角度不同,心理体验不同,运用的表达方式就不同,语言也就各具特色,并品味不同的巧、不同的美。

在《母鸡》一文教学中,教师首先引导学生自主阅读,抓住重点句,让学生理解作者对母鸡"从讨厌到不敢再讨厌"的情感变化;再切入课文,抓住重点句学习,理解作者讨厌母鸡是因为母鸡的无病呻吟、欺软怕硬和拼命炫耀;而后组织小组合作学习与交流,重点理解作者为什么不再讨厌母鸡,让学生从文中找出句子进行理解;最后讨论交流,解决作者为什么用"不敢"一

词,让学生体会到因为母鸡的负责、慈爱、勇敢、辛苦,所以作者敬佩母鸡。本课教学注重激发学生的学习兴趣,借助文本巧妙地对学生进行读写训练,关注学生的个性化发展,对中心句的反复研读、探究、感悟,尤其是多种形式的朗读,让学生深刻地领悟到母鸡伟大的母爱。

在《白鹅》一文教学中,教师同样要抓住作者对白鹅的姿态的描写,引导学生进行语言实践,使学生在习得语言的同时深化对课文内容的理解。教师还可以通过引导学生自主阅读,先找重点词句、品重点词句、批注体会、自主表达、想象画面、表演体验、富有感情朗读,让学生对白鹅的认识立体起来,也使课堂变得精彩纷呈。对作者表达方法的交流,教师可以采用小组合作交流讨论的方式,让学生畅所欲言,实现思维碰撞。教师应引导学生用心去感悟蕴含在字里行间的美,不断充实学生的语言库存,让学生在积累语言中培植美好底蕴。

三、注重多元文化的融合,提升学生美育素养

《义务教育语文课程标准》(2022版)指出:语文课堂要注重多元文化的融合,将中西方文化、民族文化、民间文化等多种元素融入课堂教学,拓宽学生的文化视野,增强学生的文化自信。要充分利用现实生活中的语文教育资源,优化语文学习环境,努力构建课内外联系、校内外沟通、学科间融合的语文教育体系。刘国正先生也一再强调:要把学习语文和生活紧密联系起来!语文学习资源包括课堂学习资源和课外学习资源。课堂学习资源主要有教科书、教学挂图、工具书、多媒体教学手段等;课外学习资源则非常广泛,包括报刊、电影、电视、广播、网络、图书馆、博物馆、纪念馆、展览馆等,以及自然风光、文物古迹、风俗民情等。

例如在教学部编版四年级下册第七单元《黄继光》这篇课文时,因为这是战争年代的故事,距离学生太过遥远,所以学生比较难理解。因此,教师课前搜集大量的文字、图片资料和关于黄继光的影视资料,课中设计一些拓展性的语文活动,引导学生抓住重点语句,充分感知语言材料,放手让学生自主读书感悟、直观感受、合作讨论,渗透读、思、议、悟、写等学法。教与学的结合充分发挥了教师的主导作用,展现了学生的主体地位,同时教师充分利用网络图像资源和视频资源,结合多媒体课件进行形象、直观的课堂教学,将英雄思想之美、品德之美、行为之美诠释出来,让学生获得了情感熏陶和思想启迪。

又如《"诺曼底号"遇难记》这篇课文所描述的故事也与四年级学生有着一定的时空距离,如何为学生创设真实、恰当的情境就成为本课突破教学重难点的关键。因此需要在情境创设上下足功夫,教师引入"最美司机"吴斌的事迹,使学生体会到发生在我们身边的"意外"及身边的平民英雄,拉近课文与学生的距离并引起学生的情感共鸣。通过现实生活中的语文教育资源,注重多元文化的融合,让学生充分地受到人文的熏陶与启迪,提升学生美育素养。之后可以让学生以不同形式的朗读来读文悟情。教师引导学生通过反复读、多形式读,体会船长镇定自若、舍己救人、忠于职守的品质,再指导学生读出感情,促进学生情感的升华。鼓励学生大胆提问,读思结合。在这个过程中,学生解决了很多有价值的问题,如"船长真的把自己忘了吗""船长是不是真的要开枪""船长为什么不逃?他有没有逃生的机会"等,不但明晰了内容,而且更深入地感受到了人物的英雄气概。

总之,有效构建语文美育课堂可以展现语文独特的学科魅力,使学生深刻理解语文知识,体会语文学科的人文素养,发展学生的审美能力。基于此,教师在课堂教学中要树立以美育人的观念,着力构建语文美育课堂,既突出语文知识的工具性,又注重语文的美育功能。在课堂上增强学生的主体性,采取多样化的教学手段使学生感悟美育的内涵;关注学生的个性化发展,利用学生思维的发散性及创造性,增强学生对美的理解;注重多元文化的融合,拓宽学生的视野,并注重与学生生活的联系,不断激发学生学习的兴趣,使学生拥有发现美的眼睛,充分的感知美、理解美、欣赏美。如此,学生在掌握学科知识的同时,实现美的熏陶,成为全面发展的人。

参考文献

　　[1] 中华人民共和国教育部.义务教育语文课程标准[M].北京:北京大学出版社,2022.

　　[2] 温儒敏,陈先云.统编小学语文教科书教学设计与指导[M].上海:华东师范大学出版社,2020.

　　[3] 纪婧,杨娜.小学语文自主课堂美育教学案例与研究[J].基础教育论坛(中旬刊),2022(17):24 - 26.

第二篇

教学课例篇

《北京的春节》教学课例

何春　贵定县第二小学

一、教材设计

(一) 教材分析

　　春节,是我国民间最隆重、最热闹的一个传统节日。各地区都有自己独特的春节习俗。《北京的春节》是老舍先生1951年创作的一篇散文,作者用朴素自然、充满浓郁"京味儿"的语言,将老北京的春节习俗娓娓道来,为我们展开了一幅老北京的民俗画卷,展示了节日的温馨和美好。课文按照时间顺序,列举了一系列老北京过春节的习俗,时间跨度大,内容丰富。

　　课文内容安排有序,详略得当。其中,"腊八""腊月二十三""除夕""初一""元宵节"这几天,最能表现北京独特的春节习俗,也是春节期间的几个高潮,所以作者将这几天作为全文的重点进行细致描写。在详写的部分,作者并没有面面俱到地描述当日的活动,而是分别抓住这些日子里最具特色的一两个民俗活动,突出各自的重点。如,写"除夕",作者围绕关键句"除夕真热闹",描写了家家赶做年菜、男女老少穿新衣、贴对联和年画、灯火通宵、鞭炮不绝、吃团圆饭、祭祖、守岁等方面的习俗,呈现出一幅辞旧迎新、阖家团圆的全景式画面。"元宵节"这一天,作者略写放花炮、吃元宵的习俗,重点描绘了"处处悬灯结彩"的场面,使人深刻感受到元宵节的"火炽而美丽",日子的"美好快乐"。

　　春节期间的其他日子,人们的活动没有特殊之处,因此作者仅用精练的语言简单提及,并把这些内容按时间顺序,编排在文章的各部分,使整篇文章完整流畅。本文结构安排既紧凑又顺畅,前后衔接自然,首尾呼应。体现了课文的结构美。

　　老舍先生的语言俗白清浅,朴素自然,"京味儿"十足,在给人亲切感的同时平添了一份情趣。如,"腊七腊八,冻死寒鸦",引用老北京俗语,富有民俗色彩,形象地说明了北京春节的序幕是在一年里最冷的时候拉开的。如,"到年底,蒜泡得色如翡翠,醋也有了些辣味,色味双美,使人忍不住要多吃几个饺子",将叙述和描写融为一体,展现老北京人过年吃饺子要就着腊八蒜的习俗,极富生活气息,体现了课文的语言美。

　　教材配有两幅插图。第一幅描绘了男女老少在年货齐备的街头进行采买的热闹场面,再现了往昔北京街头的情景,浓浓的年味儿从中可见一斑,画中人们的服饰也极具老北京地域特色。第二幅描绘了儿童提着灯笼过元宵节的情景,孩子们手中的灯笼各式各样,每个人脸上都洋溢着幸福的笑容,表现了生活的美好和快乐。

（二）学情分析

六年级学生已经有了一定的知识储备,对生活有一定的感知能力,但并没有听说过老北京人怎样过春节,所以本篇课文能激发学生的阅读兴趣。

六年级学生能够理解课文的主旨和要点,也能够理解一些复杂的句子。在课外阅读方面,学生积极阅读各类书籍、报纸和杂志,提高了阅读速度和理解能力。能够积极参与课堂活动,提出问题,与同学们进行讨论和交流。学生的思维能力和表达能力得到了很大的提升。

六年级学生通过阅读文学作品了解了不同的文化背景和价值观,培养了审美情趣,并能够对文学作品进行深入的分析和解读。他们也不局限于传统的文学作品,开始涉足现代文学、影视作品等领域,通过对这些作品的欣赏和分析,拓展了自己的文学视野。学生还能够运用文学知识进行生活实践,如通过写信、写日记等方式记录自己的思考和感受,培养了自己的情感认知和表达能力。

此外,六年级学生在批判思维和创造性思维方面也有了不小的突破。通过学习文学作品、历史事件等,学生能够对信息进行分析和评价,提出自己的看法和观点,并能够进行合理的辩论和讨论。他们还注重培养自己的创造力,通过写作、绘画、演讲等方式表达自己的想法和情感,开拓了自己的思维空间。

（三）教学目标

1. 美育认知目标

（1）帮助学生感受老北京春节的情景,理解中华节日文化的博大精深,感受民俗文化的迷人,让学生体验生活之美。

（2）引导学生理解课文内容,让学生体会课文的结构美。

（3）通过课文质朴自然的语言,让学生深入感受中华语言美。

2. 阅读与文学鉴赏目标

（1）通过阅读有关中华传统节日的文学作品,培养学生的文学鉴赏能力,理解我国节日风俗文化之美。

（2）引导学生感受作者对生活的美好的描写,将美的情感与文学鉴赏相结合。

（3）通过课文学习,鼓励学生体验生活、感受岁月的静好,培养美好的道德品质。

3. 创造性思维与表达目标

（1）了解课文的表达顺序,把握详略安排及其效果,体会作者抓住有特色的民俗活动进行细致描写的方法。

（2）体会老舍"京味儿"语言的特点,感受老北京春节的民风民俗。

（3）联系生活实际和阅读体验,感受不同时代、不同地域的春节习俗。

4. 美育综合素养目标

（1）让学生通过观察和体验的方式主动参与课题的探究,培养自主学习和合作能力。

（2）帮助学生体会生活的美,将所学知识与个人生活经验相结合,提高美感综合素养。

(四) 重点难点

1. 重点

(1) 通过课文的阅读,理解文中的事物和场景。

(2) 会写"醋、饺"等 15 个字,会写"热情、风筝"等 20 个词语。

(3) 通过课文的阅读理解,知道课文描绘了一幅老北京的民俗画卷,展示了节日的温馨和美好。

(4) 通过理解课文详略得当的结构安排,理解课文的结构既紧凑又顺畅,前后衔接自然,首尾呼应,结构完整,浑然一体。

2. 难点

(1) 品味课文的语言,感受语言浓郁的生活气息,体现了课文的语言美。

(2) 使学生通过课文的情感表达,感受我国传统节日文化的美与生活和谐的重要性,培养情感表达能力和审美情感。

(五) 设计意图

1. 文学与鉴赏美、发现美相结合

我们关注学生的情感发展,通过《北京的春节》来激发他们的审美情感。引导学生欣赏文学之美,同时培养对生活的热爱。引导学生从生活中发现美,感受美好事物给我们人生带来的激励作用。

2. 知识训练

引导学生在交流中体会课文是如何根据不同日子在春节中的重要程度差别以及作者想要表达的主要意思来安排内容主次的,领悟课文详略安排得当、主次分明、重点突出的特点。

通过阅读重点语段,体会作者是怎样抓住民俗特点进行详写的,教学中要引导学生通过反复阅读思考,体会作者怎样根据各个重要日子的不同特点,突出老北京春节的民风民俗。体会中华传统节日给中华人民带来的满足和幸福感。

3. 实践与体验

学生通过亲身经验与文本建立联系。鼓励实际观察和自己的亲身参与,让学生亲自体验中华传统节日是联系家国的纽带,这样的实践性学习将增强他们对美好生活的理解,从而达到情感共鸣。

二、教学过程

(一) 片段一:激发兴趣,了解北京春节风俗,感受节日的生活美

这是寒假过后的第一堂课,寒假带给我们最大的激动无疑是我们每个人都过了一个温馨、团圆、热闹的春节,带着节日的余温,同学们专心地学习本册书的第一课。

教师:(以亲切的话语提问)你和家人是怎样过春节的? 春节的哪些风俗给你留下了深刻印象?

学生(怀着激动的心情)绘声绘色讲述自己是怎么过春节的。

引导学生观察课文插图,指名说一说从插图上看到了什么,感受到了什么。

板书课题,学生齐读课题。

教学反思:通过引导学生联系自己的生活,观察教材中的插图,自然地拉近学生与文本之间的距离,激发学生的学习兴趣。

(二)片段二:理清课文脉络,感受课文结构美

1. 学生默读课文

圈出文中表示时间的词语,填写在学习单上。

组织学生先交流文中表示时间的词语,然后引导学生发现文中隐含的时间,如,腊月初九至腊月二十二、腊月二十四至腊月二十九。

师生共同设计学习单。

2. 小组合作读文

找出春节里人们的活动,填写在学习单上。

(1)学习活动:小组合作,填写学习单。

(2)小组代表汇报,教师适时引导。

(3)学生借助表格,完整地说一说老北京人是怎样过春节的。

预设:学习单填写。

3. 分清主次,了解课文详略的安排

(1)请学生结合课后第一题,说一说哪几天写得详细,哪几天写得简略。

(2)学生在学习单中把各部分的详略情况标注出来。

教学反思:该环节引导学生借助表格这一直观的形式,以小组合作的方式梳理课文脉络,由整体入手,把握课文的主要内容,为后面分清内容的主次、深入学习课文详写的部分等作好铺垫。结合课后习题,在把握课文内容的基础上,初步引导学生明确课文的详略安排。

(三)片段三:体会作者是如何抓住重点,写出风俗特点的,感受中华节日风俗文化博大精深的美

1. 学习"腊八"部分

出示学习要求:深入地读一读课文第1—2自然段,勾画出最能突出"腊八节"风俗特点的地方,想想作者是如何抓住重点,写出风俗特点的。结合自己过年的感受做批注。

(1)学生默读、勾画,教师巡视。

(2)指名交流勾画的语句和批注出示语句:

这种粥是用各种米,各种豆,与各种干果(杏仁、核桃仁、瓜子、荔枝肉、莲子、花生米、葡萄干、菱角米……)熬成的。这不是粥,而是小型的农业产品展览会。

到年底,蒜泡得色如翡翠,醋也有了些辣味,色味双美,使人忍不住要多吃几个饺子。

① 指名朗读,请学生说一说课文写了腊八这一天的哪些习俗。(熬腊八粥、泡腊八蒜)

② 引导学生交流对勾画语句的批注。

预设：

腊八粥的特点：食材多。腊八蒜的特点：色味双美。

③ 出示腊八粥、腊八蒜、腊八醋的图片，请学生结合生活经历，体会作者是如何写出风俗特点的。（抓住"各种""小型的农业产品展览会""色如翡翠""色味双美"等描写，体会腊八节的美好，以及人们在这一习俗中所获得的满足和幸福感。）

④ 有感情地朗读"腊八"这一部分。

（3）请学生谈一谈自己的发现：作者在描写腊八风俗的时候，抓住了哪些重点，是如何写出风俗特点的？

（4）教师小结：作者重点描绘了腊八这天喝腊八粥、泡腊八蒜的习俗，抓住腊八粥食材种类多、腊八蒜色如翡翠、腊八醋色味双美的特点，使得腊八节的风俗特点更加突出，人们在这一天的喜悦心情也跃然纸上。（适时板书：抓住重点、写出特点）

2. 学生小组合作学习

描写"腊月二十三""除夕""初一""元宵节"风俗的相关段落，进一步体会作者是如何详写的。

（1）学生根据学习提示，以小组为单位研读。

提示一：边默读课文中描写"腊月二十三""除夕""初一""元宵节"的部分，边思考作者重点描绘了哪些习俗，勾画出相关语句。

提示二：仔细品读相关语句，找出作者是怎样写出风俗特点的，圈画出关键词句，做简单批注。

（2）教师巡视，适时指导。

3. 以小组为单位交流反馈

（1）交流"腊月二十三"部分

① 先交流勾画的语句和批注。

预设 1：

勾画语句："在前几天，街上就有好多卖麦芽糖与江米糖的，糖形或为长方块或为大小瓜形。"批注感受：街上卖糖的人多，糖的形状很有特点。

预设 2：

勾画语句："按旧日的说法，用糖粘住灶王的嘴，他到了天上就不会向玉帝报告家中的坏事了。"批注感受：习俗的来历很有意思。

② 其他小组进行补充：作者主要写了腊月二十三这一天"祭灶王"的习俗，重点描写了街上卖糖的情形，吃糖习俗的来历，以及现在吃糖目的的变化，写出腊月二十三这一天的风俗特点。

③ 教师小结：作者抓住腊月二十三"祭灶王"的习俗，重点写了街上卖糖的景象、吃糖习俗的来历，使风俗特点更加突出。

④ 请学生结合句子想象腊月二十三这一天北京街上的热闹景象，再有感情地朗读课文。

（2）交流"除夕"部分

① 先以小组为单位交流除夕这一天的习俗，组间进行补充。（作者重点描写了除夕这一

天吃团圆饭、守岁、祭祖等习俗。)

在学生交流的过程中,教师重点关注学生是否抓住关键词进行体会。

预设1:抓住"家家赶做年菜,到处是酒肉的香味"一句中"家家""赶""到处""香味"等词语,体会除夕这一日的热闹。

预设2:抓住"在外边做事的人,除非万不得已,必定赶回家来,吃团圆饭,祭祖""这一夜,除了很小的孩子,没有什么人睡觉,都要守岁"等句子中"除非""万不得已""必定""除了……都……"等词语,感受人们对吃团圆饭、祭祖、守岁等风俗的重视。

② 有感情地朗读这一部分,读出除夕这一日热闹、团圆的气氛。

(3) 交流"初一"部分

预设1:

学生圈出第9自然段中"截然不同"一词,批注感受:人们享受着初一这一日的休闲时光。

预设2:

学生画出第10自然段中描写不同人活动的语句,批注感受:初一这天,不同的人都在做自己想做的事情,充实而快乐。

① 在学生交流的基础上,教师小结:作者正是通过列举初一午后不同人的活动,写出了初一的热闹、美好。

② 学生分角色朗读正月初一午后不同人活动的语句,感受初一这一日与除夕不同的"热闹"。

(4) 交流"元宵节"部分

根据学生的交流,先引导学生抓住描写花灯的语句,读懂写出了哪些特点,通过朗读感受元宵节的风俗特点;再引导学生体会作者用词的丰富。

有名的老铺都要挂出几百盏灯来:有的一律是玻璃的,有的清一色是牛角的,有的都是纱灯,有的通通彩绘《红楼梦》或《水浒传》故事,图案各式各样。

将"一律、清一色、通通"替换为"都",请学生对比着读一读,体会同一意思可以用不同词语表达,感受语言的丰富性。

教学反思:结合本单元语文要素,由扶到放,引导学生在读中感受:作者在细致描写课文主要部分时,抓住重点习俗进行描写,使风俗特色得以凸显。

(四) 片段四:整体读课文,体会详略安排得当的好处,感受文章的布局之美

1. 请学生找出课文写得比较简略的部分,比较这些部分和"腊八""腊月二十三""除夕""初一""元宵节"这几日有什么不同。

2. 学生交流:风俗特点突出的日子重点交代了人们的活动,而其他日子作者是一笔带过的,甚至把几天的时间、几天的事情合在一起写,写得比较概括。

3. 出示第7、第11自然段,请学生边读边思考:作者为什么把这些日子的活动写得简略,有详有略的好处是什么?

4. 交流后小结:这样写能突出最具特色的民俗活动,给人留下深刻印象。

（五）片段五：感受作家"京味儿"语言的特点，体会课文的语言美

1. 学生浏览课文，在课文中画出带有"京味儿"语言特点的语句。

2. 学生交流勾画语句，教师适时指导

（1）出示课后第三题的例句一，指导学生读好加点词语的儿化音，在朗读中体会"京味儿"语言的特点。

（2）出示课后第三题的例句二，先引导学生联系上下文说说"闲在"的意思，再用其他词语替换加点词语，在对比中体会"京味儿"语言的特点。

（六）片段六：借助"阅读链接"，对比阅读，再说说自己是怎样过春节的，感受中华节日的精神美

1. 学生默读"阅读链接"，明确课文介绍的是哪个地区的哪些春节习俗。

2. 学生将"阅读链接"与《北京的春节》进行比较，交流不同地区的不同风俗。

3. 学生说一说自己是怎样过春节的

（1）引导交流：你和文中老北京地区的孩子们过春节的活动有什么不同？

（2）结合学生分享情况，教师恰当小结：不同地域的人们过春节，有着不同的风俗；随着时间的推移、社会的发展，春节的风俗也有所变化。但是，不管有着怎样的差别和变化，春节在中国人心中的位置始终没有改变，关于春节的文化传统也会不断地传承下去。

4. 小结：北京的春节这幅长画卷给人留下了深刻的印象。课后，我们还可以去读读其他作家笔下关于传统节日的文章，搜集不同地区节日的风俗，比较一下有哪些相同，又有哪些不同。

教学反思：注重单元的整体性，将不同板块进行整合，再借助"阅读链接"，帮助学生在拓展阅读的基础上，结合自已的生活经验进行口头表达，将阅读与表达紧密结合起来。

三、教学实践和反思

（一）文学与生活的结合，使我们有了精神家园

"文学作品来源于生活，是生活的蓝本。"结合大单元大主题的教学思路，本单元以"民风民俗"为主题，我们将教学《北京的春节》《腊八粥》《古诗三首》《藏戏》四篇课文，这些课文体裁和题材不同，但都充满了浓郁的民俗风情，有着深厚的文化内涵，能让学生充分体会中华优秀传统文化的博大精深，感受中华传统习俗中蕴含的人情美、文化美，激发学生对祖国传统文化的热爱。

第一，在教学中把握好本单元人文主题的适切度，不拔高要求。本单元的学习，重在了解民俗现象，对各地民俗有初步的感受，能从习以为常的日常生活和普通事物中，发现民俗之美，产生对民俗文化的热爱之情。教学时，既要注意避免对民俗的意义与价值进行过度挖掘，也要注意甄别、筛选体现正确价值取向的民俗文化。

第二，结合学生的已有经验，适当拓展教学资源。本单元的课文，涉及春节、中秋节等传统节日，还有牛郎织女的传说，这些都是学生生活中熟悉的内容。三年级下册教材安排了了解中华传统节日的综合性学习活动，学生对传统节日的民风民俗已有一定的了解，教师可引导学生充分联系已有的知识和生活经验，了解作者笔下的内容与自己所熟悉的内容有哪些异

同,理解作者寄寓其中的思想感情。有的内容离学生的生活较远,如寒食节、藏戏,学生可能会比较陌生,教师可拓展相关的图文资料或视频资料,帮助学生加深理解。

第三,可以适当拓展与本单元课文主题、题材相同的阅读资源。如,关于春节,除了课文后的"阅读链接",还可以推荐学生阅读汪曾祺的《故乡的元宵》、冯骥才的《花脸》、肖复兴的《花边饺》;关于腊八粥,可以推荐学生阅读冰心的《腊八粥》。教师可以根据学生情况,选择一些篇目让学生自主阅读,以增进他们对民间习俗、民间艺术的认识,丰富他们的阅读积累和文化积累,提升阅读能力。

在教学过程中能贴近学生生活,注重以学生为本,注重学生的生活体验。因为在讲授本节课时,我们的新年刚刚结束不久,学生对自己及家乡新年的习俗还记忆犹新,所以在课堂上我设计了让学生结合自己的生活实际畅谈过年的感受,同学们争先恐后、滔滔不绝地发表着自己的见解,整堂课学生自始至终保持着浓厚的兴趣,课堂气氛比较热烈、浓厚。这样的设计不仅加深了学生对课本知识学习的兴趣,通过他们彼此之间的交流还扩展了学生的知识面,有利于培养他们善于观察、留意生活的良好习惯。

(二) 有详有略地处置讲读,引导学生体悟作者写作手法的精妙

在课文中,老舍先生选择了春节中的九个时段来介绍北京春节的风俗。其中,腊八、除夕、初一和十五这四个时段为详写,其他为略写。若是在学习时处处点到,胡子眉毛一把抓,只能达到囫囵吞枣的成效,因此,我仅引导学生抓住三个重点时段来品读,从而感受到北京春节的隆重与喧闹,喜庆与欢乐,体会本文表达方式的精妙之处。课堂教学是一个在教师引导下学生主动参与、独立试探、自主发觉和不断创新的进程,而不是简单、被动地同意教师和教材提供的现成观点与结论。这也诚如古罗马教育家普鲁塔克所说:儿童的心灵不是一个需要填满的罐子,而是一颗需要点燃的火种。是啊,生活是最好的教师,丰硕多彩的生活,丰硕多彩的体验,开阔了学生的视野,唤起了学生真实的情感体验,学生才能在课堂上各抒己见,欲罢不能。一节课下来,我欣喜地感受着课堂教学中生命的涌动和成长,这一切都源于生活,这正是我们教学最好的教材。

(三) 感受课文语言的精妙,深刻领会文学语言的美妙,感受中华文化的精髓,提升审美能力

正如老舍先生所说:语言是文学创作的工具,我们应该掌握这个工具。语文是语言习得的学科,体会课文语言的精妙。

在小学语文教材中,有许多让人百读不厌的名篇佳作。这些名篇佳作之所以让人百读不厌,主要是因为这些作品彰显着语言之美、蕴含着意境之美以及流露着思想之美等。学生以理解这些文章的主旨大意为契机,真切地感受到这些文章的语言之美、意境之美以及思想之美等。而学生在感受各种美的同时,他们的审美能力也会逐步发展,即学生感受文章之美的绝佳时机,可以提升自身的审美能力。

第一,以感受语言之美为契机,提升审美能力。

语言本就是一门艺术,妙语连珠的语言犹如琼浆玉液,让读者回味无穷;富有节奏的语言

好比美妙乐章,让读者心驰神往;结构优美的语言宛如窈窕淑女,让读者如痴如醉,而这些,正是语言的魅力所在,正是语言之美。

在小学语文教学过程中,我们切不可一味地让学生去深究文章的主旨大意、深层意蕴。深究文章的主旨大意与深层意蕴固然重要,但欣赏文章的语言之美同样不容忽视。唯有让学生真切感受到了文章的语言之美,学生阅读文章的浓厚兴趣才会油然而生。不仅如此,教师让学生以感受语言之美为契机,还可以显著提升学生的审美能力。

以《北京的春节》为例,在教学这篇课文时,教师设计了一项教学活动,即让学生挑选自己喜欢的段落读一读。事实上,这正是学生感受文章之美的过程。学生在朗读自己喜欢的段落时,既感受到了文章之美,又提升了自身的审美能力。

第二,以感受意境之美为契机,提升审美能力。

时下,在这样一个信息化时代,图片、视频等媒介的确能够更为形象直观地呈现美景佳境。但是,和文字相比,图片与视频所呈现出来的意境要更为逊色。之所以如此,是因为文字所呈现的意境能够达到只可意会不可言传的效果。也就是说,同样的文章,会因为读者的眼界不同,视野不同,学识不同,思维不同等,而读出不一样的意境,学生透过这些美妙的文字,展开丰富的想象力,就可以感受到文章的意境之美。以天马行空式的想象为径,若隐若现地领略到了文章独特的意境之美。与此同时,学生的审美能力也得到了不断提升。

第三,以感受思想之美为契机,提升审美能力。

文章之美,不仅美在语言,还美在意境,更美在思想。因此,在小学语文教学过程中,教师可以让学生以感受文章的思想为契机,循序渐进地提升审美能力。感悟文章的思想内涵是透彻学习文章的基本任务之一。事实上,在感悟文章的思想内涵的过程中,学生就可以感受到文章的思想之美。而这也正是达成小学语文课堂教学中的情感、态度与价值观目标的一个过程。为了让学生更为真切地感到文章的思想之美,教师不仅要让学生聚焦课文文本感受思想之美,还要让学生以课文思想内涵为"导火索",让学生联系现实生活产生情感共鸣。如此一来,学生对于文章思想之美的感受才会更为真切,学生的审美能力提升才会更为显著。

举例来说,在教学《北京的春节》这篇课文时,教师可以让学生在深入学习课文内容的基础上,真切感受中华优秀文化的博大精深。在此基础上,教师要让学生联系自身生活实际,列举生活中的节日文化。以文章中的思想之美为"模具",学生不仅可以塑造自身良好的思想道德品质,还可以提升自身的审美能力。

参考文献

[1]人民教育出版社课程教材研究所,小学语文课程教材研究开发中心.六年级语文下册教师用书[M].北京:人民教育出版社,2024.

[2]老舍.出口成章——论文学语言及其他[M].北京:作家出版社,1964.

[3]王定安.感受美,提升美——例谈初中语文教学中提升学生审美能力的有效途径[J].新课程(中),2019(9):178.

《我的伯父鲁迅先生》教学课例

肖恒燕　郭家幸　贵定县第二小学

一、教学设计

(一) 教材分析

《我的伯父鲁迅先生》是统编版六年级语文上册第八单元"走进鲁迅"中的第三篇文章,是鲁迅的侄女周晔写的回忆性散文,选取日常生活中的小事,刻画了鲁迅"为自己想得少、为别人想得多"的人物形象,表达了作者对鲁迅先生的无比怀念与敬仰之情。

鲁迅先生是伟大的文学家、思想家、革命家,是中国现代文学的奠基人。"为自己想得少、为别人想得多"既是鲁迅先生深受爱戴的原因,也是其伟大人格魅力与崇高精神之美的体现。因此,教学本课要重视学生人文精神的培养。教学中,我有意识地引导学生研读文本,从字里行间体会鲁迅先生忧国忧民的爱国情怀,感受其"俯首甘为孺子牛"的高尚品质,悟其精神之美、大爱之美,潜移默化,对学生的精神世界产生影响。

(二) 学情分析

因为鲁迅先生生活的年代离学生较远,当时的语言表达也与现在的语言表达有差异,所以学生必须借助资料,才能真正读懂课文。学生在四年级时学过"根据需要收集资料""从人物的语言、动作等描写中感受人物的品质",五年级也学过"通过课文中动作、语言、神态的描写,体会人物的内心"等,这些方法都可以在本次学习中再次实践运用。基于此,教学前,我先让学生在预习时查找相关资料,让学生能够初步了解鲁迅先生的文学成就,感知其性格特点,体会其精神境界,领悟其精神之美。在学习过程中,引导学生从课文对鲁迅先生的动作、语言、神态等描写中,感受鲁迅先生"为自己想得少、为别人想得多"的高尚品质,体会人们对鲁迅先生的敬爱之情,培养学生研读鲁迅作品的兴趣,再现鲁迅先生伟大的人格魅力,拓展学生的语文思维。

(三) 学习目标

1. 能用较快的速度默读课文。
2. 围绕鲁迅先生的事件,用小标题概括各个部分的主要内容。
3. 感受鲁迅先生"为自己想得少、为别人想得多"的高尚品质,培养学生崇德尚美的情操。

(四) 重点难点

重点:感受鲁迅先生的人格魅力,激发学生对鲁迅先生的爱戴之情。

难点：从鲁迅先生的事迹中体会鲁迅先生的大爱之美。

(五) 核心问题

理解课文内容，认识鲁迅先生，感悟鲁迅先生"横眉冷对千夫指，俯首甘为孺子牛"的精神内涵。

(六) 设计思路

以学生为主体，读懂课文，体会鲁迅先生的人格魅力，感悟其精神之美。具体过程如下：视频导入，激发情感——自读"提示"，明确任务——初读课文，整体感知——研读课文，深入体会——交流探讨，总结升华。

二、教学过程

(一) 视频导入，激发情感

师：同学们，今天我们继续学习第八单元"走近鲁迅"。我们先看视频（播放鲁迅先生追悼会视频）。

师：视频中，那么多形形色色的人，他们难掩悲痛，都来参加追悼会，这是为什么呢？

学生自由回答，师做小结，介绍写作方法——倒叙。

师：从人们前来吊唁可以看出大家对鲁迅的爱戴，那鲁迅先生是一个怎样的人呢？就让我们一起走进课文《我的伯父鲁迅先生》。（板题）

学生齐读课题：我的伯父鲁迅先生。

《我的伯父鲁迅先生》主要记录了鲁迅先生晚年的几件事，是鲁迅先生逝世九周年时，他的侄女周晔带着对他深深的怀念写的一篇回忆录。

教学反思：通过播放鲁迅先生追悼会的视频，学生能直观地感受到来参加追悼会的人们的悲痛之情，与视频中的人产生共情，奠定情感基调。接着提出问题："为什么会有那么多人来参加鲁迅的追悼会？"为鲁迅先生的"为自己想得少、为别人想得多"的高尚品质作铺垫，激发学生的学习兴趣。

(二) 自读"提示"，明确目标

师：这是一篇略读课文，在学习开始之前，同学们先读一读阅读提示，用笔勾画出学习要求。

学生汇报，根据汇报出示学习目标：

1. 能用较快的速度默读课文。

2. 想想课文写了关于鲁迅的哪几件事，给每件事加个小标题。

3. 课文中的鲁迅给你留下了怎样的印象？

教学反思：阅读要带着问题读，学习之前自读"阅读提示"，勾画学习要求，让学生对本节课的学习任务有全面清晰的认识。

(三) 初读课文，整体感知

1. 空行分段

师：请同学们快速浏览一遍课文，你发现这篇文章与我们前面学的文章有什么明显的不同？（每个部分之间有空行。）有的文章作者在写的时候会有意识地空行，用这种方式进行自然的分段，本文就是用这样的方式将课文分为了六个部分。

2. 拟小标题

师：这六个部分中哪个部分再现了我们刚才观看的内容（第一部分）？

（1）引导学生借助关键句"伯父去世了，他的遗体躺在万国殡仪馆的礼堂里，许多人都来追悼他，向他致敬，有的甚至失声痛哭。数不清的挽联挂满了墙壁，大大小小的花圈堆满了整间屋子。送挽联送花圈的有工人，有学生，各色各样的人都有。"概括大意：鲁迅先生深受人们的爱戴。

（2）引导学生从"鲁迅先生深受人们的爱戴"中提炼出关键字词作为第一部分的小标题。（深受爱戴）

3. 梳理拟小标题的方法

（1）引导学生回顾梳理拟小标题的过程。

小结：像我们刚才这样先概括段意，再提炼关键字词来拟小标题的方法叫"段意浓缩法"，当然，拟小标题还有很多方法，可以用自己的话概括，也可以从课文中摘录词句作为小标题。

（2）现在请同学们用较快的速度默读课文，看看后面的五个部分分别讲了一件什么事？（学生读书做批注）

（3）知道每个部分的大意之后四人学习小组合作，用"段意浓缩法"给后面五个部分拟小标题。

（学生在交流讨论的过程中，教师参与其中。）

学生汇报拟的小标题。（预设：谈《水浒传》、笑谈"碰壁"、燃放花筒、救助车夫、关心女佣）

教学反思：此环节主要引导学生认识并掌握两个阅读小技巧：一是空行分段，初读课文，有意识地引导学生注意文中的空行，并告知学生，有的文章会有意识地空行，用这种方式来分段，叫空行分段法。二是用"段意浓缩法"拟小标题，借用开课之初的视频，学生能很快找到与之相对应的文字内容，引导学生概括这部分的内容，再从句子中找关键词拟小标题，告诉学生，先拟段意再找关键词来拟小标题的方法叫"段意浓缩法"。最后是学法迁移，放手让学生用"段意浓缩法"拟后面五个部分的小标题，学生有方法，学起来自然游刃有余。

(四) 研读课文，深入体会

导语：课文中的这几件事中，哪一件事给你留下的印象最深？从中，你认识了一个什么样的鲁迅？请同学们再读课文,勾画相关的字、词、句,并用笔做好批注。

预设交流过程如下。

1. 谈《水浒传》,品幽默之美

"谈《水浒传》"一事中,通过对鲁迅先生的语言、动作描写,引导学生抓住句子:伯父摸着胡子,笑着说"还是我的记性好"来理解。

预设 1:伯父表面上是说自己记性好,实际上是说自己读书比"我"认真。

预设 2:伯父说这话是在婉转地批评"我"的学习态度不认真,教育"我"专心读书。

师小结:从"谈《水浒传》"一事中,我们看到了一个关爱晚辈、幽默风趣的鲁迅先生,从中体会到鲁迅先生对晚辈的浓浓爱意与语言表达的幽默之美。

2. 笑谈"碰壁",悟精神之美

引导学生理解句子:"四周围黑洞洞的,还不容易碰壁吗?"

(1)"四周围黑洞洞的"指的是什么?(指当时黑暗的社会。)

(2)"碰壁"又是指什么?(指鲁迅先生在与国民党反动派斗争时遇到的挫折及反动势力对鲁迅先生的迫害。)

(3)为什么鲁迅先生不直接说当时黑暗的社会及遭受的迫害?

(这句话用反问和比喻两种修辞手法,表现了鲁迅先生对反动统治的憎恨和顽强斗争的革命精神。这是鲁迅先生的精神之美,也是鲁迅先生受那么多人爱戴的根本原因。)

这件事中对鲁迅先生的语言描写,让我们感受到他对黑暗现实的不满以及不屈不挠的抗争精神。

3. 燃放花筒,赏亲情之美

根据学生交流,出示句子:"火花在我们眼前飞舞,艳丽的色彩映照在伯父的脸上。我突然注意到他脸上的表情,那么慈祥,那么愉快,眉毛,眼睛,还有额上一条条的皱纹,都现出他心底的欢笑来。那时候,他的脸上充满了自然而和谐的美,是我从来没看见过的。"

师:你从中感受到了什么?

预设:这是对伯父神态的细致描写,让我们感受到他与家人、与晚辈相处时的慈祥与率真,乐观与豁达。

4. 救助车夫,赞大爱之美

思考:这么冷的天,那位车夫为什么还光着脚拉着车在路上跑?

(1)从哪些语句可以体会到车夫伤势严重?

("坐在地上呻吟,车子扔在一边""两只手捧着脚……地上淌了一摊血""脸上现出难以忍受的痛苦")

(2)从抓住"脚上没穿鞋""天气那么冷还在拉车",体会车夫生活的悲惨。

(3)伯父他们是怎样救助车夫的? 找出一系列表示动作的词,说说从这些词语中你体会到鲁迅先生的什么情感?

预设:动词包括扶、蹲、跪、拿、夹出、洗、敷上、扎好、掏、给。这些动词表现了鲁迅先生对劳动人民的深切同情与热爱。

(4) 事后鲁迅先生为什么脸上变得那么严肃,最后深深地叹了一口气呢?

预设1:"脸变得严肃"是因为想到车夫在那样寒冷的天气里,还光着脚拉车,受了伤也没钱治,这是黑暗的旧社会造成的,他无法控制自己对旧社会的憎恨的思想情绪。

预设2:"叹了一口气"是鲁迅先生对在旧社会苦难中挣扎的劳动人民的同情和对给劳动人民带来如此痛苦的黑暗社会的憎恨。

这是鲁迅先生对旧社会的控诉,也是对贫苦人民的大爱之美。

5. 关心女佣,颂忘我之美

(1) 鲁迅先生是怎样关心女佣的,又是怎样对待自己的?(学生自由回答。)

(2) 通过这件事你体会到什么?(体会到鲁迅先生关心体贴劳动人民,平易近人;还看出他那忘我的战斗精神。)

这件事中,女佣阿三的话让我们感受到鲁迅先生为别人想得多,为自己想得少。(出示课文最后一个自然段,齐读。)

(3) 这句话回答了前文的哪一个问题?(预设:为什么伯父得到这么多人的爱戴?)

(4) 这句话有什么作用? 这样写既是对文章开头的照应,又是全文的总结,起到点明主题的作用。从全文内容看,第一部分是明确提出问题,后面五个部分是以具体事例作答,是总分关系;从叙述顺序看,先写结果后写原因,是果因关系,全文是"倒叙"。将一个品质高尚的鲁迅先生展现得淋漓尽致。

教学反思:这一部分的教学,充分体现学生的学习主体地位。我给学生充足的时间,让他们就自己感兴趣的内容去细细研读,做批注,为学生营造良好的交流、沟通氛围。在学生汇报交流时不设限,不按部就班,学生想交流哪个部分就交流哪里。在交流最后一部分时,引导学生从女佣的话中,体会鲁迅先生"为他人想得多、为自己想得少"的高贵品质,感悟鲁迅先生忘我的战斗精神,并从中体会到鲁迅先生受人爱戴的原因正是:为他人想得多、为自己想得少。以此为契机,引导学生认识记叙文中的"倒叙"这一叙述方式。回顾这个教学环节,学生在读中有所悟,在交流中有所得,对鲁迅先生的高尚品质有了更深的认识。

(五) 交流探讨,总结升华

1. 小组交流探讨:你认为鲁迅先生是一个怎样的人?

预设:他为自己想得少、为别人想得多。作为一个长者,他关心下一代的成长;作为一个革命者,他为人民说话,为劳苦大众呐喊而四处"碰壁";作为一个先生,他救助车夫、关心女佣,同情劳动人民。他正如自己说的那样"横眉冷对千夫指,俯首甘为孺子牛"。

2. 通过本文的学习,你想到了什么?

预设1:1940年,毛泽东主席在《新民主主义论》中指出:"鲁迅是中国'文化革命'的主将,他不但是伟大的文学家,而且是伟大的思想家和伟大的革命家"。所以我们要走进鲁迅的作品,深入了解鲁迅先生伟大的人格,让鲁迅先生的大爱精神植入我们的心中。

预设2:我感受到了鲁迅先生伟大的人格魅力,我也要成为像鲁迅先生一样的人,做有理想、有作为、有爱心的社会主义接班人。

教学反思:引用鲁迅先生的名言"横眉冷对千夫指,俯首甘为孺子牛",升华学生的情感认知,感悟鲁迅先生伟大的人格魅力及精神之美,激发学生学习兴趣,培养学生的高尚情操。

(六) 作业

"横眉冷对千夫指,俯首甘为孺子牛"出自鲁迅先生的《自嘲》,鲁迅先生的名言还有很多,我们这个单元的"日积月累"要求积累的就是鲁迅先生的名言,请同学们认真阅读鲁迅先生的作品并摘抄鲁迅先生的名言。

教学反思:通过读鲁迅先生的作品,摘抄鲁迅先生的名言,在课后阅读中再次感受鲁迅先生的伟大人格魅力,让"为自己想得少、为别人想得多"的鲁迅先生走进学生心中,升华学生的情感认知,受到积极向上的精神洗礼。

(七) 板书设计

26[*] 我的伯父鲁迅先生

谈《水浒传》

笑谈"碰壁"　　为自己想得少

深受爱戴　燃放花筒　　为他人想得多

救助车夫

关心女佣

三、教学实践与反思

《我的伯父鲁迅先生》是一篇略读课文,篇幅比较长,我采用"长文短上"的方法,教学过程中突出学生的主体地位,以学生自读自悟为主、教师引领点拨为辅。

兴趣是最好的老师,开课之初我播放鲁迅先生追悼会的视频,学生既能直观地感受到来参加追悼会人们的悲痛之情,又能与视频中的人产生共情,奠定情感基调。抛出问题:"那么多的人来参加鲁迅先生的追悼会,是为什么?"来引起学生的兴趣,让学生不仅想读、更愿意读。

阅读教学不仅要培养学生的良好阅读习惯,更要注重学生的语文素养,"空行分段""段意浓缩法"拟标题、"倒叙"这些知识点既要让学生掌握,又不能硬灌。教学时,我先引导学生观察,本文的构段方式和以往的文章有何不同,学生很容易就发现了各部分之间的空行。学生在认识了"空行分段"的基础上,他们很快就发现课文利用空行把文章分为了六个部分,我再利用开课的视频,先让学生找和视频对应的文字,然后用一句话说说这个部分主要讲了一件什么事?再从这句话中找一个关键词来做小标题。这样层层推进,学生很容易就会用"段意浓缩法"来拟小标题了。最后学法迁移,为后面的五个部分拟小标题,进一步加强了学生对"段意浓缩法"拟标题的理解和掌握。

对于认识鲁迅先生这个人物形象的问题,不应该是老师告诉学生鲁迅是一个什么样的人,而是要让学生自己去读,他读到了一个什么样的鲁迅。我给学生充足的时间,让他们就自己感兴趣的内容去细细研读。在学生汇报交流时,不设限,不按部就班,学生想交流哪个部分就交流哪里,学生说哪儿,我就趁机点拨哪儿。学生在交流中不仅认识了自己心中的鲁迅,也认识了他人心中的鲁迅,在思维的碰撞中,一个"为自己想得少、为他人想得多"的鲁迅就走进了他们的心中,鲁迅先生高尚的人格魅力,给学生的精神以启迪。

回顾下来,整个教学流程充分体现了学生的主体地位,以读促教,以读促思,不仅让学生认识一个"为自己想得少、为别人想得多"的鲁迅先生,还在学生心中播下了有理想、有作为、有爱心的种子。这就是鲁迅先生的力量,也是语文的魅力所在。

让学生在想象体验感悟表达中品味诗歌之美

——现代诗歌《绿》的教学课例

黄仕琴　贵定县第二小学

2023 年 3 月,在学校的"531"团队研修中,我在高清录播室上了一节公开课,课题是《绿》,它是部编版教材四年级下册第三单元的第二篇课文,单元导语为"诗歌,让我们用美丽的眼睛看世界"。

一、教学分析

(一)教材分析

部编版四年级下册第三单元为诗歌单元,整组课文以现代诗歌来呈现,以"自然"为中心意象,展现了现代诗歌的想象之美、语言表达之美、饱含诗人热爱大自然的美好情感等特点。本单元的语文要素是:初步了解现代诗歌的特点,体会诗歌表达的情感;根据需要收集资料,初步学习整理资料的方法;合作编小诗集,举办诗歌朗诵会。以"诗歌,让我们用美丽的眼睛看世界"为单元导语,目的是引导学生认真观察生活、认真观察大自然,去发现大自然中的颜色之美、事物之美、生命之美。《绿》这首诗歌,诗人用极富感染力的文字,描绘了春回大地,到处都是绿色,大地一片生机勃勃的景象。通过阅读和分析《绿》这首诗歌,学生可以感受到诗人对大自然的热爱以及对生活的独特表达。诗歌中的描绘,如"绿意盎然、绿叶葱葱、绿波荡漾"等,都能激发学生对美的感知,让他们学会认识美、发现美。诗歌中的意象和意境具有很强的艺术魅力,通过品味这些诗句,学生可以培养自己的审美情趣。例如,诗人将自然景象与情感相结合,让学生在阅读诗歌的过程中体验到意境美,进而提升他们的审美品位,培养他们的审美情趣。诗歌语言凝练,富有节奏感和音乐性,通过学习《绿》这首诗歌,学生可以增强自己的语言表达能力,培养良好的语感。诗歌的意境是诗人将自己的思想融入诗歌意象中形成的,阅读《绿》这首诗,学生可以充分发挥想象力,深入感受诗人将自然景象、情感和哲理相结合的艺术境界,这样的审美体验有助于培养学生的创新意识和想象力。诗歌是情感的载体,通过品味《绿》这首诗歌,学生可以感受到诗人对生活的热爱和对美好事物的追求。这将有助于培养学生的情感美,使他们具有高尚的审美情操。通过学习和欣赏这首诗歌,学生可以全面提升自己的审美能力和素养。

(二)学生学情

学生在此之前学习过《现代诗二首》《花牛歌》等现代诗歌,对诗歌这一文学体裁并不陌生。在现代诗歌的学习中进行过多次朗读和想象画面的练习,具有一定的感悟能力,但要通过文字想象画面,尤其是感悟文本背后蕴含的情感还存在一定困难,因此,教师需要创设更多情境,巧妙引导、点拨,并组织多种形式的朗读、品读、诵读来引导学生想象,促进学生对文本的感悟,体会诗歌表达的情感。《绿》这首诗想象奇特,语言美,意境美,便于学生在反复的诵读中展开丰富的想象,感受诗歌的魅力。《绿》这一课文的教学提升点在于:让学生在体会诗歌丰富的意境美的同时,感知诗歌中的想象美,语言表达之美,并进一步体会诗歌中蕴含的热爱大自然、热爱生命的美好情感。

(三) 教学目标

1. 美育认知目标

(1) 帮助学生发现自然界中绿意盎然的事物,感受他们的生命之美。

(2) 引导学生想象绿的丰富和广泛,领略自然界的神奇之美。

(3) 通过想象诗歌描绘的绿意盎然的画面,让学生深入理解自然界中的和谐之美。

2. 阅读与文学鉴赏目标

(1) 学生通过收集现代诗歌,培养文学鉴赏能力,理解作者如何以文字描绘自然的生机勃勃之美。

(2) 引导学生有感情地朗读课文,背诵课文,感悟诗歌的独特表达,体会诗歌的语言之美。

(3) 引导学生通过对比朗读,感受诗歌的意境美,体会诗人的独特感受,欣赏自然界的动态之美和静态之美,培养学生热爱大自然的美好情感。

3. 创造性思维与表达目标

(1) 鼓励学生用自己的语言生动地表达自然之美,培养学生的观察能力和表达能力。

(2) 创设情境,让学生表达对大自然的热爱,培养学生的创造力。

(3) 通过小组交流,学生能够分享自己的发现和想法,提高语言表达能力。

4. 美育综合素养目标

(1) 引导学生欣赏诗歌的音韵特点,体会诗歌的节奏感和韵律美,提高学生的审美能力。

(2) 帮助学生探究自然界中的美,将所学知识与个人生活经验相结合,提高美感综合素养。

(3) 通过学习《绿》,让学生深入理解诗人对大自然的热爱和敬畏之情,培养学生的共情能力,使学生在感受诗歌情感美的过程中,更加珍惜和热爱生活。

(四) 重点难点

1. 重点

(1) 感受诗歌的意境美,体会诗人的独特感受,体会诗歌中蕴含的热爱大自然、热爱生命的美好情感。

(2) 引导学生想象绿的丰富和广泛,领略自然界的神奇之美。

（3）引导学生有感情地朗读课文，背诵课文，感悟诗歌的独特表达，体会诗歌的语言之美。

2. 难点

（1）培养学生的观察力和想象力，使学生能够感受到生活中的美好画面。

（2）体会诗人的独特感受，提高学生的文学鉴赏能力，使学生在欣赏诗歌的过程中，提升自己的语文素养和审美水平。

(五) 核心问题

感受诗歌的意境美，学习诗人独特的表达，提高学生的文学鉴赏能力，提升自己的语文素养和审美水平。

(六) 设计思路

朗读是感受诗歌特点、体会诗歌情感的主要方式，在《绿》的教学中，我以朗读为主线，贯穿整个课堂，设计了以下教学思路。初读诗歌，想象美的画面→品读诗歌，感受美的意境→诵读诗歌，品味美的音韵→比较阅读，体会美的感受→创设情境，仿写美的诗句。本单元的语文园地安排了一次"合作编小诗集"，"举办诗歌朗诵会"的综合性学习活动，在学习完前面一课《繁星》之后，我布置学生去收集现代诗歌，课中引导学生通过朗读，分享自己收集的诗歌，品味诗歌的意境美、画面美、音韵美，为开展综合性学习做好充分的准备。

二、教学过程

(一) 片段一：初读诗歌，想象美的画面

激发兴趣，导入新课。

1.［老师用富有诗意的语言真切地说。］

通过这个单元的学习，我们叩开了诗歌的大门，诗歌，让我们用美丽的眼睛看世界。这节课，我们继续学习诗歌，继续用美丽的眼睛看世界。现在用我们美丽的眼睛来看看春天吧！

2. 播放春天的视频。

［视频生动形象地描绘出春天的景象：冰雪消融，笋芽儿破土而出，在春雨的滋润下慢慢拔节生长；树枝上，花朵正一片片绽放；田野中，禾苗绿油油的，在微风的吹拂下，跳起了欢乐的舞蹈。］在你的眼中，春天是什么样的？

［学生闭上眼睛，沉浸在对春天的想象中。］

3. 你们用美丽的眼睛看到了生机勃勃的、美丽的春天。在诗人艾青的眼中，春天是什么样的呢？认真听老师读诗歌，一边听一边想象自己看到了什么样的画面。

［老师有节奏地、深情地读着诗歌《绿》，学生闭上眼睛，跟随老师美妙的声音畅游在奇妙的大自然中。］

4. 同学们听得非常认真，相信你们一定看到了一幅幅美丽的画面，谁愿意将自己眼中的

春天与大家分享?老师用期待的目光望着同学们。

[学生描绘着自己眼里的春天:春天是百花齐放、生机勃勃的;春天来了,万物复苏,小草睡醒了,穿上了一件绿绿的衣裳。]

5.你最喜欢读诗歌的哪一节呢?请大胆地站起来读给大家听,相信你深情的朗读能带给我们一幅幅美丽的画面。

[学生跃跃欲试,纷纷举手,深情地读着,教室里充满了琅琅的读书声,充满了春意盎然的绿。]

教学反思:课堂导入紧扣单元主题,播放春天的视频,激发学生的学习兴趣,让学生直观感受春天美丽的样子。春天万物复苏,大地一片生机勃勃的景象,小草变得绿油油的,山上的树木长得郁郁葱葱,绿意盎然,河岸边的柳树在春风里梳理着自己的长辫子,桃花仙子披着一件粉红的纱衣向我们走来了。接着让学生说说自己看到的春天的样子,目的是在直观感受的基础上去发现、寻找春天的美,用自己的语言描绘出眼中的春天。然后听老师范读诗歌,初步感知作者用诗的语言描绘的春天。艾青的诗歌《绿》运用文字的魅力,用文学的形式描述了春天到处都是绿色,树木、大地中的小草在春风的吹拂下来回摆动,风是绿的,水是绿的,世界充满了绿。绿是生命的颜色,是生命的象征。在对比自己眼中的春天和诗人眼中的春天时,学生欣赏到了春天不同的美景,为下文的学习做好铺垫。

(二)片段二:品读诗歌,感受美的意境

1.品读诗歌第一节:"好像绿色的墨水瓶倒翻了,到处是绿的。"重读"到处",语速放慢。"到处"让你想到了哪些画面?给你什么感受呢?

[学生闭上眼睛,深情地读着,一边读一边想象这满眼的绿,读出心中的感受,陶醉在满是绿色的美丽世界里。]

2.品读诗歌第二节:关注6个形容绿色的词语:墨绿、浅绿、嫩绿、翠绿、淡绿、粉绿,感受绿色的丰富和美妙。这么多的绿色,你如何读出不一样的绿?指名读。

[学生用抑扬顿挫的语气读出多种多样的绿,深深浅浅、浓浓淡淡,想象着绿的美好。]

省略号表示还有很多绿色,动态课件出示省略号,关注它,读出更多的绿。

[师生合作读。师富含深情地读到冒号处,学生用不同的语气读着,沉浸在多种多样绿的世界中,品味着不同的绿色,感受着大自然的奇妙。]

3.品读诗歌第三节:在作者眼中,什么是绿的?请将诗人眼中的绿色事物用笔圈出来。

[学生立刻圈出风、雨、水、阳光。]

关注"是绿的"和"也是绿的",读出相同句式的语调变化。

[同桌互相读,从同桌的朗读声中想象画面,自由表达着万事万物蓬勃生长的美好情景。]

大胆表扬、鼓励学生用朗读声把老师带到这么美好的画面中,激励学生品读诗歌。

[学生有节奏、有感情地读着,老师闭上眼睛,沉醉其中。]

4.品读诗歌第四节:抓住诗中的动词:挤、重叠、交叉,重读动词。

[学生自由朗读,想象着所有的常见的、不常见的绿,都集中在一起,挨挨挤挤的,重叠着、

交叉着,密密层层,十分美好。]

5. 品读诗歌第五节:配乐师生合作读,关注风"突然"来了,读好景象的变化,说说心里的感受。

[学生跟随音乐朗读,感受着所有的绿随着风的指挥在有节奏地飘动,就像服从指挥一样,富有生机与活力,感受着大自然壮观的景象。]

教学反思:品读诗歌,感受美的意境,此片段教学以学生的品读和想象为主,体现了以学生为主体的教学理念,体现了"三教"理念中的"教体会"。在品读诗歌和想象画面中,让学生感受到了诗歌的意境美。

(三)片段三:诵读诗歌,品味美的音韵

1. 教师充满激情地说:这绿唯美了时光,这绿惊艳了岁月,它将大自然的勃勃生机呈现在我们眼前,其实,我们能有这么多的感受,是因为艾青在写诗的时候,借诗传递了奇特的想象和独特的感受,更是大自然赠予我们的礼物。再次品味这令人满心欢喜的绿,充满生机与活力的绿!

全班诵读诗歌,再次感受绿中美。

[学生在优美的春之乐曲中有节奏地读着,一边读一边想象着大自然中多种多样的绿,一切事物皆绿色的美好画面,体验着"舒适"和"快乐",领略了生机、希望和力量。]

2. 诗和音乐一样,生命全在节奏——朱光潜。相同的句式要读出不同的语气,师生合作读诗,感受诗歌的节奏美。

[师读一节,学生接着读下一节,轮流着读,在富有美感的节奏中感受绿的神奇和美妙。]

3. 本单元安排了一次综合性学习活动,在上完《繁星》之后,老师就布置大家去收集诗歌,相信你们已经收集了很多诗歌,现在挑选一首读给大家听,读好诗的节奏,呈现出美的画面。

[学生将课前收集的诗歌拿了出来,在小组里读给大家听,并上台去展示。大家在朗读声中品味诗歌的语言之美、节奏之美、画面之美。]

教学反思:本片段的教学,通过学生齐读、师生合作读、学生自由读等方式,感受诗歌的意境美、语言美、节奏美、音韵美,在相同的句式中感受诗歌的独特表达,在诵读整首诗中想象绿意盎然的美好画面,在分享朗读中再次感受诗歌的节奏之美,音韵之美,为综合性学习活动"诗歌朗诵会"做足准备。

(四)片段四:比较阅读,体会美的感受

1. 老师提出问题:对比四五小节,思考诗人是如何写绿的。

[师生一起用动作感受"挤"在一起、"重叠"在一起、静静地"交叉"在一起的画面,感受着静态中绿的美好。]

2. 找出第五小节中的比喻句,画面动起来了,写出了所有的绿在风中舞动的和谐与生命的活力。对比阅读,感受在诗人的笔下,这一静将所有的绿汇聚在一起,这一动让所有的绿在风中展现出生命的活力的美好画面。

［男女生分角色朗读第四五小节,跟随音乐节奏细细地品读,想象着眼前就是满眼绿,天地就是这鲜活而生动的绿。诗中表现的"绿"是大自然的景象,更是诗人的感觉。］

3. 课件出示"阅读链接",将"阅读链接"的《绿》与艾青的诗歌《绿》进行比较。请你读一读宗璞笔下的《绿》,有什么不一样的感受呢?

［学生自由表达,这段文字是写西湖的绿,有树木,小径,是实实在在的景象。而诗歌《绿》中则是作者表达的独特感受。］

教学反思: 在比较阅读中感受诗歌的魅力。通过诗歌中动景和静景的比较,感受静景中绿的可爱,在动景中感受绿的生机。在男女生的对比朗读中体会诗人内心独特的感受,体会诗人表达的美好情感。在与阅读链接的比较中,让学生认识到诗歌和散文的区别,感受诗歌独特的魅力。在两个"对比"中培养学生的思维能力、表达能力和审美能力。

(五)片段五:创设情境,仿写美的诗句

1. 春天的绿真多呀,风、雨、流水、阳光本来不是绿色的,为什么在诗人的笔下都是绿的?完成仿写练习。

风拂过嫩绿的柳条,刮的风是绿的;

＿＿＿＿＿＿＿＿,下的雨是绿的;

＿＿＿＿＿＿＿＿,流的水是绿的;

＿＿＿＿＿＿＿＿,阳光也是绿的。

［教师深情地,一边想象一边说:风拂过嫩绿的柳条,刮的风是绿的。后三句由学生四人小组合作说。春雨淋在小草上,下的雨是绿的;河里的水草绿茵茵的,水也被染绿了;阳光洒在竹林里,阳光变绿了。］

2. 诗人的感受是多么奇特呀!不光树叶和小草是绿的,连风、流水和阳光这些原本不是绿色的景物,也被染上了绿色。现在请同学们试着大胆想象,也当当小诗人,写一写自己的独特感受。相信还有很多的景物也可以是"绿"的。在"星级小诗人"任务群完成自己的创作。

［学生在星级小诗人擂台上创作诗歌,一星诗人(同类事物,内容完整);二星诗人(不同事物,内容完整);三星诗人(不同事物,且想象奇特)。学生展开想象,仿写出一首首富有节奏美、意境美的诗歌。］

3. 星级诗歌擂台赛,请学生在展示台上诵读自己创作的诗歌,每一组派一名同学上场,守住擂台的小诗人获胜。

［学生在丰富的想象中,创作出一首首优美的小诗,富有节奏感和音韵美,表达出心中的独特感受。］

学生1:空中的云朵是绿的,　　　　学生2:绽放的花朵是绿的,
　　　　山间的小溪是绿的,　　　　　　　　袅袅的炊烟是绿的,
　　　　天边的晚霞是绿的,　　　　　　　　柔和的月光是绿的,
　　　　山间的浓雾也是绿的。　　　　　　　天上的繁星也是绿的。

教学反思: 仿写诗句的教学环节,是在教学生如何表达,语文课堂中培养学生的语文能

力尤其重要,在本节课的教学中,我立足于发展学生的核心素养,在品读诗歌的基础上创设了具体情景,启发学生展开丰富的想象,将生活中看见的景象与自己内心的感受融合在一起,用诗歌的形式表达出来,让学生的创新能力和审美意识得到发展。

三、教学实践与反思

(一) 同伴互助

李琼老师:本节课的成功之处是"两个比较",即比较动态的绿和静态的绿,比较散文和诗歌用不同表现形式描绘的绿景,从而体会诗人独特的感受和独特的表达,体会作者表达的对大自然的热爱之情,进而在思辨性思维过程中培养学生的理解能力、表达能力、审美能力,发展学生的思维。

方瑛老师:教师的课堂教学善于运用新的教学理念,让教方法、教表达、教体验贯穿整个课堂教学。让朗读贯穿在教学的整个过程,在朗读中感受诗歌的音韵之美,使整间教室生机勃勃,充满了"绿"之下的春意之美。

(二) 教学体验与反思

1. 在诗意语言中,想象绿的美好

诗歌语言凝练、富有节奏感和音乐性,通过分析诗句中的关键词和表达技巧,充分发挥想象力,深入感受诗人将自然景象、情感和哲理相结合的艺术境界,这样的审美体验有助于培养学生的创新意识和想象力。在本堂课的教学中,我善于捕捉诗歌中的关键词句,帮助学生展开想象,培养学生的想象能力和审美意识。

(1) 抓住关键词语,感受想象之美

由"到处是绿的",引导学生思考:还能想到哪些地方是绿色的? 由此想象开去。学生想到了大自然中常见的山坡是绿的、田野是绿的、森林是绿的、河岸是绿的……在第二节诗歌中呈现了各种绿色:墨绿、浅绿、嫩绿、翠绿、淡绿、粉绿,我让学生抓住表示各种绿颜色的词语展开想象,看看自己还能想到哪些绿色。在丰富的想象中,学生充分感受到绿的丰富和广泛,感受大自然的奇妙之美。

(2) 领悟省略号的作用,想象画面,感受绿的广泛

诗歌的第一和第二小节都运用了省略号,引导学生展开想象:"省略号让你看到了怎样的景象",学生联系前面各种绿的事物和各种表示绿颜色的词语,想到了碧绿的菜地、浓绿的麦田、绿得发黑的森林等以及许多形容绿的丰富的词语,省略号留给了学生丰富的想象空间,把学生的思维拓展到了整个广袤的世界和自然空间中,培养学生丰富的想象力、思维能力和审美能力。

(3) 比较动态的绿和静态的绿,从而体会诗人独特的感受和独特的表达

诗歌的第四节描绘了静止的绿,我通过演示动作"挤""重叠""交叉"等帮助学生想象画面,然后思考诗人如何通过语言描绘,将对绿的感觉转化为丰富的感受。在感受动态的绿时,

读到"所有的绿整齐地按着节拍飘动在一起",你的眼前出现了怎样的画面,我抓住关键词句"整齐地按着节拍"引导学生展开丰富的想象,学生想到了密密层层的绿不留一点儿缝隙,重叠着、交叉着,忽然在风中整齐地飘动的场景。当诗歌语言转化为鲜活的画面或场景,学生就能更顺畅地走进诗人的情感世界,感受到"绿"中蕴藏的生命之美和情感之美。

教学中我高估了学生的想象能力。当我让学生由身边的事物想象开去,去感受绿的广泛时,有些学生缺乏想象力,对"绿"的感知不够深刻,无法想象大自然中万事万物皆绿色的景象,难以用诗歌的语言去描述和表达。针对这些问题,我意识到在今后的教学中,我需要更加注重培养学生的观察力和想象力,通过更多的实践活动帮助他们提升这些能力。

2. 在创设情境中,体会美的表达

在本节课的教学中,我通过创设情境任务,推动学生深度学习、主动学习、合作学习。

（1）联系生活场景创设情境

在本节课的教学中,我为学生创设了大自然的不同场景。教学时,我引导学生联系生活场景,在小组内说一说自己观察到的绿,并结合诗歌第二节展开联想,想象"墨绿、浅绿、嫩绿、翠绿、淡绿、粉绿"分别是怎样的,让学生在具体的场景中感受绿的丰富,感悟作者独特的表达形式,学习诗歌优美的语言。

（2）联系生活经验创设情境

为了让学生进一步想象诗句描绘的画面,感受诗人奇特的想象,在课上我以文本为基础,引导学生抓住关键词句感知"绿的丰富和广泛""绿的形态之美",并积极唤醒学生的生活经验,使他们回忆、发现生活中的绿,最后以"星级诗人"的评选为任务驱动,激发学生的创作欲望,实现"读、说、写"相融合,达成学生语文能力的发展。诗歌的第三节,诗人用风、雨、水、阳光写出了绿的范围之广。我引导学生走进诗人的观察视角,他看到一阵微风拂过,柳枝发芽了,田野变绿了;一场春雨的滋润,笋芽儿破土而出,冒出鲜嫩的笋,大地被染成了绿色;看到小溪流过山谷,映出绿色;阳光照耀着万物,植物长得更茂盛了。学生眼前逐渐展开一幅绿的画卷,在生动的情景中感受作者优美的诗歌语言,体会诗人独特的表达形式,并学着用诗歌的语言来表达自然界中更多的绿。每一环节的教学我都以文本为依托,让学生身临其境,从而体会诗人独特的表达。我设计了"找一找""读一读""写一写"情境任务,驱动学生在形象的事物中感受绿的广泛、绿的美好和可爱,在诗歌的节奏中感受绿的生命力,在仿写诗歌中感受诗人独特的表达和内心特有的感受。学生有了"感"的基础,又有了朗读"悟"的体会,与诗人的情感共鸣,仿写出了一节节优美的诗歌。学生将天上的、空中的、地面上生长的,大自然中的一切事物都赋予了生命与活力,都是生机勃勃的、绿意盎然的,学着诗人用诗歌的语言表达出来,在富有节奏和韵味的表达中呈现了一个充满生机与活力的美好世界。

遗憾的是,我虽然站在"大单元"角度进行整体设计,以"综合性学习活动"为任务驱动,但是还不够深入,不够全面。要善于借助"综合性学习"创设更多学习情境,努力挖掘课内外的教学资源,为学生搭建广阔的学习平台,通过"诗歌朗诵会""制作小诗集""星级小诗人"等项目化活动,使学生在长期的实践活动中品味诗歌之美,在想象感悟中提升自己的语文素养和审美水平。

3. 在多种朗读中,感受美的音韵

在教学中我以读促悟,在课上我设计了多种形式的朗读环节,在谈话导入课文后就设计了老师范读、学生自由读,从整体上感知诗歌内容。在教学第一节时,指导学生读好重点词语和省略号,帮助学生走进诗歌意境,感受诗人的独特感受。在第二节诗的教学中,我设计了个人朗读和生生合作朗读,在读中体会绿的广泛。教学第三节时设计了师生合作朗读、全班齐读,情境朗读、配乐朗读,在富有节奏美的诗歌中走进绿的世界,想象绿的美好,我将朗读贯穿在教学的整个过程中,在朗读中感受诗歌的节奏美和音韵美,使整个课堂生机勃勃,充满绿意盎然之美。

各种形式的读,是靠近"诗的灵魂"最有效的阅读策略。朗读可以让人感觉到文中独有的韵律和节奏,感知语言的美,在朗读过程中,把文字变成了声音,并且伴之以节奏、韵律、形象、情感,使人进入一种美的艺术体验,提升学生的语文素养。在今后的教学中,我要继续加强朗读训练,探索适合学生的朗读方式,让学生爱上朗读,在朗读中感悟文本之美。

参考文献

[1] 中华人民共和国教育部.义务教育课程方案(2022年版)[M].北京:北京师范大学出版社,2022.

[2] 丁云.儿童天生就是诗人[M].北京:北京师范大学出版社,2011:51.

[3] 左文字.诗歌,让我们的世界充满诗意阳光——浅论引导小学生初步学习现代诗[J].安徽教育科研,2021(8):57-58.

大美育观下的润雅课堂《白鹭》教学课例

徐友香　商烨　贵定县第二小学

一、教学设计

(一) 教材分析

这篇名为《白鹭》的课文,以深沉的文学感和精致的笔墨,将读者带入了自然界的奇妙之境。通过对白鹭这种鸟类的细致描绘,作者赋予了这种鸟独特的美感和生命力。白鹭的外形之美、动作之美以及生活场景之美的生动描写,共同勾勒出一幅栩栩如生的画面,让读者仿佛身临其境。

然而,这篇课文不仅仅是一篇对白鹭的生动描写,它更是一篇充满情感和哲理的散文诗。它教导读者欣赏自然之美,传达了保护自然和生态环境的重要性。通过白鹭的行为,如在清水田里捕鱼、站在树梢、黄昏时的低飞,课文传达了对大自然的感慨和对平凡生活的赞美。这种赋予鸟类以人性情感和特质的文学手法,引导读者思考生命的美好和与自然的和谐共处。

在这个教学过程中,我们不仅要让学生理解白鹭这一主题,还要注重渗透美育理念,让学生在本堂课中体会文字的精妙之美、文本的画面想象之美、白鹭与自然界的搭配之美、动物与环境的和谐之美。我们希望通过这篇课文,培养学生的文学鉴赏力,让他们能够感受文学之美,理解自然界之美。同时,我们也要引导学生思考自然保护和环境保护的问题,培养他们对生态环境的关注和珍惜之情。

这篇课文以其精湛的文学艺术,将读者带入一个充满诗意和思考的境界。它不仅仅是一堂文学课,更是一次美育的体验,让学生在文学的海洋中畅游,感受自然与文学的奇妙相融。在这个过程中,我们打造了一个润雅的课堂,培养学生的审美情感,激发他们对美的热爱,同时引导他们承担保护自然和环境的责任。这不仅是一堂课,更是一次对美育理念的践行,让学生在课堂中感悟美的力量,将美的观念融入生活,成为更有爱心和责任感的个体。

(二) 学情分析

本次教学对象是五年级学生,本课是五年级上册的第一篇课文。小学五年级阶段的学生思维活跃,求知欲强,但抽象思维能力仍有待发展。经过前几年的学习,学生已具备一定的自学能力、合作探究的能力和文本鉴赏力,还有一定的词汇积累,但是对于文章的语言分析和感受力仍有欠缺。因此,教师需要在教学过程中通过启发引导和语言直观等方式帮助学生深入理解文章内容。

对于五年级的学生,《白鹭》这篇课文有其独特的教育价值。首先,通过对自然界的生动描写,课文可以帮助学生培养观察和感知的能力,激发他们对自然的热爱。其次,课文注重文学感和情感表达,可以促进学生的文学鉴赏能力和情感表达能力的提高,培养审美情感。此外,通过探讨白鹭与自然的和谐共处,有助于引导学生关注生态环境保护,培养他们的环保意识。

然而,教师应注意学生的年龄和认知水平,确保授课方式与内容的复杂度相适应。可以通过提供图像资料、与学生共同观察自然等互动方式来加深他们对课文的理解。同时,鼓励学生进行文学创作,以此发展他们的写作技能和表达能力,这样的综合性教学方法可以更好地满足五年级学生的学习需求。

(三) 教学目标

1. 美育认知目标

(1) 帮助学生认知白鹭这一自然界的美丽生物,理解其外貌之美,如洁白的羽毛和纤长的腿。

(2) 引导学生了解白鹭常出没的湖泊、河流等环境,培养对自然美的感知,体会环境之美。

(3) 通过白鹭的生活方式,让学生深入理解自然界中的和谐之美。

2. 阅读与文学鉴赏目标

(1) 通过阅读与白鹭相关的文学作品,培养学生的文学鉴赏能力,理解作者如何以文字描绘自然环境之美。

(2) 学生能够感受作者对白鹭的赞美,将美的情感与文学鉴赏相结合。

(3) 通过学习,鼓励学生欣赏自然界的美丽,培养美感教育。

3. 创造性思维与表达目标

(1) 鼓励学生用自己的语言生动地描述白鹭的特点,培养观察和表达能力。

(2) 提供学生创造空间,通过图画、文字或其他媒介表达他们对白鹭的喜爱和理解,培养创造力。

(3) 通过小组讨论,学生能够分享自己的观点和情感,提高口头表达能力。

4. 美育综合素养目标

(1) 培养学生通过实验和观察的方式主动参与课题的探究,培养自主学习和合作能力。

(2) 帮助学生反思自然界中的美,将所学知识与个人生活经验相结合,提高美感综合素养。

(3) 引导学生尊重自然界的多样性,培养环保意识和珍惜自然资源的观念。

(四) 重点难点

1. 重点

(1) 学生能够理解课文中的事物和场景。

(2) 学生能够掌握课文中的生词和难点词汇,如"流线型""蓑毛"等。

（3）学生能够理解作者通过对白鹭的描写所表达的情感和主题，如对自然界的赞美。

（4）学生能够分析作者使用的修辞手法，如将白鹭比作一首诗。注重渗透美育理念，让学生在本堂课中体会文字的精妙之美、文本的画面想象之美、白鹭与自然界的搭配之美、动物与环境的和谐之美。

2. 难点

（1）学生能够运用学到的词汇和修辞手法，进行个人或团体创作，写一段描述自然景物或生命的散文或诗歌。

（2）学生能够培养对自然界的热爱和尊重，以及保护生态环境的意识。

（3）学生能够通过课文的情感表达，感受美与和谐的重要性，培养情感表达和审美情感。

（五）设计意图

1. 文学与美感相结合：我们关注学生的情感发展，通过文学作品如《白鹭》来激发他们的审美情感。课程旨在引导学生欣赏文学之美，同时培养对自然环境的尊重和保护情感，我们相信美感教育是促进学生全面发展的关键。

2. 综合性学习：我们提供多元学习机会，将文学鉴赏、语言表达和生态教育融合在一起。通过这样的综合性学习，学生不仅能提高语文素养，还培养了创作和批判性思维能力。

3. 实践与体验：学生需要通过亲身经验与文本建立联系。我们鼓励实际观察，组织户外活动，让学生亲自体验自然界的美丽和生态系统。这样的实践性学习将增强他们对白鹭及其他生物的理解和情感共鸣。

4. 学生参与和合作：我们鼓励学生积极参与讨论，分享观点，互相学习。小组合作和共同创作是我们教学的一部分，旨在培养学生的协作和交流技能。

5. 个性化教育：我们重视学生的个体差异，尊重他们的学习风格和兴趣。教学方法和材料会根据学生的需求和特点进行调整，以满足他们的学习需求。

我们的设计意图旨在创造一个既有趣又有深度的学习环境，激发学生的好奇心，培养他们的终身学习能力，以及为他们的成长提供多元化的素材和经验。这样的课堂不仅仅传递了知识，还培养了学生的情感、创造力和综合素养。

二、教学过程

（一）片段一：感悟文本的画面之美

［在温馨的教室内，教师站在黑板前，手中拿着一张白纸，轻轻地模仿风吹动纸的动作，学生们专注地坐在座位上。］

亲爱的同学们，今天我们将一同踏上一段令人陶醉的探险之旅！你们是否渴望探知我们即将前往何处呢？

我们即将涉足一个神奇的自然王国，充满着令人惊叹的奇迹。在这个美妙的世界中，居住着一些特别的生灵，它们如同大自然的精灵，它们就是……

［教师突然停顿,伸出手,仿佛要抓住什么。］它们是什么呢?

它们就是白鹭,一种令人陶醉的鸟类,它们在水的世界中自由翱翔,如同一幅美丽的画。我们将一同踏上探寻白鹭之美的旅程,深入了解它们的独特之处和美丽。你们准备好了吗?

［教师展示一幅白鹭的精美画作,让学生们陶醉其中。］

教师:那就让我们一同启程,开始这个令人陶醉的探险之旅吧!

［学生们兴奋地跟随教师,踏上了白鹭之美的探险之旅。］

［在温馨的教室内,教师轻轻拉上窗帘,营造出宁静的湖泊场景。学生们坐在位置上,满怀期待地注视着老师。］

现在,让我们一同踏上湖泊之旅。想象一下,湖水如镜,微风拂面,一片宁静。在湖边,一只白鹭静静地站立,仿佛是一位精灵舞者。它的身姿是如此的优雅!请闭上眼睛,用心感受……

［学生们闭上眼睛,沉浸在对湖泊的想象中。］

白鹭在清水田钓鱼,整个田便成了一幅嵌在玻璃框里的画,悠闲自在,充满诗情画意;晴天的早晨站立于小树的绝顶,悠然地望哨,高洁之感,超凡脱俗之美;黄昏中低飞的白鹭是清澄的形象化,具有无限的生命力,平凡而美好,朴素而高洁。白鹭,随时随地都是一幅美丽的画。而它在美丽的大自然中如此美丽、悠闲,与大自然形成完美、和谐的一幅画。

教学反思:这样的课程引入方式以温和而充满情感的方式,帮助学生更加身临其境地感受到课程的主题,激发了他们的好奇心和探索欲望。通过与学生之间的情感联系,建立了积极的学习氛围,使学生更加主动地投入到课程中。这样的引入方式可以增强学生的参与度,让他们更深入地了解白鹭的世界,并渗透美育理念,使学生在欣赏自然之美的同时,体会文本中的画面之美,培养对生态环境的尊重和保护情感。

(二) 片段二:体会白鹭外貌的精巧之美

白鹭的身材高高瘦瘦,腿长长的,宛如细细的树枝,高举着,稳稳站在水边。它的颈子修长,如一条华丽的弧线。你们能感受到它的优雅吗?

［学生们安静地点头,仍然闭着眼睛。］

现在,慢慢地睁开眼睛,让我们一起谈谈白鹭的外貌。它的身材之美,充满了优雅和宏伟,成为湖泊边的一道亮丽的风景线。让我们共同探讨白鹭的精巧的美丽外貌。

那雪白的蓑毛、那全身的流线型结构,那铁色的长喙,那青色的脚,增之一分则嫌长,减之一分则嫌短,素之一忽则嫌白,黛之一忽则嫌黑。

［学生们睁开眼睛,准备一同分享对白鹭外貌的理解。］

教学反思:这种课程引入以柔和而充满情感的方式,帮助学生更深刻地感受白鹭的外貌特点,同时培养了他们的美感。通过想象和描述,学生更容易理解和铭记白鹭的身体特点,还能在对自然之美的欣赏中培养对生态环境的尊重和保护情感。这种情境创设方式增加了课堂的趣味性,激发学生的好奇心,使他们更主动地参与到学习中。同时,通过与学生互动,教师可以及时了解学生的理解程度,调整教学策略,确保学习效果。这种渗透美育理念的教学方式有助于培养学生的情感、审美能力和文化素养。

(三)片段三：体会白鹭在自然界中的动作之美、与自然界的和谐之美

[在温馨的教室内,教师引导学生深入了解白鹭的生活习性。]

教师引导学生探索了白鹭的外貌,更深入地了解它们的生活方式。白鹭是一种非常有趣的鸟类,它们的生活习性让人着迷。师生探索:白鹭通常在哪里觅食呢?它们常在湖泊、河流或沼泽地附近觅食。白鹭通常在水域附近觅食,它们用长长的腿在水中缓慢行走,寻找鱼、虫子和小型水生动物。这种捕食方式使它们成为出色的捕食者。

[教师展示图片,呈现白鹭在水边觅食的场景。]

教师引导学生思考:白鹭是独居的,还是与其他鸟类一起生活呢?

它们可能是独居的,因为它们通常在捕食时是独自行动的。白鹭通常是独居的,它们更倾向于独自捕食,不常与其他鸟类结群。这也是它们独特的生活方式之一。

[教师与学生互动,鼓励学生分享自己的观察和想法,以深化对白鹭生活方式的理解。]

教师:通过学习白鹭的生活习性,我们更深入地了解了这种美丽的鸟类。它们在自然界中有着独特的生存方式,适应了湖泊和河流等水域环境。学生分享对白鹭的生活方式新的认识:我觉得白鹭非常聪明,它们知道在哪里可以找到食物;我喜欢白鹭独居的方式,它们好像是自由的。

学生的见解很独特:白鹭的聪明和独立性使它们在自然界中独具魅力。通过学习它们的生活方式,我们也可以学到很多关于自然和生态系统的知识。接下来,我们将继续探索白鹭的奇妙世界。

白鹭在清水田钓鱼,整个田便成了一幅嵌在玻璃框里的画,悠闲自在,充满诗情画意;晴天的早晨站立于小树的绝顶,悠然地望哨,有种高洁之感、超凡脱俗之美;黄昏中低飞的白鹭是清澄的形象化,具有无限的生命力,平凡而美好,朴素而高洁。白鹭,随时随地都是一幅美丽的画。而它在大自然中如此美丽、悠闲,与大自然形成完美、和谐的一幅画,正是因为良好的生态环境赋予白鹭无限的活力与生命力,我们应该关注生态问题,保护大自然,给这些优美的动物留下舒适的生活环境。

教学反思:在这一部分,学生进一步了解了白鹭的生活习性,包括它们的觅食方式和独居的特点。通过学生的互动讨论,教师鼓励他们分享自己的观察和想法,增强了学生对白鹭的理解和兴趣。这种教学方法有助于培养学生的科学探索精神,同时也培养了他们的情感与审美能力。在教学中,教师可以根据学生的回应调整教学内容,确保学生的学习需求得到满足。这种渗透美育理念的教学方式有助于培养学生的情感、审美能力和文化素养。

(四)片段四：体会文字的精妙之美

[在教室内,教师将一幅白鹭的图片展示在黑板上。]

教师引导学生深入了解白鹭,不仅从它的外貌和生活习性,还要通过文学的镜头来欣赏它。让学生仔细观察这幅图片,白鹭是不是一只美丽的鸟?它有长长的腿和颈子,它的羽毛

都是雪白的。白鹭的确有雪白的羽毛，长长的腿和颈子，这些特点使它看起来非常优雅。但你们知道吗，除了外表美丽，作者还用了很多华丽的语言来形容白鹭。让我来读给你们听：

色素的搭配，身段的大小，一切都很适宜。

那雪白的蓑毛，那全身的流线型结构，那铁色的长喙，那青色的脚，增之一分则嫌长，减之一分则嫌短，素之一忽则嫌白，黛之一忽则嫌黑。

白鹭本身是一首很优美的歌……白鹭实在是一首诗，一首韵在骨子里的散文诗。

[教师开始朗读课文中关于白鹭的描写部分，语调悠扬，引导学生感受文字的美感。]

教师：在这些文字中，作者将白鹭比作一首诗，是不是很有意境？这种比喻的修辞手法使文本更具文学性，我们可以从中感受到作者对自然的热爱和赞美。现在，请学生感受这些文字：这些词语很美，就像在看一幅画一样；感觉到作者很喜欢白鹭，因为他用了很多华丽的词语来形容它，学生有非常好的观察和感受！这就是文学的魅力。文学可以用独特的语言和意象让我们更深刻地理解自然界，也能够唤起我们对大自然的热爱和保护之情。通过文学，我们可以欣赏白鹭的美丽，同时也更深入地了解自然界的奥秘，继续保持对文学的热爱，它将陪伴你们一生。

（五）片段五：运用自己独特的方法表达白鹭的美

[在教室内，学生们开始个人创作，有的写文字，有的绘画，教师鼓励他们发挥创造力。]

教师布置创造性的作业：可以选择写下对白鹭的感受，或者用彩色笔画一幅白鹭的画。无论选择哪种方式，都是表达你们对白鹭的独特视角和美感的机会。请放飞你们的想象力，让我们一起创作吧！

[学生们积极投入创作，有的在写作，有的在绘画。他们表现出兴奋的情绪，互相鼓励和分享创意。]

教师鼓励学生继续发挥创意，不必担心是否完美，重要的是表达自己的想法和感情。每个人都有独特的视角，你们的作品将让我们更全面地了解白鹭。

[学生们用文字和画笔表达他们对白鹭的喜爱和情感。]

教师鼓励学生敢于分享，不要害羞，我们一起欣赏和倾听。

[学生们纷纷分享自己的作品，他们用生动的语言和色彩丰富的图画表达了对白鹭的热爱。]

教师点评作品：学生的创作充满了独特性和情感，每一份作品都是独特的珍宝。通过这个创作过程，不仅表达了对自然的热爱，还培养了学生的创造力和表达能力。

[教师鼓励学生保留他们的创作，以便在以后分享和展示。]

教师：请不要丢掉你们的作品，它们是你们对白鹭的特殊视角。将来，我们可以一起展示它们，与更多人分享你们的独特见解。

教学反思：通过个人创作，学生有机会用自己的方式表达对白鹭的情感和理解。这种创作活动不仅鼓励了学生的创造力，还提高了他们的表达能力。教师的鼓励和引导有助于学生克服创作时可能遇到的困难，让他们更加自信。学生之间的分享和互相鼓励也促进了课堂氛围的积极性。通过反思学生的创作作品，教师可以了解他们对课文的理解和情感表达，从而更好地满足他们的学习需求。这种综合性的教学方法有助于培养学生的创造性思维和自信心，同时让他们深入体验白鹭的美妙世界。

三、教学实践与反思

（一）当学习变成游戏：字词认知与互动结合

在教育领域，激发学生的兴趣和好奇心是教学的关键之一。学生对学习主题的兴趣越高，他们就越愿意投入时间和精力来深入了解和掌握相关知识。因此，我一直致力于创建富有趣味性的教学环境，让学生享受学习的过程，而不仅仅是追求分数和成绩。

课题"白鹭"本身就是一个充满魅力的话题。白鹭是一种美丽而神秘的鸟类，生活在湖泊、河流和湿地等环境中。它们的白色羽毛和优雅地飞翔让人们为之着迷。通过引入白鹭这一迷人的主题，我成功地将学生的好奇心引导到这个话题上，让他们充满了对白鹭的探索热情。

接下来，我为学生创造了一个生动的情境，让他们亲身感受白鹭的外貌特点。我生动地描述了一个宁静的湖泊场景，一只白鹭在水边站立的场景。这个情境创设激发了学生的想象力，让他们仿佛置身于现场，更好地理解了白鹭的外貌。通过观察和讨论，学生们主动参与了白鹭外貌的探索，这种亲身体验有助于对知识的深刻理解。

这种以学生为中心的教学方法，强调了学习的趣味性和亲身体验。它让学生从被动的接受者变成积极的参与者，从而更好地吸收和理解知识。通过激发学生的好奇心和兴趣，我希望能够培养他们终身学习的习惯，让他们在未来的学习中能够更加自主和积极，这也符合美育理念，将美的元素融入教育，使学习更具艺术性和美感。

随后，我引导学生深入了解白鹭的生活习性。这部分教学不仅涉及到白鹭的生活环境和食物来源，还包括它们的社交行为和生活方式。学生们通过深入研究白鹭的生活，逐渐领悟到这种鸟类不仅在外貌上令人着迷，还有着独特的生存策略。这一过程培养了学生的观察和分析能力，使他们能够深入了解和欣赏自然界的生物多样性。

文学鉴赏环节进一步提高了学生的文学素养。学生学习了如何欣赏课文中对白鹭的赞美。通过深入分析作者的语言运用和情感表达，他们更深刻地理解了文学作品。这不仅有助于学生提高文学鉴赏能力，还能让他们更好地理解和欣赏文学作品中的自然描写。

然后，我鼓励学生进行个人创作。这个环节为学生提供了表达自己的机会，他们可以根据自己的理解和感受来描述白鹭，或者通过绘画展现他们眼中的白鹭。这种创作活动不仅培养了学生的创造力，还让他们更深入地思考和表达关于白鹭的情感，学生们的作品充分展示了他们对这一主题的热爱和理解，这也是教育过程中鼓励学生发挥自己的创造潜力的一个范例。

最后，在总结与反思环节，我让学生回顾整个课程，讨论他们最喜欢的部分以及对白鹭更深的理解。这个环节的目的是帮助学生总结所学知识，同时也促进他们对课程的反思和思考。学生们积极分享了他们的感受和体验,这对于教师来说是宝贵的反馈,有助于不断改进教学方法和内容。

在这一教学过程中,学生不仅仅是知识的接受者,更是知识的创造者和探索者。他们通过亲身体验、探索、创作和反思,不仅学到了关于白鹭的知识,还提高了他们的观察、分析、表达和鉴赏能力。这种富有趣味的教学方法激发了学生的学习兴趣和动力,使他们更深入地理解和欣赏自然界的美丽和多样性。这也强调了教育中培养学生综合素养和自主学习能力的重要性。通过激发学生的好奇心和兴趣,教育不再仅仅是知识的灌输,更是一次引导学生主动探索、思考和学习的过程。在这个过程中,美育理念渗透其中,打造了"润雅"课堂,让学生在兴趣和好奇心的驱动下享受学习。

这种教学方法的成功关键在于激发学生的好奇心和兴趣。好奇心是人类天生的品质,它驱使我们去探索未知,理解世界,因此,教育应该利用好奇心作为教学的动力,而不是压制它。通过引导学生提出问题、探索答案,教育可以培养出更有创造力和批判性思维的学生,他们在未来的学习和生活中将更具竞争力。

此外,这种富有趣味的教学方法也强调了学生的主动性。学生在自主选择创作内容和表达方式时,充分展示了他们的主动性,他们不再仅仅是知识的消费者,更是知识的创造者,这种自主学习的经验将帮助他们养成终身学习的习惯,使他们在未来能够独立思考和解决问题。

在整个教学过程中,我注重互动和学生参与。通过创设情境、引导讨论、鼓励创作,我让学生积极参与到课堂中,使学习成为一种有趣的体验。我还结合了多种教学方法,如情境创设、文学鉴赏、个人创作等,以满足不同学生的学习需求,通过这一教学体验,我深刻地认识到,将学习与游戏相结合可以激发学生的兴趣,提高他们的学习积极性。

在未来的教学中,我将继续探索创新的教学方法,以更好地满足学生的需求。我相信,通过让学习变成一场有趣的游戏,我们可以培养出更加积极、主动的学生,他们将更好地掌握知识,提高语文素养。这一教学体验让我更加坚信,教育不仅是传授知识,更是激发学生的兴趣和潜力,引导他们积极参与学习。这也是美育理念的体现,打造了充满活力的润雅课堂,让学生在兴趣和好奇心的驱动下享受学习。

(二)加强朗读训练,重视朗读评价

1. 以读代讲

在白鹭的教学中,我高度重视朗读的训练。朗读不仅有助于提高学生的阅读流利度,还能帮助他们更好地理解和感悟文章内容。因此,我鼓励学生积极参与朗读,以读代讲,让他们成为文本的生动演绎者。

在这堂课上,我选择了一段描述白鹭外貌的文字,要求学生分小组进行朗读。这种分组朗读的方式旨在让学生更好地理解文章中对白鹭外貌的描写,同时培养他们的朗读技巧。我注重学生的语调、情感和节奏,鼓励他们尽量将文章中的情感表达出来。通过这种方式,学生不仅仅是在读出文字,更是在传达作者的情感和意图。

我让学生多次练习同一段文字,鼓励他们不断改进和提高自己的朗读技巧。这种反复练习有助于提高学生的朗读水平,使他们能够更加自如地表达文字的含义。学生在练习中逐渐提高了流利度,增加了表达的情感层次,也更好地理解了文章的内容。

通过这样的朗读训练,学生对白鹭的形象产生了更深的感悟。他们不仅仅通过文字了解了白鹭的外貌,还通过朗读将这些形象栩栩如生地展现出来。学生们在朗读中不仅仅是在模拟声音,更是在传达情感和理解文章。这种朗读训练不仅提高了他们的阅读能力,还培养了他们的表达和感悟能力。

总的来说,朗读在这堂课的教学中起到了关键作用。它帮助学生更好地理解和感悟文章内容,提高了他们的阅读水平,培养了他们的表达和感悟能力。通过以读代讲的方式,学生不再只是文字的传达者,更是文本的生动演绎者,让白鹭的形象栩栩如生地呈现在他们的眼前。

2. 特色评价

在教学实践中,我高度重视教师的评价,特别是采用积极的评价方式来激发学生的学习兴趣和自信心。积极的评价对于学生的发展和学习动力起着关键性的作用。在白鹭的教学中,我采用了激励性评价方式,以鼓励学生建立努力的目标,帮助他们在成功后再创新成功。

一方面,我强调了朗读的重要性,并在学生的朗读环节中采用了积极的评价方式。例如,在评价学生的朗读表现时,我不仅注重他们的发音和语调,还特别强调了他们的情感表达和学习兴趣。我经常表扬学生们读得多么高兴,多么有感情。这种积极的评价让学生感到自己的努力得到了认可,增强了他们的自信心。

3. 板书简洁形象

在白鹭的教学中,我高度重视板书的设计,追求板书的简洁和形象。这是因为五年级的学生以具体形象思维为主,他们更容易通过图像来理解和记忆知识。因此,我的板书设计旨在通过生动的图画呈现知识,使学生能够更清晰地理解所学内容。

在未来的教学中,我将继续注重板书的设计,力求使它简洁而形象。通过生动的图画和简单的文字,我将帮助学生更好地理解和记忆知识,同时激发他们的学习兴趣。板书作为教学的重要工具,将继续在我的课堂中发挥重要作用,帮助学生更好地掌握知识。

《美丽的小兴安岭》教学课例

朱奉芝　贵定县第二小学

一、教学设计

(一) 教材分析

　　《美丽的小兴安岭》是统编教材中一篇经典的散文,作者董秋玲运用优美的文字介绍了小兴安岭四季的迷人景色和丰富物产,表达了作者对祖国壮丽山河的无限热爱。文章通篇流溢着自然、生动的语言美,描绘了小兴安岭四季景色的自然美,情感真挚,表达突出,是培养学生的审美能力和创新思维、对学生进行情感熏染与美学教育的极佳载体。这篇文章不光是一篇美文,同时也是一篇很好的写作例文。对于篇幅较长的课文,教师要引导学生在欣赏美,品味美的同时,结合生活实际表达美,这也是本课所要达到的教学效果。

(二) 学情分析

　　随着新课改的不断推动,"美育"教学得到社会越来越广泛地关注与支持。美育即培养学生健康的审美观,发展学生学会鉴赏美和创造美的能力的教育。三年级学生的审美能力多在起步阶段,对于文本中流露出来的自然风光之美,语言文字之美,文章深处所要表达的思想境界等的认知,学生只能停留于表面,这就需要教师细细引导,让学生通过品读、感悟、理解,结合生活实际才能真正感受到文本散发出的美妙神韵,进而学会表达美,创造美。

(三) 教学目标

　　1. 通过阅读想象和课件展示,让学生发现和感知小兴安岭一年四季的美丽景色,激发学生对大自然的热爱。

　　2. 细读作者描写小兴安岭的精句,借助换词对比的方法,品味作者用词造句的准确、生动和巧妙,体会文章的语感之美,增强学生的审美能力。

　　3. 通过自主阅读,小组合作和课堂分享等多元化的教学方法和活动,陶冶美的情趣,提升学生的创新思维和表达能力。

(四) 重点难点

　　1. 教学重点:将美育融入课堂,通过多元化的教学方法和活动,激发学生的学习兴趣和潜能,引导学生感悟品味文章的语言美,感受小兴安岭的风光美,体会作者对祖国山河的热爱之情。

2. 教学难点：通过构筑丰富的教学情境，打造润雅课堂。引导学生挖掘教材在表达上的特点，引导学生结合身边的事物学会仿写，从而学会表达美，创造美。

（五）设计思路

《美丽的小兴安岭》这篇课文既要突破传统教学模式，又要善于发掘教材中的美学元素，通过多元化的教学方法和活动将其创造和展现出来，打造润雅课堂，培养学生的审美能力，提高学生的综合素养，真正实现"美育"教学。《美丽的小兴安岭》其题眼就是"美丽"，因此这节课的教学目标就是让学生感受美、品味美、欣赏美、创造美、表达美。于是整个教学环节我就围绕这几方面进行精心设计。

二、教学过程

（一）创设情境，导入新课

播放图片，教师引导。通过上节课的初读课文，我们初步感受到小兴安岭一年四季风景如画、物产丰富，就像一个美丽的大花园。这节课就让我们细细品读课文，一起欣赏小兴安岭的四季之美吧。

（二）合作探究，学习新知

1. 学习课文第 2 自然段，想象美丽的画面

（1）看看作者都描写了哪些景物？你最喜欢春天的哪些景物？这些景物是什么样子的？用横线画出喜欢的词语和句子，在小组内交流交流。

（2）小组合作讨论交流学习收获，抓住能体现春天特点的词句进行指导。

（3）组内汇报交流学习成果

生 1：课文中，春天主要描写了树木、小溪、小鹿等景物。我最喜欢春天的小溪。春天的溪水清清的、绿绿的、淙淙地流着，淙淙一词让我仿佛听到泉水在山间叮叮咚咚地奔跑着，它们是多么欢快。

生 2：我最喜欢春天的小鹿。小鹿在小溪边悠闲地散步、照镜子，作者运用了拟人的修辞手法，写出小鹿多么可爱。

师：发挥你的想象说一说小鹿还会在溪边干什么？

生 3：它们还会在草地上奔跑，互相追逐，捉迷藏，做游戏。

生 4：小鹿还会在草地上舒服地晒着太阳、睡觉，它们在做香甜的美梦呢。

师：同学们想象力真丰富。带着你的想象，让我们一边做动作，一边读一读描写小鹿的句子，读出你的喜欢吧。

生汇报员：我还喜欢春天的树木。春天来了，树木抽出新枝，长出嫩叶，要是走进小兴安岭，满眼都是新绿，到处是一片生机勃勃的景象，真美。

师：这里的"抽出"能不能换成"长出"？小组交流讨论。

生1：我觉得不能，因为"抽出"说明树枝长得特快而且有力。

生2：我觉得"抽出"一词用得很准，写出了大自然富有生命力。

师：我们一起观赏树枝抽出来的视频，谁能把这种感觉读一读？（指导学生重读"抽出"一词，快而有力）

师总结本段的学习方法：通过细细品读课文、抓关键词、图文对照、联系生活实际等阅读方法理解课文内容，让我们感受到春天的美丽。

春天，树木抽出新的枝条，长出嫩绿的叶子。

教学反思：通过活动一的导入，激发学生的学习兴趣。播放小兴安岭视频，让学生直观感受小兴安岭春天生机勃勃，夏天充满活力，秋天层林尽染，物产丰富，冬天银装素裹，富有情趣，为学习下文做铺垫。活动二学生通过自主学习文本，小组交流合作探究，感受到小兴安岭的春天，树木抽出新的枝条，长出嫩叶，到处一片新绿，雪水汇成小溪在山间淙淙流淌，小动物们也出来活动，梅花鹿在小溪边照镜子、散步，小鸟在枝头欢叫……整个春天到处春意盎然，生机勃勃，富有生命力。这一环节设计通过引导学生自主学习，找景物—谈感受—品读文本等方法深入理解文本，深刻感受到小兴安岭的春天是多么的景色迷人，激发学生想去看看的愿望。

2. 学习课文第3自然段，想画面，感受意境美、文字美

（1）运用学习第2自然段的方法学习课文的3自然段。看看作者都描写了哪些景物，你最喜欢春天的哪些景物？这些景物是什么样子的？用横线画出喜欢的词语和句子，在小组内交流交流。

（2）小组合作讨论交流学习收获，抓住能体现夏天特点的词句进行指导。

（3）组内汇报交流学习成果。

生汇报员：夏天的景物有树木、浓雾、野花等。我最喜欢夏天的浓雾：夏天的早晨，雾从山谷里升起，整个森林浸在乳白色的浓雾里，要是走在森林里，飘飘渺渺，仿佛进入了一个童话世界。

师：这里的"浸"是什么意思？让你感受到什么？

生1："浸"让我感受到这里的雾很大，很浓。

生2："浸"这里可以理解为"泡"，"浸"字让我们仿佛看到整个森林全部被浓雾包裹着，尤如仙境一般。

师：带着你们的理解和想象读读这句话。

生1：我还喜欢夏天的树木，夏天的树木长得非常的浓密，这个时候走在森林里，感觉特别的凉爽。

生2：我喜欢描写树木的几个词：葱葱茏茏、密密层层、严严实实。这些词突出夏天树木长得特别的茂盛、浓密。

师：把这几个词带进课文里品读一下会是什么感受？（教师播放视频，学生再次感受夏天树木的葱葱茏茏、密密层层、严严实实。）

生1：我还喜欢夏天的野花，草地上盛开的各种野花五彩斑斓，就像一个美丽的大花坛，

真美。

生2：我们可以采野花、编花环。

生3：我们在花丛中捉蝴蝶、闻花香、拍美照，我多想去那看看。

师：伴随音乐，想象画面，朗读描写夏天的段落。

教学反思：本部分的学习，通过学法迁移，自主学习，合作探究等阅读方法让学生感受到小兴安岭的夏天，树木长得葱葱茏茏、密密层层，早晨浓雾迷蒙，犹如仙境，各种野花五颜六色，让人心旷神怡。学生通过自主学习，找到描写景物的关键词，"浸""封""葱葱茏茏""密密层层""严严实实"通过朗读，感受语言文字之美。学生在老师的引导下拓展延伸，把文字转化为意象的阅读，让学生插上翱翔的翅膀，起到事半功倍的作用。

（三）类比学习，感悟秋冬之美

运用前面的方法学习课文4、5自然段，感受小兴安岭秋冬之美和语言动态美。

（1）找出描写秋天的段落，画出描写秋天的修辞手法，让学生通过多种形式的朗读，体会景物的动态美。

在描写秋天的段落中，作者说森林向人们献出酸甜可口的山葡萄，又香又脆的榛子……

这里作者运用拟人的修辞手法，一个"献"字写出了秋天的无私，这是大自然的馈赠。

又如：描写秋天的落叶时，秋风吹来，落叶在林间飞舞。"飞舞"一词通过拟人手法，让我们看到落叶在秋风中悠悠飘落的动态美，学生通过想象仿佛看到一只只黄蝴蝶在林间翩翩起舞，又似一只只小鸟在空中展翅飞翔，非常壮观。

（2）作者在描写每一个季节的景物时，除了描写各种景物的美，还描写一些小动物们的活动，大自然的声音、姿态。让学生找到描写动物的语句，通过细细品读，感受到动物给大自然增添了许多情趣，也让我们看到人与动物和谐相处的画面美。

（四）对比阅读，感受美景，领悟写法

教师提问：对比课文描写小兴安岭的春、夏、秋、冬的段落，想想作者是如何描写这些景物的？

预设回答：抓不同季节的景物特点描写。

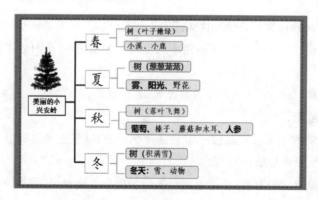

通过思维导图感受四季树木不同变化的景物之美,体会作者的表达方法,抓景物特点描写。自主默读描写四季的段落,找出共同景物特点的树,通过朗读,体会不同季节,相同景物特点。

教学反思:该部分的学习,是对整篇课文的归纳整理,体会作者是怎样把这样的美文呈现给读者的,我们从中得到什么启发? 掌握作者的写作方法与写作顺序,学以致用,结合身边的景物学会描写家乡四季的美景。

(五) 实战演练,巩固新知

运用作者的写作方法,结合现在的季节,你也来写一写家乡的秋天。

教师活动:教师出示家乡秋天的一组图片,让学生谈谈这些景物有什么特点,是什么样子的? 除了这些景物,你还知道哪些景物? 说说它们都是什么样子?

学生活动:学生交流汇报。

师生活动:展示作品,师生共同评议。

(1) 教师巡视,选出 2—3 名学生作品投屏,师生共同点评。

(2) 指明学生展示自己的作品,其他同学点评。

三、教学实践与反思

(一) 同伴互助

方瑛老师:这篇课文教学的成功之处在于打破以往教学模式,融入新的课改理念,整篇文章遵循三教理念,大胆创新,选择重点段落教学,通过自学、小组合作探究、总结学法,并学会方法迁移学习文本,感受小兴安岭四季之美,最后学以致用,学会表达美,真正落实本单元习作要素。但课堂上还要注意培养学生的学习习惯。

金宗伦老师:这篇文章教学的成功之处在于处理教材较为灵活,课堂自始至终以学生为主体,通过教方法——半扶半放——完全放手——学会表达,使学生在课堂上发挥自己的潜能。整节课,教师引导学生勾划重点词句、通过讨论、汇报、朗读等学习方法理解文本,学生兴趣盎然。不足之处,学生在描写家乡的秋天时,由于教师没有讲清楚描写景物的一些要素,导致学生描写时,地点交代不清,有的学生一开始就是秋天来了,有些什么景物,没有更好地表现出家乡秋天的景物特点,文章显得不够严谨,教师要注意引导学生通过对比阅读发现中心句的特点与作用。

(二) 学习体验

三(3)班廖俊皓:今天,我们学习了《美丽的小兴安岭》一文,让我感受到小兴安岭就是一座巨大的宝库,也是一座美丽的大花园。课前老师给我们播放了小兴安岭一年四季中的精美图片,仿佛把我们带到了那茫茫林海之中,让我仿佛看到春天的树枝正抽出新叶,到处是一片绿色,小草也偷偷地探出头来;夏天,茂密的枝叶长得密密层层,阳光穿过树梢照在草地上,草地上开着各种小野花；秋天，到处层林尽染，各种野果挂满枝头；冬天，一片洁白的世界，仿佛听到西北风呼呼地刮着。

在学习课文时，通过自读、小组交流、老师的讲解、朗读，我体会到作者用词的精妙。"抽"字写出了枝条的生长速度之快，"封"让我领悟到夏天枝叶的繁茂，"浸"字写出了夏天雾很大、很浓的特点，让我浮想联翩。这些精美的词句给我的习作带来很大的启示。通过学习这篇文章，我收获很多，不仅欣赏了小兴安岭的美景，也学会作者的写作技巧，学会抓景物特点描写，我还学会了要留心观察身边的事物，要有一双善于发现美的眼睛，这样才能写出美文。

三(3)班马培然：今天，我学习了第23课《美丽的小兴安岭》，这是一篇写景的文章，里面语句优美，似乎把小兴安岭给写活了。通过学习课文，观赏视频，让我对"美"有了更深地认识和感受。《美丽的小兴安岭》一文思路清晰，段落分明，作者按总分总的写作顺序以准确、生动的语言向我们介绍了我国东北小兴安岭一年四季美丽的景色和丰富的物产，字里行间流露出作者对小兴安岭的喜爱，表达了作者对祖国大好河山的赞美与热爱之情。走进课文，仿佛走进了那片诱人的树海，走进了那片盛开着无数朵野花的"大花坛"，走进了那片有着丰富物产的神奇的土地。通过自主学习和老师的课堂教学，我深深感受到了小兴安岭的风景之美和文章遣词造句的语言之美。在仿写习作时，我这样写秋天的校园：

秋天来了，校园里的桂花开了，整个校园浸在浓郁的花香里，一阵秋风拂过，顿时下起了桂花雨，树下铺满了米粒大小的桂花。铃声刚响，一群孩子纷纷跑到树下拾起这秋天的礼物。你瞧，那花坛里的银杏树叶子也变黄了，一片片树叶伴随着秋风，犹如一把把小扇子，扇呀扇，扇来了秋天的凉爽。

老师给我点评：修辞用得真美，观察也很仔细。让我感受到要写出精美的文章，要学会多观察，多阅读。

（三）教学体验与反思

1. 在创设情境中，感受语言之美

一节课，真正的精彩来自于学生，而不是教师。学生的精彩也来自于学生的兴趣，如果一节课未能调动学生的积极性，就犹如一潭死水。而一篇文章，如果能够创设引人入胜的情境，就犹如开启学生心灵的钥匙，学生在不知不觉中走近文本，融入其中，自主感受语言文字的美。在学习课文秋天的段落时，我先让学生伴随音乐通过视频欣赏小兴安岭秋天的美景，这对于很少出远门的学生来说，真的是大开眼界，一下子受到了视觉冲击，在美妙的音乐声中，学生感受到大自然的魅力，不时发出感叹，学生通过畅谈感想不知不觉走近文本，从语言文字中，进一步体会小兴安岭的秋天之美。课文的美读，再次把学生带到那层林尽染、瓜果飘香的世界中去，整个课堂充满了浓浓的秋意。

2. 张开想象的翅膀，体会表达之美

语文课标中强调，语文课堂不仅要求教师引导学生感受美、品味美、鉴赏美，同时还要训练学生去表达美、创造美，以达到发展语言的目的。学生在学完本篇课文后，结合课后练习，我顺势提问学生，如果你去小兴安岭旅游，你会选择哪一个季节去，为什么？提起游玩学生顿

时来了兴致，一下子打开了话匣子，纷纷举手表达。有的学生说会选择冬天去，因为想在那厚厚的雪地里堆雪人、打雪仗、打滚。有的学生立刻反驳，小兴安岭的冬天太冷了，都零下十几度，我们会受不了的，学生争论不休。还有的学生说会选择秋天去，可以品尝那山葡萄、榛子，采新鲜的蘑菇，还可以看那漫山遍野的红红的枫叶……学生在谈话中尽情地发挥想象，说出内心的真实想法，学生在表达的同时，不仅丰富了课文内容，也提升了表达能力，对小兴安岭的爱也自然而然流淌出来。

3. 情感朗读，发展语言之美

叶圣陶先生说："美文需美读。""美读"，就是有感情地朗读或吟诵课文，在有感情的朗读中与作者产生共鸣，进一步感受语言文字之美，因此，有感情地朗读课文是学习语言的重要途径之一。中国文化博大精深，在语文教材中，选编进去的大多是一些脍炙人口的名家名篇，为学生学习语言文字提供了丰富的材料。在课堂教学中，教师要充分利用教材，指导学生有感情地朗读，这对于学生理解课文，体会作者的情感有很大的帮助。在教学本课时，描写春天的一段，首先让学生自主阅读，学生根据自己的理解，找出自己喜欢的句子有感情地读一读，给学生自悟的机会和空间。接着学生分享自己喜欢的句子，读给别人听，通过评议、复读，让读得不好的学生再读。然后，教师范读，让学生看着老师读，注意老师读时的体态，声音的变化等。最后，让学生伴随音乐有感情地朗读，表演读。这样引导学生反复地朗读，使他们置身于其中，仿佛看到小兴安岭的春天树木正在抽出新的枝条，冰雪正在慢慢地融化，溪水淙淙地流着，一群群小鹿在河边俯下身子喝水……这些美景让学生仿佛置身于一个生机勃勃、鸟语花香的春天之中。教学这样的句子，可通过引读、齐读、议读、分小组读等朗读方式，理解字句的意思，进而使学生体会出美的韵味来。

4. 学以致用，体会写作之美

韩愈曾说过，"学以为耕，文以为获"，教材是写作的基础，在教学中，依托文本，让学生感受语言的精美之处，学习作者如何运用语言，同时教师要充分挖掘教材在表达上的特点，引导学生经常仿写练笔，学习作者运用语言的方法。学习了《美丽的小兴安岭》这篇课文，我们了解到作者在写小兴安岭四季的时候，都写了一种共同的景物，那就是树，但是每个季节的树景色又不一样。春天的树（叶子嫩绿），夏天的树（葱葱茏茏），秋天的树（落叶纷飞），冬天的树（积满了雪），这些树在不同的季节里有着不同的变化，不同的特点，作者通过细致的观察，抓住树的特点进行描写，突出了它的美丽。在每一个季节里，作者还写了代表这个季节的不同景物，抓住每种景物的特点去描写。像春天的小溪声音是淙淙的，夏天的雾使森林就像浸在乳白色的浓雾里，那些野花五彩斑斓，这些景色通过作者的描写给我们留下了很深的印象。可见作者用词的准确、精妙，这正是我们写作中所缺乏的。同时强调学生平时要善于观察身边的事物，抓住它们的特点运用恰当的语言表达出来。学完课文后我要求学生结合平时的观察学习作者的表达方法来仿写家乡的一个季节。学生写得形象逼真，如：春天来了，田野里油菜花开了，一簇簇，金黄金黄的，远远看去犹如一片金海。小蜜蜂也在花间采蜜，蝴蝶也在空中跳起了八字舞，小朋友们在田埂上欢乐地放风筝。远处的山坡上，梨花开了，雪白雪白的，大片大片的，就像下了一场厚厚的雪，这就是家乡出名的"金海雪山"。来到果园里，石榴又大又红,笑得裂开了牙齿,柿子树上也挂满了红灯笼……学生在模仿课文表情达意的同时也在实践中体会作者遣词造句的精妙之处,心中的美也自然流露出来。

5. 教学反思

在《美丽的小兴安岭》的课堂教学中,我打破了传统的以教师讲授为主的阅读教学模式,做到了以学生为中心,注重培养学生自主学习能力和解决问题的能力,强调学生主体性和参与性,将美育融入课堂教学,致力于打造"润雅"课堂。

(1)以陶冶情趣为主:这篇课文寓情于景,作者对小兴安岭四季优美景色的描写表达出其对小兴安岭的喜爱,对祖国壮美河山的热爱。在课堂中渗透美育,通过构筑完整丰富的教学情景,激发学生的学习兴趣和潜能,促进学生对美好事物的认知和理解,增强学生对美好事物的感受和感悟。

(2)以培养能力为主:积极发挥教师的引导或指导作用,培养学生的创新思维、实践能力和审美能力,强化学生的人文素养,提高学生的综合素质,促进学生的全面发展。通过运用多元化的教学方法和活动,引导学生逐步发现美和感知美,进而学会欣赏美和评价美。

(3)不足之处:本次教学中文章的课外发散稍显不足。在今后的教学中要以课本为载体,引领学生进行课外拓展,引导和帮助学生查阅有关的文字资料或图片资料,开阔学生的视野,丰富学生的积累。

《示儿》《题临安邸》组诗教学课例

令狐晓霞 观山湖区华润小学

一、教学设计

(一) 教材分析

　　《示儿》与《题临安邸》两首古诗出自统编教材五年级上册第四单元《古诗三首》。《示儿》是南宋爱国诗人陆游的绝笔。彼时金兵进犯,宋军节节败退,国都沦陷,山河破碎,不复统一。诗人一生渴求收复失地,到临终之时依然未能得偿所愿,因此以一个"悲"字,融入自己的满腔爱国之情;《题临安邸》是南宋诗人林升在杭州一家旅馆墙壁上写的题壁诗。林升看到中原国土被金人侵占,然而南宋朝廷却一味苟且偏安,寻欢作乐,难抑心中愤慨而作此讽刺诗。可见,《题临安邸》描述的是让陆游临终前"悲"难自抑的因,《示儿》中的"悲"是《题临安邸》所描绘的时代现状的果。两首诗时代背景相同,相互印证,情感相近,因此将两首诗放在一起进行组诗教学。

　　两首诗语言平白如话,爱国之情也易发现,因此两首诗的学习难点在于时代背景之下诗人深层次的"悲"与"愤",尤其是爱国诗人陆游,一个简单的"悲"字背后饱含着对山河破碎、百姓流离的悲痛,对南宋统治者屈辱求和、苟且偷安的悲愤,更有等待一生、报国无门仍坚信失去的家园定有收复之日的悲壮,可谓情感丰富、深沉。

　　本单元的语文要素是"结合资料,体会课文表达的思想感情",恰好对应这一学习难点。因此在这两首古诗的教学中,让学生运用学习单,结合资料,经历深度的学习,深刻体验这两首古诗词蕴含的内容之美、形式之美、思想之美,并在朗读的过程中感受诗歌的韵律之美。

(二) 学情分析

　　五年级的学生已经具备了一定的学习古诗的能力,积累了一些理解古诗的方法,且在中年级也已经学过了查找、整理资料的基本方法。但这两首诗所表现的时代与学生相距太远,大部分学生平时缺少这方面的历史文化积累,理解诗歌所表达的思想感情有一定难度。

　　因此,教师需要和学生课前搜集相关资料,鼓励学生通过多种途径去搜集作者及历史背景,同时在品读、感悟中,适时结合资料,抓住重点诗句体会诗中人物的强烈情感,感受诗歌的思想美。

(三) 教学目标

　　1. 正确、流利、有感情地朗读两首古诗,体验诗歌韵律美。

2. 运用借助注释、观察图片、想象画面等方法在完成"寻绎中国梦(一)——寻找三位诗人的中国梦"这一任务中,深入理解前两首诗的意思,领悟诗歌中的内容美和形式美,在思辨中感悟诗人热爱祖国、忧国忧民的情怀,感受诗歌的思想美。

3. 借助资料了解写作背景,通过提取、比较、联结等方法结合资料,读懂诗人的情感。

(四) 重点难点

重点:运用借助注释、观察图片、想象画面等方法在完成"寻绎中国梦(一)——寻找三位诗人的中国梦"这一任务中,深入理解前两首诗的意思,领悟诗歌中的内容美和形式美,在思辨中感悟诗人热爱祖国、忧国忧民的情怀,感受诗歌的思想美。

难点:借助资料了解写作背景,通过提取、比较、联结等方法结合资料,读懂诗人的情感。

(五) 核心问题

理解两首古诗词的内容,领悟诗歌中的内容美和形式美,在思辨中感悟诗人热爱祖国、忧国忧民的情怀,感受诗歌的思想美。

(六) 设计思路

在本课的教学中,我设计了一个主要的研读任务——和组内同学一起研读两首古诗,通过结合注释与资料,深入理解诗句表达的意思,寻找——诗人"心中的期盼"分别是什么,是在什么情况下,对谁表述的? 这其实是设计的学习阶梯,通过这样的学习阶梯的建构,让学生能够比较准确地寻找到诗人心中的期盼。

再通过新的任务激发学生思辨,加深他们的理解体悟。所以,在此基础上,我又设计了研读任务二——比较这两首诗之间有什么样的关联? 最后引向中华儿女当时的中国梦,从而更深入地了解诗文内容、体会诗人表达的情感。

二、教学过程

(一) 构建学习任务群,创设任务情境

1. 明确单元学习任务群,对应本课子任务

师:亲爱的同学们,我们年级即将组织"寻绎中国梦"爱国人物故事展播会,我们即将学习的第四单元将为我们提供助力(展示学习任务群),老师对课文材料进行了重组整合,我们将通过学习完成对应任务,这节课,我们将走近诗词《示儿》《题临安邸》,寻找诗人陆游、林升两位诗人的"中国梦"。

2. 借助注释,通读诗题

师:读懂诗题是读懂古诗的第一步,请你结合注释思考诗题中透露了什么信息?

生1:《示儿》是写给儿子看的,是作者临终前写的,也就是一封遗书。

生2:《题临安邸》,题:写;临安:南宋都城;邸:旅店。

写在临安的旅店上的诗,是一首题壁诗。他是希望更多的人能看到这首诗。

师:请同学们带着理解再齐读诗题。

(二) 朗读古诗,发现共性——感受古诗韵律之美

过渡:叶嘉莹先生曾说过,声音中有诗歌一半的生命。接下来就让我们用朗读来感受诗歌。谁来尝试读?

1. 指名朗读。

2. 比较感知,发现共性。

师:读着读着,有没有发现两首诗存在一些相同之处?

生:诗人朝代、时代背景相同。

师:宋朝在中国历史上是一个重要的朝代,课前同学们查找了一些相关资料,说说你了解到了什么?

生:宋朝分北宋和南宋两个阶段,北宋定都河南开封(汴州),南宋定都临安(杭州)。1127 年靖康之耻,金国对北宋虎视眈眈,后来皇帝逃到临安,就是杭州,南宋王朝贪图安逸、屈膝求和,不思收复失地。

师:两首诗就是在这样的背景下写成的。我们再来好好读读这两首诗,体会一下诗人想要传达的心声。

(三) 品悟思辨,深入理解——体验古诗内容之美

过渡:中国梦,是所有中华儿女的梦想,表达的是中华儿女共同的期盼。那么这两首诗,诗人分别在表达怎样的期盼呢?(板书:盼)让我们一起进入研读任务一。

研读任务一:和组内同学一起研读两首古诗,通过结合注释与资料,深入理解诗句表达的意思,寻找——诗人"心中的期盼"分别是什么,是在什么情况下,对谁说的?(写在小组合作学习单上)

诗 题	诗人	心中的期盼	在什么情况下说的	对谁说的
《示儿》	陆游			
《题临安邸》	林升			

1. 初识"悲",不见大同

(1) 读懂"遗言",知悉诗意

师:都说《示儿》明白如话,那么陆游临终前,他对孩子们说了什么?

生:我本来知道,我死后人间的一切都和我无关了,但唯一使我痛心的,就是没能亲眼看到祖国的统一。当大宋军队收复了中原失地的那一天到来之时,在举行家祭的时候,千万别忘了把这个好消息告诉你们的父亲!

（2）寻找诗眼，感知诗情

师：在遗言中，陆游用一个字写尽了自己此刻的心情，是什么？

生：悲。

师：心愿未成，所以伤悲。再读读这首诗，找一找，陆游的什么心愿未达成，让他临终前如此之悲？

生：九州没有统一。

（3）结合资料，感知"悲痛"

师：人生即将走向终点，有这么多遗憾与割舍不下的事情，为什么陆游只悲"不见九州同"呢？九州究竟怎么了？

看来，想要读懂诗人的情感，我们需要资料的帮助。阅读资料，同桌交流：为什么"不见九州同"让陆游如此之"悲"？

资料一：靖康之耻

这段历史又被称为靖康之难，但是更多人称它为靖康之耻。

资料二：两宋版图对比

（出示图片）师：这就是当时北宋和南宋的地图。同学们发现了什么？

生：国土被金国侵占大半，汴州沦陷。

资料三：清明上河图汴京的安定繁华和汴京被攻陷后的悲惨对比。

（播放《清明上河图》视频）

师：同学们是否还记得三年级时所学的《一幅名扬中外的画》——北宋画家张择端笔下的《清明上河图》，描绘的就是北宋都城汴京的繁华景象。大家看——当时的汴京楼宇林立，街道纵横，街道上车水马龙，据记载，这是当时世界上最发达、最繁华的城市，有超过百万的人口居住在这里。然而，这所有的繁华与安定，从金兵的铁蹄攻破城门的那一刻起，从两个皇帝沦为金人阶下囚的那一刻起，就不复存在了。

师：山河破碎，城市萧条，金兵肆虐，遗民尽泪。（出示北宋难民图片）同学们请看上面这幅图片，你观察到了什么？

生1：人们衣不蔽体，骨瘦如柴。

生2：图片上有很多尸体。

生3：看到有孩子抱着大人哭。

师：如果这幅图片能发出声音，我们又会听到什么？

生1：婴孩的啼哭。

生2：老人的呻吟。

生3：百姓的哀嚎求救。

师总结：哀鸿遍野，百姓们流离失所。国将不国，何以为家啊？

师：请大家小组讨论，结合上面的资料，说一说陆游"悲"的是什么。

生：陆游悲伤的是北宋灭亡，国家被侵占，人民流离失所，更悲的是国家遭此磨难，南宋朝廷不去收复失地，而在花天酒地。

（4）总结方法，体会情感

师小结：在不同类型的资料中，用上筛选（筛选与诗词主题背景相关的材料）、理解（理解材料内容）、联结（联结诗句，感受情感）的方法，可以帮助我们结合资料，读懂诗人情感。正是用了这样的方法，我们读懂了陆游的"悲"，他悲的是见不到国家统一，他的悲是为国家、为百姓而心生的悲痛。

再次齐读《示儿》。

2. 再识"悲"，歌舞不休

（1）想象画面，知悉诗意

师：陆游为什么迟迟见不到九州大同呢？该去北方平定中原的王师们此刻在做些什么呢？我们去《题临安邸》中找答案。

生1朗读《题临安邸》。

师：我们知道，在林升的笔下，那些"游人"一定不只是普通的游人！他们是皇帝、是权贵，更是陆游寄予厚望的"王师"啊！他们在干什么呢？

生：逃到临安的达官贵人们，不去收复中原失地，反而在饮酒作乐，日日买醉，甚至于把杭州当作了以前的汴州。

师：这些达官贵人们贪图享乐，你从哪个字可见他们寻欢作乐的状态？

生：醉。他们纸醉金迷，他们在大好山河和优美环境中醉生梦死。

师：他们还记得身在水深火热中的百姓吗？不，他们直把杭州作汴州。（似乎早已忘记了耻辱，忘记了老百姓的苦难和生死）

（2）感知诗情，读出质问

师：看着这一切的林升此刻心情如何？

生：愤怒！

师：正如你们所说，林升目睹这群从战火纷飞、刀光剑影的汴州一路逃亡到杭州的王师权贵们日日笙歌，夜夜买醉。他是多么的愤怒。他忍不住质问——西湖歌舞几时休？

师：你会怎么问？（指名读质问）

生1：西湖歌舞几时休？

师：我们一起指着这些醉生梦死的权贵们问一问。

生：西湖歌舞几时休？

师小结：陆游难道不知道王师在做什么吗？不，不是的。原来，陆游的"悲"里不止"悲痛"，他同林升一样，还有"悲愤"。

再读《示儿》，读出悲愤。

3. 三识"悲"，抱憾终身

师：陆游的"悲"还有其他的原因吗？请同学们运用学到的结合资料的方法，完成学习任务。

（1）自学：默读《示儿》，结合资料，思考陆游还为何而"悲"。

（2）共学：小组讨论，补充自己的想法，完善理解。

师：正如你们所说，"九州大同"这个心愿，陆游一等就是一生。陆游不仅在等待，他自己也一直都在努力——陆游爱国诗作串诗朗读。

师：当朝廷向金求和，陆游想要报国无门，他说——

生：夜视太白收光芒，报国欲死无战场！——《陇头水》

师：陆游一年一年老去，但是他报国之志仍在，他说——

生：壮心未与年俱老，死去犹能作鬼雄。——《书愤》

师：又过了几年，陆游已经是 70 余岁的老人了。他知道，自己的日子可能不多了。这年秋天，他说，自己这一辈子唯一的憾事，是死前看不到祖国统一——

生：砥柱河流仙掌日，死前恨不见中原。——《太息》

（3）顺势朗读《示儿》，体会情感

师：这一年，陆游垂垂老矣，他在病榻上写下自己的遗书——《示儿》，他将自己的一生之悲，一生之盼都凝结在其中，请你代替陆游读一读吧！陆游在他弥留之际仍在嘱咐儿子若是九州统一了，千万不要忘记告诉他。（板书：无忘）

（4）总结陆游一生对祖国统一的牵挂

师：是啊！其实，何止是这几句啊！在陆游这一生创作的九千多首诗里——言恢复者十之五六。——赵翼《瓯北诗话》

著名文学研究家、作家钱锺书先生这样说——爱国的情绪饱和在陆游的整个生命里，洋溢在他的全部作品里，他看到一幅画马，碰到几朵鲜花，听了一声雁唳，喝几杯酒，写几行草书，都会惹起报国仇、雪国耻的心事，血液沸腾起来……——钱锺书《宋诗选注》

（5）陆游等到子孙们的消息了吗？

补充资料：后来的南宋，在众多爱国志士的努力之下，虽然也短暂收回过部分失地，但最终仍在与金兵、蒙古的抗争中节节败退，陆游死后 69 年的公元 1279 年 3 月 19 日，元兵攻入杭州，南宋灭亡，不说九州大同，甚至连"宋"都不复存在。

师：再看《示儿》中的"悲"字，有什么感受？

生：遗憾、不平。

师：原来，陆游的悲，是九州不同的悲痛，是歌舞不休的悲愤，更是永世遗憾的悲壮。让我们带着这份情感再次读响这两首诗！

（四）纵观古今　爱国情延——感悟古诗思想之美

师：回看两首古诗，它们有着相同的情感——

生：浓浓的爱国之情。

师：不论是《诗经》中的"岂曰无衣？与子同袍。王于兴师，修我戈矛。与子同仇！"还是南宋文天祥口中的"人生自古谁无死，留取丹心照汗青"，抑或艾青笔下的"为什么我的眼里常含泪水，因为我对这土地爱得深沉"，时代虽在变化，但爱国情怀却一直根植在我们每一个中华儿女的心中。

师总结：今天，结合了多个资料，我们的心与作者贴在了一起，我们的心与作者一起跳动,一起悲,一起愤,一起恨……课后,同学们可以运用这种方法去搜集整理资料,感受清代诗人龚自珍那份拳拳的爱国之心。

(五) 课后作业 丰富体验——培养发展性审美

"作业超市"(完成一个或几个)

作业1:搜集资料,探究陆游诗歌的"言"与"情"。

作业2:古代还有哪些"示儿诗",都写了什么内容? 搜集资料,整理成思维导图。

作业3:连古通今,你能搜集阅读一些现当代的爱国主题文章吗? 选择一篇印象最深刻的,写写阅读感受吧!

《荷叶圆圆》教学课例

周雪雯　观山湖区华润小学

一、教学设计

(一) 教材分析

《荷叶圆圆》是统编版语文教材一年级下册第六单元的一篇散文诗。本单元主题为"夏天",从不同角度描绘出夏天的特点,让学生感受夏天的多姿多彩。文中"圆圆的、绿绿的荷叶成了小水珠的摇篮、小蜻蜓的停机坪、小青蛙的歌台、小鱼儿的凉伞",语言表达富有节奏感,让学生感受句式的多样性;也富有特点,贴近孩子语言习惯,语言优美而充满想象,有儿童情趣的渲染,有助于增强孩子文化艺术自信,提升审美能力。

本课的插图色彩明丽,情节性强,与课文的内容相映成趣。有些画面还能帮助学生理解一些平时不易观察到的现象。

(二) 学情分析

首先,学生已经掌握了一定的理解词语的方法,所以在教学中会充分调动学生的生活经验,促进学生生活经验与课文内容的有效对接,从而更好地掌握学习方法。其次,一年级下册还需继续提升学生的朗读能力,要求不仅能读通顺、流利,还能在读出情趣的基础上,借助课文句式相近、段落反复的结构特点进行背诵。最后,一年级的孩子在朗读上容易不得要领,不清楚怎么样才能读得好,所以在教学中要教会学生一些朗读方法,多做示范,再多留出时间让学生进行练习。

(三) 教学目标

1. 认识12个生字,认识"身"字旁这个偏旁,会写"朵、亮、机"3个字。运用多种识字方法,随文识字,理解字义,认清字形,初步了解汉字的造字规律。

2. 能联系生活实际了解"水珠、停机坪"等词语的意思;通过动作体验理解"展开"的意思。通过语言学习,培养学生热爱国家通用语言文字,热爱中华文化的情感。

3. 能富有感情、正确、流利地朗读课文,背诵一二三自然段。借助图片、音乐等形式,渗透美的教育,发挥想象,深入理解课文内容,激发对美的向往。

4. 学习并仿照"荷叶圆圆的,绿绿的"的句式说话。

(四) 重点难点

重点:联系生活实际了解词语的意思;仿照"荷叶圆圆的,绿绿的"句式说话。

难点:能正确、流利朗读课文,背诵课文。

(五) 核心问题

认识 12 个生字,认识"身"字旁这个偏旁,会写"朵、亮、机"3 个字。能联系生活实际了解"水珠、停机坪"等词语的意思;通过动作体验理解"展开"的意思。学习并仿照"荷叶圆圆的,绿绿的"的句式说话。

(六) 设计意图

《语文课程标准》指出:"在发展语言能力的同时,发展思维能力,激发想象力和创造潜能。"由此,在教学中,教师要积极挖掘教材,借助教学重、难点培养学生的想象力。

教学中,根据教材内容和情节,运用多种媒体创设情境,激活学生的思维。阅读教学中,教师的任务之一就是引导学生驰骋想象,透过文字看到图画,透过语言看到生活,置身于作品中,获得人生感悟和美的享受。另外,还要及时地给已经在阅读课文中得到许多启示的学生提供展示的机会。

二、教学过程

(一) 创设情境,谈话导入

师:出示夏日池塘图,引导学生说一说看到了什么?(学生回答:荷叶,荷花。)

师:引出课题《荷叶圆圆》,板书课题。引导学生关注叠词"圆圆"——像这样由两个相同的字组成的词语,我们就叫做叠词。圆圆,就是看起来非常的圆。指名学生读好"圆圆",而后指名读课题,最后齐读课题。

师:请学生观察课文图画,再走近一点,除了圆圆的,我们还看到了什么样的荷叶?(学生回答)

师适时引导:"你瞧,荷叶不仅形状美,它的颜色也很美呢,绿绿的就是——非常绿(引导学生回答)。"

师:你能把你看到的荷叶读出来吗?(学生回答)

师:你能像夸夸荷叶这样夸夸苹果吗?这样说话多有意思呀,我们再来夸夸荷叶,齐读第一句。

设计意图:给学生一个平台,就能发展他们的思维,锻炼他们的口语交际能力。此环节的导入让学生把看到的说出来,准确使用叠词,这就是——"语言美",训练了学生的表达能力,让学生发现美、表达美。

(二) 初读课文,识记生字

师:请同学们轻轻地翻开语文书 66 页,听清要求:先借助拼音朗读课文,注意读准字音,读通句子,标好自然段。(学生进行朗读,反馈朗读情况,听老师范读。)

师：出示词语：摇篮，停机坪。指名读，请一个小老师带读。解决字词难关。

师：你知道摇篮吗？（学生回答）

师：在这样的摇篮里躺一躺，你觉得会怎么样？（学生回答）

师：带着这样的感觉再读一读，大家一起读。

师：停机坪是干什么的呢？（学生回答）

师：同学们先看看这个坪，再看看图，你有什么发现？教师引导："我们看看坪字的左边是个提土旁，跟什么有关？跟地有关。右边是平字，说的就是大片平整的土地，这大片平整的土地是用来停飞机的，我们就叫它——停机坪；这大片长满草的平地，我们叫它——草坪。"

师："机"字是课文里要求会写的一个生字，我们怎样记住它？小手伸出来，我们一起把"机"字送进田字格，左边是个木（第四笔变捺为点），右边是个几，像条大尾巴。

师：出示词语：翅膀，歌唱。指名读，读对了一起读（教师提示：词语要读短点）。出示词语：展开翅膀，放声歌唱。词变长了，指名读。放声歌唱是怎么唱的？（学生回答）

师：我们一起放声读读词语！

师：出示第三组词语：亮晶晶，很美很美。（指名读）（师指导读三字四字词语要读连贯）师示范读。让学生试读。

师：词语越来越难了：亮晶晶的眼睛，很美很美的水花。指名读。（师示范读第一个）

师：进行活动——开火车读词。词语都读准了，我们把词语放进课文里，一起分自然段读。（请5个生接龙读）

师：课文读完了，那你知道有哪些小伙伴也喜欢荷叶？请同学们拿起铅笔，在语文书上快速地找到它们圈一圈（师巡视），指名答，指导学生回答完整。

师：我们知道了有小水珠喜欢荷叶，小蜻蜓喜欢荷叶，小青蛙喜欢荷叶，小鱼儿也喜欢荷叶，（板贴）你能把这四个小伙伴的喜欢用一句话来送给荷叶吗？出示课件：（　　　）、（　　　）、（　　　）和（　　　）都喜欢荷叶。指名答，齐读。

设计意图：在字词的学习上进行阶梯式提升，逐步增加难度，再运用多种形式的朗读、识记，学生能更有效地掌握本课重点的生字词。借助圈画关键人物的练习帮助学生搭建学习支架，将初读课文之后对课文内容的理解具体化。

（三）学文思考，体会情感

师：四个小伙伴都喜欢荷叶，那是为什么呢？我们来一起问问小水珠吧。大家自由读读第二段。

师：你为什么喜欢荷叶呀小水珠？（学生回答：因为小水珠觉得荷叶是它的摇篮。）

师：在那样的摇篮里躺一躺，小水珠觉得——很舒服，是的呀，一阵风吹过，小水珠在荷叶上摇来摇去，真——舒服。出示句子："荷叶是我的摇篮"，你来读一读，真享受，一起读。

师：关注小水珠的动作。随机教学"躺"，认识身字旁，观察发现"身"字变成偏旁后的变化。（学生回答）

师：教学"亮晶晶"。（1）指导学生认读"晶"，读准后鼻音。（2）出示阳光下的水珠的图片,引导学生说一说这是怎样的水珠,感受阳光照耀下水珠的晶莹剔透。(3)学写"亮"字。顺口溜识记:"一点一横长,口字在中央,秃宝盖挂腰上,几字在下方。"教师范写。

师:学生起立一起读第二段。

师:小蜻蜓为什么喜欢荷叶呢?(学生回答:因为荷叶是小蜻蜓的停机坪。)

师:出示句子:荷叶是我的停机坪。点名读,一起读"荷叶是我的停机坪"。

师:请学生看图找找蜻蜓"透明的翅膀",理解"透明"。(学生带着动作读一读。带上喜欢的情感、展开想象,配乐读第二、三段。)

师:引导学生尝试背诵。(1)学生借助板书,补空式背诵。(2)看着插图和板书,尝试完整背诵。

设计意图:引导学生结合图片理解"透明、亮晶晶"等词语;通过动作体验理解"摇"和"躺"等动词;通过关注字形,学习"躺"和"晶"。通过多种方法有层次地开展字词教学,帮助学生更准确地理解字词,为读好句子做铺垫。在学习过程中引导学生发现句式的美,学会欣赏美。

(四) 回顾新知,书写练习

师:孩子们,这节课我们刚刚认识了两个生字,它们是"机、亮",这两个生字中都带有一个相同的部件——几,小朋友们都发现了,课文中还有一个生字带有几这个部件,是——朵。比较 3 个字中"几"的差异,感受"几"在字中不同位置的书写变化。

师做总结:"几在右瘦又长,几在下扁又宽,几在上勾儿藏",一边说一边把几字描红。老师范写"朵"字,朵的"几"就像一顶小帽子,横要平,竖要直,一撇一捺像裙摆。

师:引导学生感受中国汉字充满美感。我们不仅要把字写正确,更要把字写美观。这就是——"书写美"。学生练写,师巡视。(学生自主进行书写,而后教师展评学生作品。)

小结:今天我们一起学习了《荷叶圆圆》,看到了又圆又绿的荷叶,还认识了它的两个小伙伴——小水珠和小蜻蜓,回去之后请同学们把这篇课文再好好读一读,把一二三段背一背,背给爸爸妈妈听一听!

设计意图:低年级的识字、书写指导要避免枯燥,多种形式的识字再结合字理教学,让学生学得快乐且有法可循。同时,在书写指导环节,除了要引导学生写好字,更需要引领学生发现书写的规律,举一反三。

三、教学实践与反思

(一) 同伴互助

同伴 1:老师有时候急于得到学生的答案,就会自己讲出来,其实可以再多做引导,注意提问的有效性,尽可能让学生自己说出答案,这才是以学生为中心。

同伴 2:读的环节有些欠缺。低年级的课文,重在朗读中学习生字词,在朗读中感悟课文。在这堂课上,感觉读书的环节不够充分,这容易造成识字与课文脱节,不利于巩固生字。

（二）学习体验

学生1：叠词读起来真有意思，体现的程度也更深了，我感觉荷叶特别圆、特别绿，真美。

学生2：通过这节课我知道了"几"字在不同的位置书写出来也是不同的，以后写字我也会多多观察，我也要学会总结字形的特点。

（三）教学体验与反思

1. 创设情境，激发兴趣

兴趣是最好的老师，是获取知识、培养创造思维的巨大推动力。学课文前，先让学生欣赏优美的荷叶图，从一开始就吸引住孩子们的眼球。教学中，充分利用配动画的朗读，让孩子们发挥想象，体验情感，激发学生强烈的兴趣，创设乐学的氛围。同时，教师以自己饱满的教学激情有效地激发学生的情感，调动起学生学习的主动性，学生在整堂课中始终保持积极参与的热情，进行自主学习。在课堂上，注重给学生创造平等、民主、和谐的师生关系，尊重学生，真正地把学生当成学习的主人，多表扬，多进行针对性的评价，鼓励学生敢说、愿说、给学生创造一个宽松的成长环境，让教师的观点和学生的观点在平等的对话中碰撞、融合，和学生一起，努力把课堂构建成一个美好的精神家园。

2. 以读为本，注重体验

朗读训练是语文教学中不可缺少的一项语言训练，它既是理解语言的有效手段，也是增强语感、发展语感、学习书面语言的有效途径。根据本文语言优美、内容通俗易懂的特点，在课堂上贯穿"以读为本，感情体验"的教学思想。从以读为本的角度看，学生在课堂上读得充分，读得有目的。在教学时，充分利用课件、图片，让孩子们认真观察，通过多种形式的读，让学生充分融入到情境当中，并在朗读中自然流露。

3. 有效识字，突破重点

在书写上，重点引导学生去发现"机、亮、朵"三个字的异同点，将生字从字源、字形结构等方面进行针对性整合和重组，通过这样的形式让学生感受到中国汉字的美。过程中让学生先去观察，看看有什么，再说说写的时候要注意什么，学生自主学习，教师给予适时的指导和归纳，学生将书中的规范语言内化为自己的语言，从而形成一定的积累，为日后的说和写提供源泉。

《小猴子下山》教学课例

王名倩　观山湖区华润小学

一、教学设计

(一) 教材分析

《小猴子下山》是一个有趣又充满童趣的故事。课文主要讲的是一只小猴子,下山时看到很多好东西,看到什么都喜欢,得到这个却丢了那个,结果什么也没有,只好空手而归。本篇课文呈现了 5 幅插图,分别对应课文的 5 个自然段。每段的插图栩栩如生,生动形象,能够凸显课文主要内容,景物之美与活灵活现的小猴子能给予学生深刻的审美体验。

(二) 学情分析

经过一学期的学习,一年级的小朋友已初步具备了自主识字的能力。但因为识字量不够,基础较薄弱,学习积极性与主动性较缺乏,学生又较少接触猴子,所以对猴子的动作想象也有一定难度。因此需要通过运用丰富多样的多媒体资源,直观的插图或照片来吸引学生的兴趣,引起学生的丰富联想,调动学生学习的积极性,培养学生的审美能力。

(三) 教学目标

1. 认识"猴、结、掰、扛、满、扔、摘"7 个生字,会写"非、常"两个字。(课上充分利用"加一加"、形声字、偏旁识记、联系生活实际等方式引导学生认识生字,感受文字的韵律美,并强调使用正确的书写姿势进行规范书写,使写出来的字更加工整美观,体现了一种书写美。)

2. 正确流利地朗读一二自然段,学会用"又( )又( )"形容事物,并理解"掰、扛、扔、摘"四个动词的意思,并用到动作表演。(引导学生伸出手分别做"掰、扛、扔、摘"的动作,既调动了课堂气氛,激发学生的积极性,也帮助学生更好地识记,这几个字都是动词,都与手部动作有关,并通过拓展练习,及时做到学以致用,迁移学习,让学生更浅显易懂,体现了一种理解美。)

3. 借助插图,图文对照,能推断小猴子最后只好空着手回家去的原因,初步明白做事情要目标明确,有始有终。(引导学生借助插图发现课文插图带来的美,更清晰直观地感受内容的语言美。并鼓励学生积极大胆地想象推测,结合自身的想法自信表达出来,体现自身的创造美、想象美。)

4. 感受精美插图带来的审美体验,通过身临其境的想象发展想象力与审美观。

核心素养:通过整合本文信息,让学生对"小猴子为什么空着手回家去"做出判断。学生在思辨阅读的过程中,明辨是非,保持好奇心和求知欲,同时养成有条理、重证据表达的习惯,培养理性思维和理性精神,发展学生的核心素养。

(四) 重点难点

会正确认读并书写生字新词,掌握"加一加、做动作、猜字谜"三种识字方法,正确流利地朗读课文,借助课文插图进行简单推测。

(五) 核心问题

这篇课文渗透了做事要有目标意识,能引导学生借助插图进行简单推测。

(六) 设计意图

首先,创设一个"猴王要过寿,派小猴下山找礼物"的情境,以"小猴下山找礼物"为线索贯穿始终,也为下文找一样丢一样做铺垫。

其次,通过随文识字的方式认读"掰、扛、扔、摘、捧、抱"等生字,并结合插图用动作表演的方式帮助学生认读生字,理解字义,引导学生通过观察发现:"掰、扛、扔、摘、捧、抱"是手部动作,"蹦、追"是脚部动作,学会用"加一加、做动作、猜字谜"三种识字方法归类识字,对生字进行分析整理,发现汉字的构字特点,发展独立识字的能力。

再次,带领学生读懂故事,推断"小猴子最后为什么只好空着手回家去",明白做事情要目标明确,有始有终。

最后,引导学生了解文本反复的构段特点:"来到什么地方,心情怎样,做了什么"这样的语言形式后,进行迁移拓展练习。

二、教学过程

(一) 片段 1: 创设情境,引入课题

(1) 出示图片,创设情境:在一片美丽的森林里,生活着一大群快乐的猴子,这一天,他们的大王要过大寿了,于是他们决定派一只聪明活泼的小猴子下山为大王寻找贺礼,你们瞧,这就是那只活泼机灵的小猴子。今天呀,他带着任务下山啦,他会为大王挑选到怎样的礼物呢?

(2) 导入并板书课题。

(3) 齐读课题,运用形声字的方法学习并认识"猴"字,注意"子"读轻声。

教学反思:此环节有考虑到学生的个体差异性,也做了两手准备,在认识"猴"字的识字方法时,基础较好的学生能快速说出是运用了形声字的方法,基础较薄弱的同学可能回答"加一加"的方法,师要做出几种答案的预设,更好地应对课堂。并在导入环节创设情境,让生有兴趣地投入到情境当中,带着情境思路去理解课文,感受情境创设的美。

(二) 片段 2: 倾听故事,识记生字

(1) 创设情境,引导学生思考:小猴子下山都看到了什么? 做了什么?

(2) 出示看到了什么(图片)与做了什么(动词),理顺故事情节。

① 玉米图,"掰、扛、扔";

② 桃子图,"摘、捧、扔";

③ 西瓜图,"摘、抱、扔";

④ 兔子图,"追、蹦、跳"。

(3) 用指名读、教读、男女生读等多种方式朗读"掰、扛、扔、摘、捧、抱"等词。

(4) 图文对应,动作识记、运用理解"掰、扛、扔、摘、捧、抱、追、蹦、跳"等动词

① 出示小猴子的动作图,猜小猴子在做什么。(对应图示出现动词)

② 生活中,你有没有"掰、扛"过东西,"摘"过东西呢? 做动作。

③ 学习小猴子的样子用手"捧"一下课本,双手交叉放在胸前环"抱"一下自己,双脚并拢起做"蹦跳"。

(5) 归类识记,发现规律

① 提手旁:掰、扛、扔、摘、捧、抱。

"掰":会意字,用双手把中间的东西掰开。"双手"与"分"联合起来表示:"用双手把一物分成两份。"口诀:两手一分就是掰。(老师做示范,带着学生用双手做掰的动作)

② 足字旁:追、蹦、跳。(都与脚有关)

小结:提手旁的字大多与生活中用手做的动作相关,走之旁、足字旁的字都和脚有关。

(6) 读准多音字"结"

① jiē(结果子)表示植物长出果实。

② jié(打结)在条状物上打疙瘩、打结。

(7) 拓展练习:又( )又( )。

(8) 书写"非常"二字

① 非:两竖有长短,三横不同,注意第二横最短。

② 常:小字头,秃宝盖要写扁和宽,注意书写姿势。

教学反思:此环节引导学生借助了课文插图随文认字,并加上动作表演,加强生字的认读与识记,课堂氛围较活跃,并通过强调正确的书写姿势进行规范书写,使写出来的字更加规范美观,也体现了一种书写韵律美,干净工整的书写更能让人赏心悦目。

(三) 片段 3: 图文结合,练讲故事

(1) 出示文中前三幅图以及复现句式"走到( )。他看见( ),非常高兴,就( ),( )。"师生合作讲故事。

(2) 创编故事:走着走着,小猴子走到了……。(出示图片)请你用刚才的句式继续讲故事,展开想象,带上动作会让故事更有意思。

(3) 通过对图片的观察和想象,表达图片中的美景和你的想象,为叙述增添色彩。

教学反思:此环节做到了运用与拓展,激发学生大胆推测,按自己的想法创编故事,也通过拓展训练,学生更进一步理解句式的使用,增强对课文的理解,展现了美育中的"理解美"。

（四）片段 4：猜测情节，明白道理

（1）小猴子空着手回家去，猜一猜猴妈妈会对小猴子说些什么话？

（2）回家把故事讲给爸爸妈妈听，可以问问爸爸妈妈，猴妈妈会跟小猴子说什么话呢？并记下来，和同学交流。

教学反思：此环节重在启发学生明白道理，并鼓励学生大胆想象与猜测之后的情节，善于启发学生动脑想象、大胆创造，结合文章内容创造出自己的思路与想法，体会创造带来的美。通过学习本篇作文，学生也能从中明白做事要目标明确，有始有终，并始终铭记这个观点，应用在生活和学习上，鞭策自己，体现一种应用美。

三、教学实践与反思

（一）同伴互助

同伴 1：王老师根据孩子们的年龄特征，通过做做动作，让学生理解"掰"和"扛"等表示猴子动作的词语，不仅从音形义上帮助学生识字，而且在趣味盎然的气氛中锻炼了学生动手动脑的能力，深深吸引了孩子的注意力。

同伴 2：低年级学生的学习兴趣不是内发的，而是需要外界刺激，王老师在上课开始就用情境创设"大王过生日"的方式吸引学生的注意力，让学生有了亲近的欲望，自然地融入课堂中。而且王老师的课件及板书丰富生动，色彩明丽，活泼有趣，非常吸引低年级学生的兴趣。

同伴 3：王老师的本堂课实现了教学的有效性，重视学生的听说读写相互综合，创设情境，让学生大胆发言，大胆推测，并及时做引导鼓励，课堂氛围较好，学生参与性高，是一节生动有趣的课堂。

（二）学习体验

学生 1：我们大胆猜测小猴子下一步会去哪里，是又来到了一片漂亮的果园，看到果园里结满了又大又红的苹果，于是爬上树摘果子吃，结果吃着吃着睡着了，直接把给大王选礼物的事情忘到九霄云外去了，等小猴子回家时，大王的生日已经过了，结果被大王大骂一顿……

学生 2：大胆猜测小猴子吸取教训后，会反思自己的问题，不再看到一样丢一样，会知道自己想要的是什么，最后给大王选了许多精美的礼物回家，大王看到十分高兴。

学生 3：《小猴子下山》这篇课文十分有趣，我们觉得很好玩，丢三落四的小猴子看到新的东西就把原来的东西丢掉，结果最后什么都没有，这和我们在生活中有时遇到的事一样。

学生 4：这个故事告诉我们无论做什么事情都要有始有终，不要半途而废。故事中的小猴子就是"这山望着那山高"，结果一无所获，只好两手空空地回家了，我们平时做任何事情都要坚持到底，有始有终，要努力地去完成，这样才能成功。

学生 5：从精美的插画中想象出小猴子下山沿途的美丽风景，并非常神往，希望自己也能生活在这样童话般美好的环境里。

（三）教学体验与反思

1. 遵循规律，归类识字

在教学中，我抓住了文本特点，结合课文插图，随文讲解了生字，并重点抓住了文中表示动作的字词，先引导学生观察生字的特点，从字形上熟悉"捧、抱、扔、摘"等几个动词，又分别让学生带着动作表演，从字义上进一步加深学生的印象，更好地理解字的意思，在欢快的课堂氛围中，学生们开开心心地学着、做着，这样归类识字既有规律可循，又生动有趣，学生们参与的热情高涨，学习的效果也较显著。

2. 巧用示范，积累好词

首先告诉学生小猴子在下山途中遇到了很多好吃好玩的东西，这些好东西都用了很多好词来形容，随机出示"又大又多"等词，利用图片进行"又（ ）又（ ）"的情境引导，对学生进行拓展训练，提高学生的积极性，激发学生动脑思考。

3. 精美插图，情境延伸

教学过程中一定要重点关注文本，借助插图让学生清晰直观地了解相应的内容，并通过插图的画面联想到更美更丰富的场景，培养发展学生的审美，在了解课文内容后再做情境延伸，让学生大胆推测小猴子之后会怎么做？又遇到了什么？鼓励学生发挥想象，使学练结合，语言和思维相互促进。

本课在教学时通过创设故事情境、多样化识字、借助课文插图、动词表演、拓展训练、启发大胆想象等方式引导学生理解课文，也在教学内容中有意识地渗透美育思想，能够让学生入情入境地在学习的过程中感受到语言美、书写美、理解美和创造美。在本课中我积累了一些成功的经验，但也遇到了一些挑战和遗憾，在捕捉学情信息方面，我需要更敏感和反应更迅速，在课堂上的开放意识还有待提高，如启发学生大胆猜测小猴子的结果时，可以多留点时间给学生思考发言，积极地鼓励学生提出问题、分享想法和探索知识，以培养他们的创造力和主动性，使他们更积极地参与课堂互动。

参考文献

［1］中华人民共和国教育部.义务教育语文课程标准（2022年版）[M].北京：北京师范大学出版社，2022.

大美育观下《威尼斯的小艇》教学课例

何银霞　纳雍恒大实验小学

一、教学设计

(一) 教材分析

《威尼斯的小艇》是部编小学语文五年级下册第七单元中的第一篇课文。文章介绍了世界闻名的水上城市威尼斯的主要交通工具——小艇。作者马克·吐温从"自己"的所见所感入手,首先交代了小艇是威尼斯的主要交通工具,接着介绍了小艇的构造特点,然后讲了船夫高超的驾驶技术,最后详细介绍了小艇在威尼斯日常生活中的重要作用。课文描写了小艇在水面上灵活穿梭的样子,描写了日常生活中游客、居民乘坐小艇的情形,描写了半夜戏院散场后小艇散去的场面,表现了威尼斯的动态美。课文也描写了水城沉沉睡去后的寂静,表现了威尼斯的动态美。这些静态描写和动态描写,体现了"人动则艇动,人歇则艇歇"的特点,突出小艇为威尼斯这座城市的生活带来的无尽情趣。

(二) 学情分析

五年级的学生已经具备较强的阅读能力、理解能力、表达能力。对比喻的修辞手法有正确的认知。在与同学的交流中,能大胆发表自己的见解。在五年级上册第七单元中,学生从课文表达方法的角度,初步体会文中的静态描写和动态描写。知道"动态描写"是对景物处于变化、运动状态下的描写。"静态描写"是对景物处于静止状态下的描写,可以描写景物的样子、颜色、位置、细节等。学习本课,体会静态描写和动态描写的表达效果。动态描写能够赋予客观事物以运动感、活力感、变化感,静态描写则带给人沉静之感。学生阅读能力从宽泛的感受、体会,走向初步的文学品鉴。

(三) 教学目标

1. 能说出课文围绕小艇写了哪几个方面的内容,并体会文中静态描写和动态描写的表达效果,感受威尼斯的动态美和静态美。

2. 能根据第二自然段的内容说出小艇的特点,并体会其表达效果。

(四) 重点难点

重点:能根据第二自然段的内容说出小艇的特点,并体会其表达效果。

难点:体会文中静态描写和动态描写的表达效果。

(五) 核心问题

静态描写和动态描写的表达效果及特点与对比。

(六) 设计意图

遵循以学生为主体,以问题为导向,引导学生深入学习。谈话导入,激发兴趣→初读课文,理清脉络→精读课文,深入理解→总结全文,布置作业。

二、教学过程

(一) 活动一:谈话导入,激发兴趣

1. 同学们,通过上节课的学习,我们知道了"威尼斯"是意大利的一座古城,四周被海水环绕,由 118 个岛屿组成。同学们知道这座古城的主要交通工具是什么吗? 这节课让我们继续走进课文,了解同样闻名于世的威尼斯的小艇。

2. 板书课题,齐读课题。

教学反思: 运用谈话导入的方式,复习上节课所学内容,引出本节课的学习内容,便于深入学习。

(二) 活动二:初读课文,理清脉络

1. 出示课文第一自然段,自由读第一自然段,说说威尼斯这座城市有什么特点? 这座城市与小艇之间有什么关系? 用一个关联词说一说。

2. 提问:"大街"指什么?"汽车"指什么?

3. 找出本段中心句。读课文,说说课文围绕"小艇是主要的交通工具"写了哪几方面的内容?

教学反思:《义务教育语文课程标准》中,第三学段(5—6 年级)阅读与鉴赏板块提出,学生在阅读中了解文章的表达顺序。根据课程标准要求,在这一环节中,我设计了三个活动。第一个活动我让学生自由读第一自然段,找出威尼斯的特点,说说城市与小艇之间的联系,学生很快就明白这座城市与小艇之间的关系非常密切。第二个活动是分析"大街"和"汽车"分别指什么,进一步明确小艇与威尼斯的关系。第三个活动,找出中心句,说说课文围绕"小艇是主要的交通工具"写了哪几方面的内容。这样的设计是让学生根据关键句子,梳理课文内容,建立板块意识。完成了课标中的了解文章的表达顺序,初步把握了课文内容。

(三) 活动三:精读课文,深入理解

1. 学习第二自然段

(1) 点名读第二自然段。

(2) 用笔圈出哪些关键词写出小艇的特点。

(3) 作者是运用什么方法把这些特点写清楚的?

（4）提问用了哪些比喻词,分析"有点"感受作者用词的准确,分析"像""仿佛"感受作者的语言丰富。分析"新月"感受作者的语言优美。

（5）思考哪些内容让你读的时候有静的感觉？哪些内容又给你动的感觉？体会小艇的动态美和静态美。

（6）小艇为什么要设计成这样？

教学反思: 能根据第二自然段的内容说出小艇的特点,并体会其表达效果是本节课的教学目标之一,也是本课教学重点。围绕目标,我先让学生圈出描写小艇的关键词,学生知道了小艇的特点。然后分析作者运用的修辞手法,用人们熟悉的事物作比,拉近小艇与读者的距离。分析作者语言,感受作者语言的优美和用词的准确。最后的问题启发学生联系第一自然段,理解小艇独特的外形使它能够适应威尼斯的环境,成为威尼斯的主要交通工具。

2. 学习第三自然段

（1）老师范读。

（2）学生闭上眼睛想象,感受情趣。

（3）说说感受。

教学反思: 这一环节,通过老师的范读,学生想象画面,体会作者的情感,感受这座城市特有的风情。

3. 学习第四自然段

（1）自由读第四自然段,你们觉得船夫的驾驶技术怎么样？书中能找到这句话吗？

（2）你从哪些地方看出船夫的驾驶技术特别好？

（3）小艇是"主要交通工具"与船夫的驾驶技术好有什么关系？

教学反思: 坚持以问题为导向,在本环节中,首先让学生找出本段中心句。接下来了解三种特殊的情况下船夫能够操纵自如,然后了解作者运用的侧面描写。感受作者写作手法的高超。最后问题的设置引导学生结合生活经验,理解因为小艇是主要的交通工具,船夫日久天长地驾驶小艇,练就了这身好本领。

4. 学习第五、六自然段

（1）默读课文第五、六自然段,完成表格。

（2）为什么课文在写每个人物每种活动的时候都提到了小艇？

（3）表格上的描写都属于动态描写,这些动态描写给了你什么感受？体会威尼斯的动态美。

（4）照样子说说。谁坐着小艇去干什么。

（5）自由读静态描写的部分。体会威尼斯的静态美。

（6）这里的描写让你有怎样的感受？指导朗读。

教学反思: 本环节学生梳理人物活动,知道小艇与人们的生活息息相关。体会动态描写所表现出来的小艇的生趣,小艇为威尼斯带来的活力。指导朗读静态描写的部分,体会静态描写表现出威尼斯夜晚的宁静之美。把威尼斯白天的画面和夜晚的画面作比较,进一步感受"人动则艇动,人歇则艇歇"的情趣。

（四）活动四：总结全文，布置作业

1. 在马克·吐温的笔下，我们看到了一座既繁华又幽静的水上名城。是呀！威尼斯的小艇动是一首歌、一支舞，静是一幅画、一首诗，让我们久久不能忘怀。

2. 阅读课后链接，完成表格。

教学反思：在本环节中，课后让学生自读"阅读链接"的两个片段，体会几篇文章的表达方法，加深对威尼斯的了解，进一步感受这座水上名城的魅力。本课作业设计，为下一节课的学习做了一个铺垫。

三、教学实践与反思

（一）同伴互助

尚老师：本节课教学目标明确，教学思路清晰，教学过程环环相扣。本单元的人文主题，语文要素得以充分落实。在整个教学过程中，始终以学生为主体，极大激发学生的学习兴趣。

徐老师：何老师的课非常大气，教学有深度。在教学过程中，可以看出何老师有扎实的基本功，能把复杂的问题简单化，以问题为导向，轻松引导学生感知生活，感知作者的情感。

（二）学习体验

潘同学：何老师上课思路清晰，语言优美，让我们也深深地喜欢上这座城市。

谢同学：何老师的课堂总是让我觉得时间过得特别快，不知不觉中一节课就已经结束了，我感觉学习语文很轻松。

沈同学：听了何老师这节课，我被威尼斯的美景迷住了，以后有机会，我一定要去威尼斯旅游。

（三）教学体验与反思

1. 坚持立足课本，与作者深度对话

足下万里，移步换景，寰宇纷呈万花筒。本单元的语文主题是世界各地，《威尼斯的小艇》展现了水城威尼斯独特的城市风光，体现了丰富多彩的自然，能激发学生了解世界多元文化的兴趣。本文语言简洁明快，生动有趣。在备课时，我牢牢地抓住文本，仔细推敲每一句话，每一个词语的含义，通过与作者的深度对话，与作者在情感上产生共鸣。要引导学生体会作者的情感，我们老师首先必须唤起自己的情感。词语有温度，文字知冷暖，只有通过对表面文字的分析，才能走进作者的心里。所以在备课时，我一遍又一遍地读，从初读时的茫然到抓住文本中精美语言时的欣喜，再到爱上这篇课文，我被深深地感染了。我想如果连老师都走不进文本，又怎么引导学生体验作者的情感呢？所以我坚持立足课本，与作者深度对话。

2. 以问题为导向，以学生为主体

随着课程的不断改革，教师也要转变思路。把教师如何教转变为学生如何学。这样就充分发挥学生的主体地位，教师就成了课堂的引导者。本课属于学习任务群中的第二层"文学阅读与创意表达"发展型学习任务群,本学习任务群旨在引导学生在语文实践中,通过整体感知、联想想象,感受文学语言和形象的独特魅力,获得个性化的审美体验;了解文学作品的基本特点,欣赏和评价语言文字作品,提高审美品味;尝试创作文学作品。基于对课程标准的解读,在整个教学活动中,我始终以问题为导向,通过问题的设置,让学生感知作品的特点,感受作者优美的语言,获得自己独特的阅读体验。问题的设置有一定的梯度,从对课文的初步了解,到感知作者的语言,再到了解文章的表达顺序,层层深入,犹如剥丝抽茧。所有的问题都是学生自己解决,这样的教学达到润物细无声的效果。

3. 理清文章思路,提升审美能力

在本学习任务群中,要求尝试创作文学作品。鉴于对文本的分析,引导学生理解文章的思路显得尤为重要,所以在教学过程中我始终注意每一个教学环节与第一自然段紧紧相扣。从第一个自然段中,提取关键句子,接下来的二到六自然段注重与第一自然段的关键句呼应。这样就把文章分为两个层次,第一层次初步把握课文围绕小艇写了哪几方面的内容,第二层次深入理解为什么小艇是"主要的交通工具"。这样从点到面,面再回到点的教学方法就使学生理清了文章思路。本单元要求学生搜集资料,介绍一个地方。作者的写作思路就为学生提供了一个标准的范例,有助于提升学生的习作水平。在本篇课文中,作者的语言优美,小艇在水面灵活穿梭的样子,日常生活中游客、居民乘坐小艇的情形,半夜戏院散场后的场面,表现了威尼斯的动态美。水城沉沉睡去后的寂静,表现了威尼斯的静态美。本课注重引导学生感悟语言美,发现场景美,培养创造美,涵养学生高雅的情趣,具备健康的审美意识和正确的审美观念。

参考文献

[1] 薛金星.小学教材全解(语文五年级下册)[M].西安:陕西人民教育出版社,2015.

[2] 人民教育出版社课程教材研究所小学语文课程教材研究开发中心.义务教育教科书教师教学用书(语文五年级下册)[M].北京:人民教育出版社,2019.

"三角形的认识"教学课例

黄贵英　贵定县第二小学

一、教学设计

(一) 教材分析

"三角形的认识"是苏教版小学数学四年级下册第七单元的第一课时,主要内容包括认识三角形各部分的名称,认识三角形的高,会在三角形内画高。与人教版教材相比,"认识三角形"这部分内容在编排体系上还是有差别的,具体体现在以下几方面:(1)关于定义中"围成"的表述,人教版是"每相邻两条线段的端点相连",苏教版是"首尾相接";(2)关于编排顺序。人教版是"垂线——平行四边形和梯形的底与高——三角形的底与高",而苏教版是"垂线——三角形的底与高——平行四边形和梯形的底与高",编排体系的差异性直接决定我在处理教材时如何确定教学目标、如何把握重难点,如何将美的教育浸润到数学课堂中。数学之美,美在教师对数学内涵的提炼、挖掘与分享,美在以学生为中心,激发学生对学习知识的内驱力。本节课的知识与生活息息相关,引导学生在探索知识的同时体验追求成功的美好。

(二) 学情分析

小学四年级的学生已认识简单平面图形、认识角、会过直线外一点画已知直线的垂线,而本节课是研究三角形相关知识的起始课,为后面学习三角形三边的关系、内角和、分类以及三角形的面积打下基础,本节课在教材中起到承上启下的作用。和低年级学生相比,四年级学生具有比较强的自主探究能力,喜欢在玩中学、做中学、想中学、用中学;能直观辨认三角形,会过直线外一点画已知直线的垂线、认识平行四边形以及梯形的底与高;会欣赏美、感悟美,喜欢追求美好的事物,希望得到来自老师和同伴的认可。

(三) 教学目标

1. 在动手操作、观察比较活动中理解三角形的定义,认识三角形的各部分的名称,认识三角形的底与高,会在三角形内画高,在操作过程中获得成功体验,体验到数学的活动美。

2. 借助画一画、拼一拼、围一围、说一说等学习活动,调动多种感官参与学习,积累数学活动经验,体验数学从具体到抽象的美,感受数学的本质美。

3. 使学生在参与数学学习活动中获得成功的体验,激发学生学习数学的兴趣,树立学好数学的信心,在数学课堂教学中浸润美育。

(四) 重点难点

1. 教学重点：理解三角形的定义,认识三角形各部分的名称,认识三角形的底与高,将美的教育理念浸润到数学课堂教学中。

2. 教学难点：会在三角形内正确画高,感悟数学知识的规范美。

(五) 核心问题

1. 知道什么样的图形是三角形。

2. 认识三角形的各部分的名称,认识三角形的底与高。

3. 会在三角形内正确画高。

4. 在学习中获得美的体验。

(六) 设计思路

1. 目标导学。让学生从课的开始便"明晰目标",然后通过系列活动"达成目标",最后"检测目标"。整堂课学生始终明白"去哪里""怎样去""结果怎样",感悟数学学习的有序美。

2. 知识迁移。充分尊重学生已有的知识经验,自主探究画三角形高的方法,在数学活动中感悟数学的活动美。

3. 智慧激趣。将学习目标、探究过程、激励评价、当堂检测等环节有机融入"智慧之旅"中,通过"观智慧叶、开智慧花、摘智慧果",极大地激发了学生的兴趣,体验数学评价美,收获成功的喜悦美。

4. 整堂课着力在优学、启思、引行、领悟上下功夫,着力在提升学生核心素养上下功夫,努力打造"有知识、有方法、有生活、有境界"的四有课堂。

二、教学过程

(一) 片段一：创设情境导入新课,感受数学语言简洁之美

1. 开门见山,直接出示众多的平面图形和立体图形,聚焦本节课所要认识的三角形。

2. 出示学习目标引导学生开启智慧之旅。

教学反思：谈话导入,直奔主题,摒弃了常用的情境导入法,开门见山,几句话厘清数学知识脉络,从"形"中引出课题,直接聚焦本节课的探究内容,让学生感受数学语言的简洁美。出示学习目标,让学生带着目标参与学习,体验目标达成的喜悦,这样的教学活动更聚焦、更精准、更有实效、更能激发学生的兴趣。

(二) 片段二：引导学生操作实践,体验数学活动之美

1. 引导学生找出云雾大桥上的三角形,并动手描一描。

2. 说一说生活中常见的三角形。

3. 分小组拼、围、做三角形,在小组内说一说,什么样的图形叫作三角形。

4. 定义三角形

（1）让学生说自己的想法。

（2）引导学生说出：由三条线段首尾相接围成的图形叫作三角形。

5. 认识三角形的特点

（1）三角形各部分都有它自己的名字，围成三角形的三条线段叫作三角形的边，相邻两条线段的交点叫作三角形的顶点，三角形有角。

（2）三角形的特点：三角形有 3 条边，3 个顶点和 3 个角。

6. 表示三角形

（1）为了方便描述，我们可用大写字母分别表示三角形的 3 个顶点，比如可以用字母 A、B、C 分别表示三角形的三个顶点，这个三角形就读作三角形 ABC，当然也可以用别的大写字母，比如 D、E、F，这个三角形就读作三角形 DEF，但一般来说，我们就从首写字母 A 开始依次往下使用。

（2）在三角形 ABC 中，这条边叫 BC 边，这个顶点叫顶点 A，BC 边的对应顶点是顶点 A，顶点 A 的对边是 BC 边；这条边叫（AB 边），这个顶点叫（顶点 C），AB 边的对应顶点是（顶点 C），顶点 C 的对边是（AB 边）；这个顶点是（顶点 B），这条对边是（AC 边），顶点 B 的对边是（AC 边），AC 边的对应顶点是（顶点 B）……看来三角形的边和顶点是一一对应的好朋友，这样的好朋友有 3 组。

7. 画一画

（1）知道了三角形有 3 个顶点，下面的方格纸上有 4 个点，请选 3 个点作为顶点，画一个三角形。

（2）说一说，哪 3 个点作为顶点可以画出三角形，哪三个点不能画出三角形？为什么？

8. 认识三角形的高

（1）直观感知

引导学生观察围出的三角形 ABC、三角形 ABD、三角形 ABE。这 3 个三角形都有共同的 AB 边，它们的高不同。

（2）引导学生认识三角形的高，从三角形的一个顶点到它的对边垂直线段是三角形的高，这条对边就是三角形的底。强调：顶点，对边，垂直线段是关键词。

（3）学画高

① 学生尝试画出指定底边上的一条高。师巡视，请学生上去画，说一说是怎样画的？（生边讲解边演示，师粘贴画高小妙招）画高第一步：（定底边）先定好要画哪条底边上的高；第二步：（找顶点）找底边上的对应顶点；第三步：（画垂线）将三角尺的一条直角边与底边重合，沿着底边慢慢平移三角尺，使三角尺的另一条直角边和对应顶点重合，然后从顶点沿着直角边向底边画一条线段，注意这条线段要用虚线来画。第四步：（标记号）标上垂直符号和高。

② 师示范画另一条底边上的高，引出三角形有 3 条高。

③ 让学生按照画高方法规范画出学习单第 2 题三角形 AC 边上的高，画完同桌互相当小

老师,用三角尺检验一下画得对不对。

小结:三角形的底和高是互相依存、一一对应的。三角形的三条高相交于一个点,小小交点奥秘多,今后我们会学到,但是现在可以用来检验我们的高画得是否规范。

教学反思:通过让学生找、描、说、做三角形,通过系列数学活动,层层剥离出"三角形"核心概念,体验数学活动的动态美;增设用字母表示三角形、找对应顶点与对应边的活动,一是扫清表达上的障碍,二是为正确画高铺路搭桥;利用练习中的"试一试"巧妙引高,让学生在方格上选三个点作为顶点画三角形,通过正反辨析,探索出同一直线上的三个点不能画出三角形,顺势引出三个高矮不同的三角形,自然而然过渡到三角形高的认识。在画高环节,我是这样安排的:播放动画,唤起记忆——尝试画高,共同总结画高"小妙招"——示范画高——学生规范画高。在这个过程中,我以生为本,将"高与底的一一对应性"贯穿其中,也将"三角形三条高相交于一点"进行了浅显的渗透,在一系列的有序操作活动中,让学生体验到数学活动的有序美,师生合作的和谐美,数学语言的简洁美,收获成功的喜悦美。

(三)片段三:应用拓展,认识数学的本质之美

1. 第1题:我们一起来判断一下。画出的是三角形底边上的高吗(图略)?

图一:错,高是顶点到对应底边上的垂直线段,这个不垂直。

图二:错,高是从顶点到对边的垂直线段。没有从顶点出发。

图三:错,底和高是相对应的,这个不是对应底边上的高。

图四:对。

图五:对。

2. 第2题:你能画出4号图形这条边底边上的高吗? 请在学习单上第2题画出来,和小伙伴交流你的发现。两条直角边互为底和高,看来这个三角形有点特殊,这个三角形另外两条边上的高就更特殊了,特殊在哪呢? 在后期的学习中我们会学到,课后你们也可以画一画,去发现它的特殊的秘密。

教学反思:学以致用,学生用学到的知识解决问题,巩固应用所学知识,设计了5个三角形的作高判断,各具代表性。对于后两个特殊三角形,作了不同程度的拓展,让学生尝试画直角边的高,明白两条直角边互为底和高,而对于钝角三角形,激励学生课后去探究,在应用知识中收获成功的美好心情。

(四)片段四:全课总结,智慧评价收获成功喜悦之美

师:孩子们,愉快的一节课在不知不觉中就要结束了,回顾这节课的学习,还记得学习目标吗? 达到目标的小组请摘取智慧果吧! 哪个小组愿意上来展示一下你们的智慧树? 你们组开了多少朵智慧花? 你的心情怎么样? 你今天的表现怎么样?

小组代表上台,展示本小组在这一节课中收获的智慧花和智慧果,分享收获知识的美好心情。

教学反思:改变以往让学生说收获的方法,以小组评价为主,让学生畅谈收获智慧花数量、目标达成情况（即采摘智慧果）、自我参与情况等，注重增值性评价，让学生体验成功的喜悦，体验到收获知识的美好心情。

三、教学实践与反思

（一）同伴互助

同伴1：加强对学生动手能力的培养。在用皮筋在钉子板上围三角形和画三角形的高时，有些学生不能独立完成，要指导学生有效完成活动。

同伴2：加强对学生数学语言表达能力培养。学生在表达自己的想法时不能正确、流畅表达，教师要引导学生准确、规范、严谨地用数学语言流利表达。

同伴3：注重引导学生探究数学学科之美。在教学中要注重激发学生对知识探索的兴趣，感受数学简洁优雅的美，注重多元化评价，让学生收获成功的美好体验。

（二）学习体验

学生1：今天的课我特别感兴趣，老师用一棵智慧树开启智慧之旅，让我们在学习活动中收获属于自己的智慧花。在那一座雄伟的云雾大桥上找三角形，心里美滋滋的，因为家乡大桥让我感到自豪，这么雄伟的大桥上藏着数学知识。在小组活动中，我们通过交流、讨论达成一节课的学习目标，我觉得我们是学习的小主人，自己活动，自己评价。我喜欢这样的数学课，让我感受到数学的美妙。

学生2：今天我学习了三角形一课，课前老师给每个小组一棵智慧树，智慧树的形状是三角形，智慧叶的形状也是三角形，我猜想这节课学习的内容与三角形有关系，特别期待这节课的学习。我们通过小组合作做三角形，小游戏找三角形的边或角的好朋友，再到观察三角形的高，发现高的特征，思考画法，知识一点一点地融进我们的心里，在摘智慧果的时候我觉得我收获到了知识的美好。

（三）教学体验与反思

1. 倡导自主探究的学习方式，将美的教育理念渗透在数学课堂教学中

教学中以学生为中心，在引入新知、认识三角形的特点、三角形高的认识、三角形高的画法等环节都精心设计，充分尊重学生已有的知识经验，放手让学生探索三角形的定义、特点，自主探究画三角形高的方法。在小组活动中，学生的观察能力、表达能力和思维能力得到发展。鼓励学生动手操作，自主学习，让学生感悟数学的魅力，体会成功解决问题的喜悦。用字母表示三角形让学生感受到数学的简洁美，三角形高的认识及画法让学生感受数学的规范美和严谨美。

2. 注重目标导学，让学生感悟数学的有序美

从课的开始便让学生"明晰目标"，然后通过系列活动"达成目标"，最后"检测目标"，这样清晰的学习线路让学生整堂课始终明白"去哪里""怎样去""结果怎样"，感悟数学思维脉络的清晰美。

3. 智慧之旅学习为主线,收获成功喜悦的美好心情

将学习目标、探究过程、激励评价、当堂检测等环节有机融入"智慧之旅"中,通过"观智慧叶、开智慧花、摘智慧果",极大地激发了学生的学习兴趣,提高了学生的注意力。每个小组一棵智慧树,通过课堂中发现问题、提出问题、分析问题、解决问题的能力,让本小组智慧树开花,结出智慧果实,在进阶中学习,培养学生观察能力、思维能力和数学语言表达能力,收获到成功的美好心情。

"分数的意义"教学课例

周邦妮　葛晓芹　贵定县第二小学

随着教育的视角、课程的改革。在数学教学中渗透美育受到全国教师的广泛关注。数学美育又被称为"数学美学教育",这是一种以培养学生数学能力以及数学的审美能力、审美情趣、审美理想为目标的教育,它是把数学知识进行综合整理,提取有用的信息加以巩固与理解,是数学教师专业技能与思想情操的表现。因而,在教学时教师理当用心领会、精心设计每一堂课,专注课堂的设计。让每堂课的美育成为"筑课魂"。在现在的教学中数学课一旦有了"灵魂",教学的内容就能自然生长,使教学的知识更加立体、深刻、生动。

一、教学设计

(一) 教学内容

这节课的教学内容是人教版小学数学五年级下册第四单元第一课时,教科书第 45、46 页内容。

(二) 教材分析

本节课的内容主要围绕学生已经学习的知识经验进行教学,在教学中影响学生的是已经学习的知识,把已有的知识经验运用到现在要学习的内容里来。分数这一知识对于五年级学生来说并不陌生,他们在三年级已经学了分数的初步认识,所以这部分知识是对上个知识的延伸。在教学中,教师应该充分尊重学生的认知基础,让学生说出已经学习过的与分数相关的知识,这样就能找到教学的嵌入点,同时也能把学生的兴趣调动起来,培养学生的探索精神。在教学中教师应该重视学生学习的过程和自学能力的培养,在探究一个物体或多个物体组成的图形表示 $\frac{1}{4}$ 的过程中,让学生在想象、交流与操作中理解一个物体或多个物体都可以看作一个整体,经历将一个整体平均分成若干份,取出其中一份或几份的过程,理解单位"1",并在其基础上认识分数单位。这节课教学内容比较抽象,应注重提高学生的思维能力,通过各种教学方法,让学生体会数学的抽象美以及简洁美。

(三) 学情分析

在这节课中,为了更好地达成教学目标,教师应该做到放手及收手有一定的度。在教学时,教师应该先全面地了解学生的具体情况,学生学了哪些知识教师自己应该心中有数。对于现在小学五年级的学生来说,他们的思维已经得到了培养,并且有了一定的思考能力,他们的求知欲望和好奇心都想要表现出来,具备合作探究的意识,所以教学本节课时,我以自主探究、小组合作等教学方法进行教学。但是本节课的教学内容是一堂概念课,较为抽象,若拿给学生独立学习还存在一定的困难。特别是对分数单位"1"的理解。因此,教学中我会紧扣学生已有的知识经验,创设有助于学生自主学习、合作交流的学习情境,引导学生认真观察—独立思考—自主探究—合作交流,让这节课从比较简单的知识开始再引入本节课的教学难点及重点。由具体到抽象的规律,为学生创设一个和谐的学习环境,帮助学生在探索交流中,感受、理解和概括出单位"1"和分数单位的定义。

(四) 知识点

分数的意义;单位"1";分数单位。

(五) 教学目标

1. 了解分数的产生,理解分数的意义,感受数学的创造美和逻辑美。

2. 理解单位"1"的含义,认识分数单位,能说明一个分数中有几个分数单位,感受数学的简洁美。

3. 在理解分数含义的过程中,渗透比较、数形结合等数学方法,培养学生的抽象概括能力,感受数学的抽象美。

(六) 重点难点

1. 理解分数的意义。

2. 理解单位"1",认识分数单位。

(七) 核心问题

理解分数的意义,理解单位"1",认识分数单位,感受数学的简洁美、逻辑美以及抽象美。

(八) 设计意图

本节课是一节概念课,是让学生通过直观的模型来理解分数的概念和意义。这节课我结合生活实际,让学生感受数学来源于生活。要理解分数的意义就要知道把什么进行平均分,理解部分与整体的关系,所以这节课我主要让学生自主学习,自由探索,去发现问题、解决问题以及归纳总结,这有利于培养学生的思维能力和抽象概括能力。在每个环节中让学生感受数学的语言美、奇异美、创造美、逻辑美、抽象美、简洁美以及对称美。

(九) 设计思路

1. 温顾旧知,引入新知,感受数学语言之美。

2. 情境引入,感知分数,感受数学奇异之美。

3. 生活经验,了解分数的产生,感受数学创造之美。

4. 独立观察发现异同,理解分数的意义,感受数学抽象之美。

5. 自主、合作双结合,认识分数单位,感受数学逻辑之美。

6. 能力展现,练习巩固,感受数学简洁之美。

7. 回顾反思,知识总结,感受数学对称之美。

二、教学过程

(一) 片段一:温顾旧知,引入新知,感受数学语言之美

利用预习单将孩子们学过分数的一些有关知识串联起来。

1. 预习教材 P45,完成下面问题。

分数的产生:分数是在怎样的情况下产生的?

2. 说出下面分数的含义,并写出下面分数的各部分名称及含义。

教学反思: 通过预习让学生对三年级学习的知识加深巩固,复习旧知识,能较好地说出分数的含义,《义务教育数学课程标准》(2022 年版)指出,会用数学语言表达现实世界,所以在复习中,引导学生知道分母表示把一个整体平均分成几份,分子表示取其中的一份或几份,分数线表示平均分。让学生在复习中感受数学的魅力与数学语言的严谨美。同时为后面理解分数的意义做好铺垫。

(二) 片段二:情境引入,感知分数,感受数学奇异之美

1. 数学无处不在。你知道吗? 语文中也有数学知识哦,我们一起去语文的世界寻找与数学有关的知识吧! 请看,看成语猜分数。

(出示课件:一分为二　　　百里挑一　　　三心二意)

师:在生活中我们能不能三心二意呢? 应该要怎么做呢?

师:一心一意用分数什么表示呢?

生自由回答。

师:这些都是什么数呢? 在三年级的时候我们已经对分数进行了初步学习。今天我们再一次来学习分数的相关知识。

2. 板书课题:分数的意义

教学反思: 兴趣是最好的老师,托尔斯泰曾经说过:"成功的教学需要的不是强制,而是激发学生的兴趣。"因为兴趣可以让一个人对这件事产生积极的学习态度。他如果感兴趣就会努力地去学习,那么做什么事就会事半功倍。兴趣通过情绪反应来影响一个人的行为积极性,即凡是从事自己感兴趣的学习和工作,人就会觉得心情舒畅和愉快,效率也较高。在本环节里我设置了猜分数引入新课,目的是让学生对这堂课的知识充满兴趣,在猜分数的过程中进行德育教育,使学生的行为习惯得到一定的培养,同时让学生感受数学的魅力无处不在,语文中也有数学,让学生感受到数学的奇异美。

（三）片段三：生活经验，了解分数的产生，感受数学创造之美

1. 提出问题让学生自由汇报

师：同学们，你们知道为什么会出现分数吗？

2. 实际操作学生总结

测量学生的身高（身高通常用小数表示，而不是分数），发现问题：在得不到整数结果时该怎样表示？

学生自由回答。

师：真不错！你们的想法真多！

归纳总结：在测量时得不到整数结果，通常用分数表示。

3. 结合生活自由汇报

（1）在生活中除了测量，还有什么也可以用分数表示呢？

（2）教师出示课件，让学生了解分数的产生。

4. 师生共同总结

在进行测量、计算或分物时，往往不能正好得到整数的结果，这时常用分数表示。

教学反思： 在这一环节中我提前让学生预习，观察生活中使用分数的情况，使学生更好地感知分数在我们的身边，生活中无处不在。我利用实际测量学生的身高，让学生观察读数，这时得不到整数，通过生动地展示，使学生更加清楚分数产生的必要性，这一环节中完完全全地将生活与数学有机地结合在一起，这样的教学方式既能激发学生的学习兴趣，又能使他们感受到生活中处处有数学。

（四）片段四：独立观察发现异同，理解分数的意义，感受数学抽象之美

1. 分数的意义，认识单位"1"

（1）让学生自由说出一个分数，并说出它们所表示的含义。

（2）刚才同学们说了哪些分数，是把什么进行平均分？（长方体、物体等）

教学反思： 在这一环节中我将采取的教学方式是让学生自由述说，让他们更好地回忆分数的相关知识，更为准确地说出分数的含义，找到把谁进行平均分。为下面即将学习分数的意义做好铺垫，并为下面找单位"1"提供了良好的平台。在环节中让学生自由述说，不仅要培养学生的语言能力，同时也要让学生的语言能力得到提升，感受到数学中的语言美。

（3）出示课件，让学生说出课件所示图中的 $\frac{1}{4}$。

师：刚才是把什么看成一个整体。（正方形、圆、线段看成一个整体）

2. 讲授新课

（1）出示课件并提问：一个粽子可以用 $\frac{1}{4}$ 表示吗？（生自由回答并说出表示的 $\frac{1}{4}$）

（2）两个月饼可以用 $\frac{1}{4}$ 表示吗？

（3）那么一把香蕉呢？你能找到这把香蕉的 $\frac{1}{4}$ 吗？

师：刚才同学们都是把什么看成一个整体？

学生自由回答。

（4）总结：一个物体，一个计量单位，一些物体都可以看成一个整体。（教师板书）

（5）认识单位"1"：如果将这些整体用自然数表示，你会选择数字几？为什么呢？（生汇报）

师：这里的 1 都一样吗？（生汇报）说明理由。

（6）区别数字 1 与单位"1"的区别。

总结：为了方便，数学中将这个 1 叫做单位"1"。

3. 汇报总结

通过刚才的学习，谁来说一说我们学了什么？并大声地朗读一遍。

4. 联系生活，说一说生活中哪些可以看作单位"1"。

5. 最后让学生总结分数的意义，让学生说出分数的具体含义。

把单位"1"平均分成若干份，取其中一份或几份的数，叫作分数。

教学反思：在本环节中我采取的教学方法是对比的方法，找出今天学习的整体和前面三年级学习的整体是否相同，前面我们学习的是将一个图形、一个物体等进行平均分，是一个独立的，现在学习的是几个或一些组成的，通过对比观察，更好地体现整体的概念，为单位"1"的认识又加深了印象。后面又设计了一个环节 1 和单位"1"的区别，让学生更好地叙述概念。在最后的环节里还让学生举例说生活中哪些可以看作单位"1"，让学生感受数学来源于生活。在教学这一知识点时，教师通过这样的设计让学生通过与旧知识的对比从而理解新知，体现了数学中的对比美。从原来的一个物体或一个图形转变成单位"1"，培养学生归纳总结能力，让学生再次感受到数学中的抽象内容，进一步理解数学的抽象美。

（五）片段五：自主、合作双结合，认识分数单位，感受数学逻辑之美

导语：我们了解了分数的很多知识，想不想更近距离地接近分数？

1. 出示一颗糖。

2. 出示一堆糖。

3. 出示课件讲解把一堆糖平均分成 2 份，每份是这堆糖的____， $\frac{1}{2}$ 里面有____个 $\frac{1}{2}$ 。学生自由回答。

4. 学生独立填写下面的问题：

把一堆糖平均分成 3 份，2 份是这堆糖的____， $\frac{2}{3}$ 里面有____个 $\frac{1}{3}$ 。

把一堆糖平均分成 4 份，3 份是这堆糖的____， $\frac{3}{4}$ 里面有____个 $\frac{1}{4}$ 。

把一堆糖平均分成 6 份,5 份是这堆糖的 ____, $\frac{5}{6}$ 里面有 ____ 个 $\frac{1}{6}$。

5. 学生进行汇报。

6. 总结认识分数单位

$\frac{2}{3}$ 里面有 ____ 个 $\frac{1}{3}$,$\frac{3}{4}$ 里面有 ____ 个 $\frac{1}{4}$,$\frac{5}{6}$ 里面有 ____ 个 $\frac{1}{6}$。

像 $\frac{1}{2}$、$\frac{1}{3}$、$\frac{1}{4}$、$\frac{1}{6}$,分子是 1 的分数,只取一份的数就是分数单位,出示分数单位的概念。

(让学生读一遍)

总结 $\frac{2}{3}$ 的分数单位就是 $\frac{1}{3}$,$\frac{3}{4}$ 的分数单位是 $\frac{1}{4}$,$\frac{5}{6}$ 的分数单位是 $\frac{1}{6}$。

7. 小组合作玩游戏,巩固分数单位(我说分数,你说分数单位)。

小组观察讨论总结分数单位的快速方法(你是怎样快速地说出分数单位的)。

小结:一个分数的分母是几,它的分数单位就是几分之一。分数单位与分母有关。

8. 学习几个这样的分数单位

师:同学们的观察和总结能力真强!分数单位与分数的分母有关,请仔细观察,分子有什么作用呢?

$\frac{2}{3}$ 里面有 __2__ 个 $\frac{1}{3}$,$\frac{3}{4}$ 里面有 __3__ 个 $\frac{1}{4}$,$\frac{5}{6}$ 里面有 __5__ 个 $\frac{1}{6}$。

9. 小组讨论总结分子是几就有几个这样的分数单位,几个分数单位与分子有关。

教学反思:在教学分数单位时,我采取了先练习、再观察、最后总结的形式教学,让学生先独立学习,把学习的结果在小组内进行汇总,形成了集大家智慧而进行学习的教学模式。让学生体验你中有我、我中有你、互帮互助的学习形式。每一次的观察发现培养了学生的观察能力以及归纳总结的能力,让学生的思维得到提升,感受了数学的奇异美和逻辑美。

(六)片段六:能力展现,练习巩固,感受数学简洁之美

1. 完成练习 2、3 题。(学生独立完成,完成后汇报,汇报时并说出每幅图的单位"1")

2. 出示分数单位墙,在第 4 题。(小组合作交流完成)

活动要求:

(1)小组内说一说

① 你在图中看到了哪些分数单位?

② 仔细观察这些分数单位,你有什么发现?

(2)完成分数墙下面的练习。

汇报:有 $\frac{1}{2}$、$\frac{1}{3}$、$\frac{1}{4}$、$\frac{1}{6}$ 等分数单位。

归纳总结:最大的分数单位是 $\frac{1}{2}$,没有最小的分数单位。分母越大分数单位越小,分母

越小分数单位越大。

（3）练习结果展示。

教学反思：《义务教育数学课程标准》（2022 年版）指出，教师是学习的组织者、引导者与合作者，本环节中我让学生独立完成练习，体现了学生是学习的主体，是课堂的主人，所以在本环节中通过分数墙的学习让学生感受到了数学的简洁美。

（七）片段七：回顾反思，知识总结，感受数学对称之美

1. 利用填空的形式让学生总结，并让学生在课本上读一次，加深理解。
2. 利用本节课知识写一遍数学日记。

教学反思：总结全课时，我利用填空的形式进行教学，这样加深知识的巩固。并利用写数学日记形式总结今天的知识点。让学生感受到数学中存在的对称美，这一环节与前面教学的语文中的数学相呼应。

三、教学实践与反思

（一）同伴互助

同伴 1：本节课，教师语言非常有亲和力，课堂气氛活跃，学生学习积极性高，通过教师的引导，学生很容易读懂题意，并能根据题意自己解决问题，师生之间的交流互动做得非常好，学生回答问题非常积极，但学生语言表达不准确时，教师应及时纠正。

同伴 2：本节课，通过教师引导、学生自主合作学习的方式，学生在自主探索中找到分数单位，能准确地理解分数的意义。但是教师鼓励学生方面有待提高，应多鼓励学生。

（二）学习体验

学生 1：周老师上课好亲切哟，数学课真有趣，在今天的课上周老师以语文的知识让我们对这堂课产生了兴趣。在课堂中周老师让我们自己去发现问题，自己去解决问题，知道了分数的意义以及分数单位，在这节课中还让我们把这节课的知识点进行汇总，并说出来，让我们感受了数学语言的魅力。

学生 2：这堂课让我觉得数学课也很美，我学会了很多知识，例如：分数单位最大的是 $\frac{1}{2}$，没有最小的分数单位，分母越大分数单位越小，分母越小分数单位越大。这节课周老师设计了成语猜分数，后面设计了写一篇数学日记，这样的设计不仅让我感受到了数学的无处不在，还体会了数学的对称美。

学生 3：这节课老师放手让我们独立去观察，去总结，然后在小组里面把自己的想法说出来，在上课的时候我把自己的想法分享给了大家，我感到非常自豪。我非常喜欢这样的数学课，让我感受到了数学原来也这么美。

(三) 教学体验

1. 利用学生的基础为桥梁创建新知识

课程标准指出：数学教学必须建立在学生的认知发展水平和已有的知识经验基础之上。所以要把主动权交给学生，让他们借助已有的知识经验自己去探究，自己去比较，自己去分析，选择适合自己的计算方法，把机会让给每一个学生，让每一个孩子在启发中互相创新，发展素养。学生学习时要通过搭建桥梁从而创建新知识，让数学知识有连贯性及整体性，让学生思维从已知世界自然而然地滑向未知领域。教学时让学生从忆分数开始说出已知分数的意义，让课堂教学更连贯。

2. 加强学生的语言表达

《义务教育数学课程标准》(2022 版)指出，学生要会用数学的眼光观察现实世界，会用数学的思维思考现实世界，会用数学的语言表达现实世界。在课堂中让学生作为课堂的主人，让学生独立探索、发现、解决问题。让学生利用数学语言说出分数的意义，在教学分数的分母和分子与分数单位和几个分数单位的联系时，让学生通过观察、交流、反思等活动，逐步体会分数的分母分子与分数单位和几个分数单位的联系。

3. 尊重学生的个体差异，促进学生全面发展

人人学有价值的数学，人人都能获得必需的数学，不同的人在数学学习上得到不同的发展，在教学中，教师注重面向全体学生，使所有学生在数学知识的掌握和数学能力发展以及思想品德和心理品质养成等方面都能有所发展。同时由于学生的个性化存在差异，教学中教师应尊重学生的这种个性化差异，要求不同的学生达到不同的学习水平。这节课教师尽量让每位学生都能展现自我，增强自己的自信心，让学生感受自己的重要性。

(四) 回顾反思

给学生展示的时间不够，应该给孩子们充足的时间，让他们展示自己的优点。教师的语言不够简练，亲切程度不够，让学生的兴趣未能达到高潮。教师在抛出问题时，不会抓住问题的关键，不能明确地把问题问到点子上。教师不注重鼓励式教学，在课堂上鼓励学生的方式单一。在今后的教学中教师应该放手让学生展示自己的特长，抓住课堂的深层资源，语言要进行锻炼，把学生所能想到的问题进行预设，在后期要多结合孩子们喜欢的语言进行鼓励，在鼓励时语气要达到效果。

参考文献

[1] 中华人民共和国教育部.义务教育数学课程标准(2022 年版)[M].北京：北京师范大学出版社,2022.

"数学广角——搭配(二)"教学课例

葛晓芹　周邦妮　贵定县第二小学

一、教学设计

(一) 教材分析

世间万物都存在着排列与组合的规律,排列与组合之下映照着充满逻辑性的美。本节"数学广角——搭配(二)"是人民教育出版社三年级下册第八单元的内容,学生在二年级上册"数学广角——搭配(一)"的学习中已经接触了简单的排列和组合的内容,对比二年级的学习,难度稍有提升。本次排列组合的学习内容将联系学生熟悉的情境,让学生通过观察、猜想、实验等方法,找出简单事物的排列数和组合数,在数据的大小和问题情况的复杂性方面都有一定程度的提升,本单元的内容十分重要,对于学生的数学基础有一定要求,通过本单元的学习,可以培育学生初步的观察、解析、推理能力以及有序地全面思考问题的意识;使学生体会到数学在现实生活中的应用价值,发现藏在数学知识当中科学而生动的美,用数学的方法来解决生活中实际的问题,在数学活动中养成与人合作的良好习惯,并初步培育学生表达解决问题的大体过程和结果的能力。

(二) 学情分析

简单排列与组合是小学数学的基础,而且在日常生活中应用广泛,是数学学习中一个十分重要的环节,融入现实生活的场景之中进行教学,可以更加贴近生活,也使学生更容易理解其中的内容和方法,再反作用于学生在生活场景中对排列与组合的应用,用数学知识解决实际生活问题。本章节内容总的来说较为抽象,所以需要注重以下三点:① 要广泛选取学生熟悉的事例,易于学生的理解和体会;② 尽量做到数形结合,用符号化的呈现形式凸显有序、全面的思考方法;③ 多与学生互动,最好通过写一写、画一画、连一连等活动,获得对抽象数学方法的体会和理解。

本单元共三个知识点:① 稍微复杂的排列问题(例1);② 搭配问题(分步乘法计数原理)(例2);③ 稍微复杂的组合问题(例3)。

(三) 教学目标

本节课将充分结合"三教"理念进行教学,通过对学生提问,引导学生自主思考以教思考,与学生使用真实的物件互动来教体验,让学生自己总结排列与组合方法和计算规律来教表达。

1. 美育认知目标

(1) 通过列举法、连线法、卡片法等多种方式学习排列组合,学生可清晰了解不同学习方式的运用场景,做到具体情况具体分析,体现图形的简洁之美。

(2) 引导学生以后再遇到此类排列组合问题的时候,可以选择不同的方法处理问题,激发学生自主学习的辨别之美。

(3) 学生经历"数学化"的过程,能用比较简洁、抽象的方式进行表达,体现了分类讨论思想、数形结合思想、符号化思想的融合之美。

2. 创造性思维与表达目标

(1) 通过搭配(二)的学习,学生可对抽象的数学问题有进一步的认知和了解,经历了寻找稍复杂事物排列组合数的过程,让学生掌握简单搭配的方法,发展有序、全面思考问题的能力。

(2) 学生能用比较简洁、抽象的方式进行表达,培养分类讨论思想、数形结合思想、符号化思想等数学思想,从而掌握更多的知识技能。和学生一起探索解决问题的有效策略,感受数学在生活中的广泛应用,增强学生学习数学的兴趣,培养学生的核心素养。

(四) 重点难点

重点:掌握计算简单事物的排列数和组合数的方法。

难点:发现排列组合问题中计算的规律,并初步理解简单事物排列和组合的不同。

(五) 设计意图

1. 通过本节课的学习,学生经历寻找稍复杂事物排列数或组合数的过程,促进其掌握简单搭配的方法,提高有序、全面思考问题的能力。

2. 训练学生"有序"、全面思考问题的能力,提高学生知识迁移类推能力,并能综合运用所学的知识和技能解决生活中的问题,发展应用意识。

3. 培养初步观察、分析、推理能力及有序地、全面地思考问题的意识。

这样的目标设计,更注重学生的学习过程以及情感体验,打破了传统教学中过于注重概念灌输的教学模式,更多体现了教材对数学广角这一新增内容的编写意义。

二、教学过程

(一) 引入阶段

在课堂开始时举一个贴近学生生活的例子,便于学生理解。准备好红、黄、蓝、绿四种颜色的小球各一个,然后准备两个一样的碗,让学生将小球放进碗里,一共能有多少种不同的小球搭配的方法?学生纷纷开始思考,大多数使用举例子的方法,将每种有可能的搭配全都列举出来,这时让学生自己思考,再请一两个学生上到讲台上来演示并在黑板上记录所得的结果。记录得出的数据如下:

红 黄	红 蓝	红 绿
黄 红	黄 蓝	黄 绿
蓝 红	蓝 黄	蓝 绿
绿 红	绿 黄	绿 蓝

由此,不难得出一共有十二种不同的组合。得出结果后再让学生根据规律写出一个算式,来代表我们组合思考的过程。学生也很快得出正确的算式:3×4＝12(种)。

教学回顾：通过现场演示不同颜色小球的搭配情况,不同颜色的小球形成了视觉冲击,能让学生清晰直观地记录所有组合情况,在演示结束后,可以将所有的小球打乱顺序,邀请两位学生到讲台上亲自操作一次,可以锻炼学生的动手能力,独立思考能力。本次活动的学习,使学生可以对排列组合有初步的了解,激发学生的学习兴趣,从简单的内容入手,让学生更有信心去学习更复杂的排列组合。

(二) 学习排列问题

让同学们打开课本,思考例1的题目：用0、1、3、5能够组成多少个没有重复数字的两位数？首先还是给学生们留有自己的思考空间,让他们自己动手算一算、组合组合,然后分小组讨论,讨论结束之后各小组汇报自己的结果和计算的方法。听完学生的汇报之后再加以润色和修改,得出最终的答案,将数字一一列举的结果如下:

10	13	15
30	31	35
50	51	53

结合“十位数上不能是0”这一关键条件,我们一共列出了9个数字,得出的算式是:3×3＝9(个),其中第一个3代表着每一个数字与其他数字都有3种组合的方式,第二个3代表着除0以外有三个数字,所以得出了这样的结果。

教学回顾：本知识点的重点是要弄清楚0与1、3、5的区别,让学生独立思考0可不可以作十位。难点是在用列举法计算排列组合数的时候需要将0作为十位的情况排除,从而提高学生发散性思维和独立自主思考的能力。

在学生对简单排列组合有初步了解后,可举一反三让学生独立思考例1下方的“做一做”,让学生思考这两个题目。这一次让每个学生自己独立地完成思考和求解的过程,让他们各自能够对这些题目有印象。问题1“用0、2、4、6四个数字可以组成多少个没有重复数字的两位数？”算法和例1一模一样,学生可以照搬解开例1问题的思路。

而问题2“把5块巧克力全部分给小丽、小明、小红,每人至少分到一块,有多少种分法？”乍一看似乎是新的题型,其实与例1的内容并没有相差太多。在这里要展开来讲解问题2的求解过程。首先,小丽、小明、小红这几个人都类似于引入阶段时装小球的“碗”,而巧克力是要装进碗里的小球,只是变换了数量,相当于5个小球全部装进3个碗里,让学生独立思考三分钟之后,带着学生读完题目并了解题目的目的,然后开始进行列举。

经过列举我们又能发现，一共有 6 种组合，分别是：

小丽 1 块　小明 1 块　小红 3 块

小丽 1 块　小明 2 块　小红 2 块

小丽 1 块　小明 3 块　小红 1 块

小丽 2 块　小明 1 块　小红 2 块

小丽 2 块　小明 2 块　小红 1 块

小丽 3 块　小明 1 块　小红 1 块

教学回顾： 在第一阶段我们已经邀请学生到讲台上亲自操作了小球的排列组合情况，现将题目进行了拓展，引出了将巧克力发放给学生的问题，但其本质就是同一事件。

再次使用列举法，可以锻炼学生的动手能力，提高学生通过数学知识解决生活中一些问题的能力。

在现实生活中，列举法已经贯穿至生活的方方面面，希望学生可以通过本节课的学习，在遇到具体问题时，能够掌握使用列举法的能力，能做到不遗漏、不重复地列举出所有的解法。列举法是一个很直观的方法，在题目给出的数据简单的情况下十分有效。这样不仅对学生学习排列与组合这一部分的知识有更直观、更深入的了解，也能够让学生养成检查自己列举的数据是否正确的好习惯，很大程度上能够避免学生粗心的坏习惯，学生在这样耐心和细心的列举过程中动手能力得到锻炼，思维能力得到提升，同时在本阶段的教学中留给了学生很大的独立思考的空间，让学生养成独立思考的习惯，从而使得学生的思维更上一层。

（三）学习搭配问题

让学生思考例 2 的内容，两件上装和三件下装来进行互相搭配，能够有几种搭配方法？由于上装和下装的形状并不便于我们进行搭配，所以让学生适当地使用图形或者一些数字来表示这些上装与下装。在这里我们采用课本中小男生提出的想法，使用字母来代表上装与下装。例 2 中的解法很明显，学生能够一目了然。

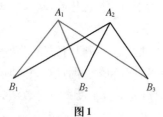

图 1

由图 1，我们通过数其中的连线可以得知，一共有 6 种搭配的方法。

教学回顾： 通过连线法可以简单明了地数出共 6 种搭配方法，特别符合小学三年级学生的思维特点，容易让学生直观掌握知识点，为后期学习复杂的排列组合问题打下基础。

带着学生解决了例 2 的问题之后还是立即让学生看到下方的"做一做"练习题。为了养成学生良好的读题习惯，带着学生从头开始将题目读一遍，然后让学生拿出空白的草稿纸，用剪刀裁剪一下做成题目中的样子，并按照题目给的图写出数字。

等到学生自己动手实践好之后，这时可以再让学生用例 2 中连线的方法来对自己所得的结果进行检查。

最后结合我们作出的连线的图可以得知一共是 9 种搭配的方法,然后学生再将连线上的数字一一记录即可。

23、26、28、43、46、48、93、96、98,这九种搭配的数字就是题目最终的答案。

"做一做"的第二题的答案也是同样的思路,搭配问题就将需要搭配的事物或者数字列举出来,然后连线。在这里是一道早餐搭配的问题,我们用 $A1$、$A2$ 来代表饮品豆浆和牛奶,用 $B1$、$B2$、$B3$、$B4$ 来代表主食馒头、烧饼、包子、发糕。

由连线得知,本道题一共有 $4×2=8$(种)搭配方法。

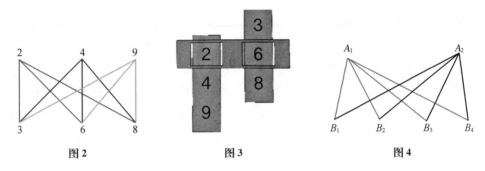

图 2　　　　　　　　图 3　　　　　　　　图 4

教学回顾: 图 1、图 2、图 4 利用连线法生动形象表示了排列组合的搭配方法,学生只要数清楚有几根线条即可知道有几种排列组合。图 3 利用卡片的上下移动即可知道排列组合搭配的值,体现了数学的形象美。本阶段的学习内容很简单,用的连线法也十分普遍和容易,这是一种让学生能够很直观、很清晰地看到题目的结果并整理清楚搭配问题中逻辑关系的一种形式,让学生在课堂上自己动手连一连、画一画,对学生的思维培养很有益处,同时自己动手比较容易让学生牢牢记住所学的知识。对于学生来说,自己动脑思考、动手计算的题目比教师口头叙述更能加深印象,把知识把握在自己手上。本阶段用简单易懂的话语化抽象为现实的方式,将搭配的抽象问题呈现到了纸上,让学生能够自己操作,有益于提高学生的抽象思维能力。

(四) 学习组合问题

首先让学生先不要看书,经过了前面的排列、搭配的学习之后,学生对这部分的知识也有了一定的了解,所以让学生把书合上,开始提出问题:"最近学校要举办足球比赛,三年级有四个班参加,每两个班踢一场,一共要踢多少场比赛?"然后开始让学生自由讨论,并让部分学生发言,告诉大家自己最终得出来的结果和解题思路。学生纷纷开始思考,都在前面的列举法和连线法之中选择,有的同学说把班级之间的比赛每一个都列出来,有的同学说将班级列出来相互连线。首先肯定大家的思维都是正确的,然后再问学生,在这种情况下使用连线法,班级之间的线还勉强能够看清,但是如果有更多的班级,线条杂乱,我们无法数过来,应该如何优化班级之间的连线呢? 由于组合问题不同于排列问题,排列问题会有一样的数字但前后顺序不同,组合问题没有顺序,应该怎么样才能避免比赛重复呢? 再让学生思考两分钟之后打开教材,可以看到书上小男孩提出的方案。

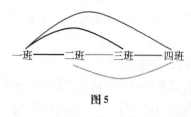

图5

通过这样简洁明了的图形不难看出来这道题的答案就是：一共要打六场比赛，那么，能不能有更为简便的计算方法呢？其实抽象的算术也可以很快地算出结果，一共四个班级，一班要分别和二、三、四班比赛，也就是三场，二班已经和一班踢过比赛了，所以要和三、四班比赛，以此类推，就是 $3+2+1=6$（场）比赛，组合问题这样计算，既方便又简单。

带着这样的思路，我们来看下面"做一做"的题目，这次学生很快就将答案都计算出来了，问题一"有 5 个人，每 2 个人握一次手，一共要握多少次手"的答案就是：$4+3+2+1=10$（次），而问题二取出四枚不同的硬币的情况则仍然要进行连线，那么最终的答案就是：一元五角，一元一角，一元五分，六角，五角五分，一角五分，这六种情况。

教学回顾：图5的连线法更简单、清晰明了，体现了数学可以用不同方法计算出答案，但不同方法各有优缺点，在具体的运用中，还需要具体问题具体分析，结合题目的复杂情况采取不同的计算方法。这一阶段的内容较为简单，难点只在于让学生理解每一个班都要和哪些班进行比赛，并且在列举时避免重复，当学生理解之后，这一系列思路一样的题就非常简单了，这一阶段的题目很适合举一反三，难度并不大，学生的反应也很快，都能一下子明白过来这类题型的解法，锻炼和培养了学生的思考能力。

（五）整合阶段

最后让学生看到书本"练习二十"的部分，先不要让学生们求解，首先要让学生们通读题目，将每一个题目的意思理解之后来进行分类，哪些问题属于排列，哪些属于搭配，哪些属于组合问题，然后让学生用对应的方法去解决已经归类好的问题。在课堂上只要求学生将所有的问题都分好类，回家之后再将题目作为知识巩固来完成。

三、教学实践与反思

引导学生使用正确的思路去解决相应的题目，这样才能使学生提升分辨题目类型并找出对应的解决方法的能力，达到"对症下药"的效果，在做题过程中少走弯路。另外，学习知识不能只依靠在课堂上的四十分钟，还需要下课之后多巩固，这样知识才能是自己的。

（一）同伴互助

同伴 1：在听课的过程之中我发现学生们的兴致都比较高涨，这堂课学习的内容都是从易到难循序渐进的，学生们解开了简单的题目之后就更容易有信心去挑战难题，我看到他们的眼睛里都是神采奕奕的，都很想做那个揭开新的题目的人，在小组讨论的时候也都很积极，不少小组都讨论到了点上，距离正确答案不远。

同伴 2：这节课的设计总体来说很不错，既能调动学生的积极性，又能高效率地带领学生学习新的知识点，只是在上课的过程中知识点有点密集，又都是重点，学生可能一下子不能完全吸收和接受,应该多带领他们练习更多的题目来巩固所学的知识。

(二) 教学反思

　　回顾这节课的教学,我认为在课堂中更要注重穿插"三教"理念,此理念能让学生在学习中受益匪浅、事半功倍。要鼓励学生多思考、多体验、多表达,部分学生没有独立做到这几点的能力,所以需要教师的引导,也就成为"教思考、教体验、教表达"的"三教"理念。学生是学习的主体,教师需要做的就是让学生意识到这一点并且努力发挥自己的主体地位,将知识自我吸收,接受来自教师的帮助,提升自己的能力。

　　为贯彻"三教"理念,这次课程特地增添了让学生自己思考、体验的环节。

　　教思考:作为三年级的学生,同学们的思考能力还处于成型阶段,他们的逻辑思维能力也较弱,教师的引导就尤为重要。这个时候教师要教给学生的不是问题的答案,而是解决问题的思路,要引导学生去理解题意、认真审题,调动学生的大脑去处理题目所给的信息。在这个过程中,教师可以通过重复题目或强调部分信息的方式,引导学生自己得出关键信息来解题。并让同学们尽力尝试去得到解开一类型题目的方法。

　　教体验:教学过程中应注重学生自己的体验,因此不能使用"填鸭式"教学,而是要学生自己在体验解题的过程中找到问题的答案,有时候尽管学生并不能完整地、正确地列举出最终的答案,还是要去鼓励学生自己尝试列举的过程,这样学生才会在教学之中有参与感和体验感,才能尽可能地让学生发自内心地想接受知识、理解知识。

　　教表达:本节课中主要的教学生表达的方式就是让学生总结自己的解题方法并表达出来,说给同学们听。说的学生自己锻炼表达能力,自己的表达清晰了,那么逻辑就会自然而然地上升,形成一个体系,听的学生则会对照说的同学的方法来检查自己的思路,看看大家所想是否一样,同时也能够形成表达的空间去装填自己的逻辑思维能力。

　　总之,"三教"理念的贯彻会让学生受益匪浅,这样的课堂教学模式能够更加突出教学的目标和重点,也更容易达到高效率课堂,让学生能够学得轻松、学得认真,这样的理念能够为学生和老师都带来教学便利,是值得所有教师去尝试并运用的教学理念。

　　数学这门学科对于美育的引入是渗透在数学的科学性和逻辑性之中的,数学并不是枯燥、乏味和繁琐的,事实上恰恰相反,数学的美是要真正对数学感兴趣、热爱数学的人才能够发现的,是一种规律而细致的美。在数学教学当中教师需要做到的第一件事就是引发学生对数学学习的兴趣和热情,为学生发现数学之美的道路打开一扇必经之门。

"轴对称图形"教学课例

陈仕菊　姚顺红　贵定县第二小学

对称是一种最基本的图形变换,是学生学习空间与图形的必要基础,是培养学生的审美意识与发展学生文化素质的一种途径,对于帮助学生建立空间观念,培养学生的空间想象力有着不可忽视的作用。认识轴对称图形,主要途径是让学生通过观察、猜测、探索、动手操作活动了解对称、对称轴等概念,初步感知了解轴对称图形的性质和特征。然而有效的数学学习活动不能单纯地依赖模仿与记忆。动手实践、自主探索与合作交流是学生学习数学的重要方式。学生只有通过自己的实践、比较、思索、发现,才能真正对学习内容产生兴趣,进而领悟,内化为自己所有。

一、教学设计

(一) 教材分析

本节课是轴对称图形教学的起始课,通过简单的对称现象使学生感受轴对称在生活中的应用,通过简单的对称图形让学生了解轴对称的基本特征,并能够找出轴对称图形的关键要素。教材以剪纸艺术为引子,让学生初步感知轴对称图形的基本特征,再通过观察、操作、交流、总结等过程,使学生掌握轴对称图形的概念和基本特征。

此外,教材还提供了丰富的素材和活动,如观察轴对称图形、找出身边的轴对称图形等,帮助学生加深对轴对称图形的认识和理解。教材中的实践活动和思考题也有助于学生拓展思维,培养创新意识和实践能力。

针对教材内容,教师可以结合实际生活和数学问题,进行有针对性地拓展和延伸,加深学生对轴对称图形的认识和理解。同时,可以通过引导学生探究不同的轴对称图形,拓宽学生的视野和知识面。在教学过程中,需要注意学生的年龄特点和认知规律,采用多种教学方法和手段,激发学生的学习兴趣和积极性,提高教学效果和质量。

(二) 学情分析

学生对轴对称图形的初步认识,主要涉及等腰三角形、正方形、圆等图形的对称轴。大部分学生能够通过动手操作、观察、想象等方式初步认识轴对称图形的一些特征。在学习的过程中,学生表现出了积极的参与热情和浓厚的学习兴趣。

然而,也存在一些问题。对于一些较复杂的图形,部分学生难以辨别轴对称图形,难以找到轴对称图形的对称轴。为了更好地帮助学生理解和掌握轴对称图形的知识,教师可以采取以下教学策略。

1. 借助实物和图片,帮助学生直观认识轴对称图形的基本特征。

2. 通过动手操作,让学生亲身感受轴对称图形的形成过程。

3. 引导学生观察、比较、讨论,发现不同图形的不同特征。

4. 针对学生难以找到对称轴的问题,教师可以引导学生从图形的形状、大小、位置等方面进行思考,逐步找到对称轴。

5. 适时组织学生开展合作学习,让学生在交流中互相启发,共同提高。

总之,二年级学生对轴对称图形有了一定的认识,但仍需教师在教学中不断引导和帮助,以促进学生对这一知识点的深入理解和应用。

(三) 教学目标

1. 美育认知目标

了解轴对称图形的概念和定义,知道什么是轴对称图形,并能够识别轴对称图形的基本特征。

2. 创造思维与表达目标

(1) 能够通过观察、比较等方法,识别常见的轴对称图形,如正方形、长方形、圆形、等腰三角形、等边三角形等。了解简单轴对称图形的对称轴数量。

(2) 能够根据轴对称图形的特点,设计简单的轴对称图形图案,并能够用简单的语言描述轴对称图形的特点。

3. 美育综合素养目标

培养学生观察、思考、分析和解决问题的能力,增强空间想象力。

通过以上学习目标,学生可以更好地理解和掌握轴对称图形的基本概念和特点,提高自己的空间想象力和创造力,为后续学习打下坚实的基础。

(四) 重点难点

1. 重点

(1) 认识轴对称图形的基本概念。

(2) 学会判断一个图形是否为轴对称图形。

(3) 理解轴对称图形的特点,即能够沿着某条线对折完全重合。

(4) 掌握常见的轴对称图形,如正方形、长方形、圆形等。

2. 难点

(1) 理解轴对称图形的形成原理,即如何通过对折、重合的方式来确定一个图形是否为轴对称图形。

(2) 识别生活中的轴对称图形,尤其是那些不太规则的图形。由于孩子们的观察能力和空间想象力有限,因此教师需要在教学中加以引导和帮助。

(3) 拓展轴对称图形的应用,如利用轴对称图形进行绘画、手工制作等,需要孩子们具备一定的创造力和想象力。

（五）设计意图

1. 培养学生的审美能力：轴对称图形是一种具有对称美和和谐美的图形，通过学习轴对称图形的特点，可以让学生感受到美的存在，从而培养他们的审美能力。

2. 提高学生的创造力和想象力：轴对称图形是一种具有规律性的图形，可以通过对折纸张、画笔等方式创造出各种不同的对称图形。通过这种创造性的活动，可以激发学生的想象力和创造力，培养他们的创新思维。

3. 培养学生的空间感知能力：轴对称图形涉及对图形的观察、分析和判断，通过学习轴对称图形的特点，可以帮助学生建立正确的空间感知能力，提高他们的空间想象力。

4. 培养学生的动手能力和实践能力：在制作轴对称图形的过程中，学生需要动手操作，通过剪纸等方式完成对称图形的制作。这种实践活动可以锻炼学生的动手能力和实践能力，提高他们的手眼协调能力。

轴对称图形在美育中的设计意图主要是培养学生的审美能力、创造力和想象力、空间感知能力、动手能力和实践能力。通过学习轴对称图形的特点，可以让学生更好地认识美、感受美、创造美，从而促进他们的全面发展。

二、教学过程

（一）片段一：感悟形状美

"我们走进自然，看看身边的环境，对称的形状其实随处可见。你看，天空中飘着的某些云朵，是对称的，仿佛艺术家精心绘制的作品；花丛中翩翩起舞的蝴蝶，翅膀也是那样对称，像是自然界赐予的美丽装饰；就连那最质朴的树叶，也遵循着对称的原则，形成奇妙的图案。这些轴对称图形，它们的形状美丽、和谐，是大自然鬼斧神工的杰作。"

"在我们的生活中，轴对称图形也无处不在。比如我们熟悉的蝴蝶、蜻蜓、五角星等，它们都具有对称的特点。仔细观察这些图形，你会发现它们在视觉上给人一种平衡、稳定的感觉。对称的形状不仅美观，而且具有很高的审美价值。我们可以通过观察这些轴对称图形，更好地理解自然的美，感受生活的美好。"

"让我们一起探索轴对称图形的奥秘吧！通过学习这些图形的特点，我们可以更好地欣赏生活中的美，发现更多的美好。愿每一个小朋友都能发现生活中的美，感受到自然的魅力！"

（二）片段二：体会创造美

在课堂上，老师正在引导孩子们发现生活中的轴对称图形，孩子们围坐在教室的一角，安静而专注。老师拿起一张白纸，轻轻地展开，上面是一朵美丽的花。她问孩子们："你们看，这朵花美不美？"孩子们齐声回答："美！"

老师接着说："那么,你们知道为什么这朵花美吗?"孩子们纷纷摇头,表示不知道。老师解释道:"因为这朵花是对称的,这种美就是对称美。"

接着,老师拿出一张纸,教孩子们如何画出对称的图形。他们开始动手操作,小心翼翼地画出蝴蝶、爱心、房子等各种轴对称图形。每个人都在专注地画着自己的作品,脸上洋溢着满满的喜悦。

最后,孩子们把自己的作品展示给其他同学和老师看。大家都被他们的作品所吸引,纷纷称赞他们的创造力和想象力。孩子们听到这些赞美,更加自信和自豪了。

老师告诉孩子们:"对称美是一种基础的美,我们可以通过创造轴对称图形来发现和创造美。只要我们用心去观察和创造,生活中处处都有美。"

孩子们在轴对称图形创造美的过程中得到体验和收获,也让他们更加深刻地认识到美的多样性。

(三)片段三:发现规律美

课上,学生们正专注于探索轴对称图形的规律美。

"老师,我明白了!轴对称图形就像个优雅的舞者,无论怎么旋转,都能保持自身的完美对称。"小明激动地说。

"是的,同学们,你们看,对称在自然界中是多么普遍的存在。蝴蝶翅膀、枫叶形状,甚至是我们的脸庞,都有这样的美。它们无论怎么翻转,都保持着相同的形状和线条。"老师一边说,一边拿起一张纸,折叠出各种轴对称图形。

"那么,同学们,你们能发现这些轴对称图形有什么规律吗?"老师问道。

"它们看起来都很漂亮!"小华回答。

"没错,它们不仅漂亮,而且有规律。比如,这些轴对称图形都有明显的对称轴,两边图形完全重合。"老师解释道。

"我明白啦!"小刚举手说,"就像我们玩的翻翻书一样,每一页都可以翻转过去,看到完全一样的画面。"

"非常好,小刚。对称不仅是一种美学原则,它也反映了自然界的规律。对称不仅使物体看起来美观,而且也使物体在功能上更加实用。"老师赞许地说。

在接下来的讨论中,学生们开始探索更多轴对称图形的应用,如建筑、艺术、时尚等。他们发现,轴对称图形在生活中的许多方面都有着重要的作用。

学生们探索轴对称图形规律美,他们通过观察、思考和讨论,不仅了解了轴对称图形的概念,还感受到了它的美学价值和现实意义。

(四)片段四:感悟简洁美

老师介绍了轴对称图形的概念。简洁地来说,一个图形沿着一条直线对折,如果两侧能够完全重合,那么这个图形就是轴对称图形。

老师拿出了一张纸,将它对折,然后剪出了一个漂亮的图案。这个图案对折后,两边完全重合。接着,老师又剪出了许多其他的轴对称图形,如蝴蝶、树叶、五角星等。

通过这些实践活动,孩子们明白了轴对称图形的特点和性质。对称轴两侧的图形完全相同,这使得它们看起来非常美丽和对称。同时,轴对称图形也具有许多实际应用,如建筑、艺术、设计等领域。

现在,孩子们已经能够熟练地识别轴对称图形了。每当看到这些图形时,他们就会想起老师在课堂上教的知识,以及那些有趣的实践活动。这些经历不仅让孩子们学到了数学知识,还感受到了数学的魅力和美感。

(五) 片段五:领悟文化美

孩子们正在探索轴对称图形的奥秘。他们通过观察、思考和实践,逐渐领略到轴对称图形所蕴含的文化之美。

"老师,我发现对称的美无处不在。"一个孩子兴奋地举起手,指着教室里的装饰画,"你看,这些图案都是对称的,看起来多么和谐啊!"

"是的,对称是一种美,也是一种文化。"老师微笑着回答,"在古代,人们通过对称的设计来表达对美好生活的向往和祝福。"

孩子们听得津津有味,纷纷表示要回家后和家长一起找一些具有轴对称性质的东西。

"老师,对称的图形是不是都有规律?"一个孩子好奇地问。

"是的,大部分轴对称图形都有共同的规律。"老师解释道,"比如,它们都有一个中心点,沿着这个中心点折叠后,左右两边能够完全重合。"

孩子们纷纷拿出纸和剪刀,开始尝试着剪一些轴对称图形。不一会儿,他们就剪出了美丽的蝴蝶、花朵等图案。

"这些图案真是太美了!"孩子们感叹道,"我们以后可以多做一些轴对称图形,送给好朋友,让他们也感受到对称的美。"

在这个过程中,孩子们不仅学会了轴对称图形的知识,还感受到了对称文化的美。他们通过自己的实践和探索,领略了对称的魅力,也更加热爱生活和美的事物。

三、教学实践与反思

(一) 实践过程

在课程中,教授二年级的学生关于轴对称图形的基础知识。轴对称是指一个图形沿着一条直线对折后能够完全重合,这种特性使得一些常见的图形,如圆形、正方形、长方形、三角形等变得有趣而美观。课程安排分为如下几个步骤。

(1) 引入轴对称的概念,展示一些典型的轴对称图形。

(2) 让学生自己动手制作一些简单的轴对称图形,如剪纸、拼图等。

(3) 学生通过手工制作,创作出自己的轴对称图案。

(4) 最后,组织学生展示和分享他们的作品,并给予反馈和建议。

（二）反思总结

优点：通过本次实践，学生不仅掌握了轴对称图形的知识，还提高了动手能力和审美能力。学生在制作过程中充分发挥想象力，创作出许多具有创意的作品，展现了他们的创造力和想象力。

不足：部分学生在制作过程中存在困难，需要教师更多地指导和帮助。此外，部分学生对于对称的理解还不够深入，需要教师在后续教学中加强讲解和引导。

改进建议：今后的教学中可以增加更多的实例和案例，帮助学生更好地理解和掌握轴对称图形的特点。同时，教师可以组织更多的实践活动，如手工制作、绘画比赛等，鼓励学生积极参与，提高他们的动手能力和审美能力。

实践收获：通过本次实践，学生不仅掌握了轴对称图形的知识，还提高了他们的观察能力、思考能力和创造能力。这些能力对于学生的未来发展具有重要的意义。同时，学生也更加欣赏生活中的对称美，提高了他们的审美观念和人文素养。

总之，本次实践对于美育具有重要意义。通过动手操作和展示交流，学生不仅掌握了轴对称图形的知识，还提高了他们的审美能力和创造能力。在今后的教学中，需要继续加强实践教学，为学生提供更多的实践机会和指导帮助，帮助他们更好地理解和掌握知识，提高他们的综合素质和能力。

参考文献

［1］中华人民共和国教育部.义务教育数学课程标准(2011年版)［M].北京：北京师范大学出版社,2012.

"认识一个物体的几分之一"教学课例

袁琴琴　观山湖区华润小学

一、教学设计

(一) 教材分析

本教学课例是苏教版小学数学三年级上册第七单元的内容,这是学生在小学阶段第一次接触分数,深入挖掘内容中呈现的"初步",要适当,不宜将内容拔高,认识一个物体的几分之一是学习分数的基础。到三年级下册和五年级,学生还会进一步认识分数。

近年来,我国高度重视学生的全面发展,"五育"并举更是在教学一线的风口浪尖。2020年10月,中共中央办公厅、国务院办公厅印发的《关于全面加强和改进新时代学校美育工作的意见》指出:"到2022年,学校美育取得突破性进展……学生审美和人文素养明显提升。"

在本课时的教学中,深入渗透美的教育,借助对分数的初步认识,培养学生发现美、欣赏美、创造美的能力。将分数的知识与美学元素紧密结合,通过直观、生动、富有艺术感的方式引导学生初步认识分数,并激发他们对数学之美的感知与欣赏,提升个体的审美素养,促进其德智体美劳全面发展。

(二) 学情分析

这个学段的学生,基本已熟练掌握整数的加减运算,能理解"整除"和"均分"的含义,能直观感受物体被均匀分割,以及部分和整体之间的关系。该阶段的学生抽象思维能力、空间观念、逻辑推理能力有一定的基础,但他们更善于在直观感受中体会数学,比如动手实践、视觉演示、合作探究等。本课时是学生第一次接触分数,难免会有一些陌生感和抵触感。因此,本节课运用感官冲击,跨学科融合教学,将这一数学知识融入到丰富的美育活动中,使学生在动手操作、艺术欣赏和创作过程中,引导学生掌握分数概念,提升学生审美能力,实现知识学习与审美教育的双重目标。通过本节课,学生不仅能掌握基础的数学知识与技能,更能领略数学的独特魅力,培养对数学的热爱与欣赏之情。

(三) 教学目标

1. 引导学生在具体的情境中初步认识分数,知道把一个物体或图形平均分成几份,每份是它的几分之一,体会数学的抽象美、简洁美以及平均分图形过程中的均衡美和对称美;能正确读、写分数,知道分数各部分的名称,体会数学的直接美;初步学会联系分数的含义,并借助直观手段比较几分之一的大小,体会数学的直观美和规律美。

2.引导学生在认识分数的过程中,进一步丰富数学活动的经验,培养观察、操作、思考和表达交流的能力,体会数学的游戏和活动之美,增强数学的可操作性,直观感受数学与生活的联系。

3.引导学生初步体会分数源于实际生活的需要,进一步感受数学与生活的联系,增强对数学的亲切感,体会数学的美学价值。了解分数在实际生活中的应用,感受分数的意义和价值,体会数学的真实美,提高学生的审美素养。

(四)重点难点

教学重点:认识一个物体的几分之一,会比较几分之一的大小,体会数学中的简洁美、对称美、抽象美等。

教学难点:理解几分之一所表示的整体与部分之间的关系,会直观比较分数的大小。

(五)核心问题

认识一个物体或平面图形的几分之一。

(六)设计思路

本课设计思路为:通过故事中主角们如何将一个漂亮的圆形蛋糕平均分成若干份,并用分数表示每个人得到的部分,引出"二分之一"的概念。紧接着学生自学第87页中间部分内容,引导学生对二分之一的含义进行理解,学会读写分数,知道分数各部分名称;由具体的物到具体的形感受二分之一;认识四分之一;练习"想想做做"第1题;分数的大小比较;练习"想想做做"第4题;说说生活中的分数,进行德育渗透;了解分数的历史由来;总结;寻找生活中的分数。

二、教学过程

(一)情境引入

通过教材中例1给的情景图,从分东西开始,引导学生分水和苹果,明确什么是平均分,通过平均分蛋糕引出半个,从而明确"半个"可以用"二分之一"表示,体会数学的抽象美和简洁美。

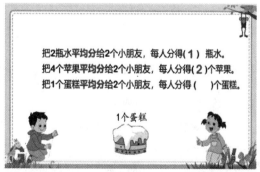

教学反思：该过程是一个导入过程,内容简单清晰,由不是平均分拔高到平均分,由平均分得整数到平均分得半个,循序渐进,为第二环节的开展做好充足准备。但是该环节中,可以引导学生试着手写数来表示平均分,让学生真实感受到表示"半个"的数具体的形式,从而从众多抽象的数中确定"半个"就表示"二分之一个",由形抽象成文,再抽象成数的过程,构建分数模型,体会抽象过程,给学生更深刻的体会,感受简洁数学符号的便利。

(二) 新知探究

1. 自学二分之一

引导学生自学,明确"$\frac{1}{2}$"的含义,学习分数的读写,知晓分数的各部分名称,体会数学的直接美。引出课题。

教学反思：自学是学生必备的技能,因此该部分采用学生自学的方式。该环节的学习是本节课的重点,也是学生学习的难点所在。特别是对于"$\frac{1}{2}$"含义的理解,学生先根据自己的理解用自己的话来说"$\frac{1}{2}$"表示的意思,根据学生的表达,结合分蛋糕的过程,由教师指导规范说出"$\frac{1}{2}$"的含义、再让学生和同桌互相说一说等环节,层层递进,引导学生深入理解此处"$\frac{1}{2}$"的含义,感受"$\frac{1}{2}$"的本质,不仅学于形,更透于神,体现数学语言的简洁、规范、逻辑清晰之美,初步感知均衡美。

这个环节处理过很多次,有很多版本,每次处理的教学顺序都不一样。其一版本:直接先教学生读、写,带着学生学习"$\frac{1}{2}$"的含义,再明确这个分数跟各部分名称,抽象出这个分数各部分的含义,形不在,神不在;其二版本:先教学生读、写,再让学生自学,给出具体要求"二分之一表示什么意思？这个分数各部分名称是什么？",学生根据问题学习,教师接着询问这个分数各部分名称是什么,问题和答案都太过于抽象,学生还是无从回答,课堂效果也不明显。其三版本:将该环节中这个分数的各部分表示的含义去掉,发现该内容的教学瞬间简单了很多,中心也全部集中在"二分之一表示什么意思？"这个问题上,不提要求,学生自学,自由

发表自己的见解,课堂思维瞬间打开了。不过学生用自己的话来描述"二分之一"所表示的含义时,表达不够充分,不够完整,不够规范,总是少"平均分",或是"分成几份"只能表达成"切成几块"等。

2. 正方形里的二分之一

从具体的物,到将分数用具体的形来表示,由生活步入数学,逐步抽象,逐步扩大范围,图像表征成了学习分数必不可少的工具。引导学生理解蛋糕的"二分之一"的同时,通过折一折、涂一涂等操作活动,理解一个正方形的"二分之一",总结归纳,明确一个物体或图形的二分之一的含义。通过折一折、涂一涂等操作活动,感受平均分图形中的均衡美和对称美。

教学反思:本环节主要让学生通过折一折、涂一涂的操作活动,感受"把一个正方形平均分成2份,每份是这个正方形的二分之一",感受对折后两边大小完全一样就是将这张正方形纸平均分的过程,并体会不管是一个物体还是一个平面图形,只要平均分成2份,每份就是它的二分之一。该环节在出示学生三种不同的方法表示这个正方形的二分之一时,充分让学生说想法,培养学生的语言表达能力,让学生学会用数学的语言表达现实世界。而不是急于求成,为教而教。

学生就"蛋糕的二分之一和正方形的二分之一一样吗"这个问题的思考还比较片面,各有思考。认为不一样的学生,均从形去思考,而不是从蛋糕和正方形本身这个物体或图形去思考,这个是课堂前面"就是它的几分之一"中"它的"理解不够具体,也就是后面学习的单位"1"指向不明确,才导致这样的问题,前面在教学蛋糕的二分之一的含义时,应该适时指出这句话中的"它"指的是谁。这样,回到这个问题来,也就迎刃而解了。不过,就问题本身而言,当问的问题较大时,可适当缩小问题范围,降低问题难度,达到"生生有话讲"的地步。

 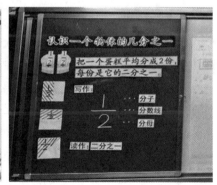

3. 认识四分之一和八分之一

激发学生学习兴趣,让学生说出自己想学的分数,顺势指出四分之一,理解四分之一表示的意思,怎么折出一张正方形纸的四分之一等,明确:把一张正方形纸平均分成4份,每份是它的四分之一。如果平均分成8份呢? 引出:把这张正方形纸平均分成几份,每份就是它的几分之一。通过折一折、涂一涂等操作活动,感受平均分图形中的均衡美和对称美。

教学反思:提前认识这两个分数,为后面学习分数的大小比较作铺垫。

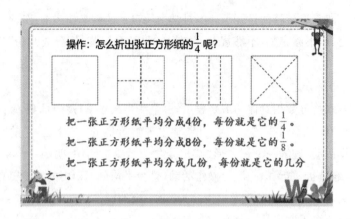

操作：怎么折出张正方形纸的 $\frac{1}{4}$ 呢？

把一张正方形纸平均分成4份，每份就是它的 $\frac{1}{4}$。

把一张正方形纸平均分成8份，每份就是它的 $\frac{1}{8}$。

把一张正方形纸平均分成几份，每份就是它的几分之一。

4. 练习："想想做做"第1题

练习本身而言，考查学生写分数、读分数、说分数的含义，并根据分数的含义会写分数。

教学反思： 本题除了达到它题意本身目的，还拓展这个图形的其他的每一份也表示的分数。层层递进，步步紧逼，明确：把一个图形平均分成几份，每份就是它的几分之一。

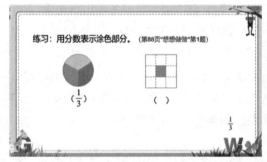

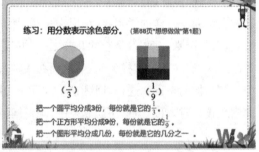

5. 八分之一和二分之一、四分之一的大小比较

同桌合作，学生通过折一折、涂一涂，在三个大小相同的圆中分别表示出二分之一、四分之一和八分之一三个分数，并明确三个分数的含义，从而比较三个分数的大小。适当引导：在相同的圆中，平均分的份数越多，每一份所表示的份数就越小。可根据课堂具体情况而定。学生通过操作、探究，在该过程中，体会数学的均衡美、对称美、直观美和规律美。

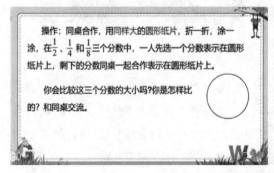

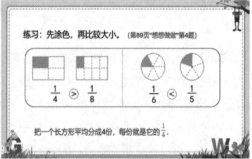

教学反思：八分之一和二分之一、四分之一的大小比较其实在教材中已经很清晰了，由易变难，有具体到抽象，让学生先比较二分之一和四分之一的大小，明确比较的方法后，再让学生结合八分之一，操作比较。不过，这个设计的一个弊端是时间不够充分，所以更改为三个分数一起表示，学生一起操作，一起比较，效果显著，可采纳。

6. 练习"想想做做"第4题

学生先涂色，再比较大小。

教学反思：除了在相同大小的圆中表示出分数，可以比较出大小，还可以在相同的长方形中用分数表示涂色，进行练习巩固。

7. 生活中的分数

引导学生先说一说生活中有哪些物品或现象表示分数，再由教师出示俄罗斯国旗、风力发电机等，适时进行和平教育、爱国主义教育等。跨学科融合，音乐与舞蹈中的分数节奏等。引导学生更好地体会分数在实际生活中的运用。

教学反思：该部分对学生进行爱国主义教育和和平教育，体会和平年代的中国给我们带来了美好生活，感受数学在生活中的美学价值，提高学生的审美素养。

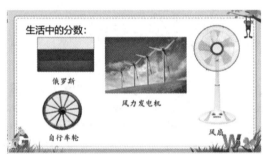 

（三）课堂总结

教师提问，指名回答，总结分享，完结本课。不仅总结本课中应学习的重难点，还需要总结学生在本节数学课中感受到的美育价值。

引导学生在具体的情境中初步认识分数，知道把一个物体或图形平均分成几份，每份是它的几分之一，体会数学的抽象美、简洁美以及平均分图形过程中的均衡美和对称美；能正确读、写分数，知道分数各部分的名称，体会数学的直接美；初步学会联系分数的含义，并借助直观手段比较几分之一的大小，体会数学的直观美和规律美。

引导学生在认识分数的过程中，进一步丰富数学活动的经验，培养观察、操作、思考和表达交流的能力，体会数学的游戏和活动之美，增强数学的可操作性，直观感受数学与生活的联系。

引导学生初步体会分数源于实际生活的需要，进一步感受数学与生活的联系，增强对数学的亲切感，体会数学的美学价值。了解分数在实际生活中的应用，感受分数的意义和价值，体会数学的真实美，提高学生的审美素养。

教学反思：该环节中，教师提问：通过本节课的学习，哪个部分让你印象深刻？举手起来回答问题的第一个学生没有清晰流利地表达出令他印象深刻的部分，而他确实有些部分印象深刻，平时的总结提问大多是"今天的学习中你有什么收获？"可能学生一时还未反应过来。教学中，我们应该合理地利用教学机智，不断调整问题难度，用学生能听懂的语言描述问题。

(四) 课后作业

让学生在课后寻找生活中的分数，感受分数在生活中的应用，体会分数在生活中的美的价值。

教学反思：如果课堂时间允许，应让学生充分在课堂中交流生活中遇到的分数，说一说生活中的分数美在哪里，再让学生课后去寻找生活中的分数。让学生充分感知、感悟。

"用字母表示数"教学课例

龙满妹　观山湖区华润小学

一、教学设计

(一) 教材分析

本节内容是苏教版小学数学五年级上册数学第八单元用字母表示数的第二课时。在学生已经学习了用含有字母的式子表示简单数量关系的基础上,再学习用含有字母的式子表示一些稍复杂的实际问题,引导他们进一步学习用含有字母的式子表示稍复杂的数量关系,会用字母表示数、简单的数量关系、运算律、公式。本课进一步研究如何用含有字母的式子表示稍复杂的数量关系,学会求含有字母式子的值,感受数学的科学严谨之美。让学生经历用字母式提炼事物数量关系的抽象过程,体会数学对应思想、函数思想和模型思想。通过本节内容的学习,学生学会用字母表示复杂的数量关系,从中发现数学的简洁美。

(二) 学情分析

在此之前,学生已经初步理解用字母表示数的方法,会用含有字母的式子表示简单的数量关系和计算公式,会根据字母所取的值回答出相关式子的值。五年级的学生生活经验比较丰富,对世界充满了好奇心,对美也有自己的理解,但学生很少体会数学的科学严谨之美。通过本节课的教学,我将从数学的简洁美和数学的严谨美来让学生再次体会数学中的美是无处不在的,只要拥有一双发现美的眼光。

(三) 教学目标

用含有字母的式子表示稍复杂的数量关系和计算公式,能够代入计算含有字母的式子的值,体会数学的科学严谨之美。

让学生经历把实际问题用含有字母的式子进行表达的抽象过程,体会用字母表示数的简洁和便利,发展符号意识,体会数学的简洁美。

通过用含有字母的式子表示数量关系,培养学生观察生活中数学美的习惯。

(四) 重点难点

重点：能正确运用字母表示稍复杂的数量关系,会代入计算。

难点：掌握用字母表示数量关系的特点,以及代入计算的一般规律。

(五) 核心问题

用含有字母的式子表示稍复杂的数量关系、值的代入计算。

(六) 设计思路

由于本节课是第二课时,就以复习的形式进行导入。设计目的是让学生在以前学习的基础上明确今天要学习的知识。本节课教学环节首先是让学生通过观察摆小棒的图片,找到三角形的个数和共用小棒的根数之间的关系,再根据数量关系用含有字母的式子表示它们之间的关系,从而感受到数学的科学严谨之美。其次,通过帮助老师解决倒橙汁的生活实际问题,学会用含有字母的式子表示稍复杂的数量关系和公式,以及代入计算的格式和方法。同时让学生感受生活中待人接物的优良传统,也体会数学的简洁美。再次,利用三角形公式进行代入求值的方式求三角形面积的例题的讲解,让学生感受到数学的魅力,感受到代入公式求值的严谨性。最后我设计了几道题目,目的是让学生在前面学习了之后及时进行巩固复习,查缺补漏。

二、教学过程

(一) 片段 1:寻找数量关系,体会数学的科学之美

(1) 教学例 4,课件出示例 4 的图片(出示 1 个三角形)

师:摆一个三角形需要几根小棒?

生:3 根。

师:像这样接着再摆一个三角形,多用几根小棒?

生:多用 2 根小棒。

师:为什么是多用 2 根小棒而不是 3 根小棒呢?

生:因为有一根小棒是公用的。

师:那同学们总共又用了几根小棒呢?

生:5 根小棒。

师:那同学们所用小棒的总根数可以怎样用一个算式来表示呢?

生:3+2。

(师生共同填写表格。)

增加的三角形个数	1	2	3	
共用小棒的根数	3+2			

师:3+2 中 3 和 2 分别表示什么意思呢?

生:3 表示的是摆第一个三角形需要 3 根小棒,2 表示的是增加一个三角形需要增加两根小棒。

师：3+2表示原来一个三角形需要3根小棒，像这样摆再增加一个三角形后一共多用了2根小棒，所以增加一个三角形，一共用小棒的根数就是3+2根。

师：同学们，如果我们再这样接着继续摆，再摆一个三角形，又要多用几根小棒？一共需要用多少根小棒呢？

生：多用2根小棒，一共需要7根小棒。

师：那现在又可以怎样用算式来表示共用小棒的根数呢？

生：3+2+2。

师：你是怎么想的？

生：增加一个三角形，小棒的根数就要增加2根，增加两个三角形，小棒的根数就要在原来围一个三角形需要三根的基础上加上两个2。

师：那我们现在可以用更加简便的算式来表示共用小棒的根数吗？

生：3+2×2。

（师及时板书。）

增加的三角形个数	1	2	3	
共用小棒的根数	3+2	3+2×2		

师：这里的两个2你觉得它分别表示的是什么？

生：3表示最开始摆的一个三角形所用的三根小棒，前面的这个2表示的是增加1个三角形多用的小棒的根数，乘2表示增加了2个三角形，也就是增加了两个2根。

师：那同学们，像这样接着再增加一个三角形，一共需要多少根小棒？你们能试着写出算式吗？

生在课堂练习本上试一试。

及时发现学生的做法进行展示，交流得到3+2×3。

增加的三角形个数	1	2	3	
共用小棒的根数	3+2	3+2×2	3+2×3	

在交流展示的过程中，请学生来说一说算式的意义。

师：如果增加4个三角形，没有图片，你知道共用多少根小棒？又可以用怎样的算式来表示吗？

生尝试写算式，并及时汇报。师生一起把表格填写完整。

增加的三角形个数	1	2	3	4
共用小棒的根数	3+2	3+2×2	3+2×3	3+2×4

师：三角形的个数还可以继续增加，那同学们如果继续这样增加下去的话，增加的三角形个数和共用小棒的根数有什么关系？请你先思考一下，再把你的想法和你的同桌交流。

师：现在哪位同学来说一说你的想法。

生：每增加1个三角形，就要增加2根小棒；增加几个三角形，共用小棒的根数就是3加几个2的和。

师：通过观察上面的表格我们发现每增加1个三角形，就要增加2根小棒；增加几个三角形，共用小棒的根数就是3加几个2的和。

提问：那同学们如果用 a 表示增加的三角形个数，共用小棒的根数可以怎样表示呢？

生：$3+2×a$。

师：这里的乘号可以省略吗？

生：可以省略写成 $3+2a$。（师及时填写表格。）

增加的三角形个数	1	2	3	4	……	a
共用小棒的根数	$3+2$	$3+2×2$	$3+2×3$	$3+2×4$	……	$3+2a$

小结：像这样的含有字母的式子就是较复杂的式子，因为这个式子里面既有乘法又有加法。

师：这里的 a 可以表示哪些数？

生：所有的数。

师：那如果要让你摆1.5个三角形的话能摆出来吗？

生：不能。

师：那这里的 a 只能是哪些数呀？

生：（0、1、2、3、4、5这样的数）因为是三角形的个数，所以只能是自然数。

师：像这样的数就是自然数。

师：那同学们如果 $a=8$，共用多少根小棒？请你口算一下。

生进行口算。

师：谁愿意来说一说你的答案。

生：19。

师：你是怎样算的呀？

生：用8代替 a，8乘2等于16，再用16加3得19。

师：如果 $a=15$ 呢？又需要多少根小棒呢？

生：33根。

师小结：同学们，根据这个含有字母的式子，知道增加三角形的个数，很快就能计算小棒的需要根数，这样使我们的计算变得非常的简便，这就是数学的魅力，这就是数学的科学严谨之美。

通过这个教学片段,学生在学习的过程中感受到数学的重要性,学生也能在学习中学会用含有字母的式子表示稍复杂数量关系的方法,同时在学习中感受数学学习的便捷之处,也从这个例题让学生发现数学的科学严谨之美。但是在教学的过程中还需要用更加简洁的语言,更丰富的评价语言来评价学生的回答。在教学中要关注学生的学习情况,根据实际情况对教学进行及时的调整,本节课就可以根据学生的回答把握课堂的节奏,争取每个环节之间的衔接流畅而简洁。

(二) 片段 2:深感简洁之美,感受数学魅力

师:同学们,周六老师家里来客人了,我用橙汁来招待客人,遇到了一个困扰我的数学问题,你能帮助我解决这个问题吗?

同学们,请看橙汁的图片,通过这幅图你能得到哪些数学信息呢? (同时展示倒橙汁情境图)

生:知道这个冷水壶里原来有 1 200 毫升橙汁,每个杯子能装 x 毫升橙汁。

师:问题是什么呢?

生:冷水壶里还有多少毫升橙汁。

师:那同学们,现在你能用式子表示冷水壶里还剩多少毫升橙汁吗? 请在你的课堂练习本上试一试吧!

生在练习本上完成。

师展示不同学生完成情况(找到 $1100-x-x-x$、$1100-3\times x$、$1100-3x$)。

师:(指着 $1100-x-x-x$ 问):这是哪个同学的做法,能来说一说你是怎么想的吗?

生:用总的橙汁量依次减去每个茶杯中橙汁的毫升数,最后算得还剩橙汁的量。

师:$1100-3x$ 这又是谁做的呢? 谁愿意来说一说是怎么想的吗?

生:是先求出 3 个茶杯中橙汁的总毫升数,然后将冷水壶中橙汁的总毫升数减去 3 个茶杯中橙汁的总毫升数,最后求出冷水壶里剩下橙汁的毫升数。

师:那同学们,这两个同学的做法中你最喜欢哪种做法呢?

生:$1100-3x$。

师:为什么呢?

生:因为这样的写法很方便简洁。

师:是的,这就是我们数学上的简洁美,以后同学们在写含有字母的式子的时候要写成最简洁的形式。

师:同学们请看,如果老师给大家说一个杯子能装 250 毫升的橙汁,那你能算一算还剩多少橙汁吗?

及时展示问题二:根据 $1100-3x$ 这个式子,求 $x=250$ 时,冷水壶里还剩多少毫升橙汁?

生进行计算。

师:同学们算得多少呀?

生:350。

师：老师也算得350，同学们来观察一下老师的书写格式和你们的书写格式有什么不同呢？（及时展示第二问的答题方法）

生：没有像老师那样前面写了 $1100-3x$ 这个代数式，而且没有写当 $x=250$，还多写了单位。

师：你观察得很仔细，描述得也很清楚，在这个题目的解答过程中，我们是用250来代替 x 进行计算的，因此，我们在前面需要加上这个含有字母的式子。

而当 $x=250$ 也是不能少的，因为我们这里的 x 不仅仅是250还可能是其他的数，在这里，当 x 等于250时，才算得这样的结果。如果 x 换成另外的数字结果又不同了，所以我们要说明当 x=250 时才有这个结果。

师：这里我没有写单位，我写错了吗？

生：没有。

师：是的，同学们要注意这里是不能有单位的，这是因为字母本身表示的都是数，所以这里的计算结果也是数，在数后面加了单位后就变成了数量，因此这里不能加单位。

师：那同学们根据刚刚的学习，请把你的解答订正规范吧！

师：答的时候需要写单位，以后再遇到这样的题目时要记得规范地进行书写。

教学反思：通过这个教学片段，学生明白在教学过程中应该怎样进行数学的学习，也让学生了解到数学的简洁之美。通过倒橙汁招待客人的生活实际问题，培养学生良好的道德感，培养学生待人接物的基本礼仪。在本片段的教学中，学生能够找到数量关系并且用含有字母的式子表示出来，但是在教学中还是要关注学生情况，让学生学习的体验感更强。

三、教学实践与反思

(一) 同伴互助

袁老师：整节课的语言比较亲切，学生的表现也很不错，在教学中基本是做到了激发学生自主思考，并且认真思考和完成练习。但是在教学过程中只关注到了部分学生的情况，有少部分学生的学习没有关注到。

杨老师：这节课总体比较成熟，教学环节完整，设计合理。但是整节课教学过程中的节奏感不够强，根据学生的程度可以把这个教学环节设计得更加简洁一些。比如在例题讲解之后再进行练习，练习的处理不需要像我们的课本这样——展现，而是想办法把练习进行改编融合，通过一个题目就把所有需要复习巩固的知识呈现出来，从而加快我们上课的节奏，同时节省时间，提高课堂效率。

(二) 教学体验与反思

1. 立足课本，提升课堂效率

对于五年级的学生来说学习内容难度越来越大了，这时候就要多关注课堂的教学，课堂的教学既要关注数学课程本身的教学目标以及核心素养的落实，还需要建构高效的课堂。在教学中要把每节课中教学内容和"培优辅差"紧密联系在一起才能够提升课堂的效率,而且还要关注到所有的学生,根据不同学生的层次进行教学。像这节课,如果还需要再进行设计的话,可以把课的节奏感增强,节省每个环节用到的时间,而且要精用我们课本,在立足课本的同时精心设计练习题,这样才能提高课堂学习的效率。总而言之,在教学中一定要关注课堂,关注我们的教材,关注学生的实际情况,对教材进行有益的重组使用。

2. 精心设计情境,增强学生体验感

通过学生的感悟和体验,我清楚地了解到学生只有真正地喜欢数学才能激发他们学习的兴趣,特别是情境的创设对于学生来说是比较有吸引力的,在教学中要关注学生的学习情况,对于学生来说,创设和生活相关的情境会让他们印象很深刻。因此,在以后的教学中,要多创设与学生生活紧密联系的情境,让学生感受数学的美,让学生对数学有真实的体验感。

"认识平均分"教学课例

汪馨　观山湖区华润小学

一、教学设计

(一) 教材分析

平均分是苏教版小学数学二年级上册第四单元的内容,它是较难理解的数学概念,是学生学习除法的开始,也是今后学习除法的基础,对除法的学习有着举足轻重的作用。要突破除法学习的难点,关键是理解"分",尤其是"平均分"。教材设计了各种情境,并结合学生的实际生活,向学生提供了充分的实践机会,通过观察了解"每份同样多",引出"平均分",再让学生充分参与平均分,分各种实物,让学生建立起"平均分"的概念,学生多次经历"平均分"的过程,并在头脑中形成相应的表象,为学生认识除法打好基础。学习平均分能够体现美的方式如下:通过教学,学生充分参与平均分的过程,体会生活中很多事物都能够被均分,在不知不觉中渗透人人平等的思想。

(二) 学情分析

本节课的授课对象是二年级的学生,从心理特征来看,他们对于新鲜的知识充满着好奇心和强烈的求知欲,但他们的思维发展还属于具体运算阶段,需要将知识建立在具体表象上。从认知状况来说,学生在生活中有过分物的经历,知道分物的方式,对"平均分"有些感性认识,能够为本节课的分物活动提供实践基础。

(三) 知识点

知道什么是平均分,会根据要求将物体进行平均分。

(四) 教学目标

1.让学生经历平均分物体的活动,初步感知平均分的特点,体会平均分的含义。

2.会按要求进行平均分,初步了解平均分的方法。这也是教学的难点。

3.让学生在活动中培养动手操作能力和语言表达能力,提高学习数学的兴趣,并逐步形成自主探索的意识以及与同学合作学习、相互交流的态度。

4.通过教学向学生渗透朴素的人人平等思想。

(五) 重点难点

重点:经历平均分物体的活动,初步感知平均分的特点,体会平均分的含义。

难点：会按要求进行平均分,初步了解平均分的方法。

(六) 核心问题

1. 会根据要求进行平均分。
2. 会用规范的语言表达平均分的结果。

(七) 设计思路

1. 操作比较,建立概念。
2. 自主完成,体会方法。
3. 启迪思维,深入概念。
4. 巩固方法,体会思想。
5. 升华主题,弘扬精神。

二、教学过程

(一) 片段一：操作比较,建立概念

师：我带来了一个谜语,看看你们能不能猜出来。

粉红脸蛋长满毛,尖嘴背上架座桥。

一口咬下甜如蜜,营养丰富价值高。

(打一水果)

生：桃子。

师：没错,是"猴哥"爱吃的桃子。今天这节课我们就从桃子开始。

师：看,这里有 6 个桃。请同学们齐读一遍题目。

生：有 6 个桃,分成两堆可以怎么分?

师：你会分吗?

明确要求：我有一个要求,你们先用 6 个圆片代替这 6 个桃子来分一分,再和同桌说说你是怎么分的。清楚要求了吗? 拿出你的圆片开始动手吧。

生动手操作。

师：谁来说说你是怎么分的?

生 1：我是一堆 3 个,另一堆也是 3 个。

生 2：我是一边 2 个,一边 4 个。

生 3：我是一边 1 个,一边 5 个。

师：把 6 个桃分成两堆,我们有这些不同的分法。在这三种分法中,哪一种最特别? 特别在哪里?

生：我觉得第一种最特别,因为它两边都是 3 个桃。

师：像这样的分法,在数学里面我们叫做平均分。

师（指着其他两种）：这样是平均分吗？为什么不是平均分？

生：不是，因为它一边是 2 个一边是 4 个，两边不一样。

师：你能用自己的话来说说看什么是平均分吗？

生：都是平均的。

师：怎样分才平均？

生：一样多。

师：大家赞同吗？这个词用得真好，老师把你们的观点记录在黑板上。像这样，我们分东西的时候，如果给每个人分的都同样多，是不是更公平一些？

生：对。

师：其实每份分得同样多，就叫作平均分，今天我们就来认识平均分。像这样，一堆可以说成一份，这一份是几个？

生：3 个。

师：每份都是 3 个，每份分得同样多，就是平均分。我们可以这样来说，6 个桃，每份 3 个，分成两份。

师：想一想。这 6 个桃子除了可以这样平均分，还可以怎样平均分？

师：先用圆片分一分？和同桌说说你的分法。

生动手操作。

师：你是怎样平均分的，能用像上面这样的话来解释一下吗？

生：我是一堆 2 个，一堆 2 个，再一堆 2 个。

生：我是一个一个放的。

师：根据你们的想法，把 6 个桃平均分有那么多分法，老师看见这些分得都不一样，但是为什么你们都觉得它们都是平均分呢？

生：因为它们都是同样多的？

师追问：你说的同样多的，指的是什么同样多？

生：比如第一种都是 3 个，第二种都是……

师：哦，也就是说不管分成几份，只要保证每份分得同样多，就是平均分。

师：同学们想一想，我们在给别人分东西的时候，是每个人分的一样多好，还是不一样多好？

生：一样多好！

师：为什么呢？

生：这样公平。

师：同学们真棒！

教学反思：学生在此之前就有过分物经历，让学生把 6 个桃分成两堆，知道分得的结果可以相同也可以不同，由此引出平均分的概念。通过引导，学生逐步形成平均分的思想，在生活中形成人人平等的美学思想。再让学生经历将 6 个桃平均分的过程，发现不管分成几份，只要每份分得同样多，就是平均分，再次巩固平均分的概念。

(二)片段二：自主完成，体会方法

师：你们表现得太好了，老师再给你们 2 个桃。现在一共有几个桃了？

生：8 个桃。

师：请同学们读一遍题目。

生：8 个桃，每个小朋友分 2 个，可以分给几个小朋友？

师：我有一个疑问，"每个小朋友分 2 个"是什么意思呢？

生 1：就是每个小朋友要有 2 个。

生 2：2 个给一个小朋友。

师：也就是要几个几个地分？

生：2 个 2 个地分。

师：是这样的吗？（2 个圈成 1 份）

师：请你照着这个样子，在数学书上自己先分一分再填空。

生自主完成。

师：能分给几个小朋友？

生：4 个。

师：我们一起圈一圈。

师带生边圈边数。

师：像这样 2 个为一份地分，分几次刚好分完？

生：4 次。

师：也就是可以分给几个小朋友？

生：4 个小朋友。

师：这样是平均分吗？为什么？

生：是平均分，每份都是 2 个。

师：所以像这样每几个一份地分，也是平均分。

教学反思：让学生将 8 个桃 2 个一份地分，知道分 4 次刚好分完，就是可以分成 4 份，也就可以分给 4 个小朋友，初步了解平均分的方法，体会每几个一份地分，也是平均分，再次巩固平均分的概念。

(三)片段三：启迪思维，深入概念

师：你会平均分了吗？考考你，下面的哪种方法是平均分？

生：第二种。

师：你是怎么判断的？它是怎样平均分的？

生：每堆都是 3 个，分成了 3 堆。

师：为什么第一种不是平均分？

生：第一种一边是 4 个，一边是 5 个，它们不一样多。

师：如果要让它变成平均分，你有什么好办法？和同桌说说你的想法。

生 1：右边增加 1 个。

师：为什么右边增加 1 个就变成平均分了？

生 1：这样两边就都是 5 个了。

师：同样多了。真是个好方法,还有其他方法吗？

生 2：左边去掉 1 个苹果。

师：这样为什么也可以变成平均分？

生 2：两边都是 4 个,两边同样多。

师：刚刚我们增加或者减少苹果能够使这堆苹果平均分。但这样就改变了苹果的总数。能不能在不改变总数的情况下进行平均分呢？

生 3：右边拿出 2 个,左边拿出 1 个,这样每份都是 3 个。

师：你这样就分成了几份？

生 3：3 份。

师：嗯,也可以改变份数变成平均分。

师：还有没有更简单的方法？

生 4：把左边的 1 个切成两半。

师：谁懂他？（请一生重复）

生重复师动画演示。

师：这样是不是平均分？你的方法真是与众不同。

师：同学们看,我们把总数改变了可以创造成平均分,不改变总数也可以变成平均分。我们改变份数也能够变成平均分。但他们都有一个前提——每份都分得同样多。

教学反思：通过对平均分和不平均分两个实例的比较,再次凸显平均分的本质含义,以强化学生对平均分的认识。再深入挖掘：怎样让第一种也变成平均分呢？从而启发学生思维。

(四) 片段四：巩固方法,体会思想

师：刚刚我们一直在分圆片,该让圆片休息了,请同学们先把圆片收到文具盒里,接下来该哪个小东西登场了？

生收圆片拿小棒。

师：现在老师要提出新的挑战,你敢应战吗？齐读题目。

生：12 根小棒,如果每 2 根一份,可以分成几份？

师：清楚要求了吗？先自己用小棒摆一摆,再和同桌说一说你的做法。

生操作小棒,师巡视。

师：我刚刚收集了几幅作品,我们一起来看看。（展示错例）

师：和你的一样吗？和你哪里不一样？

生：他是 6 根 6 根地分。

师：你的意思是他分得不对是吗？

生：是的。

师：那你是怎么分的？

生：2 根一份,2 根一份,我分成了 6 份。

师：(展示对例)所以每 2 根一份,就是几根几根地分？

生：2 根 2 根地分。

师带生一起数。

师：可以分成几份？

生：6 份。

师：所以不要看到"2",就觉得是分成 2 份,这里的"2"指的是每 2 根一份。刚刚错的同学,你们明白了吗？

师：现在会分小棒了吗？那我加大难度,每 3 根一份、每 4 根一份呢？赶快动手分一分。

过程如上。

师：停下前进的脚步,看一看、读一读,你有什么发现？

引导：竖着看,2 根一份,3 根一份,4 根一份……每份的根数越来越多;横着看,6 份、4 份、3 份……份数越来越少。

师：同样多的小棒,每份的根数越多,分成的份数就会越少。

教学反思：学生充分感知把一些物体每几个一份地分的过程,巩固平均分的方法。最后引导学生观察比较,发现每份数越多,分得的份数就越少,体会极限思想。

(五) 片段五：升华主题,弘扬精神

师：不知不觉这节课接近尾声了。你印象最深的是什么？

生 1：我知道了平均分。

生 2：我会分小棒。

生 3：我会用圆片和小棒平均分。

生 4：我知道了要想每个人得到的东西一样多,需要平均分。

师：不仅数学中有平均分,其实我们的生活中也有过许多平均分的现象,你能举例说一说吗？

生 1：一人一双筷子。

生 2：一人一个碗。

生 3：一人一张凳子。

师：生活中的平均分故事太多了！平均分一分,你有我也有。这种公平公正一直是中华人民所追求的价值观。希望同学们学习数学中的理性科学精神,成为一名公正的人。

教学反思：让学生通过交流,知道生活中也有许多平均分的故事,感受数学与生活的联系,最后升华主题,借平均分弘扬中华传统精神,体现数学的精神美。

三、教学实践与反思

(一) 学习体验

学生1：我知道了平均分的含义。分圆片和分小棒、同桌一起讨论可以帮助我们印象更深刻。

学生2：一开始"猴哥"的谜语，让我很好奇是什么。平均分桃子的方法越来越多就更有趣了。平均分可以说成平均分成几份，每份几个，也可以说成，每份几个可以分成几份，我以后会灵活运用平均分。

学生3：平均分桃子让我知道了平均分，平均分就是把一些事物平均分成几堆，每堆都一样多。

(二) 同伴互助

包老师：教师根据学生已有的知识经验，从学生熟悉的生活情景"分桃"入手，先让学生思考"可以怎么分"，继而引导学生在实践中体验什么是平均分。整节课以学生为主体，关注课堂的生成，让学生在足够的空间中经历观察、操作、表达等活动，体验知识的抽象过程；在动手、动口、动脑的合作交流中，体会数学思想，获得数学方法，为后面的学习进行了很好的铺垫。

杨老师：教师紧扣教学目标，重难点突出，条理清晰。教师采用自主探究和小组讨论的方式，让孩子亲历平均分的过程，教学活动扎实有效。板书设计巧妙，充分体现了教学的重点和难点。通过分一分、圈一圈、说一说等活动，层层递进，引发学生思考。

吴老师：例题处理得当，把6个桃进行平均分时，对比了不同的平均分法，加深了学生对概念的理解。分小棒时，通过分析学生的错因，让学生掌握平均分的方法。

四、教学体验

(一) 把握学习起点，正确诠释内涵

我们要将自己的教学起点放在学生的学习"最近发展区"内。通过课前了解，二年级的学生在实际生活中大多数都有分物的经历，对"平均分"有些感性认识，能用自己的语言对分物结果进行简单描述，但缺少平均分物的实践经验，只是停留在"分得的结果一样多才公平"的简单层面上，对平均分的过程及方法并不了解，因此本课的教学重点应放在引导学生经历平均分的过程及建构平均分的概念本质上。一个概念的学习，要经历感知—抽象—概括—巩固四个阶段。而感知是小学生获取数学知识的前提，学生只有通过对感性材料的观察、触摸、操作等活动，才能抽象并概括出相应的数学知识。课堂伊始，通过让学生分桃，感知"每份同样多"，当学生在头脑里建立了"分"及"每份同样多"的知识表象时，揭示平均分的概念。再通过动手操作、观察、描述、比较，充分经历平均分物的过程，逐步让学生熟悉平均分的过程及

方法。

因此,本课的重心在于建立平均分概念。在概念建立中,要抓的核心是"每份相等"和"份"。每份相等,即每份同样多。至于"份"的概念,如6个物体平均分成3份,首先要让学生理清什么是"份",教师要组织学生圈一圈表示份数,此时的圈圈点点很关键。

(二) 经历分物过程,感悟平均思想

让学生经历各种平均分实物的过程,根据不同要求进行平均分,了解平均分的不同情况,将平均分的概念动态化、表象化,更利于学生对平均分的理解与平均分方法的掌握。

例2呈现8个桃,每两个小朋友分2个的的情境图,意图突出平均分的过程。在教学中将"每2个桃分给一个小朋友"的具体化,让学生经历每2个圈成一份,每份分得的都同样多,知道每几个一份地分也是平均分。练习题中出示两幅图,对两幅平均分的图进行描述,然后出示要求判断是否是平均分,并组织学生再创造,体会平均分方法的多样性。试一试中分小棒,除了巩固每份同样多外,更侧重的是"份",平均分为几份。引导发现几种平均分法中每份数和份数之间的关系,最后小结:同样多的小棒,每份数越多,分成的份数就越少,体会极限思想。同时与之前平均分6个桃的结果进行对比,发现每份分的数量越多,分成的份数就越少,达到首尾呼应的效果。

"六连方的秘密"教学课例

王智烨　习水县第十一中学小学部

一、教学设计

(一) 知识点

六连方转化成正方体(基于人教版教材五年级下册数学"长方体正方体的认识"的拓展课)。

(二) 学习背景

1. 选题分析

本节课是人教版五年级下册中关于长方体和正方体的认识之后的一个拓展学习内容,人教版教材中没有这部分内容,北师大版和苏教版教材中都有"展开与折叠"的新课教学,但与本课的教学起点有所不同,"展开与折叠"是基于正方体,沿着棱剪开得到一个平面展开图,由体到面,而本课是从35种六连方入手,通过观察、猜想、验证找出哪些能围成正方体,并发现特征,由面到体。本节课是学生对长方体、正方体特征认识的延伸,旨在通过操作、观察、思考,发现能围成正方体的六连方的特征,并能根据所发现的规律、特点快速判断一个六连方能否围成正方体,帮助学生进一步认识平面图形与立体图形的关系,增强学生的图形识别能力与探究能力,丰富学生的几何直觉和空间观念,同时为后续表面积的学习做好铺垫。

2. 学情分析

学生在一年级的时候已经初步认识过常见的几种立体图形,五年级是对正方体的再认识,学生学习数学的兴趣较浓,有着强烈的探索求知欲望,学生间相互评价、相互提问的积极性高,学生已经具备了初步的动手操作能力,参与有关实践探究活动的热情应该是比较高的。但之前并没有接触过平面图形到立体图形的转化,抽象思维能力和空间想象能力比较弱,学生想要直接判断出能围成正方体的六连方有一定难度。为此在教学的设计中,应加强策略指导,让学生在有限的时间里,获取最有效的方法,进一步发展空间观念,让学生体会平面与立体的转化与联系,将作为本节课的一个教学重点。

3. 核心问题

怎样的六连方能围成正方体?

(三) 教学目标

1. 发现能围成正方体的六连方的特征,知道哪些六连方能围成正方体。

2. 在观察、想象、操作、推理等活动中,实现正方体与六连方的转化,初步建立空间观念,同时积累数学活动经验。

3. 在数学活动中,调动学生学习的内在动力,体会分类的思想方法,体验探索过程带来的乐趣。

(四) 重点难点

重点:通过动手想象、操作,知道哪些六连方能围成正方体,发展空间观念。

难点:发现 11 个能围成正方体的六连方的特征,并能准确判断是否能围,进一步积累空间与图形的学习经验。

二、教学过程

(一) 第一环节:认识六连方,感受图形的变换美

师:同学们,老师用正方形摆一摆,请同学们数一数,我一共摆了几个?

生:6 个。

师:我把这 6 个正方形边与边连在了一起,你看我还可以这样摆,这样摆……像这样,6 个同样的正方形,边与边相连所组成的平面图形,有一个名字,叫做六连方。

课件出示:请看这些都是六连方,还有没有其他样子的六连方呢?

生:有。

师:其实课前同学们画的图形都是六连方,老师选出了几个同学的作品(展台展示),看这两位同学画的,你发现了什么?

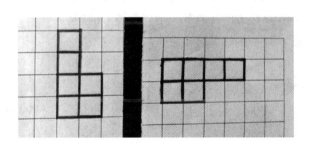

生 1:我发现他们画的不一样。

生 2:我发现这两个六连方可以变成一样的。

师:哦?是这样吗?你想怎样变一变?(学生上台动手试一试)

生 1:旋转一下,就能变成一样的了。

生 2:把第一个顺时针旋转 $90°$,就能一样了。

生 3:或者把第二个逆时针旋转 $90°$,就能一样了。

师:真好!旋转这个词用得很准确,旋转让六连方动了起来。再看看这两位同学画的,怎样才能变成一样的呢?

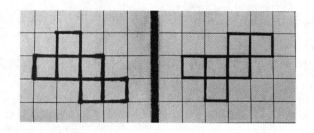

学生上台动手试一试！（全体学生笑了，转来转去也不一样）

生：旋转不行，我想翻过来试一试！

师：翻过来在数学里可以叫什么？

生：翻转。

（老师把其中一个六连方进行翻转，果然一样了）。

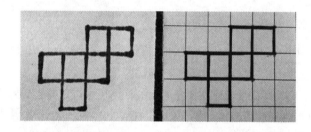

师：刚才我们发现看起来两个不一样的六连方，把它旋转或翻转了一下，就变得一样了。今天我们就要让六连方动起来，一起去发现——六连方的秘密。（板书课题）

教学反思：认识六连方是 6 个同样的正方形边与边连接而成的，结合课前学生所画六连方图，通过两次对比活动，观察到六连方图进行旋转或翻转以后，发现看似不同实则形状没有改变，避免后面出示 35 个六连方时还有其他不同六连方的疑虑。让学生在观察发现中开始思考，激发学习的欲望，为后面的学习做好铺垫。

（二）第二环节：大胆猜想，经历图形的转化美

师：老师整理了一下，把同学们重复的、相同的去掉以后，得到了这些不同的六连方，看看一共有多少个？

生：35 个。

师：咦！六连方，你有没有联想到哪一种立体图形？

生 1：我联想到了正方体。

生 2：我也联想到了正方体，因为正方体有 6 个面，而且都是正方形。

师：是呀！说得有道理，很有想法。今天这节课我们要学什么，你感觉到没有？

生 1：我觉得可能是找找六连方和正方体的联系。

生 2：我感觉六连方可以拼成正方体，正方体可以拆成六连方。

生 3：有的六连方可以得到正方体，有的不能。

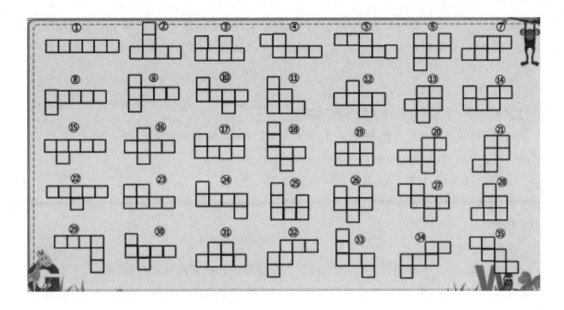

师：很会思考，具有数学的眼光！今天我们就来围一围、找一找，看看到底哪些六连方能围成正方体。

师：瞧！老师带来了几号六连方？

生：8 号。

师：它能围成正方体吗？

生：不能。中间一行围成一圈要 4 个面就行了，这里有 5 个面，多出来了一个，而上边又没有面，所以不能围。

师：有理有据，善于推理的孩子。你能再找一找，猜一猜，还有哪个六连方也是不能围的？

生 1：2 号不能围，因为下面没有，上面多出来一个面。

生 2：3 号，27 号，31 号也不能围，上面多出一个面，下面没有。

生 3：我发现 15 号，22 号不能围，和 8 号一样，周围多出一个面，而上面没有。

……

师：刚才我们受到 8 号的启发，发现了这么多不能围成正方体的六连方，哪个六连方能围成正方体，你找到了吗？

生 1：9 号能围，周围正好 4 个面，上面 1 个，下面 1 个，所以能围。

生 2：10 号和 9 号一样，围成一周正好有 4 个面，上下各一个。

生 3：24 号中间一行有 4 个，上面、下面各一个，也是能围的。

……

师：好多孩子都有了自己的猜想，空间想象力真强，你们让六连方在自己的脑海当中动了起来，老师为你们点赞！

教学反思：由 8 号六连方引出能围和不能围，搭建思维桥梁，多数学生能从 4 个围成前后左右面,上下各一个面的角度进行转化,发挥空间想象进行合情推理,在头脑中形成平面转化为立体的表象,初步构建 1-4-1 型立体模型。学生经历平面到立体转化过程,感受其中的美。

(三) 第三环节:验证猜想,探索数学活动的美

师:还有剩下的一些六连方,也许对于大家有困难,也许还不太确定,都没有关系,我们可以一起来想一想,可以怎么解决呢?

生:可以把六连方剪下来,亲手围一围就知道了。

师:是呀!动手实践是学习的好方法。我们就一起来小组合作,找出能围成正方体的六连方有哪些。

小组合作。

教学反思:小组合作进行分类,充分经历大胆猜测——操作验证的过程,把 35 个六连方分成能围和不能围两类,学生享受学习乐趣、享受集体智慧的美的同时,为第二次观察、分类做好准备。

(四) 第四环节:分类梳理,发现数学模型的美

1. 能围的

生:我们找到了 11 个六连方能围成正方体。

师:这 11 个六连方中哪些具有相同的特点?

生:9、10、12、16、24、30 号六连方,他们的中间一行都有 4 个正方形,上下各放一个。

师:是的,我们把它叫做 1-4-1 型。

生 1:20、27、34 号,中间一行都有 3 个正方形,上面一行有 2 个,下面一行有 1 个。

生 2:可以叫做 2-3-1 型。

生 3:我发现剩下两个很有特点,它们每行都一样多。

生 4:它们像梯子,可以叫梯子型。

生 5:可以叫 2-2-2 型和 3-3 型。(师板书)

师:我们把 11 个六连方分成了四类。分别是 1-4-1 型、2-3-1 型、2-2-2 型和 3-3 型。

2. 不能围的

师:剩下的 24 个不能围的六连方又有什么特点呢?

生:我发现 5 个一行的不能围。

生:我发现 6 个一行的不能围。

生:里面有"凹"字的一定不能围。

生:有"田"字的不能围。

生:我还看出来了,2-3-1 型第一行的最后一个要和第二行的第一个对齐,也就是首尾相对。比如 13、21 号就不是 2-3-1 型。

生：3-3 型和 2-2-2 型相邻两行也是首尾相对。7 号就不是 3-3 型。

生：2-3-1 型最后一行的 1 个放在左中右任何一个位置都行。

师：真厉害，不仅能看明白表象，还能找出近似的六连方进行分析，老师为你们点赞！

教学反思：观察、发现 11 个能围成正方体的六连方可以根据特征分成 4 类，构建模型。深入探析，24 个不能围的六连方中哪些也有同样的特征，注重对比 2-3-1 型、3-3 型、2-2-2 型的反例，明确六连方中带有"田""凹""7"的图形不能围成正方体的发现，为学生快速判断提供了更快捷的方法，有效突破教学难点，加深对四种类型的认识。

(五) 第五环节：全课小结，感悟数学神奇的美

师：好了，同学们，通过这节课的学习，你有什么想说的？

生 1：当我们大脑凭空想象不出来的时候，可以借助学具动手实践，操作验证。

生 2：我们从六连方转化成了正方体，平面图形可以通过折叠变成立体图形。

生 3：我还发现了六连方的秘密，六连方不一定能围成一个正方体，而一个正方体一定能拆成一个六连方。

……

师：同学们的收获真不少，更可贵的是从收获中还能引发更多的思考。老师相信只要你们乐于观察，善于动脑，将来会发现更多图形之美，数学的美！

三、教学实践与反思

(一) 同伴互助

吕老师：本节课老师让学生主动操作寻找是否能围，自己亲自参与揭示知识的过程，通过活动的操作过程，培养学生的动手能力、合作精神，并能逐步学会思考问题的方法。

冯老师：王老师为我们带来了一堂别开生面的思维拓展课。在这堂课中，王老师引导学生通过空间想象、折叠和实际操作验证，让孩子们亲身体验平面到立体的奇妙变化，感受二维和三维之间的显著差异，并借此培养学生的空间观念。通过这堂课的学习，学生不仅获得了知识和技能，还拓展了思维方式，培养了善于观察、勤于思考的习惯。

袁老师：师生配合默契，教师引导得当，学生活动时间也较充分，教师语言精练，学生活动的成果也较多，较好地完成了本节课的教学任务。让我们体验数学之美，感受所学知识的魅力。

(二) 教学反思

这节课的内容对学生空间概念要求比较高，部分学生会感到很困难，但同时有一部分学生思维能力和观察能力挺好，有较强的自我挑战意识，对有挑战性的任务很感兴趣。为了二者兼顾，特设计了以上教学环节，教学效果良好，为以后上数学课提供了新的方向。

1. 师生共同做好课前准备

在教学本节课前，我查阅六连方的相关资料，备好课。课前，让学生在作业本上画六连

方,但没有揭晓六连方的名字,课上,我再从中选出能通过旋转或翻转变成一样的六连方来进行对比展示。这样为新课的学习做了很好的铺垫,同时也激发了学生学习的兴趣。

2. 充分让学生发现规律

为了让学生自主地发现 11 个六连方不同的特点,我把学习的主动权交给孩子们。再让学生充分地观察、对比,有学生发现,有的是三个面在一行,有的是四个面在一行。在得到我的肯定之后,我又提示到,其他的面是怎么分布的？渐渐的有学生又有了发现,就这样,在共同的探究研讨之下,发现这 11 个六连方能分成 4 类。我们师生都感到非常的有趣和开心。

3. 充分放飞学生的思维

面对杂乱的 35 个六连方图,让学生找出其中的规律还真不简单。于是,我决定让学生独立思考,大胆猜测,小组交流,动手实践,同时也为他们搭建思维的桥梁。刚开始,只有少数同学发表自己的意见,而且推理也不成熟。随后,我继续组织同学们观察,比较,在你一言、我一语中,同学们把不同六连方中的特点描述得淋漓尽致。与其千万遍地描绘花儿的美丽,还不如让它一瓣一瓣地开放,让我们的学生也每天在课堂上尽情地绽放吧。

本节课的教学对我的触动很大,教学中要充分相信学生,不时摒弃自己的思维枷锁,松开孩子们的手脚,让他们在课堂中不断地释放自己。在新教学改革中,我深感在教学的理念上、教师与学生在教与学的角色上、教学的方式方法上,都给教师提出了新的挑战,因此,只有在教学的实施中,不断地总结与反思,才能适应教学的需要。

Unit 4 We love animals Part A Let's learn 教学课例

一、教学设计

(一) 教材分析

本课时是人教版小学英语三年级上册第四单元 We love animals 的第一课时,属于"人与自然"范畴,涉及"常见动物的特征与生活环境"。本课时教学内容包含 Let's learn 和 Let's chant 两个部分。主要学习关于动物的单词:dog,cat,duck,pig,bear,其内容贴近三年级学生的生活,学生比较感兴趣,有利于在真实的语言情境中培养学生运用所学内容进行交际的能力。教材强调学生在学习过程中的感知与实际体验、思维能力的发展,以及在良好的语言环境中,提升自我学习能力和语言能力,突出兴趣培养,注重培养学生自主学习的意识和能力。本单元重点学习与动物相关的单词和句型,培养学生亲近大自然,热爱动物,热爱生活,从而提高对自然美的敏感度和欣赏能力。

1. Let's learn:词汇教学,主要教学关于动物的单词 dog,cat,duck,pig,bear。能用所学的动物单词和相关句型对身边的事物进行描述。

2. Let's chant:通过 Look at the... It is...的句型来操练有关动物的单词并培养学生的语言运用能力。

(二) 学情分析

本课时教学对象是刚接触英语不到一个学期的三年级学生,大部分学生对于英语有着强烈的兴趣,他们善于倾听、乐于表达,在学习上认真、积极,乐于发现问题,解决问题,愿意进行交际,在交际中学习英语,在游戏中体验英语。学生对动物这一话题较熟悉,课堂上通过听音乐和学动物的动作等活动学习单词和句型,能更好地激发学生学习英语的兴趣。

(三) 教学目标

1. 语言能力目标

(1) 能听说、认读本课所学的动物单词 pig,bear,duck,dog,cat,能用英文介绍这些动物。

(2) 能听懂教师发出的简单指示语,并能按照指令模仿动物的声音和动作。

2. 文化意识目标

关注学生的文化意识,让学生能将所学知识内化为良好的道德品格,培养学生热爱动物、热爱生活的积极情感态度。这有助于学生在日常生活中发现美、欣赏美,提高生活质量。

3. 学习能力目标

通过课堂教学,培养学生积极参与游戏、唱歌、表演等丰富多彩的活动,养成动脑、动手的好习惯,通过启迪思维,让学生成为学习的主体。

4. 思维品质目标

学生能体会到英语学习的快乐,积极参与各种课堂学习活动,提高学习兴趣,培养学习自信心。

(四)重点难点

重点:学习并掌握动物单词 pig,bear,duck,dog,cat。

难点:单词 bear 的发音。

(五)设计意图

通过设计(儿歌引入——听、摸、猜、做动作等形式学习单词——游戏练习认读——小组操练——教师点拨——回归课本——听、写训练——总结反馈)教学流程进行教学,结合教材配套视频及音频进行教学的模式,从而达到在学习中提高学生语言能力,提升思维品质,发展学习能力和培育文化意识的核心素养培育目标。

教学流程:创设情境,体验感知——教师导入,学生听读——课堂游戏,掌握单词——回归课本,检测能力——拓展延伸,引发思考。

二、教学过程

(一)活动一:创设情境,体验感知

Learn to sing: Listen to the cat. 由此引入课题。

板书:Unit 4 We love animals Part A Let's learn

教学反思:教师教唱儿歌,既能活跃课堂气氛,也能直观地让学生感知今天所学内容,并能快速进入学习状态。学生在跟唱时很快学会,动作规范,语感也非常好。更重要的是能让学生在跟唱的同时感受到自己声音的美,从而培养学习英语的自信心。

(二)活动二:教师导入,学生听读

Learn the new words. Now, please listen carefully. What is it?

通过听猫叫的声音导入,并学习单词 cat;采用希沃蒙层功能猜动物,学习单词 pig;通过隔袋子猜动物,学习单词 dog;通过跟老师学习鸭子的动作,学习单词 duck;再通过听熊叫的声音,学习单词 bear。同时跟随课件认读单词,根据各小组表现采用"送小鸭子和小狗回家"

的方式张贴两种动物脚印来进行小组评价。

教学反思：在这一环节，通过多种形式呈现新词，不仅不会让学生感觉疲倦，还能及时抓住学生的注意力，以最高效率让学生掌握所学知识。学生能快速集中精力，积极参与学习活动，积极思考。在单词教学过程中渗透自然拼读法，让学生尝试拼读，培养学生的学习方法。通过认真听教材录音等活动，让学生在不同的认读活动中熟练掌握所学单词，从而激发学生学习英语的兴趣。在模仿动物叫声及学习动物的动作中感受韵律美和肢体美。

（三）活动三：课堂游戏，掌握单词

1. Sharp eyes. 学生通过看图，快速认读单词。

2. 看实物快读，看词卡快读。

3. Ask and answer：What's this? It's a...

（1）把玩具藏到袋子里面，请学生猜一猜 What's this? It's a...

（2）游戏：做一做，猜一猜。（教师做肢体动作、学声音，学生猜单词。）

（3）个别学生做动作，大家猜单词。

（4）学生 2 人一组，做动作，猜单词，并请组员反馈。

教学反思：本环节采用多种游戏活动，让学生快速掌握所学单词。通过让学生快速反应跟读，形成自己的认知，最后让学生大量地输出，加强学生对新知识的掌握。在这一环节中，如发现有发音不标准或不会读单词的同学，就及时予以纠正，并给予鼓励，从而进一步提高学生的学习能力和语言表达能力。通过猜一猜、做一做的活动，教师示范动作，学生模仿并问答，既能让学生肢体动起来，还能在活动中操练所学单词和句型，还学会和同学合作完成任务，享受合作带来的喜悦。学生在互助学习中感受团结之美，在一次次的句型操练中感受语言文化的美。

（四）活动四：回归课本，检测能力

1. Let's guess. 根据手影图片，复习所学单词。

2. Let's learn. 根据教学视频，跟读学习单词和句子。让学生在听录音中，感受英语原音的音韵美。

3. Listen and number. 听音标序号，训练学生的听力并巩固本课所学单词。

4. Let's write. 将单词补充完整。加强学生对单词的记忆，并检测学生的字母书写能力，感受英语字母书写的美。

教学反思：本环节让学生在新词学习活动结束后切实回归课本，通过听、读、写检测学生对所学知识的掌握情况，不仅完成了课本要求的教学内容，也提高了字母书写能力，让学生对所学知识掌握得更扎实。

（五）活动五：拓展延伸，引发思考

1. Let's chant

首先让学生认读句子，然后教师带学生打节拍读句子，最后教师播放 Let's chant 部分的录音,学生边听边说。

教学反思:通过有节奏的 chant,拓展学生所学知识,并在有韵律的儿歌里感受英语的韵律美。

2. 情感教育:通过观看视频,让学生明白,我们应该爱护动物,保护环境。

教学反思:本环节从孩子的视角展现了一个完整的故事,英文原声配上中文翻译,不仅能刺激学生的听力,发展学生的思维能力,培养学生的归纳能力,还能丰富学生的知识体系,让学生不仅保持对所学知识的期待,还能激发学生自主探索的意识,并点明本单元主题:我们热爱动物。故事原声抑扬顿挫、悦耳动听,语调高低起伏、升降有致,充分展现英语的音韵美、节奏美和意境美。

三、教学实践与反思

(一) 同伴互助

同伴 1:本堂课整体设计很好,也能最大效率地让学生掌握所学内容,从拼读单词到听力和书写练习,循序渐进地让学生在听说读写方面都得到了训练。教学过程环环相扣,学生从中自主发现和体验英语的文化之美。但小组评价方面的分组没有达到合理化,所以在教学的过程中出现了加分出错的情况。

同伴 2:这堂课利用儿歌导入课堂,创设情境引导学生学习新授知识,充分激发学生的学习兴趣,课堂气氛活跃,能很好地引导学生积极参与教学活动。并体验到英语的音韵美和意境美。但是在练习环节有些地方需要改进,例如在同桌操练的时候,该如何引导没有掌握好教学内容的同学进行对话,怎样才能使学生更好地理解和掌握知识。

同伴 3:这堂课让我感觉很享受,老师动听的歌声,教材里的儿歌,还有同学们的节奏都让我感受到英语的韵律美,教师的板书非常规范,学生的字母书写作业也很美观,让我感受到英语文字的美。学生的琅琅书声、纯正的英语原声都能给人耳目一新的感觉,尤其是课后作业还能拓展到让学生自己去发现美、创造美,我觉得很值得学习。

(二) 学习体验

1. 学习兴趣浓厚

学生 1:开始的时候老师让我们跟着唱儿歌做动作,我觉得很简单,而且这些动物的动作很好模仿,学着学着就会唱儿歌了,感觉很有意思,唱着歌曲我才觉得原来我也可以唱得那么好听。

学生 2:虽然快读单词的时候我完成得不好,但是我觉得很有意思,我相信老师下次再玩这个游戏的话,我一定能为我们组加分。以前老师总说我的英语字母书写像拼音,但是通过这段时间的练习,我觉得我现在的字母书写最漂亮了。

2. 操练让我熟记单词

学生 1:开始的时候只是觉得这些小动物好可爱,我还能通过听声音、摸玩偶猜猜、学鸭子的动作来学习单词,不知不觉就跟着老师学会了这些单词,我相信无论何时都不会忘记了。

学生2:今天的快读练习我完成得很好,也让我把单词记得更熟。

学生3:在同桌操练的时候,我没掌握的单词和句子在同桌的帮助下都得到了复习,现在我也可以和别人玩这个游戏了。

3. 说出来的英语学习更有效

学生1:以前我不敢大声说话,更别提说英语,但是在这样热闹的课堂里,我就敢说,大声说,现在我更喜欢和大家说英语了,而且我觉得我和同学说英语的声音真好听。

学生2:以前在课堂上我记得住部分单词,但是每次老师提问我都不敢回答,即使站起来了也说不出口,现在因为有了快读和同桌对话的操练,我不仅能把自己记得住的说出来,还能很容易地掌握这些单词和句子,我觉得这样很有用。

(三)教学体验与反思

通过学生的学习反馈以及教师的中肯意见和建议,我在本次教学中收获了很多。本次授课能让学生对所学知识印象深刻,我感到很欣慰,同时,同伴给出的意见也让我看到了自己的不足,并会继续努力,希望今后能做得更好。此次教学,让我对小学英语教学有了更多感悟。

小学生学习英语的动力来源于对这门学科的好奇和期待,不管任何时候,兴趣永远是最好的老师。三年级阶段的英语教育尤为重要,只有让学生对学习英语产生兴趣,他们才会积极、主动地学习相关知识,因此,要想达到更好的教学效果,就要让学生对所学的内容产生浓厚的兴趣,只有这样才能开发学生智力,提高学生的能力。

1. 兴趣是最好的老师

我总是很期待三年级的第一堂英语课。因为那是让我和学生培养感情、建立信任、提高学生学习兴趣的关键时期。小学三年级属于小学英语教学的起始阶段,学生充满好奇,要多引导学生感受英语的音韵美、意境美,只要学会一两句英语,他们就会像念儿歌一样脱口而出,我碰到过很多学生,其他科目成绩很差,总挨批评,遇到老师总埋着头,但是一碰到我,很远就会大声打招呼:Hi, Miss Luo. How are you? 其实他并不在意你回答他的是什么答案,他只是想告诉你,他会说英语,他有这份自信。在得到肯定后,他们会更大声地运用更多的所学内容跟你打招呼或进行沟通交流,这就是兴趣的魅力,也是英语的美之所在。

2. 创设良好的语言环境,寓教于乐

英语作为第二门语言,学习的难度在于没有良好的语言环境,仅靠每个星期的两三节课并不利于学生掌握教师教授的内容。因此,在教学中,教师不仅要多让学生说,还要创设各种情境鼓励学生说,加上表情,加上动作,让学生更能融入课堂。通过课堂教学逐步引导学生养成运用英语的习惯,以达到事半功倍的效果。

3. 不断鼓励,及时纠正

天天在岸上教孩子游泳技能,不如把孩子带到水里让他们自己扑腾。在学习过程中,学生只要敢开口,哪怕只是简单的某一个单词、某一句书上的内容,这就是成功的一半。在课堂上,哪怕是一点不会的同学,我们也要有足够的耐心,不断引导鼓励,只要他开口说了,就要给予肯定,看到学生有一点进步,就及时给予表扬。在课堂教学中,鼓励性的话语比起私下的表扬让学生更有成就感,有利于培养孩子学习英语的自信心。

总之,每堂课都有亮点,也有不足。作为授课教师,要及时做好课后反思,一方面听取别人的建议和意见,另一方面学会对自己的教学进行总结,深度思考。对于自己长期存在的问题,将在今后的课堂教学中去提醒自己,磨炼自己。

学无止境,教无定法,希望通过一次次的蜕变,在今后的课堂上上出精彩,上出特色,成就自我。

Unit 4 At the farm Part A Let's learn
教学课例

龙继慧　贵定县第二小学

一、教学设计

（一）教学内容

（PEP）义务教育教科书四年级下册 Unit 4 At the farm Part A Let's learn。

（二）学习背景

1. 教材分析

本单元教学内容属于"人与自然"范畴,涉及"自然生态、环境保护"这一主题群,它以 visit a farm 为主题展开,通过对农场里各种蔬菜以及动物的学习,体验丰富多彩的农场生活之美。Part A Let's learn 是本单元第一课时,属于词汇课,主要学习 5 个蔬菜词汇 potato,tomato,carrot,green bean,onion 和句型 Look at the... They are... What are these? They are...在此之前,学生已经学习了关于农场的一些水果单词和动物单词以及句型 Do you like apples? Yes,I do. / No,I don't. I like pears.因此可以根据学生的学习经验借助农场情境学习本课时单词,并在学习单词的同时学习句型 Look at the... They are... What are these? They are...并能在图片、实物或情景的帮助下熟练运用句型,为 B 部分继续学习有关农场的动物单词 horse,cow,hen,sheep 奠定良好的认知基础。

2. 学情分析

学生在三年级已学习了"人与自然"范畴下的"生活与学习"主题群中"个人喜好与情感表达"相关的水果单词 pear,apple,orange,banana,watermelon,strawberry,grape 以及句型 Do you like apples? Yes,I do. / No,I don't. I like/don't like...为本课时学习蔬菜单词提供了一定的认知基础。

（三）教学目标

1. 通过学习,学生能听懂、会说并认读单词 potato,tomato,carrot,green bean,onion。（语言能力）

2. 通过小组合作、交流探讨,学生能够听懂、会说句型 Look at the... They are... What are these? They are...并能在图片、实物或情景的帮助下熟练运用句型。（语言能力,思维品质）

3. 培养学生健康的饮食理念,感受生活之美。(文化意识)

4. 激发学生学习英语的兴趣,树立学好英语的信心。(学习能力)

(四) 重点难点

重点:单词 potato 和 tomato 的复数形式。

难点:听懂并能灵活运用句型 Look at the... They are... What are these? They are...

(五) 设计思路

采用"五步教学法"教学(Warm-up——Presentation——Practice——Consolidation——Summary&Homework),融合"三教"理念,结合任务型教学模式,力求达到英语核心素养的发展语言能力、提升学习能力、培育文化意识、提升思维品质的培育目标。

教学流程:Warm-up(歌曲引入新知,创设学习情境)——Presentation(多种方式呈现,学习新知不倦)——Practice(游戏操练巩固,新知牢记心间)——Consolidation(小组合作交流,拓展思考延伸)——Summary&Homework(师生梳理总结,多模作业巩固)。

二、教学过程

(一) 课前活动

1. 吹气球、拉皮筋比赛。

2. 观看视频,欣赏农场风光,了解农场中不仅有水果、蔬菜、动物、粮食,还有工厂等。

教学反思:利用游戏活动拉近师生间的距离,在游戏中利用吹气球复习 big 和 small,拉皮筋复习 short 和 long,为后续句子学习做好铺垫。学生通过欣赏农场风光,感知大自然的美。

(二) 活动一:Warm-up(歌曲引入新知,创设学习情境)

1. 视频中将会出现哪些蔬菜? 带着问题欣赏视频。

2. 通过观看视频,同学们看见了哪些蔬菜? 在导学单中勾出你看见的蔬菜。

视频中出现了 potato,tomato,carrot,green bean,onion 这五种蔬菜,今天我们学习的内容也与蔬菜有关,与农场有关。板书:Unit 4 At the farm Part A Let's learn。

教学反思:通过视频吸引学生注意力,切实体会英语的音韵美、动态美,激发学生的学习兴趣,并引出本课时的教学内容,让学生对本课时要学习的新知有一个初步印象,为新知学习做好铺垫。

(三) 活动二:Presentation(多种方式呈现,学习新知不倦)

由一幅农场图创设参观麦克唐纳的农场情境并开始新知的学习。

教学反思:情境创设,激发学生兴趣。

本环节中一共学习了五个单词：potato，tomato，carrot，green bean 和 onion，我采用了五种不同的方式呈现新词，让学生在充满期待中不知不觉就学习了新知。同时我根据各个小组的学习表现及时进行了评价。

1. potato

课件中呈现土豆的枝叶，让学生猜：What's this? 先让几位同学猜一猜，再慢慢利用希沃中的橡皮擦除枝叶下方的蒙尘，一个大土豆慢慢呈现出来并学习：What's this? It's a potato. 然后利用图片对比学习 one potato，two potatoes 以及 What are these? They are potatoes. They are big.

2. tomato

我做了一张折叠卡片，询问 What's this? 时，同学们看着卡片大声回答 It's an apple.再让同学们仔细看，并慢慢打开折叠的卡片，再次询问同学们 What's this? 时，同学们的眼中充满了好奇：老师是怎样做到一张苹果图片在打开的瞬间变成了一个大大的西红柿的？在同学们的好奇中顺利完成了 tomato 的单复数以及句子 What are these? They are tomatoes. Look at the tomatoes. They are big.的教学。在同学们意犹未尽地回味手工教具之美的同时，也快速地记住了 tomato 这个单词。

3. carrot

我一手拿着一张对折的橙色 A4 纸，一手拿着剪刀，在学生的注视下，几秒钟的时间剪了一个呈对称图形的胡萝卜，并利用该剪纸教学了 carrot 的单复数形式和本课时句型，让学生深切体会了剪纸的对称美。

4. green bean

我用一个黑色塑料袋装了一根四季豆，让学生进行摸、猜游戏，并利用四季豆的实物教学了 green bean 的单复数形式和本课时主要句型。

5. onion

让学生闭上眼睛，用鼻子闻我手中小碗里切碎的洋葱味道，再快速从学生身边走过，学生闻过后我再问 What's this? 并顺利教学了洋葱的单复数形式和句型。再请同学说说平常切洋葱时的感受，然后教学了句子 Onions make me cry. But they are good.

教学反思：通过看一看、猜一猜、摸一摸、闻一闻、想一想、说一说等活动，激发学生的学习兴趣，培养学生的口头表达能力，提高学生的语言能力。通过询问看到了什么，学习了本课时重点单词的单复数形式。利用实物、图片加强学生对单词的理解。学习的过程中学生体验了英语的书写美和语言美。

（四）活动三：Practice(游戏操练巩固，新知牢记心间)

1. I can find

说说下列单词的复数形式，并说说有什么不同。

通过小组讨论 tomato，potato，carrot，onion 和 green bean 的复数形式，总结归纳可数名词的复数变化规则，培养了学生的思维能力，提升了学生的思维品质。

2. I can read

观察教师手中的图片和词卡,快速说出相应的单词,加强对本课时词汇音、形、义的理解。

3. Ask and answer

学生4人一组开展小组活动,利用课前准备的蔬菜卡片开展问答练习:What are these? They are...

在开展 Ask and answer 小组活动时,学生手中的卡片很小,抽学生做反馈时如果学生到讲台上来展示,下面的学生也看不清他们手中的图片,不能判断他们说的句子是否正确。这时我采用了鸿合直播功能,学生的反馈过程在班班通上清晰地呈现出来,下面的学生可以很清楚地看到整个过程,这个环节使用直播功能是不是很棒呢?

4. I can say(集体操练)

利用课件快速呈现蔬菜图片,学生操练句型 Look at the ... They are...

5. Listen and circle

本活动的目的是引导学生巩固所学知识,提升学生的听力水平和识记能力。

教学反思: 通过两个单词操练活动,加强学生对重点单词的记忆,再利用 Ask and answer,I can say,Listen and circle 三个活动反复操练重点句型,加强学生记忆,通过大量练习可以训练学生语言的熟练和流利程度,培养了学生进行初步交际的能力,提高学生运用所学知识进行交际的欲望。

(五)活动四:Consolidation(小组合作交流,拓展思考延伸)

利用 Let's chant 拓展句型,学生在感知英语 chant 韵律美的同时观察食物金字塔,并在小组内讨论交流感想,培养学生健康饮食的观念。

Let's chant

I like <u>tomatoes</u>.
I like <u>potatoes</u>.
<u>Carrots</u> I will try.
I love to eat <u>green beans</u>.
But <u>onions</u> make me cry.

Eating more vegetables is good for our health.
We should have good eating habits.

教学反思：本环节通过 chant 感知英语的节奏美，并引导学生进行讨论，逐步渗透健康饮食教育，引导学生感受生活之美。

(六) 活动五：Summary&Homework(师生梳理总结，多模作业巩固)

What have you learned today? 学生自由作答后，再请同学进行补充。

教学反思：通过学生说一说，梳理了本课时学习的主要内容，目的是培养学生的独立思考能力，发展学生的总结归纳能力和语言表达能力。

本课时我安排了三份作业给同学们选做。

1. Teach your friends to read the key words. ☆

2. Read the chant fluently. ☆☆

3. Use the key words and the sentence patterns to make a new dialogue. ☆☆☆

每一个小题给予学生不同的星级奖励，学生都非常感兴趣，当然大部分同学选择了全部完成，因为星级奖励的星星数量是可以累计的。

教学反思：这一步的目的是巩固和拓展当堂课所学知识。在留作业时，我讲清楚了作业的要求及方法，使学生明白怎么做，让他们心中有数，愿意做，也能顺利地、独立地完成作业，从中获得成就感。安排作业后我还及时评价了各组同学的表现，口头给予表扬，再把手工折叠的胡萝卜平均分给各组，让同学们课后研究胡萝卜的折叠方法，同学们眼中满是期待，又兴奋又好奇，迫不及待地接过胡萝卜，脸上洋溢着开心的笑容。

三、教学实践与反思

(一) 同伴互助

罗老师：龙老师用心设计了这节课的课件、教具和板书，课件上面的视频、图片都很贴近生活，色彩很丰富，给学生一种美的享受。教具别出心裁、精致美观，板书设计简洁大方，张贴的图片很美、手写的板书也很美，重点凸显本课时相关内容，让人一目了然、过目不忘。

罗老师：龙老师这节课让我受益匪浅，我看到了有深度和广度的高效课堂。为了达到教学目标，在呈现新知的过程中龙老师巧妙地变换着方式，并在教学新知中进行了一系列的听、说、读、写的教学活动，学生语言输出更真实、更富有活力，促进了学生语言能力、思维品质、学习能力、文化意识的发展。学生在学习中认识美、欣赏美，从而唤起他们追求美的情感。

（二）学习体验

1. 学生学习兴趣浓厚

学生 1：我喜欢老师课前的那个视频，在视频中我看到了令我震撼的农场风景，我很感兴趣，我还知道了农场中不仅有蔬菜、水果、粮食，还有工厂。

学生 2：上课前老师让我们吹气球、拉皮筋，我不知道老师为什么做这些活动，不过还是很有趣的，接下来我才知道吹气球复习 big 和 small，拉皮筋复习 short 和 long，太有创意了……

学生 3：这节课老师用了 5 种不同的方式呈现了 5 个单词，我觉得真是大开眼界，直到下课，我还在思考那个折叠的西红柿卡片是怎么做的，老师手中的胡萝卜是怎么折的，洋葱的味道还深深印在我的脑海里……真难忘。

2. 表达交流加深理解

学生 1：以前我很少回答问题，担心说不好，担心发音不标准，但今天这节课我很想表达，因为老师要求的任务都是我可以完成的，所以很有底气。当老师点名叫我回答问题的时候，我才发现原来我的声音可以这么动听。

学生 2：对于英语学习不自信的我，害怕与老师对视，不敢站起来回答问题，但今天这节课我很高兴，老师和同学们帮助我听懂、会说单词 potato, tomato, carrot, green bean, onion 并能运用句型 Look at the... They are... What are these? They are... 所以当老师让同学们起来总结这节课学习了什么时，我就踊跃地举手并认真进行了回答。老师一直面带微笑看着我，回答完毕后老师还表扬了我，我太开心啦！

（三）教学体验与反思

对于以三年级为起点学习英语的学生，如果我们从学生认知水平出发，创设合适的情境、设计恰当的问题，多鼓励学生大胆表达交流，从中引导学生在探究、思考过程中学习，就能够取得好的教学效果。

1. 激发学生兴趣

"兴趣是最好的老师，它能激发人的创造热情、好奇心和求知欲。"这句名言对于英语学习尤其适用。学习英语，最重要的就是培养兴趣。兴趣培养的关键，在于顺应孩子每个阶段的心理特点。如何将孩子的广泛兴趣，引导至知识的学习至关重要。这就需要给孩子学习、提问、质疑的机会。我们需要从孩子的角度思考问题，倾听孩子的心声。在教学过程中，我们要根据学生的年龄特点创设恰当的教学情境，利用多种教学方法激发学生兴趣，增强学习自信，让学生感受成功的体验，从而促进学生思维的提升，学生就会由"要我学"变为"我要学"，进一步培养学生的思维能力。

2. 巧用网络资源

通过这一堂课的备课准备和实际课堂运用，我更深刻地体会到利用网络资源开展小学英语课堂教学的重要性，我也乐于把英语课件制作中常用的一些网站、APP 和软件推荐给大家。希沃、新课标第一网等网站可以查询一些参考课件；《英文动画绘本视频》《宝宝巴士》等 APP 适合查找一些节奏明快、时间 1 分钟左右的主题明确的短视频，也可以从中寻找一些图文并茂的绘本材料；Camtasia Studio 9 适合录制和剪辑一些适合自己教学的视频，录制、剪辑微课超级实用；Cool Edit Pro 适合剪辑音频，网上的语音你想怎么剪辑就怎么剪辑！爱奇艺万能播放器，建议下载到 U 盘随身携带，发现授课教室的电脑不能播放视频时马上安装爱奇艺万能播放器，它可给我救了几次场了。另外格式工厂、爱剪辑、剪映等软件也很实用。

了解各种交互式教学软件的功能还能加以无痕使用，效果会事半功倍。鸿合多屏互动中的投屏和现场直播功能很有实用价值。比如讲解练习，如果我们就站在展台边讲解，有部分不自觉的学生觉得老师离自己远，或者是觉得老师暂时不会走到学生中间，就开始做小动作。这时候如果我们用鸿合多屏互动拍图投屏，就可以在教室中一边走动一边讲解，还可以一边讲解一边进行批注。

3. 引导表达交流

英语语言表达能力尤为重要，语言表达有书面表达和口头表达，它能体现学生的思维，学生语言表达不清，他的思维就是混乱的。所以老师在课堂上不仅要教会学生听、看、想，还要着重培养学生的口语表达。学生只要大胆开口，就能提高语言能力，培育文化意识，提升思维品质，提高学习能力。

贵州师范大学吕传汉教授提出的"教思考、教体验、教表达"的"三教"教育理念，是培育学生英语核心素养的好理念、好方法。

回想这节课的教学，我在"三教"＋任务型教学时注意了以下三点。

教思考：由核心问题展开课堂教学，引导学生体验思维之美。本节课我由旧知 What's this? 引出教学难点 What are these? They are...并展开课堂教学，再层层递进设计了操练活动巩固本课时所学知识，学生能更深更透地理解所学知识。

教体验：在任务型教学活动中体验学习过程，体验教学情境之美。学生在完成各环节任务的过程，就是获得知识和学习方法的过程。开始上课，老师播放视频并创设学习的情境，激发学生的学习兴趣。接下来的教学中，学生在看一看、猜一猜、摸一摸、闻一闻、想一想、说一说等活动中，提高了学习能力和语言表达能力。

教表达：在教学活动中充分给予学生语言表达的空间，体验英语的语言之美。在本节课的设计中，我利用 Ask and answer，I can say，Listen and circle 三个活动反复操练重点句型，给予学生引导、启发和点拨，耐心等待，逐步培养学生的表达能力。

总之，用"三教"＋任务型教学模式开展小学英语词汇课教学，能很好地达成课堂教学目标，并能收到很好的教学效果。我们也要在教学中有意识、有目的、有计划地进行美育教育，以美求真、以美激情、以美育人，所以"三教"＋任务型教学模式开展五育融合的小学英语词汇课教学是培育学生英语核心素养的一种很好的教学途径。

Module 9 Unit 2 I Feel Happy 教学课例

周恬　观山湖区华润小学

一、教学设计

(一) 教材分析

"I Feel Happy"选自外研社(三年级起点)五年级上册,教材中呈现四名学生对自己心情和状态的表述,图文并茂,有助于学生直观地理解不同心情和状态代表的意义。第一幅图表现的是一名学生昨天帮爷爷干农活,他感到很疲惫;第二幅图表现的是一名学生上周参加国际象棋比赛获奖了,她感到很高兴;第三幅图表现的是 Lingling 昨天把钢笔和直尺弄丢了,她感到很难过;第四幅图表现的是一名学生闻到了面条的香气,他感到肚子饿了。教材聚焦于英语中情感的理解与表达,教材多姿绚烂的图文搭配,帮助学生更好地理解和感受不同场景的情感状态,给学生赏心悦目的美感体验;探析新词汇的字母组合,引导学生采取象形化方式发现、欣赏英语的形态美。

(二) 学情分析

学生在三年级下册已经掌握了 Do you like meat? Yes, I do. / No, I don't.的问答句型。在四年级上册学习掌握了 Are you going to run on sports day? Yes, I'm going to run the 100 meters. I helped Mum.的问答。在四年级下册学生学习了一般过去时,因而学生对本节课的知识点掌握不难,更多是对情感的理解与表达。

(三) 教学目标

1. 知识技能

(1) 通过对新词汇的拼、读,学生能够听说读写单词：farm, tired, ruler,听说认读单词：won, smell 等,感受字母组合的形态美;并将词汇灵活地运用到实际的语言表达之中,感知单词发音的韵律,进而帮助记忆,感受韵律美;通过课文的朗读和初步表演,培养学生的语言综合运用能力。

(2) 通过对图片的观察和联系学生的个人经验,围绕"Feeling"这一主题,运用 Are you feeling...? I'm happy/angry/sad/bored 等词汇和句型用英文描述心情,加深对语篇的理解,并在小组合作中运用所学进行语句、语篇的创造性运用。

2. 核心素养

结合图片、阅读语篇,帮助学生更好地理解和感受不同场景的情感状态,并能运用所学进行不同场景情感的体会和自我表达,培养学生的英文表达能力;通过与同伴的口语交流,感受英文的语言魅力,提升英语学科的主动性和积极性。

(四) 重点难点

重点:在语境中理解词汇 bored,sad,angry,tired,feel;理解并运用单词 bored,sad,angry,tired,feel,能够完整、连贯地朗读所学对话,并学会正确地感知他人的情绪情感,能够采取相对应的英语语言对其他人进行安慰、鼓励等。

难点:引导学生感知句子中单词重音、意群和语调的变化,理解说话者表达的意图、意义和态度;在语言支架的帮助下对课文进行简单的复述。

(五) 核心问题

1. 通过对语篇关于心情、感受的关键信息和主要内容,学会描述心情的词汇、语言结构,让学生在小组合作的模式下补充完成后续图片的介绍梳理。

2. 通过本课时学习,全体学生能够读懂文本 M2U2,模仿范文结构描述自己的心情及感受,并能够从以下几个方面进行介绍:1. 用 Are you feeling...? 关心他人情感;2. 用 I'm....介绍自己心情。

3. 能用描述心情的形容词(如:sad,happy,bored,angry 等)对个人感受进行描述。

(六) 设计意图

本节课的教学思路是先引导学生观察老师为什么生气,找出原因,在这一个部分出示本节课的核心句型 Yesterday I ____. Now I feel ____.接着老师将自己的心情发送至朋友圈,创设了本节课的情境。朋友圈里有本节课的四个主人公,他们在我的这条动态下留言,有安慰的语言,也有分享自己心情的话语。由此,我们查看他们的朋友圈状态,了解他们为什么拥有不同的情绪情感,并在每个小片段的位置教授相关的语言知识,归纳词汇的情绪情感色彩。

最后一个小片段提出问题,让学生了解为什么人有不同的情绪,通过观看视频,得出结论,原来是因为我们每个人都拥有不同的经历。从这一点,引导学生学习如何正确处理自己的情绪,成为自己情绪的主人。最后环节是小组合作,分为三个小主题,学生通过不同的主题,围绕一件事情发表自己的感受,如何对他们的情绪进行处理,两人对话,对本节课的语言知识点进行巩固学习,布置作业。

二、教学过程

教材文本如下:

Yesterday I helped my grandpa on the farm all day. Now I feel tired.

 I won a chess game last week. Now I feel happy.

 I lost my pen and ruler yesterday. Now I feel sad.

 I can smell some nice noodle soup. Now I feel hungry.

（一）片段一（Lead-in）

T：Look and say.

S：happy\sad\angry\thirsty\hungry....

T：You did a great job. Look at my faces，how does Ms Zhou feel now?

S：Ms Zhou feels sad now.

T：No，I don't feel sad now.

S：Ms zhou feels angry now.

T：Yes，I feel angry now. Do you know what did Ms Zhou do yesterday? Why does Ms Zhou feel angry now? I give you three choices.

Yesterday, she lost her bag. Now she feels angry.

Yesterday, she went to the supermarket. Now she feels angry.

Yesterday, she argued with her friend. Now she feels angry.

Which one is right? Can you guess?

S：Yesterday she lost her bag. Now she feels angry.

设计意图： 创设朋友圈这个情境，让学生在快问快答中复现已学过的关于情绪的单词，通过老师自己的面部表情，让学生猜测老师昨天发生了什么事情？进而自然导入课文人物的设置。融合真实情境，让学生生动地感知不同场景人类情感的变化，在朋友圈中去复现一些关于情绪的词汇，让学生能够身临其境地学习新词汇，加深词汇学习的趣味性，提升学生学习效率。

（二）片段二（Presentation）

Yes，Let's record my feelings and send them on my Moments.

T：Look at my Moments what did they say?

Ms Chen says Don't argue. Xiaopeng says I feel tired. Xiaowei says I feel happy now. What's the matter with Xiaopeng. Let's check his Moments. Look，who is he?

S：He is Xiaopeng's grandpa.

T：Where are they?

S：They are on the farm.

T："ar" We say \a\. farm，far，car. On the farm you can plant some plants.

T：Look at his face，can you tell me "Does he feel happy? Why?"

S：No，he doesn't. He feels tired.

T：Why?

S：Because he did his homework yesterday.

S：Because he helped his friends.

T：No. Let's watch the video and tell me the answer.

S：He helped his grandpa on the farm all day. So he feels tired.

T：You got the right answer. All day means from the morning to the evening.

T：Look this happy face，can you tell me why does Xiaopeng feel happy?

S：Because he helped his grandpa on the farm all day.

T：In this part what do you think of him?

S：Xiaopeng is a good boy.

S：He is very helpful.

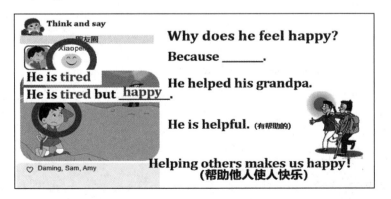

T：Yes，we know he is a good and helpful boy. And when you helped other pupils you will feel happy. Because we know helping other people makes us happy.

T：What can we say when he feels happy?

T：You can say some suggestions. Have a rest.\Say it out.\Listen to music.\Have some delicious food. . You can say some sympathy sentences. Eg：You are so tired.\ Don't be sad.

You can some praise sentences. Eg：You're a good boy.

T：What do you want to say to him?

S：Have some delicious food.

S：You are so cool.

S：Have a rest.

S：You are so tired.

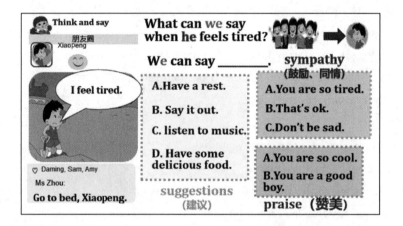

设计意图：通过主人公小鹏完成今天核心句型的教授，Why does he feel happy? Does he feel sad? Yes，he does. No，he doesn't.学生逐步地掌握新知，对新单词的讲授，采用自然拼读的方式，学生在老师的带领下，拼、读新词汇，学生也可通过聆听与朗读发现自己发音与老师及同伴之间发音的区别，不断修正自己的发音，感知其发音规则，感受词汇发音的韵律美、节奏美。

（三）片段三（Watch and say）

T：Who is she?

S：She is Xiaowei.

T：Watch and answer. Does she feel happy?

T：What did she do?

T：How does she feel?

S：No，she doesn't.

S2：She won a chess game.

S3：She feels happy.

T：They are Lingling and Feifei. Can you tell me what do they feel?

S：Lingling is sad. Feifei is hugry.

T：Why does Lingling feel sad? And why does Feifei feel hungry? Let's watch the video and tell me the answers.

S1：Yesterday，she lost her ruler and pen.

S2：He can smell some nice noodle soup.

T：From this part we know something is different. Why does Lingling feel sad? And why does Feifei feel hungry? Because the children have different experience.

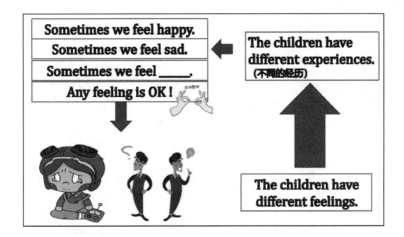

设计意图：通过人物小微的设定，运用新知句型和单词描述小微的情绪及她发生的事情，最终能够根据人物的情绪运用相应的句型去安慰鼓励对方。在该环节也深挖 WHY 的问题，为什么每个人都有自己不同的情绪呢？最终得出结论是，因为我们每个人都有不同的经历和体验，所以每个人的情绪都会发生变化。

（四）片段四（Summary）

T：What can we say when Lingling feels sad?

T：And what can we say when Feifei feels hungry? So let's think and say.

S1：You can have some delicious food，Feifei.

S2：You are a good boy.

T：What can we say when Lingling feels sad?

S1：You are so sad. Don't be sad，Lingling.

S2：We can buy a new one.

T：Sometimes we feel happy，sometimes we feel sad，sometimes we feel angry，sometimes we feel bored. But any feeling is okay. It doesn't matter，but we should know how to deal with our feelings.

T：Okay，boys and girls. So we know how to deal with our feelings. When you are happy, you can say it out. When you're sad, you can listen to the music. When you're tired，you can go to bed. Just embracing your feelings，and to be the master of your feelings.

设计意图：引导学生总结本节课学习的生词类型，不同的情绪感受词汇。

Today，we learn a lots of words about feelings. Let's read. Happy \tired \sad \angry \ thirsty \hungry... There are some feelings of mind，and feelings of body. We know we have some negative feelings and some positive feelings.通过教师的引导启发，带领学生归纳总结关于情绪类的词汇，在理解其含义的基础上，再次进行系统的拼读和学习，感知不同情绪词运用的场合及表达的情感状态。

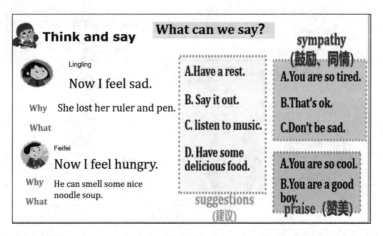

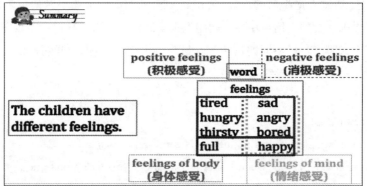

（五）片段五（Retell the story）

T：Let's retell the story according to the keywords.

S：Yesterday I helped my grandpa on the farm all day. Now I feel tired. Xiaowei won a chess game last week. Now she feels happy. This is Lingling. Lingling lost her ruler，and now she feels sad. This is Feifei. He smell some nice noodle soup. Now he feels hungry.

设计意图：复述故事的环节，用问题来引导学生对关键词进行叙述，从而得到整篇文章的大意,基于学生的认知学习规律,从全班复述到个人复述或小组复述,锻炼学生的总结归纳能力及言语表达能力。

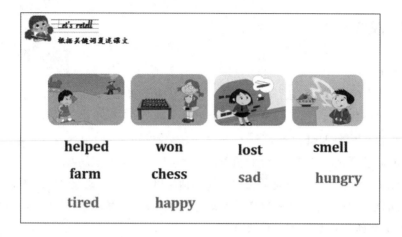

(六) 片段六(Do the group work)

Let's write something about yourself. You can share your experience and feelings on your moments. Four people in a group. Number one, you can do the part one, you can share your experience and number two you can give some suggestion to the number one. At last number three and four, please do the pair work and then finish the part three. I give you three minutes and then I will invite some groups.

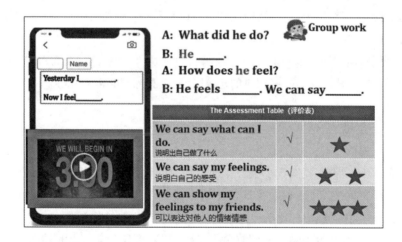

设计意图: 在小组合作环节,教师给予学生指导。在评价机制的使用中,教师先做一个示范的文本,对第一组学生进行合理的点评,再引导学生进行星级的评选,并给出合理的理由。同时关注学生在整个表演过程当中的情绪动作是否有根据,他所表达的情绪是一致的,注意学生上台表演时是否充满自信,引导学生大方地表达自己的相关观点。在学生的表达过程中,让学生体验英文表达的特征,体会语言的魅力。英语不仅仅是一种语言工具,更是一种情感的载体。这一课,引导学生学习体验情感美,让学生更加关注自己在表达情感时的准确性和生动性,学会关心自己和他人,帮助学生积累良好的情感体验。

三、教学实践与反思

(一) 同伴互助

同伴 1:周老师在学生四人合作的环节可以注意两个细节。(1)学生应该在表演的时候加上相应的表情和肢体动作,这样整个表演会更加丰满。(2)学生表演的时候应该让学生站在舞台上面,给学生增强自信心。

同伴 2:周老师的板书设计十分的精美,但是学生一上来就是复习一些之前的相关情绪的词汇,打破了整个教学的情境化。我觉得周老师可以从一开始就设置朋友圈,在朋友圈里面就把相关的单词进行一个复现,这样学生就会一直都在这个情境当中,不会脱离情境教学。这样整个教学都具有了情境,有一种情境美。

同伴 3:我觉得周老师的课堂其实可以设计一些"回复",学生给了相应人物的一些建议,在这之后,这个人物可以给一些相应的回复,整个课堂就会更加生动了。学生在这个情境中学习体验情感之美,从而引导学生更加关注自己在表达情感时的准确性和生动性,学会关注自己、关注他人。

(二) 学习体验

学生 1:我更喜欢的是小组合作,因为在小组合作当中,我不仅可以分享我昨天做了什么事情,表达我自己的情绪情感,同时我的同学也可以给我一些情绪方面的建议,我觉得这个对我是比较有用的。

学生 2:课后,当我用所学知识去问爸爸妈妈的时候,我能够感知父母的情感,并且能够根据爸爸妈妈的情绪情感做出一些相应的建议、安慰。我感到非常的开心。

(三) 教学体验与反思

1. 小组合作修改

在整个教学环节当中,我对于小组合作这个环节的操作不是很流畅,原因在于虽然对学生的分工是比较明确的,但是学生在日常生活中碰见的事情太多,没有给学生提供 words bank,这也是导致学生的输出较难的地方;第二个地方,小组合作当中的 pair work 环节,问的语句过多,有几句已经超过了学生的理解范围,这对学生而言会有一定的难度。我会适当地缩减一些 pair work 的对话,在前面的所发生的事情当中,提供几件事情给学生去做一个选择,降低学生的学习难度。

2. 丰满对话

可以在"朋友圈"环节增设与课文中人物对学生回答时的回复,这样整个沟通会更加的完整,也更加符合学生的生活实际。

道德与法治"弘扬优秀家风"教学课例

邢妍　观山湖区华润小学

一、教学设计

(一) 教材分析

作为第一单元"我们一家人"中的第三课,本课内容以"探寻优秀家风"与"优秀家风代代传"两大主题,构建起一条引导学生发现美、欣赏美、理解美、创造美、应用美的美育路径。

发现美: 本课首先引导学生于生活细微处发现家风之美。家风,作为家庭的精神烙印与文化基因,蕴藏于日常生活的点滴之中,如餐桌礼仪、待人接物、言谈举止等。教材启发学生从熟悉的生活场景出发,敏锐捕捉家风的种种表征,使他们意识到优秀家风并非遥不可及的抽象概念,而是流淌在日常生活中、触手可及的艺术品,等待着他们去发掘、去感知。

欣赏美: 在"探寻优秀家风"的环节,教材引领学生跨越时空,欣赏家风在不同时代的多样风貌与独特魅力。通过对历史长河中家风演变的追溯,学生得以领略传统美德与家风之间深厚的历史渊源与文化联结,欣赏其承载的中华优秀传统文化的韵律与气韵。同时,通过对现代家风新貌的展示,让学生感受到家风与时俱进的生命力与创新之美,欣赏其在现代社会中所展现出的包容、和谐与进取精神。

理解美: 深入理解优秀家风的内涵,是欣赏美之上的深化。教材引导学生探究家风的内涵定义,解析其与传统美德的内在联系,揭示其对个人成长、家庭和谐乃至社会风气的深远影响。通过案例分析、小组讨论等形式,学生得以理解家风之美在于其深厚的道德底蕴、强大的教化功能以及对个体人格塑造的潜移默化作用。理解美,即理解优秀家风作为一种无形的力量,如何塑造并滋养着我们的精神世界。

创造美: 在"优秀家风代代传"的主题下,教材鼓励学生不仅要做家风的传承者,更要做家风的创新者与践行者。通过角色扮演、情景模拟、家风故事创作等活动,学生亲手编织属于自己的家风故事,将传统美德与时代精神相结合,赋予家风新的时代内涵与表达方式。创造美,意味着在传承中创新,在尊重历史的基础上,为家风注入鲜活的时代气息,使之成为连接过去、现在与未来的美学桥梁。

应用美: 最后,教材强调家风之美在于实践,引导学生将所学所思应用于日常生活,将优秀家风转化为实际行动。鼓励学生从自我做起,从小事做起,从身边的人和事做起,让家风之美在每一个微笑、每一次礼让、每一份关爱中得以生动展现。通过参与家庭活动、社区服务等实践活动,学生将家风之美外化为个人修养,内化为社会风尚,真正做到知行合一,让美育理念在日常生活中落地生根、开花结果。

综上所述,本课以美育视角,引导学生在发现美、欣赏美、理解美、创造美、应用美的过程中,深入认识家风的价值,激发传承优良家风的热情,从而在提升个人素养的同时,为营造和谐家庭与良好社会风气贡献力量。

(二) 学情分析

经过四年多的学习沉淀,五年级学生的自主学习能力已经有了显著的提高,学生能从生活经验中知晓优秀家风的相关知识,如学过有关家风的名言警句,读过有关优秀家风的故事等。我们都知道,学生到此阶段是有一定的沟通交流和互动能力的,能借由调查、采访等形式了解自己家庭的家风,但是部分学生仍不了解家风的含义以及优秀家风背后的文化内涵和其能对国家社会和谐稳定带来的重要意义,自然对于如何弘扬和践行优秀家风的认知也停留在表面,因此,教学中需要借助更加直观具体的事例,加深学生对优秀家风的了解。

(三) 教学目标

1. 知识技能

美学认知:学生将深入探索我国丰富多彩的家训家规文化,通过鉴赏古今家风实例,发现其形式与内容之美,感知优秀家风作为社会和谐、国家发展和民族进步基石所蕴含的美学价值与道德智慧。

审美鉴赏:学生将学会辨析不同家风所体现的中华传统美德,如仁爱、孝悌、诚信、勤俭等,通过对比、分析与评价,提升对家风美学特质的欣赏能力,理解其在塑造家庭气质、传承民族精神方面所发挥的独特作用。

2. 核心素养:“长见识、悟道理”——美育视角下的家风认知与实践

(1) 情感共鸣与价值观养成:学生将在对优秀家风的深入学习中,培养对家庭的深厚情感与责任感,领悟个人在家庭中的角色定位与价值贡献。通过体验式学习和情感共鸣,学生将认识到优秀家风对于凝聚家庭成员、塑造和谐氛围、促进个人全面发展的美学意义与道德力量,从而增强对家庭文化的认同感与自豪感。

(2) 美育实践与创新:学生将学习如何将优秀家风的美学理念与道德规范融入日常生活,从自我做起,从小事做起,如日常礼仪、言行举止、待人接物等方面,以实际行动弘扬优秀家风,使之成为个人品格塑造的美学实践。此外,鼓励学生结合时代特点,创新性地传承与发扬家风,如设计个性化家训、策划家庭公益活动等,以美育创新的方式,传承祖国灿烂文化,赋予家风以新的时代美学内涵。

(3) 审美判断与社会参与:学生将学会运用审美眼光审视社会现象,理解优秀家风在构建和谐社会、弘扬社会主义核心价值观中的重要作用。鼓励学生积极参与社区、学校等公共空间的美育活动,如家风故事分享、家风主题艺术创作等,将家风之美传播至更广泛的社群,倡导全社会共同发现、欣赏、理解、创造与应用家风之美,为提升社会整体的道德风尚与美学素养贡献力量。

通过上述修订,教材目标不仅聚焦于知识技能的传授,更强调了在道德与法治教学中融

入美育思想,引导学生全方位地发现美、欣赏美、理解美、创造美、应用美,使他们在理解和践行优秀家风的过程中,成长为具有高雅审美情趣、深厚道德底蕴和积极社会责任感的现代公民。

(四) 重点难点

重点:体会优秀家风中蕴含的中国传统美德,树立学习和传承优秀家风的自觉意识。

难点:践行家风,促进自身成长,并且传承和弘扬优秀家风。

(五) 设计思路

第一课时　探寻优秀家风

活动一:荟萃家风

活动二:阅读角

活动三:家风访谈

活动四:视频《颜氏家训》

第二课时　优秀家风代代传

活动一:辨析

活动二:分享家风故事

活动三:小小宣传员

二、教学过程

(一) 第一课时　探寻优秀家风

1. 谈话导入

众所周知,所谓家风即是家庭或家族不断传承下来的风俗或风尚,是家人或族人在漫长生活工作中逐渐形成的一种家庭精神文化。家风的表现形式是多种多样的,它可以是一个家庭或一个家族成员严格遵守的家规家训,也可以是几个词语、一段遗训、一则故事或一段记忆,上述种种均可以作为家风的实际载体。

(1) 播放视频:优秀家风动画片。

(2) 动画片中的家训出自哪里? 说的是什么内容? 他们是怎么做的?

(3) 出自裴氏家训,齐读"父母恩德同比昊天,人生百行孝顺为先"。

(4) 师介绍:裴氏曾有家规,子孙考不中秀才者,不准进入宗祠大门,裴柏村到今天为止还留存着重视读书的文化传统。

2. 新课学习

活动一:荟萃家风

中华文明上下五千年,漫长的文化传承演变至今,在我们每个中国人的心中都打下了深深的烙印。正所谓无规矩不成方圆,具体到每个家,其实也都有家风、家规家法或家训。

课前老师布置了收集家风家训的资料，现在就请同学们以"荟萃家风"为主题开展学习成果小组交流活动。

(1) 第一小组交流的内容：涵养德性

《朱子家训》又称《朱柏庐治家格言》或《朱子治家格言》，是古代传承至今的启蒙教材，主要内容涉及家庭伦理道德。《朱子家训》全书不长，只有 524 字，但却十分精准地向读者申发论述了所谓修身以及齐家之道，堪称是我国古代家教方面的名著、大作。这部作品中有很多内容完美传承了中国传统文化的优秀特点，其实不乏勤俭持家之道、邻里和睦相处之法，尊师重道之义。而这些内容历久弥新，对当代中国人不无裨益。有些内容对于小学生也有一定的规范和指导意义。例：黎明即起，洒扫庭除，要内外整洁，既昏便息，关锁门户，必亲自检点。一粥一饭，当思来处不易；半丝半缕，恒念物力维艰。

把《朱子家训》中你印象最深的一句名言抄录下来，与同学们分享感悟。

(2) 第二小组交流的内容：修身立志

通过查阅资料，观察学校等集体场所，发现身边随处都可见的名言警句，把关于修身立志的警句抄录下来，再查阅资料，了解出自哪部家训。

① 分享抄录的句子，并说明在什么场所看到的。

② 查阅资料所抄录的句子出自哪部家训。

③ 这句话蕴含的精神对你有什么启示？

(3) 第三小组交流的内容：百年革命　家国情怀

精选三封家书：

① 林觉民给妻子的家书《与妻书》；

② 聂荣臻给父母的信；

③ 一名解放军战士给妻子的信。

从这三封家书中你体会到哪些优秀的家风？这三封家书中值得你学习的精神是什么？

(4) 各小组分别汇报感悟，通过交流活动，你觉得优秀家风、家训有哪些作用？

(5) 师总结：我国从古至今公开出版的家训达一百余种，其中著名的有《钱氏家训》《章氏家训》《颜氏家训》以及《朱子家训》，它们不仅流传至今而且蜚声在外，已经不是小家的文化，而是中华传统精神文化的有机组成部分。

活动二：阅读角

正所谓，国是千万家，家是最小国。优秀家风并不与这个家庭的贫富贵贱有关，而只关乎其家人的操守言行。优秀的家风甚至在一定程度上还促进和影响着整个社会的风气氛围。

阅读 18 页《用行动诠释最美家风》

(1) 倪冬梅是个怎样的人？她是怎样做的？读了文章你有什么感受？

(2) 师总结：良好的家风不单单是一句话，更要付诸行动，倪冬梅不但自己坚持做好事，还要把做好事的家风传给自己的女儿。

活动三：家风访谈

(1) 汇报课前布置与家里长辈老人深入交流，认识我们家的家风。

（2）通过深入交流，弄清楚中华民族优秀传统美德与这些家风都有什么关联？

（3）师总结："天下之本在家"优秀家风蕴含的遵纪守法、尊老爱幼、勤俭持家、邻里团结、知书达理等中华民族传统美德。

活动四：视频《颜氏家训》

（1）《颜氏家训》是我国历史上第一部内容丰富、体系宏大的家训，也是一部学术著作，可以说是家训的鼻祖。是颜之推记述个人经历、思想、学识以告诫子孙的著作。共有七卷，二十篇。

（2）课后阅读《颜氏家训》，背诵其中你喜欢的一句。

小结：从优秀的家风、家训或是家规上，我们不光能看到先祖们对我们中华儿女的殷切希望、谆谆教诲，更能看到中华民族优良的民族之风！未来也许时代风云几多变幻，但不变的优秀家风始终都会是社会和谐、民族兴旺、国家进步的稳固基石。

（二）第二课时　优秀家风代代传

1. 播放视频导入

历史上，大凡保留有优良家风的家族，都制定了有很强约束力的道德规范。很多优秀的家风传承至今，对现代人的成长教育有着深远意义。

播放动画《耕读传家》。

提问：太爷爷家的家风是什么？

注重礼仪、诗书治家是中国古代的好传统，好的家风对于一个家庭，甚至整个社会都起到重要作用，所以更要传承下去，板书课题。

2. 新课学习

活动一：辨析

有的人说，时代变了，古时候的家规太严厉，现代人生活与古人明显不同，再盯着家风，无异于循规蹈矩、自缚手脚，所以家风应该抛弃。我们要创新，要放飞自我。

（1）你同意这种观点吗？说说你的理由。

（2）师：没有规矩，不成方圆，国有国法，家有家规。优秀的家风、家规指引着人们积极主动履行公民义务、社会责任和家庭责任，营造凝聚正能量、紧扣主旋律的社会风气氛围，大力培育知荣辱、讲正气、作奉献、促和谐的良好社会文明风尚。

活动二：分享家风故事

每个家庭都有自己的家风，现在和同学们分享一下你家的家风故事吧。

（1）小组交流。

（2）你们家的家风是什么？通过交流倾听同伴的分享，你获得了哪些启示？

师：优良家风对家庭成员来说，就像是沃土和种子之间的关系一样。沃土能够滋养种子萌芽发育，进而茁壮成长。生活在良好的家庭，不断的濡染教化之间，人一定会习惯性地、不知不觉地感受到家风的影响和熏陶，其精神思想、品性气质、日常言行，注定会有其家风的烙印或印记。

活动三：小小宣传员

家庭是社会的重要细胞，家风也是社会风气的组成部分，优秀的家风能引领社会的良好风气。无论是来自先祖的家风、家规或是家训，还是近些年来逐渐演变形成的新家风家训，其实都离不开"传承"。怎么才能更好地把优良的家风传承下去，发扬光大呢？

（1）我们要宣传家风首先要做的事情是把我们每个同学家好的家风收集起来，整理成册。现在请同学们动笔记录。

（2）现在我们同学都是小小宣传员，想一想，你打算怎么实施宣传活动？说一说你的想法。

（3）师概括、补充：家风故事、演讲、制作宣传板报、征集优秀家训、互联网、微信朋友圈、书法比赛、家风歌曲大赛等。

（4）同学们想了这么多办法，都很好，但是我们不能都去实施，现在举手表决选出两项你们都愿意参加的项目。

（5）推选出组长，策划活动方案。

3. 课堂小结及拓展延伸

布置课后任务：公布学生方案，利用两周时间完成以上两项活动，投票评出最佳宣传员5名。

小结：要想继承和发扬优良的家风，从我们自身来说，就是要从每一件小的事情做起，从力所能及的事情做起。我们每个人其实完全可以成为优秀家风的实践者、传承人，这样才能让我们优秀的家风得以代代相传。

三、教学实践与反思

（一）同伴互助

同伴 1：道德与法治教学从很大意义上来说，是为了增强学生的某种道德意识。它要求老师善于将教材与实际生活结合起来，并创造合适的活动，循序渐进地引导学生在不知不觉中形成某种道德情操。邢老师的这节课一开始从谈话导入，引出不同环境不同家庭教育会对孩子的成长造成不同的影响。老师创设这样的情境活动，能启发学生思想与实际进行碰撞，适时进行"优秀家风"的教育，达到"润物细无声"的效果。

在教学中，邢老师组织学生以展示汇报的形式，让学生参与小组合作，使学生真正成为学习的主人，引导学生联系实际分享有关家风的故事，使教学过程成为学生反复体验的过程。这样逐步引导学生去辨别，去分析，无形中让学生把理性认识上升到感性认识。

通过学生亲自访谈，讲同龄人的故事等多种形式调动学生学习的主动性与积极性，使学生在活动中自我判断，自我内化。这样真实的活动情境，能够真正触动学生的内心，从而容易让学生在以后的生活中达成知行统一。

同伴 2：这一课是道德与法治五年级下册第一单元我们一家人第 3 课第二部分所涉及的教学内容。家风是一种无形的教育力量，它以潜移默化的方式深入影响我们的内心世界，塑造我们的个性和品格。家风不仅反映了一个家庭的精神风貌、道德品质和处事之道,同时也体现了一个家族的价值观和信仰。良好的家风蕴含着同心协力、相互体谅、相互扶持等核心价值观,这种以和为贵的人际关系准则正是"己欲立而立人、己欲达而达人"的体现,对于构建和谐社会具有积极的推动作用。

为了传承和弘扬优秀的家风,我们需要从日常生活的点滴小事做起,从自身做起。每个人都有责任成为优秀家风的传承者,通过家风的传播为社会注入正能量,引领家庭文明新风尚,推动形成良好的社会风气。让我们共同致力于传承和弘扬优秀的家风,为促进家庭和社会的和谐发展贡献力量。邢老师的这节课,具有以下特点。(1)课题的选择符合时代的需要,体现了总书记提出的家国情怀和优良传统的传承和发扬光大,有利于道德与法治核心素养的培养,实现立德树人的核心理念。本课立足家庭,却立意国家和民族。从小家放眼大家,展现了由家到国的大视野,大情怀。(2)教学目标明确、具体,容易达成,有利于培养学生对于家风的理解和传承。(3)教师对教材理解透彻,整节课的设计由浅入深,由小家到大家乃至国家优良家风。

(二)教学体验

优秀的家风、家训作为传承中华文化的微观载体,以言传身教的方式潜移默化地影响着人们的心理,小学道德与法治文化题材的教学,大多处于掌握文化的知识层面,如本课为了解我国丰富多彩的家训家规文化,只是传达了表面的教学目标,而领悟优秀家风背后的文化内涵,才是学科育人的价值所在,基于此,本课的教学设计中有以下两个亮点。

1. 丰富资源,凸显文化内涵

充分开发和利用课程资源,使教学资源丰富多元化,有利于促进学生能力的发展,在合作学习的环节中,教师将班级分为了几个小组,分组提供学习资源包并提出合作学习的要求。这些教学资源在课本教材的基础上进行了筛选扩充和改编,符合学生的年龄特点,激发了学生的学习兴趣,加深了学生对我国丰富多彩的家训家规文化的认知。鲜活的故事,生动的资源,也直观地体现了家风家训所蕴含的中华传统美德和家国情怀,凸显了优秀家风背后的文化内涵。

2. 榜样引领,重视家风传承

生活中的榜样,由于其贴近学生的日常生活,使得他们的道德行为更容易激发学习者的情感共鸣。这种情感共鸣使学习者能够更深入地理解和接受榜样的价值观念,并在心中留下深刻的印象。通过观察和模仿这些榜样人物的行为举止,个体可以更好地理解道德行为的深层含义和重要性,从而提升自己的道德素养。因此,生活中的榜样在教育学生方面具有不可替代的作用,是一种极为有效的教育方式。他们以身作则,用实际行动诠释了什么是正确的道德观,为学生树立了良好的榜样形象,引导他们在日常生活中做出正确的选择。教师在课前就布置了让学生对家里长辈做一次访谈,了解我们的家风的任务,从而发现身边的榜样,激励学生成为更优秀的人,也让学生体悟到家风文化传承的重要性。

传统美德 源远流长
——"立己达人的仁爱精神"教学课例

郑恒 纳雍恒大实验小学

一、教学设计

(一) 教材分析

"立己达人的仁爱精神"是《道德与法治》部编版五年级上册第四单元"骄人祖先 灿烂文化"中第十课"传统美德 源远流长"第二个板块的内容。这个板块选取将心比心、宽以待人、推己及人、民胞物与等方面的故事及相关传统美德格言,旨在引导学生通过探究活动,充分体会传统美德在处理个人与他人、个人与社会、个人与自然等关系方面的智慧,并在生活中践行。

(二) 学情分析

学生在成长的过程中,不断潜移默化地接受着中华传统美德的熏陶,也接受着来自学校和家庭的中华传统美德教育。对于自强、明志、诚信等中华传统美德的内容,学生了解较多。对于仁爱精神的内容,学生理解起来有难度,需要多举些事例,让学生从故事中领悟仁爱精神的内涵。

(三) 教学目标

1. 能举例说出中华传统美德在社会关爱、国家情怀等方面的具体体现,能够体会中华传统美德格言的意蕴,用来指引自己的生活。

2. 通过听故事等活动,进一步深化学生对中华传统美德的理解。

3. 培养学生具有立己达人的仁爱精神,着力完善学生道德品质,培养理想人格,提升政治素养。

(四) 教学方法

为了突破重难点,实现教学目标,本节课我将采用情境教学、自主学习、合作交流等教学方法。学生学习方法我采用五环节常规学习方法,分别为:预习方法、听课方法、复习方法、作业方法、小结方法。

二、教学过程

(一) 导入

1. 今天老师要隆重地给同学们介绍一位可亲可敬的教师妈妈,她会是谁呢? 看到同学们期待的小眼神儿,你一定很想知道她是谁吧? 她就是时代楷模张桂梅。(播放视频前,先给学生提出观看视频的要求,请同学们注意看,认真听,仔细想,你看到了一个怎样的教师妈妈?)

2. 播放时代楷模张桂梅《教师妈妈》的视频(附视频背景内容介绍:每天张桂梅的生活就两点一线,如果不在儿童之家,就在女子高中。张桂梅说:"现在学校已经基本上走上正轨,学生数量越来越多。越来越多的人认识了这个学校,认可了这个学校,但多数学生是因为读不起别的学校才来的,家里有特殊困难的学生才来这所学校,比如:单亲的、少数民族的、残疾的,总之就是种种家庭情况特殊的人群。我们走到了一起,教育变成了一个最大的难点,面对着这么一群姑娘,我们到底该怎么办? 面对着这么一群年轻老师,我到底该怎么办? 面对着他们的所有的费用,我该怎么办?"身为校长,张桂梅却没有一分存款,张桂梅时常开玩笑说自己不像个校长,也不像个院长。的确,她从来都以家长的身份出现在孩子面前,在学习上严厉,私底下却是一个无微不至的妈妈,常常上街给孩子们买吃的,孩子们穿她买的衣服鞋子就像穿自己妈妈买的一样安心。张桂梅说,女子高中一直是她的一个梦想,现在梦想成真了,只要有她在的一天,就是上街去乞讨,她也要让这座女子高中,坚持到国家实行十二年制义务教育的时候。我们离开学校时,华坪女子高中校门口有几行字格外显眼:孩子们:走出校门,请遵守社会道德,家庭美德,独处时请自律——校长语。每个学生走出校门,抬头都能望见这些话。)

3. 视频播放完提问,你看到了一个怎样的教师妈妈?

学生 A:我看到了一个穿着破烂的教师妈妈。

学生 B:我看到了一个疲惫不堪的教师妈妈。

学生 C:我看到了一个十分憔悴的教师妈妈。

学生 D:我看到了一个关心爱护学生、关心幼儿的教师妈妈。

教师:这些孩子和教师妈妈张桂梅有血缘关系吗?

学生:没有。

教师:教师妈妈为什么如此憔悴和疲惫?

学生:因为她为这些孩子奔波劳累。

教师:教师妈妈为什么穿得如此寒酸? 她是没有工资吗?

学生:她有工资,但是她的工资都用在了学生身上,舍不得为自己买衣服和买好吃的,所以穿得如此破烂,过得如此寒酸。

教师:她为什么要把自己的工资都用在这些没有血缘关系的孩子身上?

学生:因为张桂梅妈妈爱着这些孩子。

教师:是的,教师妈妈张桂梅,把自己的爱全部给了这些没有血缘关系的孩子,这就是仁爱。其实早在 2 000 多年前,孔子就提倡这种仁爱精神,他说:"夫仁者,己欲立而立人,己欲达而达人。"谁来说一说"己欲立而立人,己欲达而达人"的意思。

学生:在自己谋求生存与发展的同时,也要帮助他人生存与发展。

教师:是的,在自己想要成功的同时,也要帮助别人成功,自己想要学习好,也要帮助别人学习好。这就是传统美德中己达人的仁爱精神。(板书:立己达人的仁爱精神)

教师:仁即是仁爱,仁德和友爱。

（二）仁爱精神体现在哪儿？

1.《马厩失火》与《苛政猛于虎》

教师：仁爱精神就体现在孔子的一言一行中。请听《马厩失火》和《苛政猛于虎》两个小故事，边听边思考：从故事中的哪些细节，你体会到了孔子的仁德和友爱？

音频播放结束。

教师：你从故事中的哪些细节中感受到了孔子的仁德和友爱？

学生 A：孔子不问财产损失，而问伤人了没有，我体会到了孔子的仁德和友爱。

学生 B：孔子关心一个陌生的妇人，我感受到了孔子的仁爱精神。

学生 C：孔子让他的弟子记住，残暴的政令比老虎还要凶猛，我感受到了孔子的仁德和友爱，说明孔子很讨厌残暴的政令，同情百姓。

2. 己所不欲，勿施于人

教师：从这些细节中我们感受到了孔子的仁爱。孔子曾用"己所不欲，勿施于人"来解释仁，谁来说一说"己所不欲，勿施于人"的意思？

学生：自己不喜欢做的事，不要强加在别人身上。

教师：请按照这一说法完成书上 86 页的活动园。（学生独立思考完成。）

学生 A：我不愿意别人欺负我，我也不欺负别人。

学生 B：我不愿意别人谈论我的隐私，我也不谈论别人的隐私。

学生 C：我不愿意别人动我的东西，我也不动别人的东西。

学生 D：我不愿意别人不尊重我，我也不会不尊重别人。

学生 E：我不愿意别人乱骂我的父母，我也不会乱骂别人的父母。

学生 F：我不愿意别人说我的坏话，我也不说别人的坏话。

（前两部分可出示填空内容，第三部分不出示填空内容，不限制学生的思维。）

3. 将心比心

教师："己所不欲，勿施于人"，就是将心比心，请同学们自由读故事《将心比心》，边读边思考陆慧晓最讨厌什么？他是怎么做的？（板书：将心比心）

教师（让学生自由读，读完提问）：陆慧晓最讨厌什么？他是怎么做的？

学生：陆慧晓最讨厌别人对他无礼，所以他对别人，哪怕是地位低下的人都很有礼貌。

4. 宽以待人

教师：仁爱精神还体现在哪呢？请听《朱冲还牛》的故事。请同学们边听边思考如果你是朱冲你会怎么做？朱冲是怎么做的？

教师（播放完视频）：请小组讨论，如果你是朱冲，你会怎么做？

教师（讨论结束提问）：如果你是朱冲，你会怎么做？

学生 A：如果我是朱冲，我会包容他。

学生 B：如果我是朱冲，我会和他打架。

学生 C：如果我是朱冲，我会用法律保护自己的权利。

教师：你觉得哪种方式最恰当？

学生 A：包容邻居的方式最恰当，可以让邻里关系更和谐。

学生 B：如果包容解决不了问题，可以用法律来解决。（巧妙渗透法律意识，体现出道德与法治相结合。）

教师：朱冲是怎么做的？

学生：朱冲用自己的宽容解决了他和邻里之间的矛盾。

教师：是的，朱冲是一个懂得宽以待人的人。（板书：宽以待人）

教师：宽则得众，谁来说一说宽则得众的意思？

学生：待人宽容，就会得到众人的拥护。

教师：对照格言，结合班级生活、学校生活和社会生活中的具体事例，说说待人宽容的意义。

学生 A：我不小心打碎了同学的水杯，同学没有生气，只是轻声对我说，让我下次小心点，我和同学依然是好朋友。

学生 B：我不小心踩了同学的新鞋，我连忙道歉，同学说没关系，洗干净就不脏了。我们依然是有说有笑的好朋友。

学生 C：我不小心推了同学，撞在墙上，头都鼓起了一个大包，但是同学没有生气，放学我们一起回家。

教师：这些发生在身边的小故事都告诉我们一个道理，宽以待人就会减少人与人之间的摩擦，增进人与人之间的和睦。

5. 推己及人

教师：推己及人也体现了仁爱精神，谁来说一说推己及人的意思？

学生：我孝敬我家里的长辈，我也会像孝敬我家里的长辈一样，去孝敬其他没有血缘关系的老人。我爱护我家里的孩子，我也会像爱我家里的孩子一样去爱护别人的孩子。

教师：这就是孟子所说的："老吾老，以及人之老，幼吾幼，以及人之幼。"明朝的杜环就是这样的一个推己及人的人，请一位同学来读杜环侍老的故事，想一想杜环家境如何？他是怎样对待常老太太的？

教师：（学生读完杜环侍老的故事），谁来说一说杜环家境如何？他是怎样对待常老太太的？

学生：杜环家境并不富裕，但是他把家境败落的常老太太当做自己的老人一样来照顾和孝敬。

6. 民胞物与

教师：杜环家境并不富裕，但是他把家境败落的常老太太当做自己的老人一样来照顾和孝敬，那他也一定会把别人家的儿女当成自己的儿女一样来照顾和保护的。这种仁爱之心推广的极致就是民胞物与，谁来说一说民胞物与的意思？

学生：他人都是我的同胞，万物都是我的朋友。

教师：这万物指哪些？

学生 A：小猫、小狗。

学生 B：小兔、花鸟虫鱼。

学生 C：动物、植物。

教师：结合教室说一说，万物指哪些？

学生 A：班班通。

学生 B：桌椅板凳。

学生 C：地板。

教师：我们应该怎样和万物相处？

学生：我们要把万物当成自己的朋友。

教师：爱一切可爱之人，爱一切可爱之物，爱自己，爱他人，爱自然，爱社会，这就是民胞物与。古人善于用仁爱之心来处理人与人、人与社会、人与自然的关系，请你尝试讲一讲发生身边的仁爱故事。

学生：我把打碎的玻璃杯用旧衣物包裹起来，这样就不会扎伤清洁工的手。

教师：你是有爱心的孩子。

学生：我把早餐分了一些给流浪的小猫和小狗。

教师：你是一个善良的孩子。

学生：下雨天，我把雨伞借给了家远的同学，我家近一些，我淋着雨跑回家了。

教师：你是一个无私的孩子。

学生：同桌把我的钢笔摔坏了，我没有让他赔，原谅了他。

教师：你是一个宽容的孩子。

学生：我不喜欢别人乱动我的东西，我也不会乱动别人的东西。

教师：是的，己所不欲，勿施于人。你是一个懂得将心比心的孩子。

学生：扶年迈陌生的老奶奶过马路。

教师：你是一个有孝心的孩子。

学生：给枯萎的花浇水。

教师：你是一个懂得保护植物的孩子。

（三）复习巩固

教师：身边关于仁爱的小故事还有很多很多。我们应该做个留心生活、善于发现的孩子，在以后的生活中，我们要做一个懂得将心比心、宽以待人、推己及人、民胞物与的孩子，只有这样，我们才会做到"己欲立而立人，己欲达而达人"，一个自私自利的孩子是不会具有立己达人的仁爱精神的。

（四）作业布置

（1）必做题：收集身边关于仁爱的小故事和同学分享。

（2）选做题：a. 给低年级的弟弟妹妹讲仁爱的小故事；

b. 去敬老院给老人洗脚。

（五）总结

孔子的仁爱精神成就了中华千年的文明,只要我们学会将心比心,宽以待人,推己及人,民胞物与,我们的社会就会更加和谐,更加的文明(落实社会主义核心价值观)。只要人人都献出一点爱,世界将变成美好的人间,播放歌曲《爱的奉献》。

三、教学实践与反思

（一）同伴互助

何老师: 有幸听了郑老师执教的这一课,我受益匪浅。立己达人的仁爱精神的教学目标应该是帮助学生树立正确的人生观、价值观和世界观,培养他们尊重他人、关爱他人、助人为乐的良好品质。这一目标已经达成,从学生在课堂上的表现可以看出,学生已经理解立己达人的仁爱精神的实质,在理解的情况下,我相信学生在以后的生活中也会去践行。教学方法多样,郑老师采取了讲授法、讨论法、活动法、案例分析法等,激发了学生的学习兴趣,提高了学生的参与度和思考能力。

尚老师: 郑老师执教的这一节课,有利于学生的健康成长。首先有助于培养学生的团队协作精神,让学生明白,在追求个人成功的同时,也要帮助他人成长。其次,有助于提升学生的道德修养,引导学生树立正确的人生观、世界观和价值观。最后,还有助于提高学生的社会适应能力,使学生在未来的生活和工作中更好地发挥自己的价值。总之,这一堂课不仅有助于提高学生的综合素质,更有助于培养学生具有高度的社会责任感和人文关怀,相信学生通过这节课的学习,他们的行为道德一定会受到很深刻的影响。听了郑老师的这节课,"立己达人的仁爱精神"作为一种深入骨髓的价值观和行为准则,我想无论是学生还是老师,都应该将"立己达人的仁爱精神"内化于心、外化于行。

（二）学习体验

学生1: 今天郑老师给我们上了一堂别开生面的道德与法治教育课——立己达人的仁爱精神。在中华文化的浩瀚海洋中,仁爱精神无疑是其中最璀璨的明珠,闪耀着独特的光芒。这节课对我来说,不仅是一次对传统文化的探索,更是一次心灵的洗礼。踏上这段听课旅程,我带着对立己达人的仁爱精神的好奇与期待,认真地听课。我发现,仁爱精神不仅是关爱他人,更是从自身做起,通过自我完善来影响和帮助他人。立己达人并非简单的行为规范,而是一种深入骨髓的人生哲学,只有先"立己",让自己成为一个有品德、有学识的人,才能进一步"达人",将这份正能量传递给他人。

学生2: 听了郑老师的这堂课,我收获颇丰。己所不欲,勿施于人。我不愿意别人欺负我,我也不欺负别人;我不愿意别人谈论我的隐私,我也不谈论别人的隐私;我不愿意别人乱动我的东西,我也不乱动别人的东西……总之,在以后的生活中,我一定要时刻注意,学会换位思考,才能减少与他人之间的摩擦,化解与他人之间的矛盾。

（三）教学体验与反思

这节课让我深有感触，让我从中找到了生活的方向，为我的人生之旅提供了明灯。

"立己达人的仁爱精神"，刚看到这个课题时我都觉得很难理解，我想学生也可能会很难理解。不过我觉得这个课时的内容对于学生的养成教育很有帮助，所以还是硬着头皮选了这个课时的内容，我对课题进行了拆分与合并：立己达人、仁爱、立己达人的仁爱精神。本来课文一开始是把立己达人的仁爱精神作为这课的开头正文，而且参考书上说这算是导语，但我想学生理解起来可能比较困难，所以我将其调整到最后来进行本课知识点的一个串联总结，这样学生理解起来会容易得多。课文有五个阅读，三个活动，所以四十分钟上完我觉得可能还是完成得草率了一些。"立己达人"的仁爱精神反映了中华民族悠久的文化传统，"立己达人"的理念具有深远和重要的意义，我们也应当以此为道德规范，努力实践"立己达人的仁爱精神"。

"立己达人"的理念，对于具体实践，也有一定的要求。首先，要有自身的发展，不仅要完成本职工作，还要学习更多的知识；其次，要以"惠及他人"为模范，既要解决自己的问题，也要为他人提供帮助；再次，还要培养"心态正确"的素质，要有责任感，认真完成领导交代的工作，不断强化自我修养，从而收获更多。要具有立己达人的仁爱精神就应做到将心比心，宽以待人，推己及人，民胞物与。

看似简单，但能真正实现"立己达人"，实在不易。经过这节课的教学和反思，我发现自己在"立己达人"的道路上还有很多不足，比如发展自身尚不到位，以及主动为他人服务的精神还不够积极。以后，我将会把"立己达人的仁爱精神"融入我的工作和生活，我会积极参与公益活动，用自己的行动去影响和帮助更多的人。同时，我也希望能够影响到更多的人，让更多的人意识到立己达人的仁爱精神的重要性，共同为构建一个更加和谐美好的社会而贡献自己的力量。

《卖报歌》教学课例

曾婷　观山湖区华润小学

一、教学设计

(一) 教材分析

《卖报歌》选自人教版三年级音乐第三单元音乐中的故事,是音乐家聂耳于 20 世纪 30 年代初创作的一首脍炙人口的儿童歌曲,歌曲四二拍,4 个乐句,曲调欢快流畅,但歌词却生动描绘了旧社会千千万万小报童的苦难生活以及他们乐观积极、向往光明的精神。原本教材中是齐唱版本,但为了展现许许多多的小报童在大街小巷吆喝卖报的场景,我结合了合唱版本的《卖报歌》进行改编,在歌曲第 2 乐句和第 3 乐句加入了二声部,所以最后呈现的是一个二声部合唱。

(二) 学情分析

三年级的学生在演唱、节奏、识谱上已经具备了一定的基础,能用正确的姿势和自然的声音演唱歌曲,能对自己和他人的演唱做出简单的评价,但是对作品情感的理解还需要加强,所以在课堂教学中,我注重以乐润情、以情润人。

(三) 知识点

两个八节奏,前八后十六节奏型。了解歌曲创作背景及《义勇军进行曲》创作背景。

(四) 教学目标

1. 知识技能

指导学生掌握两个八节奏,前八后十六节奏型。用轻快而有弹性、自然而真挚的声音演唱歌曲。声情并茂地展现出歌曲的不同情绪。能够看着指挥,完成二声部合唱。

2. 核心素养

"长见识、悟道理"要求:了解歌曲的创作背景,了解旧社会报童的苦难生活,学习他们乐观积极的生活态度。

(五) 重难点

教学重点:通过学习《卖报歌》让孩子们了解歌曲的背景,通过音乐美、语言美、情绪美,让老师和同学们产生情感共鸣,也让音乐成为历史的桥梁,让这个时代的孩子们和旧社会的小报童们产生情感共鸣。

教学难点：1. 歌词比较多,学生不仅要唱清楚,更要唱出不同的情绪,既要唱出小报童的艰辛、无助的情绪,更要唱出他们积极乐观的情绪;2. 知道合唱讲究的是两个声部的和谐统一,学会享受音乐中声部的变化,学会合作与聆听。

(六) 设计思路

结合单元主题:音乐中的故事,并结合背景图片,音乐渲染,通过故事述说让学生仿佛置身于 1933 年的街头。通过总分总的整体思路对歌曲进行整体感知、深度剖析、综合展示。过程中要充分发挥学生的主观能动性,自主感受、自主学习,通过问题层层引导达到最终的情感价值目标,通过教唱法、听唱法、柯达伊教学法等教学方法达到知识技能目标。

二、教学过程

(一) 片段一(导入)

师:同学们好,今天我给大家带来了一个老物件,你瞧! 这是什么? 你们看它的排版和现在一样不?

师:我手中的这份报纸是 1933 年出版的,距今已经有九十多年的历史了,关于这份报纸还有个感人的故事,老师讲给大家听。

师:1933 年的上海,街上有个光着脚、穿着破烂衣裳的小报童,大家都叫她小毛头,她在大街上乞求地叫卖着:“卖报啦,卖报啦,先生你买一份报吧,我已经三天没有吃饭了,先生您买一份报吧,今天有新的新闻。”可是没有人买她的报纸。她又冷又饿,突然一辆电车驶来,人流还把她撞倒在地,手和脚都磨出了血,回头一看报纸也散落了一地,她难过、伤心、无助地哭了起来。正在这时,一位叔叔急忙把她扶起来并了解了情况,原来小毛头的家被炸没了,爸爸妈妈也没了,只能靠卖报纸养活自己的弟弟妹妹。于是叔叔掏出身上所有的钱买下了她的报纸,可这位叔叔想更多地帮助她卖报,怎么办呢? (音乐渐弱)于是他想了一个办法,他写了一首歌让小毛头边唱边卖报,这样就能吸引更多人来买报啦。故事说到这我都想把这首歌唱给你们听,这首歌的名字就叫(贴课题),一起读:《卖报歌》。

教学反思:通过故事述说成功在课堂开始抓住学生的眼球,把学生带入情景了解《卖报歌》的创作背景,在讲故事过程中,老师的情绪要准确适当,情绪转换要自然,内容要精简并清晰,语言要抑扬顿挫,充分体现语言美。

(二) 片段二(总体感受)

师:你们听听看歌曲是几拍子的? 它的情绪是什么? (范唱)

生:四二拍的歌曲,规律是强、弱。

生:欢快的,悲伤的。

师:歌曲有几个乐句呢? 我们跟音乐划一划旋律线(2 听),观察一下旋律线有什么特点?

小结：一二乐句短促跳跃,三四乐句连贯,第三乐句起伏最大。

师：短短 4 个乐句歌词都讲了什么? 我们再听听(3 听),一共有几段歌词?

生：三段

师：都讲了什么?

(学生自由回答)都是小毛头的生活。

小毛头生活和你们的生活一样吗? 不一样,她的生活十分的艰辛,你们知道吗? (放图片)在那个年代有着成千上万的的贫苦儿童,每天都过着吃不饱穿不暖的日子,常常露宿街头,只能靠卖报纸来维持生活。(感受)怎么样,同学们,那个时候他们也就和你们一样大,甚至比你们还小就过着这么艰辛的生活,我们现在多幸福呀。现在我们再回到这三段歌词。

教学反思: 在对音乐的整体感受中,首先初听老师的示范唱,加上表演更好地诠释了歌词,让学生更加直观感受到歌曲有欢快,有悲伤。其次在进行乐句划分时,采用了图形谱的方式。图形谱是美术、信息技术与音乐的融合,既美观也更直观。通过图片和音乐渲染对歌词的整体感受起到了升华作用,起到承前启后的作用,为下一步分段分析歌词做好了铺垫,充分体现感受美。

(三) 片段三(歌词学习)

师：你们看三段歌词表达的内容和情感都一样吗?

生：不一样。

师：我们看第一段歌词讲了什么内容?

(我是卖报的小行家——确实她就是小行家,她怎么卖报的? 七个铜板,说出价格,除了喊出价格,还喊出了什么吸引路人? 这两句是小毛头的什么声? 吆喝声。大声地喊出这两句)

师：那我们看第二段歌词你觉得小毛头的生活是怎样的?

艰辛的,无助的。(板书)

哪一句最让你感同身受? 你能读出小毛头的心情吗? (学生读,一起学)

哪一句也让你感受到她的心酸? 学生带上情绪读出来。

还有一句,深深打动着我,让我们深刻感受到小毛头的不容易。

师：我们再看看第三段哪两句也是表现她生活的不易啊?

师：这两句你们能一起有感情地朗读吗? 预备起。

师：尽管在这样的环境里,小毛头依然积极乐观地面对生活,你们看看哪一句最能体现小毛头对幸福生活的向往?

生：总有一天光明会来到。

师：那这一句应该用怎样的语气来读?

师：这一句不光表现了小毛头对幸福生活的向往,还表现出了她什么样的精神?

学生自由回答。

师：更加体现了她永不气馁,积极乐观的精神。

教学反思：对歌词的分析和情感解读，老师应该起到引导作用，通过问答的形式，引导学生读出不一样的情绪，再由学生来带领学生。

师：现在让我们带上感情跟上节奏来读一读歌词。

我们先看第一段歌词，听我读一句，然后你们学一句。

完整读一读第一段！读得真好，掌声送给自己。

我们看看二、三段歌词。我来读第一句你们接二三四句。你们要接好哦。并且这五句要带上情绪读哦。

让我们完整地读一读二、三段歌词。哇，你们真不错，读出了不同的情感。

教学反思：此环节采用电子琴的自带节奏，105 的速度，在稳定的节奏中读清楚歌词。难点在于第一句和第二句的衔接处，学情不同，教授时出现的问题也会不同，需要老师快速辨别不同情况和不同问题，并及时解决，读清楚歌词才能唱清楚歌曲。

(四) 片段四 (教唱歌曲)

师：现在老师来教唱第一段，我一句你们学一句。

你们能完整唱唱第一段吗？注意带上气息哟，真好听。

我们现在看看二、三段歌词，这一次请你们手指着歌词跟着音乐默唱，不唱出声音，我看待会谁最快把二、三段唱清楚。（音频）

这一次请你们跟琴唱一唱二、三段，注意要唱出不同的情绪。

你们能在演唱第一句的时候设计一下动作吗？

让我们跟音乐完整地演唱这首歌曲。

教学反思：在歌曲的教授上更多要注重学生的主观能动性，所以在教唱歌曲时采用教授法的主要是歌曲的第一段，教读歌词时二、三段采用师生接龙，既可以让学生自主学习，又解决了第一句第二句衔接不好的难点。在教唱歌曲时，我在试教的过程中发现加入二、三段歌词后，学生分不清歌词，所以我采用了听唱法，先让学生手指歌词，在心里跟着音频默唱，再跟琴演唱，很好地解决了唱不清二、三段的问题，充分体现自主美。

(五) 片段五 (学习合唱)

师：同学们唱得真棒，现在老师再播放另一个版本的卖报歌，它和我们刚才唱的有什么不一样，演唱形式发生了什么变化？

生：合唱。

师：有几个声部？

生：有两个声部。

师：哇你们太厉害了！

师：我们一起来观察一下歌谱，二声部的加入让音乐变得怎么样了？——变得更加丰富，第二声部在哪两个乐句加入的？

生：第二、第三乐句。第一乐句和第四乐句是大家一起唱的，是齐唱。

师：那它表现了什么样的形象呢？我们一起来唱一唱。

利用科尔文手势教唱二声部。第三乐句和第二乐句是一样的。

你们能自己加歌词吗，我们试试。

我们完整地唱唱二声部。

那现在我们来和合唱团的同学们一起合作，他们唱一声部，我们唱二声部。（与音频合作）；现在我们要加大难度咯，一、二组的同学来唱一声部，三、四组的同学来唱二声部。

一声部的同学你们还记得你们唱的吗？我们来复习一下。请记住你们的旋律哦，马上背歌词。

二声部的同学我们来完整唱唱二声部。

现在请两个声部的同学看着我的指挥来合作一下。

同学们我们刚才合作得怎么样？（学生相互评价）

老师根据具体情况做小结。

我们再来合作一下第一段。（演唱第一段）

同学们掌声送给自己。

二声部的加入让音乐更丰富，仿佛看到什么样的画面？

小报童在卖报，是一个吗？不是，二声部塑造了千千万万个小报童在大街小巷不停吆喝的场景。

教学反思：歌曲最终呈现是二声部合唱，合唱讲究的就是声部之间的和谐与统一，在合唱教学中，运用了柯尔文手势辅助二声部的学习，采用了师生合作，生生合作的教学方式，也邀请同学们和合唱团的孩子们进行合作，既解决了二声部合作的问题，也让学生感受到合唱的魅力在于合作与倾听，享受声部的变化，感受音乐传递出的力量，充分体现合作美。

（六）片段六（拓展学习）

师：同学们，你们知道故事中创作这首歌曲的叔叔是谁吗？他就是人民音乐家聂耳，在那个战火纷飞的年代，他为了鼓舞每一位中华儿女克服困难，勇往直前，他除了创作《卖报歌》还创作了《义勇军进行曲》，也就是我们的国歌。

《卖报歌》有着一个感人的故事，《义勇军进行曲》又有怎样的故事呢？我们一起来看。
（视频）

通过视频我们都了解到，聂耳的音乐是和中华民族的命运紧密相连的，不光是为了广大劳苦人民而创作，更加彰显的是中华民族永不言弃的民族精神，他真不愧是人民音乐家。

师：今天学习了《卖报歌》也了解了《义勇军进行曲》，同学们有什么感受呢？让我们带上这样的情感在课堂的最后再次唱起《卖报歌》结束今天的音乐课。

教学反思：与导入的故事相呼应，引出人民音乐家聂耳，了解作曲家及他的其他作品。《义勇军进行曲》的背景故事正好是本单元第一课时的内容。

三、同伴互助

　　同伴 1：本节课的教学目标明确，情境导入是一大亮点，在老师带领下学生很快地进入情景。在分析歌词环节中要控制好时间，不能太啰嗦，语言要精简准确。老师每次范唱不稳定，气息不太稳，范唱的效果决定了后面学生学唱的效果，所以老师一定要稳住气息。

　　同伴 2：唱歌课最主要的不光是唱会更要唱好，对学生的唱歌状态、音色、气息都要有一定要求，在教唱过程中老师要方方面面进行调整，才能让学生尽可能更好地展示好歌曲。在最后歌曲的呈现上不光只是唱，也可以把教具报纸和为第一句设计的动作加上。前后呼应更显完整。

四、教学体验

(一) 以乐润情

　　这堂课通过最开始的情景故事导入不仅让学生了解了创作背景也初步让学生对歌曲有了整体认知，再通过老师范唱，让学生直观完整感受歌曲情绪。通过提问引导让学生自主分析歌词并表现歌词，既起到了自主学习的目的，又起到了分段分层分句解读歌词含义的作用。《卖报歌》除了掌握知识技能以外，更重要的是情感价值观的实现，让现在的孩子们了解旧社会底层民众生活的不易，感受中华儿女的乐观顽强的精神，从而更加珍惜现在的生活。在这节课的教学中情感价值从浅到深贯穿课堂，通过技能的学习，情感的升华，完整地表现潜移默化培养学生的审美，这也是本节课的亮点。

(二) 以情润人

　　2022 年新版义务教育阶段音乐课程标准坚持以美育人，重视艺术体验和突出课程整合理念，切实培养学生的音乐审美、感知、探究、创作能力。关注音乐教学下的人文素养和审美情趣，关注学生对音乐的理解，表达和展示等综合能力。

　　在教学中，学生感受到了歌曲的情绪和情感价值。学生、老师、歌曲产生了情感共鸣，达到了以情润人、以美育人的目的。

　　本节课的教学中学生在感知、探究、创作等方面都有一定的设计和成果，但在最后的综合展示上略显不足，出现了以唱为主的同学就会忘记动作的表达，用动作表达和情绪表达的同学又会出现歌词唱不清的情况。所以，作为执教老师需要思考歌曲的设计内容是否过多，课堂内容是否太满，影响了综合呈现，希望在今后的教学中能基于学情，多思考，多变通。

大美育观下"花样跳绳弓步跳"教学设计研究

万素英　观山湖区华润小学

一、教学设计

(一) 教材分析

　　花样跳绳是课程标准(2022 年版)新兴项目中的一项重要内容,具有简便易行、花样繁多、安全性高等特点,融入了舞蹈、健身操、音乐等时尚元素,对学生具有很强的吸引力。本课以"花样跳绳"为主题,以花样跳绳弓步跳作为教学内容,在原有跳绳的基础上,变得多样化、趣味化。既巩固了基础的跳法,又激发了学生跳绳的兴趣。花样跳绳不仅可以促进学生上下肢肌肉、关节、韧带和内在技能的发展,还可以发展学生的弹跳力、灵敏性、协调性等。花样跳绳体现美的方式如下。

　　协调美:花样跳绳展现了身体的协调性美,每一个跳跃、转身和绕绳的动作都需要身体各部分的精准配合,给人以美的享受。

　　节奏美:学生在学习花样跳绳的过程中,配合音乐节奏进行跳跃,让身体与跳绳形成完美的同步,体现了花样跳绳的节奏感美。

　　创新美:花样跳绳本身是一种具有创新性的运动形式,不断有新的花样和技巧出现。通过学习和创新,学生可以展现出独特的美感和个人特色。

　　竞技美:花样跳绳中的竞技精神也体现了竞技美,这种精神层面的美也会感染到学生,在比赛中全力以赴,追求卓越。

(二) 学情分析

　　本次课的授课对象为四年级学生,他们已具备跳绳基础,对新鲜事物充满好奇与兴趣。对花样跳绳这样的新兴运动项目往往表现出浓厚的兴趣,他们乐于尝试、乐于挑战,希望通过自己的努力掌握这项技能。然而,由于技能掌握程度和个体差异,学生在合作和节奏感方面需加强。教学中应巩固基础技能,强化合作与节奏感的培养,鼓励学生相互学习与进步,以激发学习热情,提升跳绳技能。

(三) 教学目标

　　1. 知识技能:学生参与弓步跳的学练,初步了解花样跳绳弓步跳的动作要领,能在合作、交流中进行弓步跳的学与练,有 85% 以上的学生能完成弓步跳动作。

　　2. 核心素养:学生通过花样跳绳弓步的学习,可以全面提升身体运动能力、协调性、反应速度、平衡感和节奏感等,学习花样跳绳弓步跳让学生对这个项目有全新的体验和理解。花样跳绳弓步跳的美育目标是通过身体协调美的培养、节奏韵律美的体验、创新意识的激发和竞技能力的提升，让学生感受到跳绳运动的魅力和美好，培养学生的审美能力和综合素质。

(四) 重点难点

1. 重点是肘关节靠近身体用手腕摇绳，前脚掌着地，引导学生发现花样跳绳中的美。
2. 难点是摇绳的节奏做到一摇一跳，一弓一并，引导学生创造美和应用美。

(五) 核心问题

花样跳绳弓步跳美育的核心问题在于如何通过这一运动形式，深入挖掘和展现跳绳的艺术美。这包括培养学生对于身体协调性、节奏感以及创新能力的重视，同时强调团队协作的重要性。在美育过程中，学生不仅要掌握跳绳技巧，更要理解并体验跳绳背后的美学价值，从而培养出既有技艺又有审美眼光的优秀运动员。这不仅是对学生个人能力的提升，也是对他们综合素质的全面培养。

(六) 设计意图

通过引导学生逐步掌握"花样跳绳弓步跳"的动作要领和方法，激发学生对体育的兴趣和爱好，提高学生的自信心和对花样跳绳之美的鉴赏能力。在教学过程中，关注学生的个体差异和不同需求，采用分层教学和小组合作等策略，确保每个学生都能得到充分的发展和提高。在体现出实施素质教育和贯彻健康第一指导思想下，以学生发展为本，以学生的身体和心理特点为依据，全面地达成课程标准五个领域的教学目标。

二、教学过程

(一) 片段 1: 开始部分(3分钟)

课堂常规：全班学生在体育委员的指挥下按照快、静、齐的标准列队，并完成人数清点。

课程导入：简要介绍花样跳绳的基本概念和魅力，引起学生的兴趣。展示一些花样跳绳的精彩动作视频，激发学生对美的感知和欣赏能力。视频中优美的动作、协调的节奏以及丰富的变化，让学生在视觉和听觉上得到美的享受，从而提升他们的审美水平。

(二) 片段 2: 准备部分(5分钟)

热身环节采用热身跳跃和自编绳操两项内容进行，学生在音乐的伴奏下，跟着教师一起热身，感受音乐的节奏美以及身体协调性之美。通过热身跳跃和自编绳操让学生进入运动状态，预防运动损伤出现。同时激发学生学习兴趣，活跃课堂气氛，为新技能的学习奠定基础。

(三) 片段 3: 基本部分(29分钟)

基本部分是体育教学中最重要的环节，本次教学的目标是学生能够掌握花样跳绳弓步跳的基本动作和技巧,并能够在实践中运用。根据动作内容,教学环节依次是学生展示各种花样跳绳动作、讲解示范、辅助练习、巩固练习、拓展练习以及组织游戏,此部分主要从以下几个方面来体现美育。

1. 对花样跳绳弓步跳美的发现与欣赏

教师展示一些优秀的花样跳绳弓步跳视频,让学生欣赏并发现其中的美。引导学生思考如何将这些美的元素融入到自己的跳绳中。教师进行完整动作的示范,给学生初步建立完整动作概念,提醒学生认真观察思考及练习注意事项,学生通过建立的表象进行原地表象训练。进行分解动作示范,根据技能形成规律,教师将完整动作按动作结构和连贯性进行分解,并示范各分解动作及易犯错误,学生进行原地的模仿性示范练习,教师巡视指导。

根据课题内容设计辅助练习,分别是徒手弓步跳练习、单手摇绳手脚配合练习、双手持绳练习,待学生手脚协调配合后,将学生分成小组,每组进行花样跳绳弓步跳的练习。教师巡回指导,针对学生的问题进行个别指导。鼓励学生互相学习、互相帮助,共同提高,引导学生观察同伴的动作,发现其中的美感和韵律感。

2. 对花样跳绳弓步跳美的理解与创新

通过学习,学生能理解花样跳绳中的弓步跳不仅展现了跳绳的动感与力量,更蕴含了一种独特的美学价值。弓步跳时,身体的重心在两腿间巧妙转移,脚步稳健而富有节奏,呈现出一种力与美的和谐统一。学生跟着音乐节奏结合自己所学跳绳内容尝试在弓步跳的基础上融入更多元素。例如,结合舞蹈的柔美动作,使弓步跳在保持力量感的同时,增加流畅性和观赏性。或者,通过改变弓步跳的节奏和速度,创造出更多变化,让观众在视觉和听觉上都能感受到不同的美感。还可以在弓步跳的组合和编排上进行创新,结合其他跳绳技巧,打造出独具特色的花样跳绳表演,让弓步跳的美在更多元化的形式中得到展现。创编结束后邀请学生分享自己的创新成果,并互相学习和借鉴。

3. 对花样跳绳弓步跳美的应用与实践

每组选出一名代表进行花样跳绳弓步跳的展示。教师对展示进行点评,肯定学生的努力和进步,同时指出存在的问题和需要改进的地方。随后,组织学生进行游戏比赛,游戏名称为"保卫钓鱼岛",通过游戏激发学生的兴趣,活跃课堂气氛,激发学生的爱国主义精神,进一步做到爱国主义渗透,以接力加弓步跳的方式,培养学生的团结合作,战胜困难的精神。通过游戏可检验学习效果,巩固学生的技术动作,赛后会对学生进行鼓励性的评价,帮助学生树立信心,培养集体荣誉感。同时,比赛可以让学生在实践中体验竞技美的魅力和价值。鼓励学生将花样跳绳弓步跳作为一种健身和娱乐方式,应用到日常生活中。

(四) 片段 4: 结束部分(3分钟)

总结本节课的学习内容和重点,强调花样跳绳弓步跳的重要性和价值,引导学生感受花样跳绳的美,总结本节课的学习体验,布置适量的练习作业,让学生在家中继续巩固和提高花样跳绳弓步跳的技能。

在花样跳绳弓步跳的教学中,引导学生体验美的旅程是丰富多彩的。首先,通过展示精美的跳绳表演视频,学生发现了跳绳运动中的力与美,同时也感受到了花样跳绳的韵律美和身体协调性的美。通过详细解析动作要领,学生不仅学到了花样跳绳弓步跳的动作要领,还理解了其动作技能与音乐结合的韵律美。随后,鼓励学生发挥创造力,将个人风格融入跳绳动作中,实现了美的创造。最终,学生将所学应用于游戏比赛中,不仅提升了跳绳技能,更将美的体验融入生活。整个教学过程,学生不仅学会了跳绳,更学会了欣赏美、创造美,为未来的生活增添了更多色彩。

三、教学实践与反思

(一) 同伴互助

同伴 1:练习的组数,教师可以根据学生的水平和需求,组织多样化的练习和游戏,以激发学生的学习兴趣和动力,提高他们的参与度和积极性。例如,游戏部分可以分 8 个小组练习、比赛等。

同伴 2:教师在学生练习过程中,可以密切关注学生的动作和姿势,并及时给予指导和纠正。通过讲解和指导,帮助学生掌握正确的动作和技巧,提高学习效果。在学生拓展练习创新环节,要多鼓励引导学生创新,创新和展示时间要合理分配,学生创新展示结束后要及时进行点评。

(二) 教学体验与反思

在教授这门课程时,我深刻反思了美育在教学中的重要性。首先我应该更加注重美的引导和启发,让学生在学习的过程中能够真正感受到花样跳绳美的存在和魅力。

其次,我应该更加注重学生的个体差异和兴趣爱好,设计更加多样化和个性化的教学内容,以满足不同学生的审美需求。

同时,我也应该更加注重学生的情感体验和创造力的培养。创设丰富的教学情境和引导学生进行创造性实践,让学生能够在体验美的过程中发挥自己的想象力和创造力,形成自己独特的审美风格和品味。

体育美育的重要性在于培养学生的审美意识、运动兴趣及身体素质,通过体育锻炼和艺术熏陶,提升学生的综合素养,促进身心健康发展。在未来的教学中,我将更加注重美育的渗透和融合,让学生在掌握运动技能的同时,也能够得到美的熏陶和启迪。

第三篇

学习体验篇

关于《白鹭》的学习体验

作者：刘沛菡　贵定县第二小学五年级 9 班

指导教师：徐友香　贵定县第二小学

郭沫若笔下的白鹭平凡而美好，朴素而高洁，朴素的语言在郭沫若手中开出了一朵绚丽的花，让我深刻地感受到平常事物中蕴含的美。文章先是写了白鹭平凡却似天公的姿态，"白鹭是一首精巧的诗"一句简短的话却概括了白鹭独特的外形之美，白鹭是常见的鸟，它的美却容易被人忽视，我们也要去学着感受和发现美，像郭沫若一样从白鹭身上"色素的配合""身段的大小""全身的流线型结构"去感受到和谐之美，有一双发现美的眼睛和一颗感受美的心灵，我们也会在生活中感受到人间的温暖、人心的善良。

白鹭很美，不是一般的美，而是一种说不出来的美。白鹭是一首精巧的诗，因为它色素的配合，身段的大小，一切都很适宜。白鹭，雪白的羽毛、流线型结构、铁色的长喙、青色的脚都非常精巧完美。

作者对白鹭寥寥数笔的描绘，就让人感受到了它的平常美。先把白鹭、朱鹭和苍鹭作比较，彰显了白鹭"全身的流线型结构"，突出了白鹭一种无与伦比的独特美。白鹭"增一点儿则嫌长，减一点则嫌短；素一点儿则嫌白，深一点儿则嫌黑。"课文描写了白鹭的外形和觅食、栖息，飞行时的美，白鹭在不同场景的美："水田钓鱼""枝头独立""空中低飞"三幅画面，写白鹭在不同场景的美，从颜色，身段写白鹭外形之美。文末说"白鹭实在是一首诗，一首蕴在骨子里的散文诗。""白鹭是诗"，这一不寻常的比喻，特别是结尾具体化为"散文诗"，突出了白鹭平凡而美好、朴素而高洁的特点，赞颂了白鹭的美。

作者描写白鹭精巧的形象和充满韵味的生活，表达他对白鹭的喜爱和赞美之情，这让我感到生活不缺少美，只是缺少发现美的眼睛。精巧的白鹭也好，美丽的山水也罢，它们都是美的化身。《白鹭》是一篇充满情感的散文，描述了白鹭在湖边翩翩起舞的美丽景象，让我感受到了大自然的美，也让我体会到了白鹭的自由和快乐。

教师点评：通过本课的学习，学生很好地理解了白鹭的身段之优美，但是没有挖掘出文本中蕴藏的自然界中生态和谐之美、白鹭与大自然的完美搭配之美。它更是一篇充满情感和哲理的散文诗，它教导读者欣赏自然之美，传达了保护自然和生态环境的重要性，通过描绘白鹭的行为，如在清水田里捕鱼、站在树梢、黄昏时的低飞，课文传达了对大自然的感慨和对平凡生活的赞美。这种赋予鸟类以人性情感和特质的文学手法，引导读者思考生命的美好和与自然的和谐共处。我们也要引导学生思考自然保护和环境保护的问题，培养他们对生态环境的关注和珍惜之情。

教学反思：在这堂关于"白鹭"的教学中，虽然我积累了一些成功的经验，但也遇到了一些挑战和遗憾。首先，我意识到在捕捉学情信息方面，我需要更敏锐、反应更迅速。如，有学生提到小鱼也会冬眠，但我没有及时引导他们深入探讨这个观点，从中获得更多有趣的知识，这反映出我需要更具灵活性，更好地倾听和鼓励学生的观点，以便充分地挖掘他们的知识和想法。

其次，我认识到我在课堂上的放手意识还有待提高。有时，为了确保课程的完成和时间的掌控，我可能限制了学生的发挥空间，特别是在生字教学方面，我应该更积极地鼓励学生提出问题、分享想法和探索知识，以培养他们的创造力和主动性，使他们更积极地参与课堂互动。

尽管存在一些遗憾，但这次的教学体验也让我深受启发。我深刻认识到朗读在语文教学中的关键作用，它有助于提高学生的文学素养和阅读理解能力。我将继续强调朗读的训练和积极的评价方式，以帮助学生提高阅读和朗读的水平。

最重要的是，这次的教学经历让我更坚信教育是一项不断成长和进步的事业，成功和遗憾都是我专业成长道路上的宝贵资源。通过反思和改进，我将更好地引导学生，提高他们的文学素养和阅读能力，这次的经验将成为我未来教育工作的动力，激励我不断提高自己，更好地服务学生。

关于《我的伯父鲁迅先生》学习体验

作者：廖薇伊　贵定县第二小学六年级 3 班
指导教师：肖恒燕　贵定县第二小学

鲁迅先生高尚的人格魅力，展现的精神之美，总是激励着一代又一代的中国人。学习《我的伯父鲁迅先生》这篇文章是一次深入探索精神之美的旅程。在阅读过程中，我被鲁迅先生幽默的语言、过人的智慧所打动。在"笑谈碰壁"中，我看到了一个面对困境，总能够保持乐观心态，勇敢地与恶势力抗争的鲁迅先生。这种不屈不挠的反抗精神不仅将鲁迅先生的人格魅力展现得淋漓尽致，更是体现了鲁迅先生的精神之美，我深深地感受到了他的崇高和伟大。"燃放烟花"更是让我看到了他作为一个普通人的温情和真挚。

学习这篇文章我深刻领悟到了鲁迅先生的"为自己想得少、为别人想得多"。作为一个长者，他关心下一代的成长；作为一个革命者，他为人民说话，为劳苦大众呐喊而四处"碰壁"；作为一个先生，他救助车夫、关心女佣，同情劳动人民。他正如自己说的那样"横眉冷对千夫指，俯首甘为孺子牛"。他用自己的笔杆子为武器，为国家和民族呐喊，勇敢地对抗封建主义和旧社会的不合理现象，倡导新文化运动，推动社会进步。鲁迅先生坚持真理，不畏强权，展现了一位爱国者的坚定和执着。《我的伯父鲁迅先生》让我深刻领悟到了鲁迅先生的精神之美，鲁迅先生那"为自己想得少，为别人想得多"的大爱精神走进了我的心中，时刻激励着我，让我知道作为新时代少年的我们肩负的责任，明确今后学习的方向：我也要成为像鲁迅先生一样的人，做有理想、有作为、有爱心的社会主义接班人。

教师点评：这篇学习体验是对《我的伯父鲁迅先生》这篇文章深刻内涵的一次成功解读和诠释。从学生的学习体验中，我们可以清晰地看到学生对于《我的伯父鲁迅先生》这篇文章所展现的精神之美的深刻理解与独特感受。这不仅仅是对文本的解读，更是学生对鲁迅先生精神的一次深度感悟。学生在文中展现了极高的审美水平，她不仅关注到了鲁迅先生外在的语言幽默之美，更深入挖掘了鲁迅先生的人格魅力和精神之美。她的字里行间，流露出对鲁迅先生的敬意和对文章内容的深刻理解，她能够从"女佣阿三"的回忆中感受到他"为自己想得少、为他人想得多"的高尚品质，也能从"笑谈碰壁"中看到鲁迅先生以笔为武器，为国家和民族呐喊，勇敢地对抗封建主义和旧社会的不合理现象。鲁迅先生那坚持真理，为国民呐喊，不屈不挠做斗争的精神，将对她未来的成长和发展产生深远的影响。作为教师，我深感欣慰和骄傲，期待她在未来的学习和生活中能够传承和发扬鲁迅先生的精神之美。

教学反思：在《我的伯父鲁迅先生》的教学中，我不仅注重教会学生一些阅读理解的技巧，更注重引导学生深入文本，探索鲁迅先生的精神之美。本次教学的重点是引导学生理解鲁迅先生的精神之美。在教学过程中，我通过讲解、讨论等方式，引导学生深入理解鲁迅先生的精神内涵。从本次教学来看,大部分学生能够理解鲁迅先生的精神之美,并能够在课堂上积极参与讨论和表达。然而,也有部分学生在这方面的理解还不够深入,需要在后续的教学中进一步加强。此外,我也发现自己在教学过程中还存在一些不足,如对学生的个体差异关注不够,个别学生的参与度不高等。

针对以上问题,我将在后续的教学中采取以下改进措施:首先,关注学生的个体差异,针对不同学生的需求和能力,设计不同层次的教学活动,确保每个学生都能够参与到课堂学习中;其次,加强对学生自主学习能力的培养,鼓励他们在课外时间多进行阅读和思考,提高自己的审美能力和人文精神;最后,将鲁迅先生的精神之美与学生的实际生活相结合,设计更多具有现实意义的教学活动和问题,让学生在实践中更好地理解和体会这种精神之美。展望未来,我希望能够继续探索更有效的教学方法与手段,引导学生更深入地理解鲁迅先生的精神之美以及其他文学作品中蕴含的人文精神之美。

关于《搭石》的学习体验

作者：李佳欣　贵定县第二小学 2019 级 11 班

指导教师：商烨　贵定县第二小学

今天，我们学习了《搭石》这篇课文，文中有许多充满爱的画面，例如"如果遇上老人在走搭石，年轻人总要俯下身子……"。文中还讲述了四个场景：分别是搭石的来历、一行人走搭石的情景、两人走搭石的情景和背老人走搭石的情景，其中令我感触最深的场景是背老人走搭石，这个场景体现了家乡人民尊老敬老的美德。

文中描写人们走搭石的场景，其中"清波漾漾，人影绰绰"这两词让我不禁联想到：青色的湖面上漾起微微波浪，一行人走搭石时的样子倒映在水面上的风景之美！像这样的还有第四自然段：如果两人面对面同时走到溪边，总会在第一块搭石前止步，招手示意，让对方先行；等对方过了河，两人再说上几句家常话，才相背而行的心灵之美。这个自然段充分体现了家乡人民的互相谦让、互相友爱的美。文中人们走搭石时不像我们想的一样，人们每次上工，下工走搭石时都非常协调有序，成为一道亮丽的风景，体现了乡村的和谐之美。

学习《搭石》，让我感受到了乡间人们美好的情感。在走搭石的过程中作者让我们知道每一块石头都和谐相连，构成和谐的整体，体现出和谐美。其中我最喜欢"假如遇上老人来走搭石，年轻人总是要俯下身子背老人过去，人们把这看成理所当然的事"这句话，赞美了年轻人尊老爱幼的美德，因为他们有一颗高尚的心，体现出他们的心灵美。通过这课堂的学习，我了解到更多的东西，看到了不一样的风景，不一样的美。

教师点评：语文课程标准强调，在小学阶段，应当注重情感感受，让孩子们在自由思想和情感活动中，深入对知识的掌握和感悟，从中受到情感熏陶，受到思想启迪，并获取人生审美情趣，重新审视孩子们的个人经历、情绪、认知，是非常重要的。学生在这堂课的学习中，通过对几个画面和几个场景的描写，了解到清波漾漾，人影绰绰的风景美；如果两人面对面同时走到溪边，总会在第一块搭石前止步，招手示意，让对方先行的心灵美；每一块石头都和谐相连，构成整体的和谐美。通过本文的学习，学生看到了风景美、心灵美、和谐美，获得了一次美的情感体验。

教学反思：在这篇课文中，我们发现人性之美是非常突出的。通过讨论和交流，学生对这种美有了更深入的理解，文章的价值在于能够激发读者对人生的思考，并且我们认为学习语文的同时也应该学习如何做人，我们重点关注学生与他们的同伴和小团队的协作，并通过提供帮助来改善他们容易犯的错误。每当一行人走搭石的时候，他们的动作配合有序，前边的提起脚来，后边的紧跟上去，踏踏的声响像轻快的乐曲；清波漾漾，人影绰绰，给人以画一样的享受，这就是我所发现的第三自然段的精彩之处。美不仅仅存在于文本中，而且也存在于语言的深处。通过阅读,我们希望能够帮助学生更好地理解和感受文本,每个人都应该有自己独特的见解和感受,以便他们能够更好地表达自己的想法。在这次教学过程中,我认为学生表现得非常出色,他们积极参与讨论和交流,能够主动思考和表达自己的观点。同时,我也发现了一些需要改进的地方。例如,在评价环节中,我应该更加关注孩子们在情绪、认知等方面的表现,并给予适当的鼓励。此外,在今后的教学中,我还应该注重培养学生的协作精神和表达能力,以便更好地帮助他们成长。总之,这次教学经历让我收获了很多宝贵的经验教训,我会继续努力改进自己的教学方法和形式,为学生的未来发展做出更大的努力。

关于《草原》的学习体验

作者：王子墨　贵定县第二小学五年级 8 班
指导教师：徐志霞　贵定县第二小学

今天，我读了《草原》这篇课文之后，被草原的自然之美，还有草原上人们的心灵美给吸引住了。

课文按事情发展的顺序，记叙了老舍先生第一次访问蒙古大草原时的所见所闻所感，描绘了大草原的美丽景色，赞美了草原风光的美丽和民族之间的团结，表现了蒙汉两族人民的深情厚谊。读完全文，我仿佛置身于草原当中。我穿过清澈见底的小溪，溪边牛羊成群，时不时发出叫声，仿佛也在悄悄地赞美着这美丽的景色。我跨过一条条小路，骑上马，穿行林中，只听见鸟儿叽叽喳喳的叫声，只听见黄鹂鸟优美的歌声，到处都显得那么幽静。这幅只用绿色渲染、不用墨线勾勒的中国画，使我陶醉在这美景当中……我仿佛来到蒙古包中，好客的主人，热情地端上了手抓羊肉。掺着牛奶的茶，显得那么热乎，就像是蒙汉人民热情握手后那一种感觉，那一种热乎乎的感觉。当地的人民向我们介绍了他们那里的情况，并为我们表演了精彩的节目……

草原上的美确实很让我们迷恋，草原上的人，心灵更美！我将记住草原上那美丽辽阔的景色，记住草原上人们那颗好客的心！

教师点评：通过本课的学习，学生能够初步体会到草原的风景美、人情美。《草原》具有丰富的美育内容。初读时，学生可以了解到草原的天很蓝，地很绿，是色彩美；有马牛羊在草原上吃草、嬉戏，是动态美；蒙古族人穿着各色袍子，骑马飞奔几十里外迎客，蒙古包内热情待客，以及表演歌舞、摔跤，是草原人特有的传统美德。老舍先生笔下的草原是一幅高远素雅的美丽图画。精读时，透过课文优美的语言，抓住重点词句，启发揣摩、品味语言美，从而让我们理解这些优美的语言描绘的图画美，受到美的熏陶。

教学反思：老舍笔下的《草原》是一篇集自然美、人情美和语言美为一体的感人之作，因此我在教学中十分重视对学生的阅读指导。同样的课文，同样的段落，通过引导让学生在"读、思、议、想"的过程中理解课文内容，感悟到"草原上空气清新，天空明朗"，"绿得无边无际"，"绿油油的草原上飘动的白色花朵"景色十分迷人，在有了初步情感体验的基础上，自读自悟、美读品悟，学生的情感被激发，读起来抑扬顿挫，情感流露于表情之中，达到"正确、流利、有感情"的朗读要求，给人美的享受。由此可见，认知是情感的基础，情感是认知的手段，二者相互依存，相互促进。学生在理解课文内容的基础上朗读，真情能够流露其中。特别是有的课文、段落或者某些句子含义深刻，学生如果对课文内容没有理解，情感就不容易融入朗读。这使我想起叶圣陶先生说过"吟咏的时候，对研讨所得，不仅理智地了解，而且亲切地体会,不知不觉之间,内容与理性成为读者的东西,这是一种可贵的境界。"美中不足的是个别学生由于低年级学习的基础没有打牢,在本课的学习中略显吃力,在以后的教学中应注意多关注不同层次水平的学生,帮助学生更好地成长。

关于"形形色色的人"一课的学习体验

作者：杨凌锟　贵定县第二小学五年级 1 班

指导教师：杨桃花　贵定县第二小学

在文学艺术的海洋中，人物描写是一种丰富多彩、极具魅力的表现形式。无论是小说、散文，还是诗歌，鲜活的人物形象总是能够吸引我们深入其中，感受美的存在，发现美的力量。在这堂作文课中，我获得了一次奇特而深刻的学习体验。课程的目的不仅是教我们如何描写人物，更是引导我们从生活中去发现和理解人物的丰富多样，感受其中的美。

在平凡中发现美。课堂上，老师通过把书本中我们所熟悉的人物带进课堂，再以谈话的方式引导我们把目光聚焦到我们身边的人物中，特别设计了给同学取别号的环节，充分调动了我们的好奇心和学习兴趣，使我们积极参与到课堂中来，我们顿时被同学别号背后的故事所吸引。通过给身边的同学取别号，讲别号里隐藏的小故事，让我发现了每个人独特的魅力和个性。这也让我明白了描写人物不仅仅是简单的外貌和行为描述，更重要的是让我们在平凡的生活中发现美。在日常生活中，我们往往容易忽视身边人的独特之处，而在我们的笔下，可以通过细腻的笔触，描绘出人物的个性、情感、经历等，让我们重新感受到这些人的独特魅力。这些被描写出来的人物，或许并不是完美的，但他们的可爱、真实、善良、坚韧、勇敢等品质，却让我们在生活中感受到美的存在。

在情感中体验美。课堂上，老师引导我们把心中最有特点的同学写下来，在大家的讨论、落笔、评价和不断修改中，我们笔下出现了一个个特点鲜明的人物。在作文展示、评价的环节中，作品中的人物描写，深深吸引着我们，让我们在情感上产生了共鸣和共感。我们会不自觉地想象到那一个个熟悉的场景，然后将自己置身于场景中，置身于那个人物的角色之中，体会他们的喜怒哀乐。这种情感的体验，让我们更加深入地感受到了美的存在，也让我们在感动中体验到了美的力量。

总的来说，"形形色色的人"这堂作文课让我对人物描写有了全新的认识和理解。我明白了人物描写不仅需要技巧，更需要我们对人性的深入洞察和理解。这次学习体验让我更加期待未来的写作挑战，我相信我会在描绘人物的道路上不断进步，创造出更多丰富多彩的人物形象。

教师点评： 在语文教学中要重视培养学生的审美感知力，要使学生学会感受美，习作也是一样。通过学习与描写片段作文，学生对人物描写的基本方法有了更深的认识，也大概了解了描写人物背后的目的。但要写好人物，树立一个人物形象，还需要教师和学生不断地深入挖掘，因为人物形象往往具有多面性，人物的性格、行为、情感都不同，要教会学生看到每一个人物的复杂性，还要引导学生在思考中理解美的内涵，要关注所描绘人物的内在美。

教学反思：在这堂"形形色色的人"主题作文课中，我深深体验到教学的挑战与乐趣。课程的目标是帮助学生掌握如何描述和塑造不同的人物形象，通过细致入微的观察和生动的描写，使读者能够感受到人物的鲜明个性和特点。

在教学过程中，我首先用学生所熟悉的人物特点引导学生们快速理解"形形色色"和"特点鲜明"，并根据鲜明特点给身边的人取别号，鼓励他们回忆并分享这些人物的特点和故事。这个环节的效果非常好，学生都积极参与，分享了许多有趣的故事和生动的细节。当学生分享故事时，我巧妙地引导学生从不同角度审视人物，发现其独特之美。

接着，我引导学生们用所学过的描写人物的方法把这个人物描写出来。在写作环节，我鼓励学生大胆尝试，不怕失败。我告诉他们，写作是一个不断尝试和修正的过程，只有通过不断地实践，才能提高自己的写作水平。同时，在作文展示、评价中我提供了一些写作技巧和方法，帮助他们更好地完成作文。

然而，回顾这次教学过程，我也发现了一些问题和不足之处。首先，我发现有些学生在描述人物时，过于注重外表的描绘，而忽略了对人物性格和内心的深入挖掘。这可能是因为他们在观察人物时，没有足够关注人物的性格特点和行为方式。其次，我也发现有些学生的作文选取的事例不够突出人物的特点。这可能是因为他们在写作前没有做好充分的构思和素材的选取。

针对这些问题，我认为在未来的教学中，我需要更加注重引导学生深入观察和理解人物，帮助他们挖掘人物的性格特点和行为方式。同时，我也需要更加注重培养学生的写作规划和构思能力，帮助他们更好地组织自己的思路，更精准捕捉写作的素材。

总的来说，这次作文课教学让我收获了很多。我会继续探索更多有效的教学方法，让美育贯穿语文课堂始终，为学生的全面发展奠定坚实的基础。我相信在未来的教学中，我会更加注重学生的需求和特点，不断改进自己的教学方法和策略，为学生提供更加优质的教学服务。同时，我也期待学生能够在我的引导下，不断进步，成为更加优秀的写作者。

关于《青蛙写诗》的学习体验

作者：刘哲伊　贵定县第二小学二年级 2 班

指导教师：吴怡倩　贵定县第二小学

当我第一次翻开《青蛙写诗》这篇课文时，我就被这个简单的故事深深地吸引住了。青蛙，这个我们生活中常见的小动物，竟然也能写诗？我带着好奇和期待，开始了这次的学习之旅。

首先，我被青蛙独特的视角所吸引。在青蛙眼中，小蝌蚪是逗号，水泡泡是句号，一串水珠是省略号，这些看似平常的事物在青蛙的诗中变得生动有趣。这让我意识到，美无处不在，只要我们用心去发现、去欣赏就一定能感受美。通过青蛙的眼睛，我学会了从不同的角度去观察世界，发现生活中的美好。在朗读中我也感受到了诗歌的韵律和美感。青蛙这个诗人用简单的词汇和句子结构表达了对生活的热爱和向往。

通过学习《青蛙写诗》，我学会了更加自信地表达自己的感受和想法，学会了从不同的角度观察世界，去欣赏世界中的美。

教师点评：通过本课的学习，学生很好地感受到了事物之间的相似性以及能把事物与标点符号连接起来，这不仅培养了学生丰富的想象力，同时随文识字的趣味性让学生感受到汉字美。《青蛙写诗》这篇有趣的诗歌通过青蛙的视角，引导了学生去关注那些在日常生活中可能被忽视的自然元素，如蝌蚪、水泡和水珠。但是低年级学段的学生对于诗歌并不是很了解，在教学中除了朗读以外，其实还可以鼓励学生自由发挥，创作一些可爱的诗歌，去用自己的方式表达对世界的理解。

教学反思：在这次教学实践中，我深刻体会到了美育与语文教学结合的重要性。通过创设情境、品味语言、角色扮演等方式，孩子们不仅学到了语文知识，还提高了审美能力，培养了发现美、感受美的能力。其次，这篇课文也揭示了美育的实践性和创造性。青蛙的诗并非凭空而来，而是通过观察、思考和想象，将周围的事物转化为富有韵律和意境的诗歌。

这篇课文还强调了美育的趣味性。通过青蛙的视角和诗歌的形式，课文将原本可能枯燥的自然知识变得生动有趣，使我们在轻松愉快的氛围中学习到美育的知识。这种寓教于乐的方式，有助于激发我们对美育的兴趣和热情，使我们在享受美的同时，也主动去创造美。

美育不仅是情感的激发和深化，也是实践和创造的过程；它不仅是个人修养的提升，也应该是充满趣味和乐趣的，使我们在享受美的同时，也主动去创造美。作为教师，我们应该不断提升自己的美育素养，以便更好地引导孩子们欣赏美、创造美。在今后的教学中，我将继续探索和实践美育与语文教学的结合，为孩子们创设更多美的情境和机会，让他们在语文学习的过程中，不断感受美的力量和魅力！

《绿》的学习体验

作者：莫瑀暄　贵定县第二小学四年级 8 班

指导教师：黄仕琴　贵定县第二小学

　　这是我觉得最有趣的一堂课，老师与以往不同，讲的课生动有趣，我们也听得津津有味，当老师在课堂上提出问题时，大家都纷纷举起了手。

　　课堂开始了，伴随着一阵阵鸟的鸣叫，我们被带入了生机勃勃的春天。"在诗人艾青的眼中，春天是什么样子呢？"老师轻声地说道，"同学们，我们一起来读一读课文《绿》吧！"我们朗读完了《绿》，我发现在作者艾青眼中的绿可真不一样，连刮的风都是绿的，下的雨也是绿的，所有的事物都是绿的，我感受到了诗歌中丰富的想象和优美的语言。老师正在用优美的语言描绘着许多有关绿的事物：有绿草，有绿叶，有山坡，有田野，还有河流。正像诗人所描写的那样："刮的风是绿的，下的雨是绿的，流的水是绿的，阳光也是绿的。"我感受到作者想象的美，万事万物皆绿色的美，体会到作者对绿色和大自然的热爱。

　　诗歌用拟人和比喻的手法，用富有美感的诗句描绘了春回大地，到处一片生机勃勃的景象，在作者艾青笔下的"绿"给我们留下了很多的想象空间。比如第一自然段中的"好像绿色的墨水瓶倒翻了，到处是绿的……"这个省略号省略了被染上绿色墨水的景物们，还有天地间万事万物的变化，可以让我们展开想象，遨游在满是绿色的大自然中，欣赏着大自然的美丽，感受着生机勃勃的生命，感悟到生命的美好，让我们更加热爱生命。

　　学习《绿》这首诗，让我想到了春意盎然，万物复苏的美景，无论是春天的播种，夏天的勃发，还有秋天的收获，冬天的孕育，无一不是绿的创造。我领略了自然界绿色的生命：炫耀着新绿的小草，胆怯的小白菊一瓣瓣地绽放，抖去水珠的凤蝶儿，每一片绿都能让人浮想联翩。我跟着音乐，不由自主地把自己带到了绿的世界，在这儿，我看见了翠绿的天空，粉绿的白云，墨绿的湖水，还有许多的美景，直到老师让我们看黑板时，我才走出了绿的世界。只要开启想象的大门，就能进入绿的世界，我感受到了想象的神奇和美好。于是我创作了一首小诗："小溪里的石头是绿的，果园里的水果是绿的，空中飘的云朵是绿的，就连树上飞的鸟也是绿的。"

　　"诗歌，让我们用美丽的眼睛看世界。"我要用善于发现的眼睛去观察生活和大自然，去发现生活中的美，还要用富有节奏美、音韵美的语言表达我心中独特的感受，创作出更多美丽的诗篇。

　　教师点评：学生能在老师优美的语言描述中，开启想象的大门，走进春意盎然的世界中，感受到绿的美好，体会诗人内心独特的感受。在多种方式的朗读中感悟诗歌的节奏美、意境美、想象美，通过读好省略号，想象诗歌描绘的景象，由诗歌的美景联想到自己生活中常见的事物，还能模仿诗歌的表达特点创作出优美的诗歌。

教学反思：在本堂课的教学中,我认为成功之处在于为学生营造了美的氛围。导入新课时,我播放了一个春意盎然、生机勃勃的春天视频,带给学生美的享受,激发学生的学习兴趣。在朗读诗歌时,我用《春之歌》音乐声配乐朗读,把学生带入一个满眼都是绿色的世界,在绿波漾漾的大自然中徜徉,感受着生命的勃发与生机,带给学生美的体验。在组织教学中,我用优美的语言将学生引入奇妙的大自然中,去感受大自然的神奇和美妙。让美的音乐,美的画面、美的语言激发学生对美的感知,学生看到了绿油油的麦田、墨绿的小溪、翠绿的阳光,感受到了绿的美好,学生获得了一次深刻的审美体验。

　　教学中我想通过品味诗句,把学生带入诗的意境当中。当学生读到诗句"所有的绿都集中起来,挤在一起,重叠在一起,静静地交叉在一起"时,我引导学生抓住"挤,重叠,交叉"去品味大自然壮观的景象,还让学生一边做动作一边想象,可是学生只是停留在他们所常见的绿草、绿树、绿苗,无法沉浸到绿意盎然的世界中。这就带给我深深的思考:难道诗歌要一字一句去理解吗?在学习完这一组诗歌后,我明白了诗歌中的意象和意境具有很强的艺术魅力,要体验到诗歌的意境美需要丰富的想象力。原来我忽视了学生本身具有的想象能力,只一味地追求品味诗句,想象诗中的意境美。品味诗句,想象美的意境要在基于学生的原有想象力的基础上,我意识到在今后的教学中,我需要更加注重培养学生的观察力和想象力,通过更多的实践活动帮助他们提升这些能力。

有趣的"24点"学习体验

作者：张慧可　贵定县第二小学三年级5班

指导教师：柏雷　贵定县第二小学

今天我一直期待着数学课的到来，因为昨天老师告诉我们今天要上一节有趣的数学游戏课。"叮铃铃"，上午第三节课的铃声终于响起，期待的数学课来了。只见老师一上课就拿出了一副扑克牌，问我们："孩子们，你玩过扑克牌吗？"同学们七嘴八舌说着自己玩过的扑克牌游戏，老师告诉我们："今天，我们就用扑克牌来玩'24点'。"接着老师就播放了一个介绍扑克牌冷知识的视频，简直太有趣了，原来扑克牌的每种花色、每个数字，黑色和红色都有着独特的意义。

正当我意犹未尽时，老师又提出了一个问题"你们知道哪两个数字通过计算可以得到24吗？"同学们你一言我一语地说出了许多，我想到了一个大家都没有想到的"$48÷2$"，老师夸我真有想法。老师告诉我们这些能算出24的两个数都是算24点的好搭档，一会在游戏中要充分利用哦。我心想"24点就这么简单吗，就用两个数字来算？"果不其然，老师说24点游戏需要从四张A－10的扑克牌中任意抽出四张，每张牌必须用，并且只能用一次，通过加、减、乘、除的方法算出24。

听完游戏规则，我已经迫不及待想试试了，于是老师抽出了"A、2、3、5"，突然一片寂静，大家绞尽脑汁也没有想出来。突然我想到老师刚才说的好搭档，看见3，脑海里立马蹦出"$3×8=24$"，又观察剩下的1、2、5想到"$1+2+5=8$"，我立马抢答"$1+2+5=8,3×8=24$"。小组成员向我投来崇拜的眼光，我得意极了，迫不及待地跟老师和同学们分享了我的想法，"我想到了老师说的好搭档，就想着我能不能把四个数转变成能算出24的两个数，就想到了这个方法"。老师用肯定的目光看向我，对全班同学说："孩子们，这就是转化思想，用两个数凑24对于我们来说比较简单直接，现在是四个数，我们就可以把它们通过'凑对'转化成我们刚才想到的那些能算出24的两个数。"接着老师抽出了四张牌"A、2、6、7"说："同样的四张牌会有不同的算法哦，你们想想这四张牌有哪些算法？"庭晟开第一个举手说道："可以用$7-1-2=4$，再用$4×6=24$。"另一个同学又站起来说："可以用$1+7=8,6÷2=3,3×8=24$。"突然我一看见2，就想到能不能用剩下的3个数凑出12呢？"$6+7-1=12$"我激动地举起手！

"看来同学们已经探索到了算24点的小技巧，现在我们四人一组进行算24点游戏吧！"老师刚说完，同学们都兴致勃勃地按照四人组的方式开始游戏，不知道过了多久，下课铃声响起了，老师说小组游戏结束了，让各组的冠军起立，我就是我们小组的冠军，我骄傲地站了起来，老师对我们说："下节课，我们将对这些小组冠军进行分组决赛，看看谁是我们班的算24点冠军。"这节数学课结束了，我感觉还没有玩够呢。通过这堂课我明白了，在数学的学习里，我们要会灵活应用,巧用转化的思想,把一些较难的问题或者复杂的问题转化为我们容易解决的问题。

教师点评:这篇学习体验是学生上完一节数学文化课的真实感受,也记录着学生在课堂上找到学习方法后获得自信的喜悦。小作者从开课的期待,到上课的有趣,再到游戏时获得成功的喜悦,细致地描述出了自己的学习感受,也通过自己的思考找到了游戏的小技巧。相信通过这次的学习和学习体验的记录,学生能发现数学的奇妙和有趣,感受到数学方法之美。

教学反思:吕传汉教授提出的三教理念:在数学教学中教思考、教体验、教表达,是在数学学习中综合提升学生思、学、说的综合素养,让学生在学习中整体素质都能得到提升。

(1)"教思考"中提升思维,感思维之美

教会学生思考是数学教学的核心任务。在开课时我并没有告诉学生算 24 点我们有哪些固有模型,也没有告知学生"见 3 凑 8,见 6 凑 4……"这些快速找到算 24 点的口诀,而是让学生回想他们脑海里哪两个数能算出 24,让学生发散思维,不被固封于老师所给的条条框框中。在适当的时候我给予启发和点拨,帮助学生理解和总结解决问题的方法。接着我又通过一题多解的方式,让学生思考在同样的四个数中会有不同的解法,让学生从不同的角度进行思考,寻求多种解决策略。

我在本课教学中,大胆放手让学生去思考、去探究,发挥其主观能动性,学生在思考过程中自我总结解决的技巧,从而提升学生思维能力,积累思考问题和解决问题的路径和方法,使数学知识得以提升和内化。让学生在一步步的探索中,在思维一次次的碰撞中,拨云见日,感受到思维之美,体会成功的快乐。

(2)"教体验"中提升能力,感数学魅力

本课教学在未总结方法,未提出解决路径的情况下,先用"A、2、3、5"这道题让学生独立思考和探究,重在让学生体验在解决问题的过程中思考和找到解决方法的过程,让学生在学习中深度参与、亲身体验,从而经历解决问题的全过程,从自我探究到寻找解决问题的一般路径和方法,亲身感受到数学学习的有趣和数学神奇的魅力,让学生在玩中学、学中玩。

(3)"教表达"中提升素质,感语言之妙

表达能力是一个学生综合素质的表现,会做不会说的学生已无法应对当今社会发展的需求,所以各科学习都应该重视学生表达能力的培养。学生表达的过程是学生提出问题、思考问题、解决问题过程的再现,不仅能提升学生语言表达能力,也能让学生逻辑思维能力得到提升。所以在本课中我鼓励学生说出自己的思考过程,表达出自己的想法,让学生在表达的过程中体会到数学语言的精炼和数学思考的有趣,也让学生在学习中找到自信。在一次次回答与方法的总结中,学生能感受到数学语言的奇妙和简洁美。

"克和千克"学习体验

作者：辜耀萱　贵定县第二小学二年级4班

指导教师：黄贵英　贵定县第二小学

美好的一天从学习"克和千克"这一课开始，课前老师让我们准备熟鸡蛋、苹果、袋装的小零食、棒棒糖、盐、电子秤、体重秤等物品到课堂上来，因此我特别期待这节课的到来。

上课了，黄老师先让我们复习已经学过的长度单位、人民币单位和时间单位，接着神秘兮兮地播放了一张图片，让我们猜是什么。说实话我从来没有见过图片上的物品，老师说是天平，用来称物体质量的。通过学习我知道了称比较重的物体用千克作单位，称比较轻的物体用克作单位。两袋盐重1千克，一包薯片重200克，一个鸡蛋约重50克。

接着老师让我们分小组称我们带来的物品，我特别激动，终于可以动手实践，验证我们所带的物品是不是和课本上所写的质量一样了。同学们特别兴奋，积极参与到有趣的数学活动中，突然"啪"的一声，一个鸡蛋从秤上滚下来，黄老师闻声过来说："不是叫你们带熟鸡蛋吗，怎么会有生鸡蛋？看，打碎了，快一点收拾干净。"其实我很想知道生鸡蛋和熟鸡蛋的质量是不是一样的？所以让李仁伟带了生鸡蛋、半熟的鸡蛋和熟鸡蛋，每个鸡蛋上李仁伟都作了标记，遗憾的是我们小组没有称到生鸡蛋的重量，但我们知道了熟鸡蛋和半熟鸡蛋质量差不多，都是53克。后来我们小组又称了苹果、数学书的重量，黄老师还让全班排队称体重，我们每个人都知道自己的体重了，但我们班有一个同学没有称，他很胖，轮到他时他请假上厕所，我想他是不好意思，因为他可能比我们都要重很多，但根据我的体重猜测他应该有48千克。

今天这节课我特别喜欢，我还想知道一张纸的重量，一根绳子的重量，我吃饭前和吃饭后的体重，还想逛超市了解更多物品的重量呢！在学习中我发现了数学课是美好的，在探索数学知识的过程中我学会了和同学合作，学会了思考，学会了用数学语言表达，我想数学美在语言、美在创造、美在探索、美在思考，所以我们要好好学习数学，认真学习的样子是最美的。

教师点评：孩子，真实的课堂学习记录流露出你对数学学习的兴趣及探索的欲望，老师发现你是一个善于观察、爱思考、爱动脑的孩子，看了你这节课的学习体验，老师知道你在这节课的学习中收获很大，感悟到数学的创造美、语言美、探究美，值得点赞的是你把自己想知道的不同状态下鸡蛋的重量进行实践操作，验证自己的想法，虽然没有达到目标，但你探索的精神定会成为你通往梦想之路的助力。

教学反思：没有体验就没有表达，没有合作就没有思维的碰撞，没有实践就没有思考和体验，没有思考和体验就感悟不到数学的美。在体验中合作，在思考中表达，在观察中提升数学学习能力，在新课标的指引下，在"美育"浸润下，本节数学课堂以"发现美、思维美、语言美"培养学生的数学核心素养，尊重学生已有的知识经验设计本节课。

（1）基于数学学习经验，引导发现数学美

在学习本节课之前，学生已经认识长度单位米和厘米，时间单位时、分以及人民币单位元、角、分。领着学生回忆，对知识进行系统化整合，利于学生思考，发现数学知识的衔接美、规律美和有序美。在教学过程中，通过系统整合知识再让学生走进新的知识学习，认识天平，激发学生的好奇心和探索新知识的欲望，思考计量物体的轻重会用什么单位。

（2）活用教材激发学习动机，数学操作体验美

在本节课中，我让学生带薯片、鸡蛋、苹果、盐、零食以及各种秤等，将生活中的数学搬到了课堂上，让学生操作体验，提供观察数学、体验数学、表达数学的机会，让学生积极思考、主动建构知识。让学生从实际操作中感受到称比较轻的物体用克做单位，称比较重的物体用千克做单位，让学生称苹果、鸡蛋以及自身体重，更深层次地感受质量单位克和千克，这样的感受来自学生的观察、操作和体验，来源于数学的实践美、操作美。

（3）操作体验发展量感，数学活动思维美

学生将薯片、鸡蛋、苹果、盐等带到课堂，通过看一看、估一估、掂一掂、称一称等活动，感受物体的轻重，形成克和千克的表象认识，在称各种物体的重量活动中，学生对克和千克的认识逐渐清晰，同时培养学生的合作意识和应用意识，学生在体验中思考，在合作中表达，促进学生量感的发展，在数学活动中有序思考，体验数学思维美。

（4）注重方法引导，活用巧用应用美

数学课堂是灵动的、有趣的，是学生发散思维，尽情表达的时光，鼓励学生自主学习，善于应用所学知识去体会生活中的数学，让思考成为一种习惯，让活用巧用成为学习的动力，让应用美成为学生学习成长的指路灯。

数学是研究数与形的一门科学，通过生动有趣的数学课堂培养学生的思维能力，学习数学的能力及方法，通过动手操作激发学生学习兴趣，发散学生思维，让所有学生在数学课堂上得到发展，丰富学生的知识内涵，发现数学思维的美好。教师要上学生喜欢的数学课，上美美与共、各美其美的数学课，让趣味和美好陪伴学生成长。

对运用"假设法"解决问题的感悟

作者：王海丽　贵定县第二小学六年级 8 班

指导教师：罗腾飞　贵定县第二小学

通过近六年的数学学习,我已经掌握了大量的数学知识,学会了运用数学方法去解决实际问题,但数学的方法是多种多样的,还有很多新的数学方法等着我去学习和掌握。今天我要说的是数学方法中的"假设法",通过一个数学问题来谈谈我的感悟。

题目:李老师买了 6 个足球和 8 个篮球,买两种球所花钱数相等。足球与篮球的单价之比是多少?

我刚看到这题时不知所措,一直想着钱数未知,根本做不出来,那该怎么办呢? 后来,老师提示了我们:可以运用假设法来试一试。我瞬间恍然大悟,因为买两种球花的钱数一样多,可以假设出具体的钱数,然后想到了可以把总价设为 48 元,因为这样求出的单价是整数。根据数量关系:总价÷数量＝单价,求出足球和篮球的单价,然后再来比,化简后得到最终结果,解题过程如下:

假设买两种球花的钱数都是 48 元

足球单价:48÷6＝8(元)

篮球单价:48÷8＝6(元)

单价之比:8∶6＝4∶3

做完后,我感觉足球单价 8 元、篮球单价 6 元与生活实际不太相符,这样的假设不太好,既然钱数是未知数,我就想也可以把钱数设为 a,a 可以表示任何数,解题过程如下:

假设买两种球花的钱数都是 a

足球单价:$a÷6＝\dfrac{a}{6}$

篮球单价:$a÷8＝\dfrac{a}{8}$

单价之比:$\dfrac{a}{6}∶\dfrac{a}{8}＝\dfrac{a}{6}×\dfrac{8}{a}＝4∶3$

做完后,我感觉这个字母 a 好神奇,感受到了字母的简洁美,字母 a 可以表示任意的数,能更有概括性,还有在计算时 a 可以被约掉,丝毫没有对结果造成影响。

我高高举手,老师到我面前看了我的解题过程,对我大大夸赞,随即他说:"小丽同学,前段时间我们学习的分数乘除法中用了一个更简便的数来解决问题,想一想是否可以像字母 a 一样用来假设呢?"老师的这一提示,我的大脑瞬间飞速转动起来,分数应用题里的单位"1"不就是再简便不过的吗？在学习工程问题时就是把工作总量假设为 1 来解决的，我立马就假设钱数为 1，解题过程如下：

假设买两种球花的钱数都是 1

足球单价：$1 \div 6 = \dfrac{1}{6}$

篮球单价：$1 \div 8 = \dfrac{1}{8}$

单价之比：$\dfrac{1}{6} : \dfrac{1}{8} = \dfrac{1}{6} \times 8 = 4 : 3$

回看过程，多神奇、多简便的 1 啊！我依稀记得刚刚学习认识数字时最先认识的就是 1，没想到这 1 还能这么用，1 的应用范围之广令我惊叹，这让我感受到 1 的独特之美、简易之美。1 可以表示 1 个具体的数量，也可以表示 1 个整体，既具体又抽象。

在数学学习中，我们会遇到很多用到假设法的情况，比如在解决鸡兔同笼、工程问题、含有未知量等稍复杂的数学问题时都可以采用假设法。我这次虽然用了三种不同的假设，但都属于假设法，一种方法多种解法是数学上常见的情形。经历这次的做题，我感受到很多生活中的问题都是可以用假设法来解决的，更深刻地领会到了假设法解题的要领，知道了 1 的巧妙用法，我也更加明白要发散思维，要敢于尝试，不要局限单一的做法，要在不同的做法中选择最简单的、最好的，提高解题的效率。

教师点评：王海丽同学的解题思路是非常清晰的，在确定未知量后，找准数量关系，经历三种不同做法，她把假设的钱数由具体的 48 元，到抽象的 a，最后到巧用 1 来假设，足以体现她主动学习、善于思考、敢于质疑的优秀品质。数学的美无处不在，她能从中感受到字母的简洁美、数字 1 的独特美和简易美，说明她是个善于发现和欣赏美的孩子。不仅如此，她还学以致用，既解决了问题又呈现出了数学之美，做到了用数学的眼光去观察，用数学的思维去思考，用数学的语言去表达，她是同学们学习的好榜样，是老师心目中的数学小天才。

教学反思：深耕教材，做好引导者。在钻研教材时，我发现以往这类有关单价、数量和总价的题型都是已知两个量去求一个未知量，而这个题是只知道一个数量，恰好是一个用假设法来解决的典型题。和预设的一样，学生们找不到思路，然后我提到了假设法，绝大多数学生都假设具体的钱数来解决。我肯定了同学们的做法，最后我展示了王海丽同学的三种假设法，在肯定她的同时也进一步引导学生发现"48 元"可能与生活实际不符、"字母 a"需要设定范围，两种方法都存在一定的瑕疵，最后用假设为"1"的做法，这个 1 运用在这里看似狭义实则广义，它是抽象的，非常具有代表性，学生们对假设为"1"的做法都很认可。

渗透美育，做好传播者。对称、简洁、严谨等等都是数学美的不同表现形式，为提高学生对数学的喜爱，有效培养学生数学思维能力，我们要做好美育的传播者。到了高年级，小学数学会趋于字母化、符号化，有的学生会感觉晦涩难懂，从而失去学习兴趣，这就需要在课堂中引导学生发现数学之美，感受字母和符号的魅力，培养学习的兴趣，重拾学好数学的信心。当然，这是一个长期的过程，要在平时的课堂教学中有机地渗透。再次以该题为例，在后面学习比例时还可以用反比例的知识来解决更为简便：总价一定，单价和数量成反比例关系，到时会引导学生们再次经历一题多用、一题多解、越解越简的学习过程，让学生再次感受数学的奇美。

关于"一道列综合算式问题"的学习体验

作者：蒋靖旋　贵定县第二小学三年级 3 班

指导教师：罗雨英　贵定县第二小学

今天罗老师发下我们刚测试的试卷,我一看分数,98 分,到底是哪错了呢?我急忙找试卷上的错题,我发现"被除数是 64,除数是 2×4 列综合算式是(　　　　)"这道题错了,我写的是:64÷2×4,我认为我的做法是正确的呀!我左思右想,总是想不通,我赶紧去问罗老师,罗老师说这道题要给 2×4 打上括号才行,因为要先算 2×4,再算 64 除以 2 乘 4 的积,还说如果不给 2×4 添上括号的话列综合算式就是 64÷2×4,用语言描述应该是 64 除以 2 的商乘 4 的积是多少。除数就变成是 2,就不对了。听了罗老师的讲解,我终于掌握了综合算式用文字描述的方法。

学习数学就得认真思考,仔细琢磨,抓住关键词去理解题意,不然,一不小心就会出错。我觉得数学很有趣、很调皮也很有挑战性。为什么我觉得数学很调皮呢?因为每次不管是做作业还是做试卷,都会给我们挖一个个坑,只要我们一粗心,就会掉进坑里。数学有很多有趣的地方,数学在生活中无处不在,人们利用数学知识设计出精美的图案;数学更有挑战性,每当我学到了新的知识,我会迫不及待地想要去挑战一下相应的习题,当挑战成功时,我会感到十分开心;当失败时,我决不放弃,直到把题弄懂,我相信只要认真读题,肯开动脑筋思考,就一定会在数学王国里畅通无阻。

教师点评:小作者学习数学的兴趣很浓厚,只要遇到数学问题,就一定会穷追不舍,直到能找到解决问题的方法为止,数学课上,她肯开动脑筋,善于发言,积极表达自己的想法,这一切源于她喜欢数学,对数学感兴趣,学习数学有美好的体验。兴趣是最好的老师,想要学好数学,得培养学习的兴趣,敢于挑战数学的难题,做学习的小主人,才会在学习的过程中感受到学习数学的乐趣。添上或去掉一个括号,综合算式的含义就完全不一样了,得到的结果也会不一样,这从中让学生感受到数学是严谨的,从而发现、体会、感悟数学语言的严谨之美。

教学反思:新课标要求培养的核心素养,即三会:"会用数学的眼光观察现实世界,会用数学的思维思考现实世界,会用数学的语言表达现实世界"。教学中要培养学生这几个方面:

(1)感知生活中的数学美

在数学的教学中,教师要引导学生用数学的眼光去观察现实世界,发现生活中处处有数学,生活离不开数学,体会到数学对生活带来的便利,感受到生活中存在着许多数学美。

(2)感悟数学中的应用美

义务教育阶段数学课程内容由数与代数、图形与几何、统计与概率、综合与实践四个领域组成。在生活和学习中,我们发现学习会促进生活质量的提高,数学知识在生活中的应用随处可见,教师引导得当,学生能感悟数学中的应用美,学生的学习兴趣会得到激发,学习数学的兴趣会更浓。

（3）培养创新意识的数学

数学中的创新意识主要是指主动尝试从日常生活、自然现象或科学情景中发现和提出有意义的数学问题。初步学会通过具体的实例,运用归纳和类比发现数学关系与规律,提出数学命题与猜想,并加以验证;勇于探索一些开放性的非常规的实际问题与数学问题。创新意识有助于形成独立思考、敢于质疑的科学态度与理性精神。

"反比例"一课的学习体验

作者：杨珂玥　贵定县第二小学六年级 3 班

指导教师：徐雪冰　贵定县第二小学

学习反比例要比学习正比例更有趣,也比较容易懂,这是什么原因呢? 课后我与小伙伴一起交流发现了其中的"奥秘"。

"反比例的意义"这部分内容是在已经学习了比和比例以及正比例的意义的基础上学习的。在此之前,我已经学习了正比例的意义,对"相关联的量""变量、定量""成正比例的两个量的变化规律""如何判断两个量是否成正比例"有了深刻的认识,这为反比例的学习奠定了基础。

新课学习前,徐老师让我们思考两个问题: 1. 什么是反比例,它和正比例有什么不同? 2. 为什么叫反比例,"反"在哪里,它与正比例有什么区别? 对这两个问题我进行了仔细的思考,猜测反比例也应该有两个变量和一个定量,这两个变量的变化方向应该与正比例中的两个变量变化方向不一致,正比例中的变量变化方向是同增或同减,反比例应该是一个增加另一个减少吧,至于定量的变化,就不好猜了。虽然数学书上有答案,但我还是忍住了"诱惑"不去翻书。

徐老师上课时我听得很专心,尤其是导入环节,徐老师说:"数学有其独特的对称美,有'乘'就有'除',有'商'就有'积',有'正'就有'反'",这句话突然让我茅塞顿开,我有预感反比例的定量绝对就是"积不变",最终我的猜测结果与正确答案一致,我感到很兴奋。在后面的学习过程中我对徐老师提出的问题仔细思考,对学习单上的题目仔细审题、认真分析、对比,进一步体会到了数量之间相依互变的关系,也掌握了区分正、反比例的方法,感受到了"正"与"反"之间数据变化规律的对称美,我发现数学学习只要理清了脉络,掌握知识并不困难。

通过学习我知道了反比例关系在数据表达和式子表达之后,还有着形象的图形表达,反比例图像是一条光滑的曲线,两种量的每组对应数据都能用图像中的一个点来表示,图像中的每个点也对应着一组数据,通过数形结合我感受到图形里蕴含着丰富的数学信息,表格、符号以及图像三种表达形式都让我认识到了数学语言的简洁美。

课后徐老师告诉我们反比例关系是一种重要的数量关系,它渗透了初步的函数思想,在中学我们将学习正比例函数和反比例函数,只要继续保持着认真、好学的求知态度,新的数学大门将向我们打开,听了徐老师的话,我已经迫不及待了,好想认识一下"函数",探究它和今天学的知识有什么联系和区别。

教师点评: "反比例"这一内容的两个要素"一个量随着另一量的变化而变化"和"积不变"正好对应"变"与"不变"的思想。从反馈来看,学生很好地理解了反比例的意义,也感受到这节课蕴含的数学思想，并且对后续学习抱有期待之情，这节课的教学目标已经得到了较好落实。在学生的学习体验中也能看到学生感受到了数学的对称美以及数学语言的简洁美，美育在小学数学课堂中的渗透也取得了一定成效，但成效的提升还有待进一步实践探索。

教学反思： 在这堂关于"反比例"的课程中，我积累了一些成功的经验，教学效果也比较不错，但细细回顾课堂，也发现一些地方需要修改和完善。例如在情境创设方面还需要更有新意才行，只有这样才能吸引更多的学生迅速进入学习状态。又如课堂上我的开放教学意识还有待提高，设计维度还需要更全面，时间分配、控堂能力还需要提升才行，这样才能避免有意或无意"压缩"学生互动交流时间的现象存在。尽管存在一些遗憾，但这次的教学体验也让我深受启发，我深刻认识到读懂知识的"承前启后"有多么重要，采用同中求异、异中求同的设计，将对比分析的学习方法贯穿教学始终，对学生数学能力的提升帮助多么巨大，富有丰富内涵的设计，能让我们的数学知识，建立更丰富的逻辑层次，让课堂更加生动，让学生更自然地接受和理解知识的结构框架，更能提高学生对数学学习的期待。同时我也深刻认识到数学中蕴含着丰富的美育素材，在今后的教学中，我将进一步挖掘数学教材中的美育素材，在课堂教学中注意引导学生感受数学中的各种美，提高学生发现美、认识美、感受美、创造美的能力，为美育进小学数学课堂实践探索奉献出自己的一份力量。

"轴对称图形"学习体验

作者：丁伟轩　贵定县第二小学四年级 7 班

指导教师：张群芝　贵定县第二小学

"学而时习之，不亦说乎"，今天上课时老师问我们都认识哪些图形，同学们争先恐后地各抒己见，老师对同学们的回答都给予了认可，并点明了今天要学习的课题图形的运动（二）——轴对称图形。

一看到轴对称图形，我马上想到：二年级的时候我们不是已经学过了吗？对折后两边能够完全重合的图形叫作轴对称图形，还能画一些简单的轴对称图形呢！为什么还要学呢？为什么把轴对称称为图形的运动呢？我立马举手问了老师，老师神秘地对我说，带着你的问题在一会的数学课上找答案吧！

在课上，老师播放了生活中的一些轴对称图形，让我欣赏到了轴对称图形的对称美，通过观察并补全图形的另一半使我理解了每组对称点到对称轴的距离相等，每组对称点的连线垂直于对称轴；但是我还是不能理解课题为什么把轴对称称为图形的运动？

接下来，老师让我们以直角三角形的直角边（短边）为对称轴把三角形翻折过来，并用课件演示，再以直角三角形的另一条直角边（长边）为对称轴把三角形又进行翻折

，并说说发现了什么，我顿时解开了心中的疑惑，明白把某一个图形以某一条边

为对称轴进行翻折运动后，会创造出一个新的图形，这个新的图形就是轴对称图形，也感受到了图形的运动美，原来利用"翻折"运动可以创造新图形（也就是根据对称轴补全轴对称图形），对折可以判断该图形是否是轴对称图形。

这时老师问我，通过刚才的学习你还疑惑吗？并让我说出了我的收获："对折"是指图形沿着某一条线左右或上下对折能够完全重合，也是检验某个图形是否是轴对称图形；而"翻折"是产生一个新的轴对称图形，与"对折"截然不同，"翻折"和"对折"其实就是图形的运动，所以把轴对称称为图形的运动。练习时，老师又让我们用身边的学具利用轴对称这一课所学知识来创造新的图形，然后进行交流展示，在这一活动中我感受到了创造美，通过大家的动手创造，我们对今天的学习掌握得更加透彻。看来学习就需要多问多想多动手创造。通过学习我明白了数学的学习是永无止境的，还知道了学习数学一定要学会举一反三，学数学只要敢于思考，敢于探索，就一定能超越自我。

教师点评：孩子,你真是一个善于思考的同学,能及时把你心中的疑惑向老师诉说,特别值得大家学习,为你点赞!"轴对称为什么称为图形的运动"这一问题你能勇敢发问,说明你是一个爱学习爱思考的孩子,你的勤学好问是学好数学的关键,不管什么时候都要勇于表达自己的疑惑,有疑惑才能努力地想去解惑,带着疑惑去学习会使知识记得更牢固,老师相信图形的运动——轴对称,对于"翻折"和"对折"为什么是图形的运动你一定理解得很透彻了吧!老师从你的学习体验中也感受到你认识到"轴对称图形"这一节里面蕴含的图形的对称美以及创造美,数学中还有很多美的地方,只要你善于发现、感受、创造数学美,就会对数学的学习越来越感兴趣。学习数学要主动去学习,要有寻求真理的意志和耐性,在学习和生活中,求知的欲望是学习的动力之源,愿你在数学之路上越走越远。

　　教学反思：图形的运动在小学分为三个阶段:一是二年级下册初步认识图形的运动(一)——平移、轴对称、旋转;二是四年级下册重点学习图形的运动(二)——轴对称和平移;三是五年级下册认识图形的运动(三)——旋转。图形的运动(二)——轴对称这一课时是建立在学生已有的认知基础上来进一步学习的,基于学生在二年级已初步认识什么是轴对称图形(对折后两边能完全重合的图形),本次教学的难点是学生不理解轴对称图形的运动方式及对运动美感的感受。在教学中,先简单复习什么是轴对称图形。很多同学能答出来是把图形左右对折或上下对折,两边能够完全重合的图形就是轴对称图形;会画出给定的轴对称图形的另一半,之后共同探究轴对称图形的特征;这是许多老师的教学思路,但这样的教学缺乏灵动性和美感。以下是我的几点思考。

　　(1)从静态到动态感悟图形的运动

　　这个阶段的学生对图形运动的立体空间想象能力是非常薄弱的。针对这一问题,在教学轴对称图形的运动时,怎样让学生感知翻折和对折? 在课前让学生去剪了许多轴对称图形,如长方形、正方形、等腰三角形、等腰梯形等。首先我先出示一个课前剪好的蝴蝶,我先对折让学生说一说你发现了什么(蝴蝶是一个轴对称图形),再翻折又让学生说一说发现了什么(蝴蝶的一半图形沿着对称轴做翻折运动后产生了一个完整的轴对称图形),对折是为了判断一个图形是否是轴对称图形,从观察中让学生初步感知翻折和对折。接下来让学生自己动手用长方形、正方形、等腰三角形、等腰梯形等对折感知这些图形都是轴对称图形。这些图形对折后让学生放好,不打开,摸一摸等腰梯形对折的这条线(也就是对称轴),再打开,其实这个打开动作就称为翻折,最后让学生依次用其他图形做翻折和对折运动,通过老师讲解、学生操作,更容易加深对轴对称图形的运动的理解,轴对称图形"对折"后的完美重合,"翻折"后图形的完整性,也能让学生从中感受到轴对称图形"翻折"和"对折"中的对称美。

　　(2)在动手画图中提升对数学的认知

　　对比两幅相同房子的轴对称图形(例1)(一幅是在方格纸上,另一幅没有方格),让学生对比发现在方格纸上更容易描述轴对称图形的特征:对称点与对称轴之间的关系,轴对称图形上两个对称点到对称轴的距离相等,每组对称点的连线垂直于对称轴。将实物图形简化抽象成平面图形,运用了数学抽象的思想方法,让学生感受到数学中的抽象简洁美,再通过看一看、数一数,探索轴对称图形的对称点与对称轴之间的关系,体现了数学的对应思想。通过课件演示让学生观察补全轴对称图形的方法，然后让学生动手操作，操作完成后再和同桌交流，集体总结补全轴对称图形的方法。补全轴对称图形的方法：一"找"，找出图形上每条线段的端点；二"定"，根据对称轴确定每一个端点的对称点；三"连"，依次连接这些对称点，得到轴对称图形的另一半。这样的教学模式，学生很感兴趣，特别是在画图形时，孩子们的学习兴趣非常高，这样有助于发展学生的空间想象能力以及动手操作能力。一个简单的几何图形通过翻折形成精美的轴对称图形，让学生感受到了数学的创造美。

关于"轴对称图形"一课的学习体验

作者：宋居馨蕊　贵定县第二小学二年级 10 班

指导教师：陈仕菊　贵定县第二小学

在轴对称图形的学习中，我收获了丰富的体验。我发现了轴对称图形的美学价值，它们在视觉上具有高度的平衡感和和谐性。通过学习，我了解到轴对称图形的基本概念，以及如何识别这些图形。

在学习过程中，我逐渐掌握了轴对称图形的特征。通过亲手操作和观察，我深入理解了轴对称图形的形成原理，并能够将其应用于实践中。这种学习方式让我对轴对称图形有了更深入的认识，并激发了我对数学的兴趣。

轴对称图形的学习还帮助我培养了空间想象力和观察能力。通过识别轴对称图形，我学会了从不同角度观察物体，并尝试从多个方向思考问题。这对我以后的学习和生活都产生了积极的影响。

此外，轴对称图形的学习还增强了我的创新思维。在学习过程中，我发现轴对称图形在艺术、建筑和设计中有着广泛的应用。这激发了我对其他领域的好奇心，并促使我不断探索新的知识。

总的来说，轴对称图形的学习让我收获很多。它不仅提高了我的数学素养，还培养了我的观察能力、空间想象力和创新思维。我相信这些经验将对我未来的学习和生活产生积极的影响。

教师点评：在轴对称图形的学习体验中，二年级的学生们表现出极高的热情和好奇心。他们通过观察、动手操作和讨论，逐渐理解了轴对称图形的概念，并能够识别常见的轴对称图形。

学生们在探究过程中展现出了优秀的观察力和空间想象力。他们能够细心观察图形，找出对称轴，并准确地描述对称轴的特征。这充分体现了他们的思维活跃，对新知识充满探索欲望。

此外，学生们在合作中表现出了良好的小组合作精神。他们能够互相帮助，共同解决问题，共同分享学习成果。这种互动学习的方式不仅提高了他们的学习效率，也增强了他们的沟通能力和团队协作能力。

在教学过程中，教师积极引导学生，让他们感受到学习的乐趣和成就感。教师还适时地给予学生反馈和指导，帮助他们更好地理解和掌握知识。

教学反思：在轴对称图形的学习体验中，我作为教师深刻地感受到了孩子们的热情和潜力。这次课程的目标是让孩子们了解轴对称图形的概念，掌握基本的识别和制作方法，同时培养他们的空间想象力和审美能力。

在教学过程中,我采用了多种教学方法,如实物展示、图片分析、小组讨论和动手实践等。我首先通过展示一些常见的轴对称图形,如蝴蝶、蜻蜓等,让孩子们直观地理解轴对称的概念。接着,我引导孩子们观察生活中的各种对称现象,鼓励他们用自己的语言描述对称的特点,从中体验轴对称图形中蕴含的对称美。

通过图片分析,我帮助孩子们掌握了轴对称图形的特征。同时,我还通过动手实践环节,让孩子们制作简单的轴对称图形,如剪纸、拼图等,进一步加深他们对轴对称图形的理解。在这个过程中,我发现孩子们的创造力和想象力非常出色,他们能够创造出各种各样的轴对称图形,从中感受到数学创造美的价值。

然而,在教学过程中也存在一些问题。首先,我发现有些孩子对轴对称图形的理解还不够深入,需要花更多的时间和精力来帮助他们理解。其次,在动手实践环节,有些孩子在制作过程中遇到了困难,需要更多的指导和帮助。为了解决这些问题,我计划在未来的教学中增加更多的互动环节,鼓励孩子们提问和讨论,同时提供更多的教学资源,如视频、游戏等,帮助他们更好地理解和掌握轴对称图形的知识。

总的来说,这次轴对称图形的学习体验是一次非常成功的教学活动。通过孩子们的积极参与和激烈讨论,我深刻地感受到了他们的潜力和创造力。我相信这次学习体验将对他们未来的学习和生活产生积极的影响。

关于"图形与旋转"一课的学习体验

作者：王海丽　贵定县第二小学五年级 8 班
指导教师：杨丽娟　贵定县第二小学

在数学课堂中，我发现数学有自己的美，数学学习让我享受到发现和创造数学的美，这让我对数学学习产生了极大的兴趣。

在图形的旋转这一节数学课上，让我最激动的就是我们的小组讨论环节了，同学们真是一个比一个激动，都纷纷说着自己的想法！

就拿我们组来说吧，我们组就旋转的特征进行了讨论：

1. 在旋转的过程中，什么变了，什么没变？

2. 旋转中图形的位置发生了变化，是通过怎样的对比发现的？

3. 在位置发生变化的过程中我还有什么新的发现？

我们先利用手中的三角尺在方格纸上绕"o"点按顺时针方向连续旋转了三次，通过观察发现，三角尺的形状、大小没有发生变化，但位置发生了变化。

我们组的 1 号同学先发言："你们看第一次旋转后的图形，三角尺的长直角边由这个位置转到了这个位置，说明图形在旋转的过程中，位置发生了变化。"我们都同意。

2 号同学说："你们看，无论怎样旋转，中心点'o'一直在这里没变过，所以无论怎样旋转，中心点的位置不变。"

听见 2 号同学的发言，我对图形的旋转现象有了一个更清晰的认识，在我的头脑里，一下就有了三角形运动的样子，我突然想到了如果把三角形每一次旋转的结果都画出来，这就会形成一个美丽的图案，好神奇。我想，生活中很多美丽的图案都是通过旋转得到的，数学真有趣！

正当我们对 2 号同学的仔细观察赞不绝口的时候，5 号同学发言了："同学们，你们看，三角形的两条直角边的长短不变，说明这两个点到中心点的距离不变。"4 号同学接着说："对呀，你的这个发现真了不起，这样我们就能画出旋转后图形的位置了。"

我想：真好，有了这个发现，什么图形我都能画出旋转后的图形了。

就这样，在小组学习中，大家通过对这三个问题的深入观察和讨论，我们发现图形在旋转过程中，位置发生变化的同时，三角形的每一条边到旋转中心的距离不变，也就是线段的长短没有发生变化，但是通过旋转，从线段的起始到线段的终止会形成一个角度，所以图形旋转前和旋转后形状大小不变，位置变化了。

通过这次合作学习，我觉得我从大家的讨论中得到启发，真正理解了图形旋转的相关知识，并且也体会到了数学的学习是非常有趣的。

课堂在要结束的时候,通过欣赏旋转的美,把我在课堂上想到的美丽图案呈现在了大屏幕上,我的想象和现实重合了,让我感到很震撼,我第一次有了想要下课之后也去创造一个属于我自己的美丽图案的想法。

教师点评: 在这节课的课堂学习中,孩子们通过不断的探索交流,通过试说—合作—讨论—总结找出旋转的特征。学生有了创造美的想法,这是我没有想到的结果。从孩子们的学习体验中,我发现在合作学习中,孩子们不仅获得图形旋转的相关知识,还从内心感受到了数学之美,在学习的过程中,通过大家智慧的碰撞,既找到了学习数学的方法,又体会到了数学学习成功的喜悦,提高了学生学习的兴趣,同时也让学生感受到数学的语言美、图形美、抽象美,从而让数学课插上快乐的翅膀,让课堂焕发出生命的活力,让学生都能积极主动地感知美、欣赏美、表现美和创造美,让学生在美的陶冶中学好数学。

教学反思:

(1) 从美出发,让数学课活起来。利用视频导入,学生通过看,直观感受到这是一节很有趣的课堂,美的课堂总是更能激发学生的学习兴趣。

(2) 以小组合作交流的方法进行学习,学生的参与率大大提高,每一个学生都能参与到学习中来。在交流的过程中,既培养了学生的独立思考能力及表达能力,还让学习合作能力得到了提高。

(3) 让学生从被动学习转变为主动学习,实现了真正把课堂还给学生,也让学生的学习从表面到深入,培养学生知其然还要知其所以然的良好学习习惯。

(4) 虽然在课堂上我能以学生学习为主体进行教学,也有意识引导学生发现数学之美,但在培养学生用数学语言阐述自己的想法的时候,我仍没有让学生更多地注意语言表达的严谨性。在平时的教学中,我要加强这方面的引导,让学生能更深入理解属于数学的特殊美。

"烙饼问题"学习体验

作者：吕梓墨　贵定县第二小学四年级 5 班
指导老师：刘萍　贵定县第二小学

今天，我们学习了"烙饼问题"。刘老师开始上课时先问了我们煮鸡蛋需要的时间，这个我知道，我一激动就大声地说：10 分钟，10 分钟……老师就说，要先举手再回答问题，我赶紧把手举得高高的，老师让我回答了问题，还问了我理由。我可得意了，因为我给我们学习组加了一分。可是后面学到烙饼时，我就没有优势了，我没有烙过饼，我想还是先认真看老师是怎么烙的。后面老师就让我们分组探究，并记录在题单上，我用圆片代替饼，先烙熟两张饼，再去烙第三张饼。正当我准备去看我们组其他小伙伴是怎样烙时，刘老师走到了我的旁边，小声问我："吕梓墨，你用了几分钟呀？"我小声地说："12 分钟。"刘老师说："你是怎么烙的？烙给我看一下。"于是我就手忙脚乱地烙给刘老师看，刘老师看我烙完后说："你烙第三张饼时锅里有几张饼？锅的位置怎么了？"我说："只有一张饼，锅里有一半空着了。"对呀，烙第三张饼时我的锅空了一半，一下子我感觉我的时间应该不是最省的。这时我们学习组的小组长说："刘老师，我会，我教吕梓墨。"嗯，我太粗心了，怎么不认真思考一下呢？刘老师又走到其他组后，我在小组长的帮助下，很快学会了烙三张饼最节省时间的方法。

一节课的时间过得很快，下课后，看着积分前三名的组领得奖品，开始我有点不开心，后来一想，算了，下次努力吧！

教师点评：对于烙饼问题，你能从煮鸡蛋迁移到"同时烙"，非常棒，老师为你点赞。学习新知识有一个过程，我们大家都是从不会到会，不用沮丧，老师送你一个笑脸。"交替烙"本来就很难，你能在课堂上就学会了，真了不起。我们通过实践探索出计算公式，以后用公式解决生活中的问题就简单多了。记住，学习要多思考，多实践，才会学到更多的知识。

教学反思：在教学"烙饼问题"这一内容后，我又积累了一些经验。

首先，教学要重在激发学生的学习兴趣。学生是学习的主体，但学习兴趣是学生学习的动力，让学生对知识感兴趣，才会最大限度地投入到学习中来。开课我用学生最熟悉的煮鸡蛋引入教学，既激发学生的学习兴趣，又为后面的"同时烙"做铺垫。学生的学习兴趣被调动起来，学习就会积极、主动，这是一节优课的关键所在。

其次，教学要重在让学生动手探索。"交替烙"是本节课的重点也是难点，学生很难理解，也描述不清楚。教学时我让学生分组用圆片探索，但是探索前，我没有过多的暗示或引导，大胆放手让学生尝试，效果还是很不错的。不要总是担心学生出错，要允许学生出错，知识是在不断地试错中产生的。知识要掌握好，要在充分理解的基础上，才能更好地运用。让学生死记硬背的知识，学生不仅忘得快，还不会灵活运用。

最后,教学要重在形成模型、建立模型。学生掌握"同时烙"和"交替烙"两种方法后,对于4 张饼、5 张饼……就非常简单,发现公式更不是问题。学生在建立模型的基础上,由于是自己探索出来的公式,不仅记得牢固,还能举一反三,解决生活中的问题就会得心应手。数学公式不仅可以解决问题,关键它简洁、明了,还具有概括性,能让学生感受到数学公式的简洁美,这样的美育渗透才会更有效果。

总之,教学是没有完美的,只有适合的。适合学生的教学就是要把课堂交给学生,以学生的基础为出发点,才会让学生更喜欢。

关于"自行车里的数学"学习体验

作者：陈雨彤　贵定县第二小学六年级 1 班
指导老师：郎丽娜　贵定县第二小学

在学习"自行车里的数学"时，老师先让我们分小组利用周末的时间研究自行车工作的原理。在研究时，我们先解决任务单上的活动一：一辆自行车，脚踏板蹬一圈，能走多远？我们骑自行车蹬一圈测量时，发现直接测量不好操作，测几次结果都不一样，结果都有误差，得不到准确结果。任务单中提示：有没有更精准的方法，能用学过的什么数学知识帮助解决呢？你知道自行车是如何工作的吗？结合这些问题，我们让一个同学骑着自行车，其他人就在旁边仔细观察，许久后，我们发现了自行车工作的原理是：脚踏板带动前齿轮转动，前齿轮带动链条，链条带动后齿轮，后齿轮又带动后轮转动。从探究自行车的工作原理的活动中，我们又得到一些信息，脚踏板蹬一圈，带动前齿轮转一圈。前齿轮转一圈的齿数和后齿轮转过的齿数同样多，后齿轮转动的圈数就是车轮转动的圈数。用车轮转动的圈数×车轮的周长，就可以求出蹬一圈的路程了。通过计算的方法就能准确算出结果，在这样不断的体验活动中，我们感受到了数学活动追求完美的乐趣。

那蹬一圈，后轮转动几圈了？后轮转动的圈数与什么有关？一个个问题冒了出来，我们的探究也越来越有趣。我们知道蹬脚踏板一圈，前齿轮转动一圈，此时后齿轮转动的不止是一圈，通过探究，我们发现了前后齿轮齿数与转动圈数之间的关系：当前齿轮转动 1 圈时，后齿轮转动的圈数＝前齿轮齿数÷后齿轮齿数。得出这些结论后，我们找出相关数据（前齿轮齿数、后齿轮齿数、车轮半径）就可以计算出蹬脚踏板一圈的路程。

研究了蹬一圈的情况，接下来我们研究蹬 2 圈及以上的情况，我们跟着任务单的问题引导继续研究：如果前齿轮转 2 圈、3 圈、4 圈……你能发现后齿轮齿数、转动圈数与前齿轮的齿数、转动圈数有什么关系吗？一圈一圈的研究，我们通过计算发现：前齿轮齿数×前齿轮转动圈数＝后齿轮齿数×后齿轮转动圈数，虽然前齿轮和后齿轮的齿数不同，它们转动的圈数也会随着齿数的变化而变化，但当链条长度一定时，齿轮转动圈数与齿轮齿数是成反比例关系的。

最后，我们又研究了变速自行车，我们根据任务单的提示与教材给我们的数据，算出了变速自行车前齿轮与后齿轮的比。根据排列与组合的关系，我们一一列举出来，但我还是不太理解变速自行车的工作原理，也不知道蹬同样多的圈数，哪种组合使自行车走得远？最后老师课堂上跟我们讲解时，我把自己的疑惑提了出来，老师跟我们仔细分析后我终于知道了变速自行车的原理，而且明白了蹬同样的圈数时，前齿轮齿数与后齿轮齿数的比的比值越大，自行车走得最远；比值越小，越省力。

在这节数学综合实践课中，我体验到了生活与数学的密切联系，生活中处处有数学，从数学的角度看待这个世界，这样我们将会看到一个神奇且无比有趣的世界！

教师点评：本节数学课是孩子们学习了"比例"后安排的一个"综合与实践"活动，主要是为了让孩子们运用所学的——圆、排列组合与比例等知识解决生活中的实际问题。雨彤同学根据任务单进行了各项探究，在每个探究活动中她和同学们一起合作交流，积极大胆地思考、反复地研究，以追求数学美、行为美、语言美为乐趣。本节数学活动把生活与数学融在一起，让学生感受到数学在生活中的神奇美。比如了解变速自行车的多种速度后，在实际骑车时知道在平坦的路上，选择大齿数比的组合，也就是变速自行车的较高档位，这样会跑得更快；在上坡时会选择小齿数比，也就是变速自行车的较低档位，这样会很省力。孩子的天性是玩，在这种玩中学的过程中，学生勇于探索、敢于创新，不仅学到了知识，还在数学体验活动中享受到数学美的快乐！

教学反思："自行车里的数学"是在人教版六年级下册学完第四单元比例后的一个"综合与实践"活动。在备本节课时，我就想我是不是要把自行车带到学校来，但要准备两辆，一辆普通的，一辆变速的，想想好麻烦，而且观察也不方便；我又想让学生带，但是想到安全问题，我就打消了让学生带来的念头。最后我决定让学生以小组的形式先自己探究，我结合教材内容精心设计了学习任务单，以问题引导学生逐一思考。在学生自主探究后，大部分学生有了一定的认识，在课堂中我再利用课件以动画、视频等方式让学生再深入探讨，这样一堂有难度的综合实践课我就能在一堂课上有效地处理完。下面我将从以下几方面谈谈我的课后感受。

（1）在我的身边有个别老师不爱上"综合与实践"的活动课，有的只是借助课件跟学生梳理一遍知识点。我想主要是因为这样的课程要上好会有很多麻烦，甚至还会出现一些安全隐患。我们的学生有不同性格，有的事情也是很难避免的。本次探究活动，我是让学生利用周末小组约好研讨地点进行研究的，布置后心里比较担心，怕学生会出现安全问题，以后这样的课外研究我要亲自到现场并请家长协助才行。

（2）为减少实践活动的盲目性，探究前要先让学生认真思考一些相关问题，可以让他们查一些相关资料。应让每个学生真正体验感受，并要求他们大胆说说自己的收获或者疑惑，在自主探究活动中，爱思考、有兴趣的孩子是脱颖而出的。

（3）一堂好的"综合与实践"活动课，能激发学生学习的兴趣，让学生喜欢数学、热爱数学。在数学教材里，蕴藏着丰富的美育因素，本节实践活动课与生活有着很大联系，教材正确处理了数学学科特点与儿童的认知规律，他们这个年龄段的孩子很热衷骑自行车，看到课题就很想知道自行车里有什么数学奥秘。本节课涉及的知识有圆、比例、排列组合等知识点，这些知识之间蕴含着无穷无尽的美，闪烁着美的风采。把数学抽象的美、数学神奇的美、数学和谐的美融入数学学习中，不仅提升了学生综合应用所学知识解决问题的能力，还让他们感受到数学充满了活力，组合在一起能完美解决更多的生活问题。

总之，在数学活动中，教师要以知识为载体，注重学生全面发展，引导学生发现美、追求美，挖掘数学内在的美，使学生爱上数学。数学探究活动使学生从被动状态变为主动参与，利用任务单设计的一系列问题启发学生思考，教会他们反思、质疑；在学生的合作交流中学会表达，学会倾听，让学生学会把道理说清楚，把算理说明白，发展了他们的数学交流能力，提升了他们的语言表达能力；数学教学中以多种数学活动让学生参与体验，学生在活动中不断实验、不断验证，只有经历了亲身体验，才能有所感悟。

关于"分类与整理"的学习体验

作者：欧阳嘉遥　贵定县第二小学一年级 2 班

指导教师：姚顺红　贵定县第二小学

今天,我们学习了分类与整理。上课了,姚老师给我们带来了一些气球,这些气球的颜色和形状都不完全一样,简直是太好看了。

老师让我们观察后,提问:"小朋友们喜欢气球吗? 这些气球里藏着许多数学问题,谁能提出一个数学问题呢?"

张丽说:"爱心形状的气球有多少个? 花朵形状的气球有多少个? 椭圆形状的气球有多少个?"

王强说:"红色的气球有多少个? 黄色的气球有多少个? 蓝色的气球有多少个?"

老师说:"小朋友们提出的问题可真多,老师把这些问题分一分,张丽提出的问题和什么有关?(形状)王强提出的问题和什么有关?"(颜色)老师接着问:"咱们有没有什么好办法可以解决这些问题呢?"

老师让我们同桌一组,用画有气球的卡片,先分一分,再数一数,然后把数出的结果用自己喜欢的方式表示出来。汇报时赵芳说:"我按形状分,可以分成 3 类,爱心形状的气球有 4 个、花朵形状的气球有 3 个、椭圆形状的气球有 5 个。"李明说:"我按颜色分,可以分成 3 类,红色气球有 4 个、黄色气球有 5 个、蓝色气球有 3 个。"

老师又问:"大家同意他们的说法吗? 你们是怎样分的呢?"

这时我站起来说:"老师,我认为赵芳和李明的分类方法都可以,只是分类的标准不同。"

老师说:"你说得很好,是的,两位同学的分类标准不同,但是这两种分类的方法都可以,我们在分类的时候,可以根据不同标准进行分类。"

同样的一些气球,通过两种不同标准可以有不同的分类,这让我感受到了数学中的分类美。

接着老师又问:"一共有多少个气球? 让我们用算式表示出来。"王芳说可以用 $4+3+5=12$,李明说可以用 $4+5+3=12$。

"比较两个同学的算式,你们发现了什么?"

我说:"两个算式不同,但是计算结果是相同的。"老师告诉我们,不论怎么分,气球的总数是不会变的。

数学课真有趣啊,数学知识真美啊,今天我学会了怎样分类,知道了分类有很多不同的标准,不论怎么分,总数是不会变的。希望下次课更精彩。

教师点评: 小作者认真学习,通过整理气球,发现数学知识中的美,在实际活动中初步学会把一些物体按不同的标准分类,掌握了分类的方法。

教学反思：分类是一种重要的数学思想,分类思想在小学数学中具有重要的意义,是小学数学知识的重要组成部分。分类思想在小学数学中有着广泛的应用,如在解决问题中,需要将某些具体问题分成几个类别,用不同的方法进行处理。在日常生活中,我们也会遇到需要把一些物品或物体按照一定的标准进行分类。

通过学生的这篇学习体验,我认为在数学教学中,应该注重培养学生思考问题的能力,让学生表达自己的见解,重视学生的学习体验。

(1)重视规范学生的数学语言,体会规范语言美

学生语言表达能力的培养需要教师及时的强调,因此,规范学生的语言就尤为重要,要求学生表达要清晰,语言要准确,这样更有利于学生数学逻辑思维的培养。

(2)关注学生获得的学习体验,体会动手操作美

数学学习要体现学生在学习中的主体作用,让学生主动探索新知识,而不是接受知识。在这节课中,我设计了很多让学生去主动探究的活动。

(3)充分利用课堂生成资源,体会数学思维美

善于利用课堂的生成性资源是教师智慧的体现,在本节课中,在学生提出不同的分类标准时,我及时追问学生的想法,在一定程度上提高了学生学习的主动性和积极性,让学生开动了思维,给课堂增加了色彩。

总之,教学是一个双向的舞台,在今后的教学中,我还需多向经验丰富的教师学习,提升自己各方面的能力,形成独特的风格,用自己的人格魅力去感染学生,引导学生。

关于 Unit 4 We love animals 的学习体验

作者：陈杨丽萱　贵定县第二小学三年级 3 班

指导教师：罗海霞　贵定县第二小学

这学期，我们学习了一个非常有趣的主题——"我们热爱动物"。当老师开始教学这个单元的词汇课时，我就被深深地吸引了。通过学习，我不仅掌握了更多的英语单词 dog，cat，duck，pig，bear 和句型 Look at the... It is...还明白了保护动物的重要性。

老师通过儿歌的形式引导我们进入学习状态，我感觉轻松又有趣。在学习过程中，老师通过听、摸、猜、做动作等形式让我们逐步学习新单词，在这充满创意的活动中，我们跟随老师学习拼读每个单词，还能通过游戏的形式来进行练习。我最感兴趣的部分是和同桌合作，模仿动物的叫声和动作并说出单词和句子。在这个活动中，老师纠正了我的发音，我不仅和同桌配合得很好，还能把今天学习的内容牢记于心。在和同学的合作中，我们很快完成了老师布置的任务，还为我们小组争得了很多奖励积分。这给我带来从未有过的成就感。在老师让我们仿写单词中所缺的元音字母的时候，我书写非常认真，也掌握了字母书写的一些小技巧，看着自己的书写作业，我感受到英语书写的规范美。

在学习这个主题的过程中，我也遇到了一些困难。个别单词如 bear 我很难记住，发音也不标准，但是，我并没有放弃，我反复认真地跟老师学，慢慢地我就掌握了，我发现自己的进步越来越大。这让我明白了，只要努力，就没有什么困难是克服不了的。

除了学习和动物相关的单词和句型，老师还给我们看了小北极熊失去妈妈的视频，我们还讨论了如何保护动物。我认识到，很多动物因为人类的过度捕猎和破坏环境而面临灭绝的危险。这让我非常难过，我不希望以后只能在故事里听到它们。所以，我决定要做一个爱护动物的好孩子，不乱扔垃圾，不伤害小动物，还要告诉更多的人要保护它们。希望我们和动物一起拥有一个美好的世界。我相信，在未来的日子里，我会更加努力地学习，成为一个有知识、有爱心的人。

教师点评：通过本课的学习，学生很好地理解并掌握了和动物相关的单词和句型，在学习认读单词和句型操练中，我没有特意让学生去体会英语学习的语音美和韵律美。学生更多的是在丰富多彩的活动中很好地掌握了所要学习的课文内容。但是我在教学过程中，通过创设不同的情境，为学生提供了英语学习的原声音韵美，活动中引导学生感受英语学习的语言艺术之美，在书写教学中培养学生良好的书写习惯。在同学合作完成活动的部分，我不仅考虑到学生的需求和感受，让学生在倾听、鼓励和支持中，相互建立信任和理解，让学生感受到情感交流之美。虽然每个环节没有着重提醒学生需要注意什么，体会什么，但是我都为他们做好了铺垫，只要长期坚持，学生一定能体会到英语学习的文化之美。

教学反思：作为本堂课的授课教师，我的主要任务之一是为学生提供有效、有趣和有意义的学习体验。虽然达到了我想要的教学目的，但也遇到了一些挑战和遗憾。

在这次教学中，我发现自己的主要不足在于没有更好地照顾到全体学生。学生能在教师的指导下认真完成各项活动，学习状态很好，内容掌握扎实，但个别学生的学习情况没有得到很好的检测。

为了改进这一状况，我计划采取以下措施。首先，我将更多地引入实践活动，如采用角色扮演游戏等，让学生参与其中进行学习，增强他们的实践能力和口头表达能力。其次，我会积极利用多媒体和网络资源，制作生动的课件和借助互动的学习平台，激发学生的学习兴趣和主动性。最后，我将更多地与学生互动，鼓励他们提问、分享观点，培养他们的批判性思维和创新能力。

通过不断总结和反思，我可以及时发现问题并寻求改进方法，不断提高自己的教学水平和质量。我相信今后能更好地满足学生的需求，帮助学生全面发展，也为自己未来的职业发展奠定基础。

关于 Whose dog is it? Part B Let's learn 一课的学习体验

作者：罗毅婕　贵定县第二小学五年级 6 班

指导教师：罗秋云　贵定县第二小学

这一堂课是五年级下册第五单元 Whose dog is it? Part B Let's learn & Let's play 的学习内容，从罗老师的这一堂课的学习中，我感受到了英语学习的乐趣！英语学习，其实也可以很美！

首先，我觉得这一堂英语课的图片好美！老师做的课件有图片，有视频，不管是图片还是视频，里面的动物都好可爱，让我感受到人与动物相处的和谐之美！老师亲切的语言、课堂的引入和每个环节的过渡，也都深深吸引着我！一开始的动画短片《Cinderella》深深地把我吸引进去了：The cat is sleeping. The man is sleeping. The man and the cat are sleeping. The birds are singing. Cinderella is singing. Cinderella and the birds are singing...配音很美，人与动物之间友好相处的情景和美丽的画面也让我感到轻松和美好。我观看着动画，聆听着其中的英语语句，感受着英语语言所描述的情境之美！之后老师用来教我们学习单词和句子的动态图片也都是很美很可爱的动物！我好喜欢！我能从老师所教学的句子和单词中找到规律进行学习。小组活动中，我们也很快做了交流：动词加上 ing 的规则：一般情况下直接在动词末尾加上 ing，如 eating；以不发音的 e 结尾，去掉 e 再加上 ing，如 having；以重读闭音节结尾且末尾只有一个辅音字母的，先双写这个辅音字母，再加上 ing，如 running。学到了知识，我心里美滋滋的！真好！

另外，我觉得最绝的是老师居然用《两只老虎》的旋律来编唱句子！我跟着旋律唱，感觉真有趣！What are you/they doing? What are you/they doing? I am climbing/ dancing. I am climbing/ dancing. What are you/they doing? What are you/they doing? I am climbing/ dancing. I am climbing/ dancing. 居然可以这样学英语！我学得很快！在老师轻快的歌声中，我很快掌握了所学句型，知道了不同人称和 be 动词的搭配规律！这样学习英语，真的很美！

还有，老师课堂上的板书也很漂亮！从开始的单词学习到后来的句型学习，老师按着顺序，端端正正地板书在黑板上，书写很工整，课堂上我们也跟着老师一起用手书写，很美，很有成就感，很想在作业中也认认真真地像老师一样漂亮地书写！从老师黑板上的板书，我很清楚地知道：这堂课我们学习了现在进行时的动词变化规则和动词 ing 在句型中的运用，还学习了怎样描述正在进行的动作。

最后，我对后面洛·史都华的慢版歌曲《sailing》很感兴趣，歌词基本上是我们刚学习的现在进行时语句，画面感很强！声音很美！让我意犹未尽！课后我还要学唱！

教师点评：这是学习现在进行时内容的一堂课，就是通过教学 ing 形式的动词，归纳其变化规则，进而学习现在进行时态的句型，学会表达某人或某物正在做什么。学生能在教师设置的学习过程中积极参与课堂和小组活动，体会到了人与动物相处的和谐美，也感受到整堂课的构建之美、图片视频带来的视觉美和板书工整之美！同时加深了学生与动物友好相处的情怀，提升了学生学习英语的兴趣和欣赏、运用英语语言的能力！

教学反思：在这堂课中，虽然我运用和积累了一些比较成功的教学方法，但同时也找到了一些不足。

首先，在整堂课的设计方面，没有贯穿一个很好的主题线，整个选图是零散的，虽然与课堂知识的学习很好地衔接了，但是图片之间关系不大，这个在今后还要多思考，找出整堂课的主题线，让每个活动之间更好地过渡和衔接，让整堂课的线条更加流畅美！

其次，学生在整堂课中的能力得到了很好的锻炼，思考能力、语言能力、欣赏能力和拓展能力等都在教学活动中得到充分锻炼和发挥，但是在关注和帮扶学困生这一块，还要在小组活动中更为细致地规划和实施，让学困生真正地多参与活动，齐头并进、积极向上，呈现更美好的学习氛围！

还有，在所有的教学活动之后，还要记得回归课本，让学生指着课本读一读，联系课本和生活，感受语言运用之美！

尽管每堂课都会存在一些不足，但这一次的教学体验让我受益匪浅。我深刻认识到：在英语课堂中，不管是单词、句型，还是阅读文本的学习，都可以联系生活实际，让学生通过各种活动，感受到语言的魅力！感受到语言学习的美！我相信，每一次课堂的不足，都是我们向完美更进一步的基石！这次的教学体验也成了我工作的动力，我会在今后的教育工作中，更加努力，多学习多积累经验，更好地服务于教学，更好地服务于学生！

关于 Unit 4 At the farm Part A Let's learn 的学习体验

作者：汪元莉　贵定县第二小学四年级 5 班

指导教师：龙继慧　贵定县第二小学

今天的英语课太让人难忘了！我深刻地体验了英语课堂与众不同的美！

一开始，老师就带着我们玩起了吹气球和拉皮筋的游戏。我们两个小组的同学兴奋地把气球吹得鼓鼓的，另外两个小组的同学拍着手大声说："Big. Big."我们把气球慢慢放气，他们小声说："Small. Small."接着大家看着老师灵巧地拉着皮筋，一紧一松，同学们随着老师的动作喊着"Long. Short."大家都开心得哈哈大笑。在这过程中，我感受到了游戏的欢乐之美，每个人的脸上都洋溢着快乐的笑容。

接着，我们看了一个关于农场的精彩视频。我仿佛真的走进了那个美丽的农场，看到了可爱的小动物在欢快地奔跑，还有那一片片绿油油的庄稼地。我被那美丽的画面深深吸引，忍不住心里暗暗感叹。

当看到老师手中的苹果卡片时，我们都说那是 apple，老师让我们仔细看，她把卡片展开，我看到了一个立体的西红柿，真的太有创意了！老师开始教我们 tomato 这个单词了，我还在仔细地观察着老师手中的卡片，感受着西红柿的色彩之美。接着，神奇的事情发生了，老师竟然拿出一把剪刀和一张纸，"咔嚓"一下，剪出了一个可爱的胡萝卜。我们都惊讶地瞪大了眼睛。老师一边让我们看胡萝卜，一边教我们 carrot 这个单词，这种直观的教学方式让我一下子就记住了这个单词。不仅如此，老师还用一个黑色的袋子装了青豆，让我们挨个伸手摸摸袋子。当我摸到青豆的那一刻，我感受到了它的形状之特别，这种触感让我对 green beans 这个单词有了更深刻的印象。然后，老师拿出洋葱让我们闻，那股刺鼻的味道让我们忍不住打起了喷嚏，但也让我们牢牢地记住了 onion 这个单词。在这个过程中，我发现生活中的各种事物都有其独特的美。

为了让我们更好地巩固这些单词，老师还带着我们玩了几个小游戏。我们被分成几个小组，大家都积极地参与其中，你追我赶，气氛非常热烈。在游戏中，我看到了同学们团结协作的美，也感受到了竞争的刺激和乐趣。游戏结束后，老师又教我们一个 chant，我们一边唱一边拍手，感受到了英语的韵律之美。

最后，老师语重心长地告诉我们要养成良好的生活习惯，要多吃蔬菜，这样才能健康成长。这让我明白了美不仅仅是表面的东西，还包括健康的生活方式和积极的生活态度。

这节课我学到了很多新的知识，也感受到了学习英语的乐趣和美好，真的太喜欢这样的英语课啦！以后我一定会更加努力地学习英语，去探索更多的美好！

教师点评： 在孩子的眼中，这是一节充满创意和趣味的英语课。学生在游戏、视频、实物展示等多种教学方式中，充分感受到了英语学习的乐趣，同时也培养了学生观察、感知和记忆能力。学生能够积极参与其中，体现出他们对知识的渴望和对学习的热情。这种寓教于乐的教学方法值得肯定，也见证了学生在课堂上的成长与收获。希望学生能继续保持这份热情，在英语学习的道路上不断前进。

教学反思： 今天这堂课采用游戏、视频、实物等多种教学手段，成功激发了学生的学习兴趣。尤其是那些精心制作的手工教具，它们充满了创意美，以独特的设计和巧妙的构思展现出了别具一格的魅力。这些教具色彩丰富且艳丽，各种颜色巧妙搭配，给人以强烈的视觉冲击，充分体现了色彩美。它们还非常直观，能够让学生更真切地感受到所学内容，如同将知识直接呈现在学生眼前。在今后的教学中，我们要继续丰富教学方法，以满足不同学生的学习需求。将英语学习与生活中的事物相结合，让学生更直观地感受英语的实用性，这是一个很好的教学策略。以后要更多地挖掘生活中的素材，制作更多兼具创意美、色彩美和直观美的手工教具，帮助学生更好地理解和运用英语。这堂课还充分体现了学生的主体地位，让学生积极参与到学习过程中。在今后的教学中，要继续给予学生更多自主学习和探索的机会。

以劳育美，启智润心

——红领巾种植园劳动实践体验

作者：赵晶鑫　贵定县第二小学五年级 8 班

指导教师：黄仕琴　贵定县第二小学

我们学校在校内建设了劳动教育实践基地——红领巾种植园，让队员们参与翻土、播种、施肥、浇水、锄草、采摘等劳动实践，不仅丰富了活动内容，还锻炼了我们的观察能力和动手实践能力，培养了我们尊重劳动、热爱劳动的意识。

本学期，我们中队开展的是种玉米的劳动实践。在种植阶段我们分工合作，进行松土、挖窝、播种、施肥、盖土、浇水等各种劳动实践活动，在活动中，所有队员都有很强的责任感和担当精神，我们意识到团结协作的重要性，通过亲身参与劳动，我体验到劳动的艰辛与快乐，体会到团结协作精神的美好。

一旦玉米开始生长出土来，我们就需要定期给玉米浇水、施肥和拔草，进入管理和养护阶段。我们每天都到种植园观察玉米的生长情况并记录下来，包括高度、叶片数量、叶片的颜色，茎的变化，开花的形状和颜色等。这让我们养成了长期观察的习惯，增进我们对植物的了解，不但拓宽了知识面，还能与大自然亲密接触，感受大自然的美好。

在我们的精心照料下，玉米长势很好，很快就到了采摘玉米棒子的时候了。那胖乎乎的身体里装了一排排饱满的玉米粒，宛如耀眼的宝石。在阳光的照耀下，那挺直了背的绿杆儿，却好似上好的玉石般发光了。玉米那若有若无的甜香随风而飘，令人垂涎三尺。这美好的果实表明我们红领巾种植园丰收啦！

红领巾种植园的美好丰收，让我终生难忘。我们自己挑选一个最满意的玉米包掰下来，撕掉最外面的玉米叶子，仔细观察玉米的红缨帽，还有那白白胖胖的身子，写成观察日记与同学分享，我们看到了玉米的体型美、颜色美，还品尝了玉米的美味。我们将玉米棒子带回家里，做成各种美食。有青椒炒玉米，有肉末玉米，有玉米排骨汤，有煮玉米。大家将做出的玉米美食拍成视频或图片，在群里分享，还将玉米美食的做法写成了一篇篇美文，张贴在学习园地中，全体队员一起分享。这种收获和分享的过程可以增加我们的成就感和自信心，同时培养了我们的审美情趣。

回想这次种玉米的过程，让我在劳动中增长智慧，在劳动中增强体质，在与大自然的亲密接触中感受自然之美。这次种植玉米的历程，让我体会到了劳动的美好和艰辛，我更加理解"谁知盘中餐，粒粒皆辛苦"的深刻含义。不劳动，就不会有丰收的果实，美好的生活要靠劳动来创造，劳动无处不在，劳动最光荣，劳动最美好。这次红领巾种植园劳动实践活动，全面提升我们的审美能力，培养了我们的创新精神和团队意识，为实现德智体美劳全面发展奠定坚实的基础。

教师点评：劳动实践有助于培养学生的责任感、担当精神和团队合作意识。通过亲身参与劳动，学生体验到劳动的艰辛与快乐，从而更加珍惜劳动成果，树立正确的人生观和价值观。劳动实践涉及各种工具的使用、颜色的搭配等方面，学生在此过程中可以学到一定的艺术技巧，从而提高自己的审美能力。劳动实践使学生认识到自然、社会和人的和谐关系，培养他们尊重自然、爱护环境、关爱他人的美好情感。劳动实践有助于锻炼学生的身体素质，增强体质，增长智慧，达到以劳育美，以劳启智，以劳润心的教育效果，促进学生德智体美劳全面发展。

教学反思：此次活动让队员亲身感受春耕的喜悦，培养他们对劳动的热爱和尊重，同时也传递了珍惜粮食、尊重劳动的重要价值观。在辅导员老师的指导下，队员认真地挖土、播种、浇水、拔草，每一个环节都充满了乐趣和期待。种植过程中，队员们不仅学会了如何种植玉米，还深刻体会到了劳动的不易和珍贵，要珍惜每一粒粮食，不浪费食物，尊重农民的辛勤劳动。此次劳动案例历时四个多月，队员经过长期的观察，亲身经历了玉米从一粒种子到一个个白白胖胖的玉米棒子的整个生长过程，过程虽然很漫长，但是队员们观察得很仔细，很有耐心，兴趣很浓厚。整个种玉米活动中，将"劳动教育"与"种植园观察探究"相结合，让队员们亲身参与翻土、播种、浇水、锄草、施肥、驱虫、收获等全过程。种玉米活动让队员们有机会观察和发现玉米成长过程中的每一个变化，从观察玉米苗的逐渐成长，到意外发现蚜虫，再到玉米花飘扬，最后到结出玉米粒，队员体验了生命孕育过程的神奇，感受到生命的力量，整个过程也是队员们感受生命、体验生命的过程。在此过程中培养了队员热爱劳动，尊重劳动的品格，从而珍惜劳动果实。

在亲身体验之后，队员们能体会到农民劳动的辛苦，真正明白了"谁知盘中餐，粒粒皆辛苦"的道理，从而逐步养成勤俭节约的传统美德。在收获玉米时，我让学生每人采摘一个玉米回家，并布置了任务，要求学生用我们的玉米给父母做一道美食，队员们都很开心，在做的过程中让队员体会到父母劳动的辛苦。通过劳动收获，使队员们体会到成果的来之不易，从而崇尚劳动、尊重劳动，懂得劳动最光荣、劳动最崇高、劳动最伟大、劳动最美丽的道理。

"红领巾种植园"劳动实践活动的开展能让队员在劳动实践中培养团队精神，学会合作。养成热爱劳动的习惯，促进孩子人格的和谐发展，为学生的终身发展奠定坚实的基础。在今后的教学中，我们还要继续开发课内外资源，为学生提供更多真实的劳动场景和劳动机会，让学生积极参与劳动，在劳动中增智，在劳动中强体，在劳动中涵养优秀品格，让劳动教育浸润孩子们美好的心灵。

关于《圆明园的毁灭》的学习体验

作者：陈思姚　观山湖区华润小学五年级 4 班
指导教师：陈莹　观山湖区华润小学

我们班迎来了一堂特别的历史课——《圆明园的毁灭》。这不仅是一次对历史的学习，更是一场美的探索之旅以及心灵的震撼和思考的启航。老师借助多媒体的生动讲述，让我仿佛穿越时空，亲眼见证了圆明园从无上辉煌之美到惨遭毁灭的历程，这次的学习体验令我十分难忘。

课程一开始，屏幕上缓缓展开的是一幅幅精美的画卷，那是昔日圆明园的辉煌美景。老师用温柔而充满感情的声音，向我们描绘了一个超级棒的皇家园林，那里汇集了中西建筑精华和无数奇珍异宝。我们了解到，圆明园不仅是清朝皇帝的避暑胜地，更是当时世界上最大的博物馆和艺术馆，拥有"万园之园"的美誉。随着老师的讲解，我仿佛能闻到那来自古老花园的芬芳，看到那一池碧波映照着亭台楼阁的倒影，心中不禁生出无限向往，想要一探究竟，亲自领略这座博物馆的美。

接着，课程进入了互动环节。我们被分成几个小组，每个小组负责研究圆明园的一个方面，如建筑特色、珍贵藏品或是皇家生活等，我所在的小组负责探索圆明园的建筑设计之美。通过课前查阅的网络资料和老师提供的资料，我们惊讶地发现，圆明园的每一座建筑、每一条水系都是经过精心设计的，既展现了中国古典园林的韵味之美，又融合了西方建筑的元素之美，体现了那个时代文化的开放与包容。我们还通过 3D 模型，近距离观察了大水法、远瀛观等著名景观的震撼之美。

然而，当课程转至圆明园的毁灭部分时，教室内的气氛变得凝重起来。通过一段段历史影像和图片，我们看到了 1860 年英法联军入侵北京，对圆明园进行了野蛮的抢掠和焚烧，这座人类文明的瑰宝在三天三夜的大火中化为灰烬。那一刻，我的心紧紧揪在一起，愤怒与悲哀交织。我无法想象，那些精美的艺术品、珍贵的文献，就这样消失在历史的尘埃中，留给后人的只有断壁残垣和无尽的遗憾。

课程的最后，老师引导我们进行了一场深刻的反思。圆明园的悲剧，不仅仅是物质财富的损失，更是人类文明的一次重创。它让我们认识到和平的珍贵，文化的保护对于一个国家、一个民族的重要性。我们讨论了很多话题：如何从个人做起，珍惜文化遗产，增强文化自信，同时也表达了对未来世界和平的期许。

这次穿越时空的学习体验，对我来说，不仅仅是一堂历史课那么简单。它让我深刻体会到，历史是一面镜子，它映照出人类文明的辉煌与苦难，也提醒我们要以史为鉴，面向未来。圆明园的故事，让我学会了尊重与珍惜，学会了欣赏与审美，更加激发了我探索历史、保护文化遗产的热情。我相信,只要我们共同努力,那些失去的辉煌,将在人类文明的长河中以另一种形式得到传承和发扬。

教师点评: 本节课通过叙述与多媒体展示,重现圆明园昔日辉煌与悲惨遭遇,激发学生强烈的情感共鸣,提升了学生的参与度与深度思考,学生反思历史,强化了社会责任感与文物保护意识。听到同学们振奋人心的发言,连我都热血沸腾。在这样的历史情境中,学生体会到"爱与恨"的复杂情感,即对祖国文化遗产的自豪与对侵略行为的愤慨,从而实现心灵的洗礼和价值观的正面引导。

教学反思: 课后,基于学生的学习体验,我进行了深刻的自我反思,首先,本课成功地引发了学生对历史的兴趣与深思,尤其是在讲述圆明园昔日的瑰丽与被毁的悲剧时,学生们展现出强烈的情感反应,这是教学中的一大亮点。

然而,反思中也发现了一些需改进之处。虽然情感教育较为充分,但在历史分析的深度上略显不足。部分学生对于圆明园被毁的深层次原因及当时的国际背景理解不够透彻,这提示我在今后的教学中应加强历史事件的因果分析,引导学生从多角度思考问题,培养他们独立分析历史事件的能力。

最后,对于如何将这段历史教训转化为现代社会的启示,课堂上的讨论显得较为浅显。应当进一步引导学生探讨文化遗产保护的重要性,以及个人在其中的责任与作用,让历史教育不仅仅停留于过去,而是能与学生的现实生活和未来发展紧密相连。

总之,本次的教学是一次宝贵的经历,提醒我要不断优化教学方法,平衡情感共鸣与理性思考,使学生在铭记历史的同时,也能在心灵深处种下热爱和平、珍惜文化遗产的种子。

关于"商量"一课的学习体验

作者：史珺瑶　观山湖区华润小学二年级2班
指导教师：王潇　观山湖区华润小学

今天我上了一节特别的口语交际课，通过这节课的学习，我认为老师讲的《你别想让河马过河》这个绘本故事很有意思。

首先，这个绘本故事的插图很精美，一下子就吸引我了。看了这个故事书的封面，我也想马上就去买一本来读一读。

其次，这个故事的语言很美，内容与我们的生活息息相关，在听故事时能够引发我的思考：故事中的小老鼠很聪明，讲话也很有礼貌，这种语言之美会拉近人与人之间的距离，让人倍感亲切，我们在学习与生活中也应该向它学习。

在这次交流过程中，我大胆发言，自信地发表我的观点，得到了老师的肯定，老师会用富有情感的话来鼓励我们，让我收获存在感，也让我和老师的距离更近了，我觉得课堂中与老师相处的融洽之美能够对我的学习起到重要作用。

最后，在这堂课中，我体会到中华语言文字博大精深，我们与别人商量时，要用文明的语言，规范的语言。与人交流时提前打招呼，不失礼貌，文明礼仪是我们自古以来的优秀传统美德，我们要代代传承下去。生活中在和别人说出自己的想法时，要说清楚，让别人听明白，这也是人与人交流最起码的尊重。我感受到了礼貌说话和规范用语的美妙之处及其重要性。

口语交际的练习当中，我会发现生活中处处充满了语文之美，语文原来不是一成不变的，不是枯燥无味的，而是同样源于生活，口语交际的学习也是可以轻松有趣的，和同学一起谈论自己身边发生的事，说自己熟悉的内容，在这种分享的过程中我们会更乐于去表达，体验表达的美，同时也能感受到语文其实有那么轻松的学习方式，并且充满了乐趣。

教师点评：在人际交往中，口语交际是最重要的方式和手段。新课标指出，小学阶段应培养学生倾听、表达、应对的能力，使学生具有文明和谐地进行人际交流的素养，口语交际课就是依托具体的话题训练学生说话与倾听的交际能力。简简单单的一段口语交际，看似容易，教起来却充满了挑战，学生能够在这个过程中感受到交流的语言之美，相互尊重的倾听之美，与人相处的和谐之美等等，让学生懂得文明、友善是我们中华民族代代传承的优秀美德，也时刻要求自己做一个这样的人。

教学反思：生活处处有语文之美，口语交际的学习也是如此。让口语交际更生活化，就必须让它走进我们的生活。学会商量对二年级的学生来说是个非常重要的能力，也是切合学生发展规律的一种学习，这对于培养学生的团队协作精神具有非常重要的作用。

本节课教学设计层次清楚，我创设了不同的情境，学生能够在不同的场景中进行交流，体验到教学中的"情境美"，让学生在模拟的家庭和学校两个重要的活动场所中学会商量，让学生乐于交际。学生在情境中学习到了规范、礼貌地表达清楚自己的想法，学会用商量的语气解决问题，而这种方法是在老师对学生正面的评议、学生用互相评议而获得的，这也让学生感受到了互相点评的"评价美"。我还适时点拨，鼓励学生积极参与，交流学习体会，收到了很好的课堂效果。

这次口语交际教学活动，让我收获颇丰。但是也留下些许遗憾，比如我对学生课堂中生成的表现评价还不够及时，对于部分学生的关注还不够。反思之后，在今后的教学中我会继续积极探索，努力实践，把课堂教学做得更加扎实、更符合孩子的需求，促进孩子更好地成长和发展。

关于"认识面积"一课的学习体验

作者：张予希　观山湖区华润小学三年级 6 班
指导教师：李光艳　观山湖区华润小学

在课堂上李老师指出要认识"面积"就要先了解"面"，所以先带着我们认识了"黑板面"和"国旗面"，也让我们比较黑板面和国旗表面哪个面大、哪个面小。通过观察，我们可以发现黑板面大，国旗面小。从而知道每个平面都有固定的大小，平面的大小就是这个平面的面积。接着又让我们亲自触摸书本的封面、文具盒盖的面和直尺的面，来真实感受面积的大小。

李老师还让我们用尽可能多的方法比较面积的大小，在和我的同桌沟通以及全班交流之后，我知道了对于面积大小相差很大的图形可以使用观察法，观察法不够解决问题时还可以使用重叠法、割补法、数小方格的方法。我发现解决问题原来可以使用这么多的方法，这让我感觉很神奇，原来数学中的方法也能解决像比较各省份面积大小这样的实际问题，也体会到了以后不管是在生活中还是学习中要做一个爱开动脑筋、积极寻找解决问题方法的小学生。

临近下课时李老师提出的一个问题又让我产生困扰："所有图形的面积大小都可以用数小方格的方法比较吗？"大家争执不出结果。而我认为像"圆"这样的平面图形是不适合的，于是课下我找到李老师，但是她并没有直接告诉我答案，只是提示："我们并没有规定小正方形的大小哦。"瞬间让我联想到以前了解的计算圆周率的"割圆法"，其实也只需要将小正方形变得足够小就可以了。

这堂数学课不仅让我真正感受到了用数学知识解决实际问题有多么方便，而且数学知识和方法还能进行相互的转化和运用。

教师点评：你一直都是一个善于思考、积极解决问题的小朋友，今天又让我发现了你在数学阅读方面充足的储备量。同时在遇到问题时不人云亦云，有自己的想法和支撑的理由。老师为你这超强的思辨能力而感到非常开心。课上遗留下来的问题老师没有直接将答案给你，是希望你继续保持一颗好奇的心去探索数学书本里、生活中的疑问，去攻克一个接一个的难题，在数学中获得满足感，对生活也充满希望！

教学反思：这堂课把学生的认知从"线"上升到"面"，要求学生感知面积并且能够比较面积的大小。我依照学生的现有知识水平，让他们在各种动手操作、交流讨论的活动中充分体验抽象的概念。学生能有效地区分"面积"和"周长"，较好地突破了这节课的难点。

当然这堂课也有很多的不足：一是时间分配不合理，课前导入和新课前期耗时太长，导致后期摆一摆的活动组织不够，没能让学生很好地感受图形美；二是对学生的评价语言不够丰富，可以增加像"你的想法很值得我们讨论""你给我们提供了新的思路"等评价，给积极回答但回答错误的同学以鼓励，保护他们学习的积极性；三是对知识的前后链接把握不够，对学生已有的知识水平和后期的知识延伸了解不足,所以不能给学生提供高屋建瓴般的知识牵引。

　　作为一个新教师,不管是在课堂设计,还是在课堂的实际把控方面都存在较大的问题。所以后期更要在备学生、备教材方面多下功夫,课前多学习优秀教师的教学视频,参考优秀的教学案例,课下也要及时根据学生的掌握情况和自己的授课感受调整教学设计,提升课程的设计和课堂的把控能力。

"认识一个物体的几分之一"学习体验

作者：方文晨　观山湖区华润小学三年级5班

指导教师：袁琴琴　观山湖区华润小学

分数对我来说稍微有些陌生，以前我只认识了整数、自然数这样的数。

通过这节课的学习，我深刻感受到分数的伟大。最开始我认为，半个蛋糕也可以用1来表示，如果把一个蛋糕看作是2，那半个蛋糕实际上就是1，如果把一个蛋糕看作是10，那半个蛋糕就可以用5来表示，如果把一个蛋糕看作100，那一半蛋糕实际上就是50，我们不应该限制自己的思维。但我想了想，如果这样表示的话，后面的数学学习可能会乱了套了。分数能够简洁、具体地把一个蛋糕或者一个图形的一部分表示出来，这应该就是分数的简洁之美吧！在二分之一、四分之一和八分之一比较的地方很神奇，明明是三个感觉不相关的数，我们却可以通过看图形的涂色部分的大小来比较出它们的大小，简直太奇妙了，让我感受到了数形结合下图形的对称美、均衡美。这不禁让我思考：五分之一、七分之一又怎么折？怎么表示在圆上呢？还会有三分之二这种分数吗？它们能通过对折纸片折出来吗？折出来它们各部分对称吗？分数是美丽而神秘的，带着这些疑问，我将继续探索分数相关的知识。

这节课的学习，既丰富，又美丽，我感受到了数学符号和数学语言的简洁美，数学图形的对称美、均衡美等。我相信数学的美还不止这些，我们不能刻板地认为数学总是枯燥无味的。数学的学习不仅可以让我们掌握知识，还可以让我们陶冶情操，提高自身的审美素养。

教师点评： 从方文晨同学以上的体验中不难看出，他乐于探索分数这个领域的知识。他认为把一个物体看作的数不同，"半个"所表示的数也不同。甚至想要在圆中表示出五分之一、七分之一等这样的分数。他真实地感受到分数存在的意义，切身感受分数这个数学符号给我们带来的简洁美。能感受到直观图形帮助我们解决抽象的问题，感受图形的对称美、均衡美。体会根据图形涂色部分的大小比较分数的大小，体会分数的规律美。通过各种操作活动的体验，体会数学的游戏和活动之美等。他能体会分数源于实际生活的需要，进一步感受数学与生活的联系，增强对数学的亲切感，体会数学的美学价值。

教学反思： 本节课是苏教版三年级下册第七单元第一课时的内容，本课时内容较多，学生第一次涉足分数领域。

首先，本节课我重视培养学生对二分之一的理解，结合分蛋糕的具体情境，让学生反复说，反复感受二分之一具体的含义，深刻理解二分之一，让学生感受数学的简洁美、抽象美，一个简单的分数可以表示任何一个物体或图形的一半，或者两份中的一份，均可以用二分之一来表示。

其次，重视学生对分数含义的表达，反复问，反复引，在后面的环节中处处不忘对分数含义的渗透。特别要强调,在用分数表示涂色部分时,除了涂色部分,其他未涂色的每一份都可以用这个分数来表示,让学生深刻感受数学符号和数学语言的简洁美。

再次,在丰富的数学活动开展中,培养观察、操作、思考和表达交流的能力,体会数学的游戏和活动之美,并借助直观手段让学生体会数学图形的直观美、规律美、对称美和均衡美,着力提高学生的审美能力和审美素养。

最后,本节课教学环节节奏把握不够,部分问题的指向性不明确,在教学目标的达成中,理解分数的含义是难点,特别是理解分数的含义的教学,渗透不够扎实。在后一课时的教学中,要稍作复习,巩固旧知。

本课时的教学研磨过程非常坎坷,基本上是一磨一版本,版本不断更换,教学效果不够明显,对学生的美育渗透不够充分,严格地说,应该是不够及时。在课堂教学中,可以适时渗透明确数学的美所在,引导学生感受数学的美。

在大多数人的浅层认知里,数学所呈现的美少之又少,数学课堂很少与美挂钩,数学教师的审美更是令人担忧,何况还要教学生去感知数学中的美呢?现在小学数学教师中存在很多问题,比如审美能力不足,大家好像都只看到了外在的、显性的美。深入挖掘数学中美的能力也明显不够,很大程度在于这代教师以前接受的数学教育中并没有或极少体现美育,想要深入挖掘数学中的美,是比较困难的。

其实数学中处处存在着美。法国数学家儒勒·昂利·庞加莱把数学美概括为:统一美、简洁美、对称美、和谐美、奇异美。也有课堂生成性的美,比如教师自身的教态,教师的言语举止亲切、举止清新、举止得体;比如具有设计性的板书,布局合理,精巧美观。还有数学课堂中学生通过活动探索所生成的美等。通过这种方式,才能引起同学们的关注,并使他们的审美趣味得到提高。

在认识一个物体的几分之一这一课时中,显性的美比较容易看出,包括学生探究用二分之一表示"半个",体现数学符号的简洁美、抽象美;学生用正方形、圆形通过折一折、涂一涂,感知数学图形的对称美、均衡美。在本课时中,还存在着非常多隐形的数学美,包括学生用数表示出"半个",将"二分之一"归纳为另一类数,就是分数,目前为止,学生学习过了两类数,分别是整数和分数,学生通过归纳,把已经学过的数分为两类,这里体现的也有数学中的统一美。

学生用三个大小一样的圆,通过折一折、涂一涂,表示出二分之一、四分之一、八分之一,通过直观的方式比较三个分数的大小,同时,引导学生思考涂色部分的大小与分数之间的大小有着特殊的规律,即在相同大小的圆中,涂色部分越大,所表示的分数就越大,反之同样成立,这体现着数学的规律之美。这里没有深入引导学生抽象思考三个分数的直接关系,是因为学生还没有较强的抽象能力,所以不做要求。

总之,数学教育教学中美育渗透刻不容缓,在当前的教育形势下,要想让教师能够深入挖掘数学中的美育,并且引导学生发现数学中的美,认识数学中的美,感受数学中的美,应用数学中的美,创造数学中的美,必须也要让小学数学教师先发现、认识、感受、应用、创造数学之美,只有自身先亲身体会后,才能施展所长,引其所长。

关于《I Feel Happy》的学习体验

作者：黎思宇　观山湖区华润小学五年级 2 班
指导教师：周恬　观山湖区华润小学

在英语的广阔天地里，每一篇课文都是一次美的探索之旅。当我深入学习《I Feel Happy》这篇英语课文时，我不仅仅是在学习语言，更是在领略英语的美。

首先，这篇课文让我感受到了英语语言的简洁美。英语的表达往往直接而有力，在《I Feel Happy》中，所有的句子都以最简洁的方式传达出作者的情感。这种简洁美让我更加欣赏英语语言的独特之处。

课文中的情感表达展现了英语语言的情感美。英语不仅仅是一种语言工具，更是一种情感的载体。在《I Feel Happy》中，作者通过细腻的笔触，描绘出了快乐的多种表现形式。无论是简单的喜悦，还是深沉的满足。这种情感美让我更加关注自己在表达情感时的准确性和生动性。

此外，学习这篇课文还让我对英语的韵律美有了更深刻的认识。在《I Feel Happy》中，我尝试模仿课文的发音和语调，发现这不仅有助于我提高口语表达能力，还让我更加享受朗读的过程。这种韵律美让我感受到了英语的音韵之美，也让我更加热爱这门语言。

最后，学习这篇课文还让我对英语的美感有了更全面的认识。英语不仅仅是一种语言工具，更是一种美的表现形式。它可以通过文字、声音、图像等多种方式展现其美感。在《I Feel Happy》中，我感受到了英语的文字美、情感美、文化美和韵律美等多种美感。这种全面的美感体验让我更加深入地了解了英语的魅力所在，也让我更加坚定了学习英语的决心。

回顾这次学习体验，我深感英语美学的博大精深。它不仅仅是一种语言美学，更是一种文化美学和情感美学。通过学习《I Feel Happy》这篇英语课文，我更加深入地了解了英语美学的魅力所在，也感受到了自己在英语学习过程中的成长和进步。我相信在未来的学习生活中，我会继续保持这种对美的追求和热爱，不断探索、不断进步。

教师点评：本节课课文内容丰富，涵盖了多种表示心情或感受的形容词，如 happy（开心的，快乐的，幸福的）、sad（难过的，伤心的）、tired（疲劳的，劳累的）、angry（生气的，愤怒的）等，这些词汇有助于学生更准确地表达自己的情感。黎思宇小同学在本节课十分认真，不仅能用本节课的核心语言描述文本人物的情绪情感，还能表达自己当下的情绪情感，并对他人的情绪情感状态提出合理的建议，可见黎思宇小同学思维的活跃性。黎思宇小同学的发音也为其他学生提供了优秀范例，让其他学生可以更好地理解和表达自己的情感，增强情感交流的能力，同时也能够培养积极乐观的情感态度，这对于学生的健康成长和全面发展具有重要意义。

教学反思：《I Feel Happy》这篇课文正是情感教学的良好载体。我在教学中充分利用了这一优势,让学生在学习语言的同时,也体验到了情感的表达和交流。希望通过这一课的教学培养学生积极乐观的情感态度。

　　每个学生的情感体验和表达方式都是独特的,但是在本节课的教学之中我对学生的个体差异关注较少,部分学生对于一件事的情绪情感都是一致的,对于学生的发散思维培养不够,情绪情感提供的表达支撑不足。综上所述,我明白在之后的教学中教师应该给予每个学生足够的关注,鼓励他们勇敢地表达自己的情感,并提供适当的支持和指导,让学生大胆自信表达自己的观点,促进他们的全面发展。

关于《卖报歌》的学习体验

作者：陈堃玉　贵阳市观山湖区华润小学三年级1班

指导教师：曾婷　观山湖区华润小学

今天的音乐课我们学习了《卖报歌》，这首歌曲我在很小的时候就已经听过了，但通过今天的学习，我才知道原来《卖报歌》有着一个感人的故事。

课堂一开始老师很生动地给我们讲述了关于小毛头和聂耳叔叔的故事，老师把这个故事讲得非常动人，我听得都差点流眼泪了。通过故事我知道了原来歌曲中卖报纸的小朋友叫小毛头，而且在那个年代有着千千万万的"小毛头"。听了老师讲完这个故事，我为她从小生活的环境感到悲伤，也为她坚强乐观的精神所感动。

通过学习我知道了歌曲共有四个乐句，一二乐句是跳跃的，三四乐句是连贯的，老师通过旋律线的方式让我们一看就明白了。歌曲共有三段歌词，第一段歌词讲的是小毛头的吆喝声，第二段和第三段歌词讲了小毛头的生活和遭遇，她的生活真的非常艰辛，我无法想象在那样一个环境中她是如何坚强面对的，但是她依旧积极乐观地面对生活，她相信幸福的生活总有一天会到来。

今天我们不光学习了齐唱版本的《卖报歌》，还学习了合唱版本的《卖报歌》。通过今天的学习，我觉得合唱很有意思，也很好听。今天我们学习的是二声部的合唱，我发现要唱好合唱一点都不容易，我们今天在合作的时候，一声部的同学被二声部的同学带跑了，还出现了两个声部在比声音大的情况。老师说合唱讲究的是合作，我们不是在比赛而是在合作，所以要学会听另一个声部的声音，还要把自己声部唱好，我们是一个整体。合唱虽然很难但真的很有趣，今天音乐课真让我收获满满。

教师点评：你是一个上课专心热爱音乐课的小女孩，上课能看到你认真学习的模样，在课堂上你积极发言，表现力特别棒。在课堂上今天你带上了自己的理解有感情地读出了"满身的泥水惹人笑"，也带领全班同学一起读，这个环节深深打动了老师。希望在生活中你能学习小毛头乐观积极的精神，成为一个勇敢乐观的小姑娘。

教学反思：

（1）语言美

课堂其实已经充分体现了语言美，但是老师的教学语言应该更加严谨，会让学生产生误解的语言和白话要尽量避免，语言要更加精准，用词要优美。

（2）感受美

在对音乐的整体感受中，首先初听是老师的范唱，加上表演更好地诠释了歌词，让学生更加直观感受到歌曲的欢快与悲伤。

其次在进行乐句划分时,采用了图形谱的方式。图形谱是美术、信息技术与音乐的融合,既美观也更直观。

最后是歌词多,读清楚唱清楚是这首歌的一大难点,通过问题的引导和学生互动,分析每一段的主要内容和情感,理解了歌词情感也能更好地表达。希望在今后的课中可以发掘更多感受美的途径。

（3）自主美

在歌曲的教授上更多要注重学生的主观能动性,所以在教读歌词教唱歌曲时采用教授法主要是歌曲的第一段,教读歌词二三段时采用的师生接龙,不仅让学生可以自主学习,更解决了第一句第二句衔接不好的难点。在教唱歌曲时,在我试教的过程中发现加入二三段歌词后,学生唱不清歌词,所以我采用了听唱法,先让学生手指歌词,在心里跟着音频默唱,再跟琴演唱,很好地解决了唱不清二三段的问题。激发学生自主学习的方法有很多,在今后的教学中应多创新多尝试多反思。

（4）合作美

歌曲最终呈现是二声部合唱,合唱讲究的就是声部之间的和谐与统一,在合唱教学中,运用了柯尔文手势来辅助二声部的学习,采用了师生合作,生生合作的教学方式,也邀请合唱团的孩子们进行合作,既解决了二声部合作的问题,也让学生感受到合唱的魅力在于合作与倾听,享受声部的变化,感受音乐传递出的力量。

关于"花样跳绳弓步跳"的学习体验

作者：张润菁　观山湖区华润小学四年级 3 班

指导教师：万素英　观山湖区华润小学

今天，在体育课上，老师教我们学习了一个新动作——花样跳绳弓步跳。一开始，我觉得跳绳就是简单的跳来跳去，没想到还有这么多花样呢！

老师先给我们播放了一段国家队花样跳绳的表演视频，我被深深地震撼了。视频中，运动员们手持彩绳，轻盈地跳跃、旋转，每一个动作都充满了力量和美感。尤其是他们在做跳绳技巧动作的时候，犹如舞者在空中划出优雅的弧线，美得令人陶醉。我被这种美深深吸引，它不仅仅在于动作的技巧和难度，更在于那种全力以赴、追求完美的精神。每一个队员都全力以赴，为了一个完美的动作反复练习，这种精神让我深感敬佩。通过这段视频，我深刻体会到，美不仅仅是外在的展现，更是内心的追求和坚持。我也要学习他们这种精神，不畏困难，勇于挑战，追求自己的梦想，发现生活中的美好。

接着，老师开始教我们具体的步骤。我认真地听着，生怕漏掉一个细节。起初，我总是绊绳，弓步跳也做得不标准，在老师的鼓励下，我开始反复练习，终于学会了，真的太开心了！在创编环节，我感受到了花样跳绳的创编美，我们组尝试将不同的元素融入其中，再配上动感的音乐，让跳绳更具观赏性和趣味性。这个过程让我感受到了创作的乐趣，也让我明白了学习和创新是相辅相成的。我将继续努力，在跳绳的世界里探索更多可能。

最让我难忘的是"保卫钓鱼岛"的游戏，我深刻感受到了体育竞技的魅力。我们像战士一样紧密合作，共同抵御"外敌"，保卫我们的"钓鱼岛"。每一次成功跳跃，都是对团队精神的肯定。这个游戏让我认识到，只有团结一心，我们才能战胜困难，守护我们的家园。我会将这份感悟带入学习和生活中，与同学们携手共进，为更美好的未来而努力。

教师点评：通过本课的学习，学生能够理解花样跳绳弓步跳的身体协调性的美、创新美以及竞技美，这项运动不仅锻炼了学生的身体素质，更在无形中提升了他们的审美能力和艺术修养。

首先，花样跳绳弓步跳和音乐的结合本身就是一种美的展现。通过学习和练习，学生能够感受到运动中的美，理解美不仅仅存在于艺术作品中，更渗透在生活的点滴之中。这种美的体验能够激发学生的创造力和想象力，让他们更加热爱生活、热爱艺术。

其次，在学习的过程中，学生通过创编花样跳绳动作，学会了尊重和欣赏不同的美。这种包容和多元的美育观念能够帮助学生形成开放的心态和宽广的视野，让他们在未来的生活中更加从容和自信。

最后，我也看到了学生在游戏比赛过程中的努力和坚持。他们通过不断地练习和调整，逐渐找到了自己的节奏和风格,展现出了独特的美。这种努力和坚持的精神本身就是一种美的体现,能够激励学生在未来的学习和生活中不断追求更高的目标。

教学反思:在教授花样跳绳弓步跳时,我深刻反思了美育在教学中的重要性。

首先我应该更加注重美的引导和启发,让学生在学习的过程中能够真正感受到花样跳绳美的存在和魅力。

其次,我应该更加注重学生的个体差异和兴趣爱好,设计更加多样化和个性化的教学内容,以满足不同学生的审美需求。

同时,我也应该更加注重学生的情感体验和创造力的培养。通过创设丰富的教学情境和引导学生进行创造性实践,让学生能够在体验美的过程中发挥自己的想象力和创造力,形成自己独特的审美风格和品味。

体育美育的重要性在于培养学生的审美意识、运动兴趣及身体素质,通过体育锻炼和艺术熏陶,提升学生的综合素养,促进身心健康发展。在未来的教学中,我将更加注重美育的渗透和融合,让学生在掌握运动技能的同时,也能够得到美的熏陶和启迪。

探索六连方的奥秘

作者：王锦墨　习水县第十一中学小学部五6班

指导教师：王智烨　习水县第十一中学(小学部)

今天,我们数学课的主题特别有趣,叫做"六连方的秘密"。这堂数学课真是让我大开眼界! 以前,我只知道正方体有6个面,每个面都是正方形,但没想到用六个小正方形纸片也能围成一个正方体。

老师先给我们展示了35个不同的六连方,问:"你们觉得这些六连方里,哪些能围成一个正方体呢?"我们都很好奇,开始大胆地猜测。我尝试通过想象去预测它能不能围成正方体,但说实话,这真的挺难的! 我的脑海中浮现出正方体的每一个面,跟着老师的提示,试着找4个正方形连成一行的六连方,发现可以围成前、后、左、右4个面,还差2个面,再找上面一行和下面一行分别有1个面的就行了,我在脑海中进行折叠、旋转,真的能围! 这种大胆的想象真的让我既兴奋又紧张。

不过,我们不是一个人在战斗! 我们分成小组,一起动手验证猜测。我们小组四个人围坐在一起,每个人手里都拿着几个六连方,大家七嘴八舌地讨论着,不时地还动手摆弄一下,按照每个六连方的形状去折叠、拼接。发现有些六连方很容易就能围成一个正方体,但有些则不行。有时候,我觉得一个六连方应该可以围成正方体,但实际操作起来却失败了。经过一番努力,我们终于找到了答案:原来这35个不同的六连方中,有11个是能围成正方体的! 当老师宣布这个结果时,我们都觉得很惊讶,咱们小组居然全部找对了,顿时心里有一种满满的成就感!

学习还在继续,11个能围成正方体的六连方,有着它们的特点,分别有:1-4-1型、2-3-1型、2-2-2型和3-3型。咦! 我们还发现了那些不能围成正方体的六连方,它们往往形状比较奇特,比如"田"字、"凹"字形……这些发现让我们对六连方和正方体有了更深刻的理解。

这节课让我感受到了数学的挑战与乐趣。通过空间想象和动手实践,我不仅学会了如何判断一个六连方能否围成正方体,还培养了观察能力和团队合作精神。我明白了,数学不仅仅是数字和公式,它还可以很有趣、很实用。我希望以后还能有更多这样的数学课,让我们在探索中学习,在快乐中成长!

教师点评:锦墨同学的学习体验分享充满了热情和深入的思考,在课中,你不仅展现了对知识的渴望,更通过实践和探索,深化了对空间几何的理解。

首先,我要赞扬你勇于尝试和探索的精神。在面对未知的问题时,你敢于用空间想象去预测答案,这种大胆的尝试本身就是一种宝贵的品质。在探索的过程中,你不仅培养了观察力和逻辑思维能力,更学会了如何在实践中验证自己的猜想。

其次,你的团队合作精神也值得肯定。在小组活动中,你与同学们共同讨论、相互帮助,这种良好的协作氛围对于学习和成长至关重要。通过团队合作,你不仅学会了如何与他人有效沟通,还培养了解决问题的能力。

最后,我要肯定你在学习过程中的收获。你不仅学会了如何判断一个六连方能否围成正方体,还通过实践探索了六连方的特点和规律。这些发现不仅让你对空间几何有了更深刻的理解,还培养了你的创新思维和观察推理的能力。

总之,这堂数学课对你而言是一次宝贵的学习体验。期待你在未来的学习中继续保持这种积极探索精神!